中国古镇自助游

壹号图编辑部 / 编著

江苏凤凰科学技术出版社 · 南京

图书在版编目（CIP）数据

中国古镇自助游 / 壹号图编辑部编著. — 南京 ：江苏凤凰科学技术出版社, 2022.2
ISBN 978-7-5713-2474-2

Ⅰ. ①中… Ⅱ. ①壹… Ⅲ. ①乡镇 – 旅游指南 – 中国
Ⅳ. ①K928.9

中国版本图书馆CIP数据核字（2021）第213952号

中国古镇自助游

编　　　著	壹号图编辑部
责 任 编 辑	倪　敏
责 任 监 制	方　晨
出 版 发 行	江苏凤凰科学技术出版社
出版社地址	南京市湖南路 1 号 A 楼，邮编：210009
出版社网址	http://www.pspress.cn
印　　　刷	天津丰富彩艺印刷有限公司
开　　　本	787 mm × 1 092 mm　1/16
印　　　张	27.25
字　　　数	900 000
版　　　次	2022年2月第1版
印　　　次	2022年2月第1次印刷
标 准 书 号	ISBN 978-7-5713-2474-2
定　　　价	68.00元

前言

中华民族绵延上下五千年，汇聚了几千年的历史文化积淀，先辈们在时代的长河中不断地开创文明，创造奇迹，但大多数文明古迹都已经被时光淹没，唯有历经风雨兴衰和岁月洗礼的古镇，是先辈们遗留给我们承载着时代变迁和文明智慧的宝贵遗迹。

古镇是凝聚了中华文明和民族智慧的产物，一般是指供集中居住且有百年以上历史的建筑群，既包括形态各异、格局不同的古建筑民居，也包括有着传统民风民俗和生活方式的古村、古寨、古镇、古城等。

静雅、悠然、古朴、沧桑……

风雨中巍然而立的一座座古镇，各具风情，犹如一颗颗闪耀着光芒的明珠，点缀在我国广袤的大地上。

古镇，就像一把打开时空大门的钥匙，打开尘封的记忆，带着浓厚的乡土气息和淡淡的草木清香，仿佛回到梦中的那片净土，那曾是祖辈生活的地方。

绿瓦红砖、青石小路、小桥流水、深巷悠悠，古镇景色如同画卷般在眼前展开，透过岁月的齿轮，看到的是风景，感受到的时光。暂别城市的喧嚣，在静谧的古镇放慢生活节奏，一砖一瓦仿佛都带着它独有的故事，向我们诉说着悠悠的岁月里，所发生的那些美丽而又动人的故事。

南方温婉，北方豪迈。地大物博的中国，五千年的文化历史在这些古镇得到了最好的见证，古人的智慧、风情映入眼中。

在古镇，时光仿佛被锁住，古老的民居散发着浓浓的古韵味，每一条街巷都值得驻足。

灯火通明的周庄古镇，坐着船只从拱桥下滑过，江南细腻温润的空气扑面而来，人的心似乎也随之变得柔软；住在原始与现代气息碰撞的窑洞中，以指尖的肌肤品尝黄沙的颗粒感；站在西安的古城

墙边，看着城墙上斑驳的岁月痕迹，相关的历史故事一幕幕呈现眼前；人间的圣地西藏，茶马古道间，吹来的风仿佛也穿越了上千年；福建的土楼里，好像看到电影《功夫》里的场景重现……

数不清道不完的历史场景，随着眼前的古镇，一幕幕如同真实发生，在脑海中飞转，在胸口激荡，骄傲之情无法言喻，仿佛自己置身于历史的滚滚洪流之中！这大好河山是我们的祖国，这一座座古镇，便是我们祖先们留下的最好见证。

除了古镇的美景，古镇的美食也是当地一大特色。

尝一口西安的凉皮、长沙的臭豆腐、川味的火锅、山西的面食等，每个地区独有的特色，就像当地的人们一样感叹，吃在中国是一件多么幸福的事情！

多想将这一路上的所见所闻在书中一一展现，可再美的照片、再好的文字，也抵不上亲自看一眼的感触。

若是闲暇，可独自一人，或三五好友，或举家同行，或者只带着最重要的另一半，来一场说走就走的旅行，去感受完全不同的人生风味，去品味各地人文风情，去品尝从未感受过的正宗美食。当抵达书中的场景，身临其境地去体会，那将是一段多么美好的记忆。

看烟雨蒙蒙、看草原广阔、看长城古墙、看风卷西沙，触摸着历史的边角，心灵也似找到了归宿。

在现代化的浪潮下，那些我们祖先曾经生活的地方正逐渐缩小甚至消失。“晨兴理荒秽，带月荷锄归。”这曾经是祖先们的生活方式，如今却成为我们可望而不可即的理想，让人唏嘘不已。

本书是根据最新资料做出的全新修订版，古镇景点应有尽有，信息全面更新。我们对各个古镇的概况、著名景点、民风民俗等进行了细心核实，包括交通和食宿方面的信息，也逐一核查，方便读者旅游出行。

如今经济建设飞速发展，景点概况每天都有新变化，难免有信息不对称之处，还望读者积极提出建议，以便我们不断修正，为大家及时提供最新信息，让读者第一时间了解古镇的文化、历史、人文，可以舒心、自由地游览美景、享受美食，拥有一个身心愉悦的完美旅程。

目录

江苏

上海

浙江

安徽

北京 天津

河北

内蒙古 吉林 辽宁

山西

山东

河南

广西

广东 海南

云南

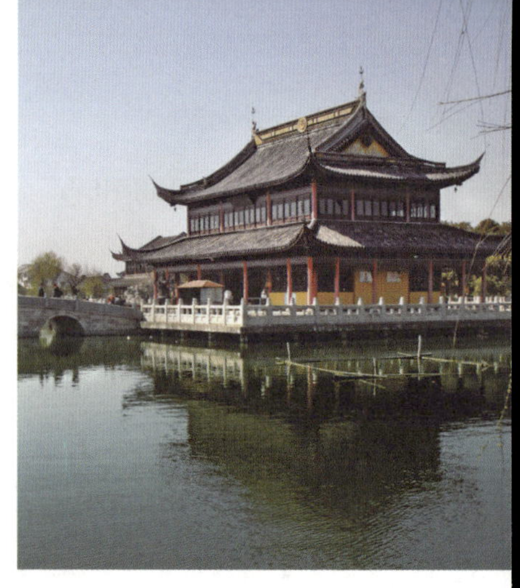

贵州

福建

本书使用指南

详细、准确、全面的旅游信息能够带给你实地旅游的帮助。

对古镇中最有价值的景点加以详细介绍，让你快速对古镇有所了解。

详解每个古镇的历史和特色，带你了解古镇的底蕴和美景。

精美的图片是了解古镇最直接的途径，几乎每个古镇中都有精美的图片展示着古镇的风貌。

民风民俗是古镇的重要特色，展示着古镇居民特色的生活方式，是游览古镇不容错过的景色。

美食不可辜负，很多古镇都有特色美食，那是不可错过的享受。

收录全国范围内 240 个古镇，每个古镇都有其特点的注解和详细的旅游信息。

你会欣赏古镇吗

游览古镇，重要的是欣赏其优美的自然风光，感受其深厚的历史文化底蕴。不同的古镇因各自独特的自然环境、特色的历史文化而呈现出不一样的美。如何全面地了解和欣赏古镇决定了我们游览的品质。我们应该欣赏古镇的哪些方面呢?

布局 游览古镇，首先了解的是古镇的整体轮廓，这种轮廓即古镇在建造过程中根据地形地貌和建造的思想相结合形成的布局。不管是依山而建还是临水而设，古镇都是根据地形地貌来建造的。我国古代的古镇规划和建造有着系统而成熟的建造理论，不管是坐北朝南、背山面水，还是“左青龙、右白虎、前朱雀、后玄武”的布局，这些古镇都是因地制宜、依山临水建造而成的。当然，我国地形多样，各个古镇也因地貌不同而有所区别，如俞源的太极星象村等。不管怎样，古镇的布局是影响古镇发展的前提，也是我们欣赏古镇所要了解的部分。

历史 历史赋予古镇韵味，无论是建筑风格还是民俗文化，都是在历史的变迁中逐渐形成、积淀下来的。当你踩着青石板徘徊在斑驳的羊肠里弄，或坐着船徜徉在古镇前的小河中，或与镇上老人闲谈有关古镇的传奇历史，或倾听山上寺庙傍晚悠扬的钟声……仔细品味，这些平凡的生活中无不饱含着历史的沧桑。

建筑 建筑不仅是古镇上人们生活方式的一种体现，也代表着古代建筑艺术。建筑是当地自然与文化相结合的产物，不仅包括居民的住宅，同时还包括寺庙、祠堂、牌坊、塔、桥和亭等。地形地貌、民俗风情等因素决定着建筑的多样性。建筑类型可分为杆栏式、穹隆式、环形土楼式、窑洞式、井杆式、穴居式、天幕式、合院式等。

民俗 民俗不仅是古镇在历史长河中变迁和发展的体现，也是古镇居民生活状态和文化积淀的反映。而且多姿多彩的民俗文化也是我们游览古镇的一个重要原因。在人们的日常生活中，饮食、特色服饰、节日、传统手工艺、宗教信仰等都展示着古镇的风俗。因此，不同地域中的不同民族所集聚的古镇必然产生不同的民俗文化。不论是贵州西江千户苗寨苗族的美丽银饰，四川丹巴的藏族风情，还是江浙一带绚丽的刺绣，都是古镇民俗文化不可或缺的组成部分。欣赏民俗也是为了了解古镇的生活方式、文化结构，体验一种与自己不一样的生活状态。

山水 “仁者乐山，智者乐水。”山水一直是我国文人墨客的寄情之处。游览古镇不仅要了解古镇悠久的历史、深厚的文化，最重要的是愉悦身心，二者相辅相成。古镇的山水经受自然的打磨和人文气息的熏陶，充满着自然的平和与人类的灵性。寄情山水，感受青山的翠绿与静默，河水的流动与欢快，最能让人放下疲惫，达到游览的目的。

常见的民居建筑分类

窑洞

窑洞是黄土高原的特色民居，俗称“穴居式”，独特的地理环境决定着这一特殊建筑形式的存在。窑洞的最大特点是冬暖夏凉，这源于独特的建筑构造。圆拱形的外观不仅体现天圆地方的古老理念，也能够最大程度上使太阳光线射入屋内；拱形的内部不仅能够扩大空间，而且还保证了空气的流通，这样朴

素且实用的建筑设计是我国古人智慧的创造。窑洞并不仅仅是单一的建筑，而是以院落为单元的系列建筑形式，沿着山势走向分布，展现出一种雄浑的壮美。

土楼

土楼是我国民居建筑的奇观，其庞大的建筑规模堪称民居之最。土楼主要分布在福建、广东一带，由土石、黏土、木竹堆砌而成，外形有多种形状，但以圆形最具特色。土楼虽然在外形上独具特色，但建造内涵还是包含着传统的文化思想。整个建筑以家族的祠堂为中心，依次向四周展开，既蕴含着“天圆地方”的建筑哲学，又包含着家族伦理的儒家思想。在建筑结构和装饰上，外形古朴的土楼，内部却极为华丽，极具地域特色。

四合院

四合院，著名的北方民居建筑，是一种四面房屋连接一起形成的方形院落。四合院一般坐北朝南，呈中轴对称的格局，整个院落分为内外两宅，由基本的独立单元组成，按进数称呼。四合院中最具特色的是位于大门后的照壁，也称影壁，不仅起到阻挡风沙、防止窥探的作用，还具有装饰的效果，上面的精美雕刻极具内涵。宅院是按照长幼辈分高低的顺序分配居住，北面的一般是正房，是辈分最高、年纪最长者居住的房间，两侧的东西厢房是晚辈居住的房间，南面的房间是客房。各个房屋都有回廊连接，形成“回”字形。四合院的风格较为规整大气，细节之处装饰考究，在我国民居中影响很大。

徽派建筑

徽派建筑是我国南方民居的主要形式，以白墙青瓦为主要特征，高高翘起的马头墙有着优美的线条。徽派建筑风格独特，结构严谨，讲究平面和空间的完美运用。在构造上精思布局，各种雕刻技术运用纯熟，极富美感。徽派建筑以皖南地区最为有名，其中宏村、西递等古村落中保存着众多的徽派建筑，这些建筑在湖光山色间展现着静雅之美，处处皆景，步步可画，是我国民居建筑中的明珠。

吊脚楼

吊脚楼是独特地理环境下的产物，主要分布在湖南、贵州一带。吊脚楼一般沿河而建，三面悬空，由木柱支撑。整个楼阁分为堂屋、饶间、厢房以及底部的牲口圈。堂屋是房间的正房，位于中间，建于实地上；饶间是供居住和做饭使用的；此外还有火炕和卧室位于饶间的前后。各个部分由饶楼的走廊连接，形成统一的整体。

古镇常见的传统建筑

王家大院

古镇是在历史发展过程中积淀而成的文化载体，而在古镇中最能够直观地反映其历史文化的就是建筑。古镇中的建筑因功能的不同而呈现出不同的风格特点，当游览古镇时，这些建筑是我们了解古镇历史、欣赏古镇美景的重要途径之一。

民居

民居是古镇居民居住的场所，是古镇建筑中的主体。由于我国地域辽阔，民族众多，各地风俗有异文化各别，因此作为一地文化之载体的民居建筑也各有特色。我国的民居建筑类型主要有四合院、徽派民居、窑洞、吊脚楼、土楼和蒙古包等。

城墙

城墙是古镇中重要的防御性建

筑。由于军事原因，很多古镇都建有城墙。这些高大浑厚的建筑由土木、砖石等材料建造而成，分为墙体、女墙、垛口、城楼、角楼、城门和瓮城，将古镇构造成封闭型的区域。在我国，较大规模的古城中都保留有较为完好的城墙，如平遥古城、寿县古城、蔚县古城、丽江古城等。

暖泉镇城墙

石板街道

街道是勾连古镇的通道，犹如脉络将各个建筑汇聚成古镇这个整体。古镇的街道一般都是用青石板铺成的，两侧是高低错落的民居建筑。每当下雨天，街道被冲洗如新，伴着古色古香的建筑，显得非常有韵味。

黄姚街道

桥

桥是古镇中重要的建筑之一，特别是在江南地区，桥梁数量众多，是古镇中重要的景致。桥在古代是沟通河流两岸的通道，在古镇中，桥的形态会呈现出不同的样式，拱桥、风雨桥、廊桥、板桥等都是较为常见的样式，它们与古镇融为一体，极具特色。

孟连风雨桥

祠堂

祠堂是祭祀祖先或先贤的场所，也是古镇中最为重要的建筑。“祠堂”源于汉代，与墓所合并称墓祠。由于封建等级森严，直至明朝嘉靖年间，民间才真正开始建立家族祠堂。祠堂不仅是祭祀祖先的场所，同时也是家族举行各种重大活动的地方。因此各个家族非常注重祠堂的建造，越是富贵人家，祠堂越是豪华，因为这是家族兴旺的象征。

和顺镇“八姓宗祠”中的张氏宗祠

寺庙

寺庙是古镇中不可缺少的建筑之一，它不仅包含着高超的建造技艺，也蕴含着古镇居民的信仰和古镇的历史文化，被认为是我国的艺术瑰宝。古镇的寺庙一般以砖石构造，规模不等。

丙中洛镇普化寺

戏台

戏台是古时候戏曲演出的专门场地。据记载，最早出现的戏台是金代的三面戏台。到了元代，随着戏曲的兴盛，分为前后场的戏台逐渐成熟，成为大型古镇的必备建筑。戏台一般采用木质结构，屋脊四角翘起，雕梁画栋，装饰精美，是古镇重要的景致。

木渎镇戏台

文昌阁

文昌阁是古镇最为常见的建筑，它是古代祈求文运的场所，里面供奉着掌管文运的文昌帝君。在古代，金榜题名是读书人一生的追求，也是一个家族、村落兴旺的最重要途径，因此几乎每个古镇中都建有文昌阁。

旧州古镇文昌阁

牌坊

牌坊又名牌楼，一种门洞式纪念性建筑物，是古代朝廷为表彰功勋、科第、德政以及忠孝节义所立的建筑。牌坊历史悠久，早在周朝时就已存在，一般以石料或木料建造而成，样式丰富，以四柱三间为最多。

龙川村牌坊

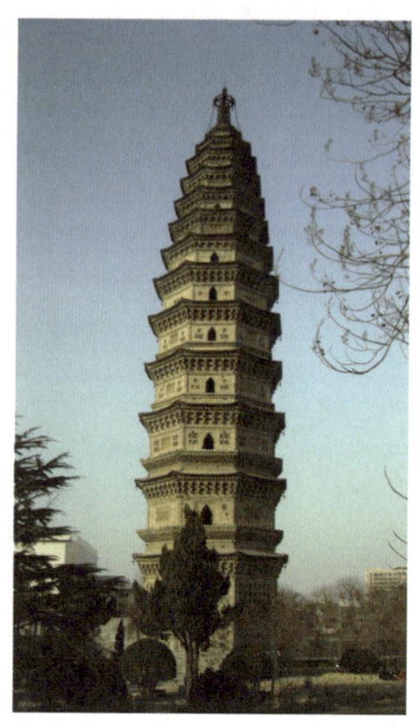

蒙城万佛塔

塔

塔是一种有着特定形式和风格的传统建筑。它的出现和佛教的传入有关，最早的塔是供奉或收藏佛骨、佛像、佛经、僧人遗体等的高耸型点式建筑，到了后来，塔逐渐成为常见的世俗建筑。塔一般由砖石或木头建造，以楼阁式和密檐式为主，在传入我国之后逐渐融合东方的传统文化，成为我国建筑史上一种重要的建筑样式。

常用古建筑术语

古代建筑艺术是我国传统文化中一项极其重要的内容，它不仅展现着古人高超的建造技艺、纯熟的建造手法，也反映着古人对自身生活方式和自然环境的认识和了解，通过建筑的方式传达着人文与自然合一的哲学理念。

千百年以来，古人创造了博大精深的古代建筑艺术，那些丰富多样的建筑样式展示着古人的智慧。如今古建筑作为古镇中最为重要的景观，想要了解这些建筑，那么一些常见的建筑术语是一定要知道的。

斗拱

斗拱的产生历史悠久，是我国古建筑中最为常见的建筑结构之一，是木质建筑的标志。斗拱是两种建造方式的合称，在立柱和横梁之间一层层探出成弓形的承重结构叫拱，而拱与拱之间的方形木块是斗。在建筑结构和建筑美学上，斗拱建造精巧，造型美观，被认为是最能够代表中华古典建筑的精神和气质的一种建筑结构。

歇山顶

歇山顶是古建筑中一种常见的屋顶样式，分为单檐和重檐两种，一般运用于规格比较高的宫殿上。歇山顶的建筑有九条屋脊，分为一条正脊、四条垂脊和四条戗脊，因正脊两端向下延伸时在屋檐中段折断分为垂脊和戗脊，好像停歇一样，故名歇山顶。在我国的古建筑中，歇山顶运用广泛，例如天安门、乾清宫、保和殿等都是歇山顶式的建筑。

屋脊兽

屋脊兽别称“鸱吻”，是古建筑中放置在房屋、宫殿等房脊上的雕塑作品。在古建筑中有着“五脊六兽”的说法，“五脊”是指我国的古建筑一般由一条正脊和四条垂脊组成；“六兽”是指位于正脊两端的龙吻以及位于垂脊上的狻猊、斗牛、獬豸、凤和押鱼，这些屋脊兽都有着严格的等级和特殊的含义。

藻井

藻井是古建筑中室内顶棚的独特装饰，一般运用于宫殿、坛庙建筑中，呈向上隆起的井状，并伴有精美的花纹装饰，是覆斗形的窟顶装饰。

飞来椅

飞来椅也叫“美人靠”“吴王靠”，徽州民宅特有的建筑构造，一种位于楼上天井四周的靠椅，因向外探出的靠背弯曲似鹅颈又得学名“鹅颈椅”。由于古代女子不能轻易出门，只能在天井的座椅上遥望外面的世界，故雅称此椅为“美人靠”。

门楼

门楼是古代民居建筑中主要的通道，被认为是一户人家贫富的象征，反映着主人的社会地位、职业和经济水平。门楼顶部采用挑檐式建筑，一般用砖石建造，门楣上雕刻着各种样式的匾额，周围装饰着各种富有寓意的精美图案。

瓦当

瓦当是古建筑中覆盖建筑檐头筒瓦前端的遮挡，常见于两汉时期。瓦当之所以备受人们关注，主要源于其表面雕刻的文字和图案。精致的瓦当上设计有精美的图案、行云般的字体和各种极富变化的纹饰，是我国特有的文化艺术。

飞檐

飞檐是传统建筑中屋角的形式，常用在亭、台、楼、阁、宫殿、庙宇等建筑上，高高翘起的飞檐好像展翅的飞鸟。这种独具美感的建筑设计不仅是传统建筑美学的体现，也有着实用的价值。这种飞檐的构造不仅能够增加建筑的采光面，也便于排雨水，可谓是一举两得。

照壁

照壁也称影壁，是古院落中用于遮挡视线的墙壁。古时候由于迷信，人们总是担心有不吉利的东西进入自己的院落，就用一堵墙壁遮挡，这就形成了影壁。影壁主要运用在北方，不仅可以遮挡外面窥探的视线，还能遮挡风沙。随着影壁的广泛运用，它也逐渐成为一种建筑装饰，上面雕刻有精美的图案，包含各种美好的寓意。

封火墙

封火墙又称风火墙、防火墙，是民居建筑中一种高于两山墙屋面且有着防火作用的墙垣，主要运用于南方。封火墙在不同的建筑流派中虽然形式相似，但称呼不同，徽派建筑中称为马头墙，在闽派建筑中称马鞍墙，岭南建筑中称镬耳墙。

石雕

石雕是一种以石头为材质的雕刻，主要用于大型的人物、动物或故事雕刻。石雕一般运用在祠堂、庙宇、牌坊等大型建筑上，雕刻技艺要求严格。

木雕

木雕是我国雕刻工艺中一种以木材及树根为材料进行的雕刻，分为立体圆雕、根雕和浮雕三类。木雕一般选用质地细密坚韧、不易变形的树木进行雕刻，以人物、花草、虫鱼、山水等为内容，寄托各种吉祥的寓意。

砖雕

砖雕是一种在青砖上进行雕刻的艺术形式，一般以山水、花卉、人物、文字等为内容，主要用于大型建筑构件的装饰。相较于木雕和石雕，砖雕的内容更加丰富，运用更加广泛，能够更好展示艺术效果。

抱柱石

抱柱石位于宅院大门的两侧，由石座和形似圆鼓的石质构件组合而成。抱柱石主要用于大门的装饰，上面雕刻有精美的吉祥图案，是整座门楼的组成部分。

如何拍好古建筑

中国古建筑和天地山水融为一体，传承着数千年的历史文明，凝聚着中国古代工匠们的智慧，更展现了不同历史时期的人文特色。它们或大气磅礴，或简约精致，或繁复华贵。古建筑摄影不仅要求摄影师要完美地呈现古建筑的外观布局、细节特点，还需要投入自己的感情和见识，捕捉到古建筑的内在神韵，从而激发人们对古建筑探求的渴望。

古建筑摄影分为纪实摄影和艺术摄影。纪实摄影一般是真实地再现古建筑的面貌，准确呈现古建筑的方方面面和透视关系；艺术摄影更多的是通过摄影者本身的主观意愿和认识呈现古建筑的艺术内涵。但实际操作中，古建筑摄影多是两者的结合，既纪实又艺术。

器材的选择

单反相机 + 镜头若干。目前，拍古建筑使用入门单反相机即可，当然全画幅相机更好。至于镜头的选择，可选择广角变焦镜头 + 长焦镜头，也可以选择一镜走天涯的大变焦比镜头，如 18—200 焦段的大变焦比镜头。其他镜头如定焦镜头、微距镜头等，这些也有用处，但如果不方便携带也可以不用。

面对雄伟高大的古建筑，要想近距离将其面貌拍全，配备一支广角变焦镜头很有必要，如 16—35 广角变焦镜头。古建筑之美不仅仅局限于高大雄伟的气势，细节更能展示其文化内涵，展示其历史时期的风土人情，如斗拱、角吻、螭首、门窗、各类雕刻、佛像塑像、藻井、雀替、垂花门、彩画壁画等。配备一支长变焦镜对付这些细节便可游刃有余，如 70—200 焦段镜头，长焦镜头还能把远处的景物拉近拍摄。

拍摄的角度

平拍 平拍就是和人的视线相平，中规中矩，建筑物不变形，并且能直观地展现古建筑的宏伟与内涵，但也表现平平，不会有很强的冲击力。

仰拍 从低角度往上拍称为仰拍。这种角度拍摄出来的建筑会显得很高大，视觉冲击力较强，建筑物会从下向上产生线条汇聚，甚至有直冲云霄之感，也更能展现建筑物的纵深感，一般用广角镜头拍摄。

俯拍 俯拍和仰拍正好相反，从建筑物的上方向下拍摄，拍摄难度较大，制高难以把握，常常表现大的场景及建筑布局全貌，能够很好地表现建筑物之间的关系。

拍摄的光线

逆光 逆光就是光线从摄影者正面射过来的光线。这种光线测光较难，拍摄难度也最大，拍出来的作品艺术感较强，但不利于表现建筑物的真实面貌。拍摄剪影时常用逆光。

顺光 光线从摄影者背后射过来称为顺光拍摄（背对太阳拍摄），顺光摄影曝光很容易控制，几乎不需要什么技巧，正常测光即可。顺光摄影可以很容易表现建筑物的质感、色彩，更适合初学者，但这种光线拍摄出来的建筑物立体感较差。

顶光 顶光是从建筑物的顶端直射下来的光线，如中午的太阳光。顶光光线较硬，不利于表现物体的色彩，但适于表现雕塑的线条感。

侧光 拍建筑一般用前侧光（光线从摄影者背后呈一定角度斜射过来），前侧光摄影测光也比较容易，能很好地体现建筑物的质感、色彩及立体感，也就是说拍出来的作品比较逼真！

江苏
Jiangsu

江苏省位于我国的东部，横跨长江、淮河南北，毗邻太湖，京杭大运河从境内蜿蜒而过，水系发达，经济繁盛，是吴越文化和中原文化的交汇地，也是我国古代文明的发祥地之一。

古人云，“上有天堂，下有苏杭”，历史悠久、经济发达、文化昌盛的江苏拥有很多典雅的水乡古镇，在千年的历史中依然保持着原有的水乡风貌。江苏的古镇大多临水而建，形成“水陆并行，河街相邻”的古镇布局，营造出“粉墙黛瓦，小河流水，枕水人家”的古镇风貌。

古镇上的民居大多联系紧密，房与房之间形成狭窄的巷弄纵横交错。民居建筑多由二层的砖木构造，有客厅、正房、回廊、卧室、书房以及花园等，规模一般不是很大，在建筑风格上没有繁冗的雕饰和复杂的构造，整体上是一种素雅的格调。在古镇，桥和船是最常见的，各式各样的古桥横跨在蜿蜒的河道上，古朴的乌篷船摇曳在小河中，穿梭在古镇各处。

独特的地理位置和优越的地理条件孕育了江苏古镇深厚的文化底蕴，因而每个古镇都诞生过众多的名人雅士，也产生了丰富多彩的民俗文化。乘着木色的乌篷船穿梭在江南古镇中，清澈的河水倒映着两岸高低错落的民居和驳岸，临河的街道上游人熙熙攘攘，空气中弥漫着古镇诱人的美食香味，眼前呈现的是一派水乡风貌。

周庄
中国第一水乡

周庄是江南六大古镇之一，也是我国最负盛名的古镇，素有“中国第一水乡”之美称。古镇旧名贞丰里，是春秋时期吴王少子摇的封地，一度

古镇概述

地理位置

➜江苏省昆山市。

气候特点

➜亚热带季风气候，四季分明，气候湿润，四季皆适合旅游。

开放时间

➜08：00—21：00

门票

➜100元，夜游周庄80元。

交通

➜昆山南站—周庄古镇

昆山133路换乘昆山261路，全程22站。

昆山133路（周庄客运站方向）：昆山南站上车—周庄客运站下车，乘坐14站。昆山261路（新牌楼方向）：周庄客运站上车—新牌楼站下车，乘坐8站。

被称为“摇城”，后因周迪功先生在此捐修寺庙而得名周庄。悠久深厚的历史底蕴，精致典雅的水乡风貌造就了周庄举世闻名的人文景观。

著名画家吴冠中赞誉说“周庄集中国水乡之美”。得天独厚的地理环境成就了周庄优美的水乡风光，镇内有四条小河，交错纵横呈“井”字形，沿河建筑街道和民居。元明清时期各式各样的小桥，巧妙地把流水、民居和店铺联系在一起，井然有序，形成别具一格的“小桥、流水、人家”水乡风貌。

历经千年的沧桑风雨，周庄至今仍保存着自北宋以来的古镇水乡的建筑格局和风貌。在这个不足1平方千米的土地上，至今还保留着上百座园林民居、数十座砖石雕刻的门楼以及各式各样的古桥。其中大部分的民居为明清时所建，这些建筑中著名的有张厅、沈万三故居、怪楼、沈万三水底墓、全福讲寺、富安桥等。

周庄从不缺少人文底蕴，古往今来无数文人雅士在此流连，留下许多美谈和诗篇：西晋文学家张翰因“莼鲈之思”而抛官弃爵；唐代诗人刘禹锡因开仓赈灾被贬曾寓居于此，当地人刻其名篇《陋室铭》以志纪念；南社巨子柳亚子曾在周庄迷楼与同好会谈会饮，留下无数诗作。更有自由、浪漫的女作家三毛悄悄来过此地，她目睹了周庄的美丽安静，漫步走过这里的长街小巷，也许某间茶楼还记录过她的足迹和点点滴滴。

周庄犹如一篇精致的散文，只有慢慢品味才能体会那蕴藏深厚的内涵。箬泾河缓缓流淌，飞檐棱角的粉墙黛瓦倒映水中，静美如画，不知古今多少文人骚客贪恋过它的美色。

住宿

➜ 贝壳酒店
地址：周庄镇全福路 118 号
电话：（0512）57204966
标间：98 元左右

➜ 陈家大院精品客栈
地址：工商弄 12 号（近古牌楼检票口）
电话：17372675826
标间：138 元左右

➜ 周庄花间堂 · 季香院
地址：周庄镇中市街 110 号
电话：（0512）57220008
标间：600 元左右

景点品鉴

➜ 双桥：由石拱桥世德桥和石梁桥永安桥构成，两座桥呈十字交叉状分布在河道上，加上一方一圆的桥孔形似古代的钥匙，因此也俗称“钥匙桥”。

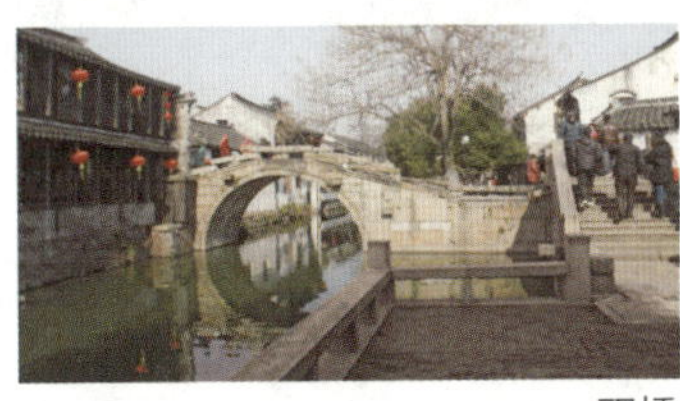

双桥

➜ 南湖：因位于周庄的南部而得名，是周庄主要的水域之一，沿岸景色秀丽，有“水中佛国”之称，美不胜收。

➜ 全福讲寺：位于白蚬湖畔，由三部分组成，两侧是花园，中间部分是全福讲寺，其中东面是为纪念唐朝诗人刘禹锡和陆龟蒙而建，西面是为纪念西晋时期的文学家张季鹰而建。

➜ 富安桥：周庄小桥的代表，始建于公元1355年，毁坏后由沈万三的弟弟沈万四捐资重建，并改名为富安桥。小桥古朴玲珑，寄托着平安富贵的期望。富安桥是一座桥梁和阁楼相结合的独特建筑，紧密坚固的花岗岩经过精工细雕成为桥身，武康石堆砌成桥栏和桥阶。在桥的两侧各有两座桥楼伫立水上，依水相隔，正是这种楼桥相连的构造，使富安桥成为江南楼桥之冠，成了古镇周庄的象征。

➜ 张厅：屋厅位于周庄北市街双桥之南，原名怡顺堂，始建于明代，后在清初转让给张姓，于是俗称张厅。整个院落有前后七进，共有房屋 70 余间，厅堂、天井、花园一应俱全，建造精致，雕梁画栋。在张厅最有特色的一处是箬泾河婉转流过屋中，最后汇入南湖，河道上有私家的码头，营造出“桥从前门进，船自家中过”的景象。

➜ 沈厅：在周庄，沈万三的传说故事备受游人热衷，其故居也是人们经常去的地方。沈厅是沈万三的后裔于清朝乾隆初年建造，规模庞大，坐东

南湖

全福讲寺

朝西的房屋分为七进五门楼，共有大大小小的房屋100多间。房屋的建筑采用明清时期江南地区流行的民居建筑范式进行建造，布局规范合理，尤为有趣的是砖雕门楼上还镌有古代经典戏文，神态生动、栩栩如生，被认为是江南民居的典范。

张厅

沈厅

民风民俗

➜ **水上婚礼：** 是周庄特有的民俗，这里水系发达，迎亲的队伍都是通过船来往。身穿凤冠霞帔、脚蹬绣花鞋的新娘乘坐装扮后的乌篷船沿着河道走街串巷，沿途鞭炮声、锣鼓声不断，非常热闹，而新郎身穿长衫马褂等在码头，期待新娘的到来。

➜ **打田财：** 古时候，每年的农历正月十五，当地人都会在自己的农田上焚烧稻草，祈祷来年的丰收，这就是俗称的“打田财”。后来人们就在镇上的牛郎庙竖立竹竿，绑缚稻草，饰以彩灯和鞭炮，糊上黄纸呈元宝状，然后点燃。爆竹的爆炸声和四处飞散的纸屑寄托着人们希望幸福美满的美好愿望。

➜ **喝“阿婆茶”：** 周庄的茶文化非常浓厚，其中的阿婆茶在当地非常有名，不管老少都喜欢聚在一起喝茶，也孕育出独具特色的“江南茶道”。

购物

➜ **梳子工艺：** 周庄有着很深厚的梳子文化，在古老的贞丰街上分布着各色的梳子店铺，里面有各式各样的梳子，非常精美。

➜ **布鞋：** 周庄的布鞋全部是手工制作，厚厚的千层底、富含寓意的纹饰让布鞋看起来非常的清新自然。特别是儿童的布鞋，精美的纹饰配上喜庆的颜色，看起来非常可爱。

➜ **土布：** 在贞丰街两侧有各种土布作坊，不仅可以现场观看土布的制作，还可以购买各种成品或布料。

特色美食

吃什么

➜ **万三蹄：** 如今在周庄，万三蹄是主人待客、逢年过节的必备菜肴，传说这和沈万三有关，当时沈万三“家有筵席，必有酥蹄”，因而流传开来。

➜ **万三糕：** 邹氏茶食作坊的特产，传说是沈万三招待和赠送客人的糕点之一，如今不仅有万三糕，还有各种形式的糕点，满足各种口味需求。

➜ **撑腰糕：** 在周庄，每年的农历二月初二都要制作撑腰糕，寓意新的一年强身健骨、身体健康，只有吃了撑腰糕在干农活的时候才不会腰酸背疼。

在哪吃

楼外楼	沈厅	富安楼
菜品味道很好，河鲜也很新鲜，服务热情，值得推荐。 **电话：** 13773146902 **营业时间：** 10：00—21：00 **地址：** 福洪街3号近太平桥	古色古香的老字号餐馆，风景很优美，在这里可以吃到万三蹄、三味圆，还有苏州菜，人均消费85元左右。 **电话：**（0512）57211848 **营业时间：** 10：30—19：30 **地址：** 周庄镇南市街96号	就餐在二楼，虽然菜品不多，但是味道很好，酥饼和豆花很不错，还有奥灶面、万三蹄、酥饼、红烧巴鱼等。人均消费74元左右。 **电话：**（0512）57215627 **营业时间：** 10：00—22：00 **地址：** 周庄镇北市街2号，在沈厅的对面

同里

东方威尼斯

古镇概述

地理位置

➔江苏省苏州市吴江区。

气候特点

➔亚热带季风气候，春季是最佳的旅游季节。

开放时间

➔07：30—21：00

夜游同里：周五—周日

18：30—21：00

门票

➔100元，夜游同里(仅含退思园)50元。

同里，江南六大古镇之一，旧称“富士”。唐初，因名称太过富奢，所以被改名“铜里”。宋朝的时候将古名“富士”叠加，去掉上面的点，然后上下断开，拆字为“同里”。

同里四面环水，溪流纵横，与空阔的太湖、滚滚的古运河相依相伴。15条蜿蜒辗转的河流将小镇分离成7个小岛，镇内民居临水而建，好似漂浮在水上一般。乘舟泛游犹如置身于威尼斯的河道上，整个古镇宛然一幅“小桥、流水、人家”的诗情画卷，也被称为“东方威尼斯”。

民居在同里古镇静谧的街巷中犹如洒落的珍珠，点缀在每一个清水河畔。和其他的江南水乡相似，这里的民居大多是依水而筑，规模宏大，相互之间连接紧密，庭院以深宅大院居多。古镇至今保存完好的民居建筑有40多座，以明清建筑为主，粉墙黛瓦，很有徽派建筑的风格。

桥是同里水乡最富有情趣的代表性建筑。同里的桥梁众多，在大大小小的河流上架着各式各样的古桥，与潺潺河水一同构成优美的景色。其中最为著名的桥梁莫过于太平、吉利和长庆三座桥梁了。三桥呈“品”字形横跨于河面上，桥身构造典雅，玲珑秀丽，素有“桥中一品”的美誉。此外，还有最古老的思本桥，刻有“一泓月色含规影，两岸书声接榜歌”的普安桥，最具神话色彩的富观桥等。

生活富庶的同里，民俗文化极为丰富，每当节日时众多民俗精彩纷呈。新年期间，人们会到南观里敬香祈愿，保佑平安；到了龙灯夜会，更是精彩不绝，各种杂技表演、歌曲唱戏，好不热闹。特别是元宵至八月初期间，轮番登台大戏不断：三月廿八有朱天会、四月十四有神仙会、五月端午有竞龙舟、六月廿三有闸水龙、七月三十有烧地香、放水灯、八月初七初八有敲铜鼓等诸多风俗。

浓郁的文化氛围，孕育了同里深厚的文化底蕴。从宋代开始，这里诞生过状元一名，进士、举人近百名，名人雅士不胜枚举。历史上著名的人物有南宋诗人叶茵、明代造园艺术家计成、清代军机大臣沈桂芬、清末画家陆廉夫、“南社”创始人之一陈去病等，均声名显赫。

“醇正水乡，旧时江南”，同里那种秀丽醇正的自然美与富有内涵的人文美，那种历史沉淀而来的沧桑、精致与浪漫，让人们无法拒绝。

同里水乡风貌

景点品鉴

陈去病故居：陈去病是南社创始人之一，其故居是同里的一座家居大院，内有百尺楼、浩歌堂和家族祠堂遗迹等建筑，简朴自然。在很多的厅堂内都悬挂有名人题写的匾额，其中就有孙中山为陈去病的母亲题写的匾额。

陈去病塑像

南园茶社：茶社原是福安茶社，建于清朝初年，是古镇历史上著名的景致“南市晓烟”所在地。建筑分为上下两层，是清代风格的木质结构，木雕装饰非常精美。

明清街：街道长 160 米，是古镇重要的商业街，两侧的民居都是按照明清的建筑风格建造，带有鲜明的江南特色。

明清街

退思园：园林始建于清光绪十一年（公元 1885 年），由袁龙设计。园林根据江南水乡特点，构思新颖，巧妙布局，历时两年耗资甚巨建成。“莫道园林小，佳景知多少”，退思园格局紧凑，有着独特的布局，以花池为中心，各个建筑相依相连，如荷叶漂浮在水上。园内古色古香的建筑掩映在树木葱茏中，加之碧波荡漾，犹如进入一幅天然的水墨画中。

嘉荫堂：柳炳南的私人宅院，房屋建于民国初年，是一座仿明代建筑结构的四进院落。因建筑外形形似古代官帽，也称“纱帽厅”，高大宽敞的厅堂经过精心的雕饰和装点，显得庄严肃穆。内部的装饰图案非常精美，有八骏图、称心如意、三英战吕布等故事戏文，画面非常生动。

耕乐堂：由朱祥在明朝修建，因其自号耕乐，故取名耕乐堂。院落原有五进 52 间房屋，目前仅存三进 41 间，内部亭台楼阁、假山池水一应俱全，整体风格朴实静雅，清幽别致。

崇本堂：由钱幼琴于 1912 年在顾氏旧宅上修建而成，建筑坐北朝南，前有秀水，左有嘉荫堂，右有长庆桥，五进的院落呈纵向排布。院落规模不是很大，但整体布局协调有致，显示出主人家深厚的文化涵养。

交通

苏州站—同里古镇

轨道交通 4 号线换乘 725 路公交，全程 27 站。

轨道交通 4 号线（同里方向）：苏州火车站上车—同里站下车，乘坐 23 站。

725 路公交（同里汽车站方向）：同里站上车—同里古镇石牌楼站下车，乘坐 4 站。

住宿

繁荣客栈

地址：同里镇竹行街 62 号丁字河旁

电话：（0512）63337665

标间：118 元左右

近水楼客栈

地址：同里镇鱼行街 112 号

电话：13771689577

标间：260 元左右

湖大饭店

地址：同里镇崇本路 8 号

电话：（0512）63337888

标间：667 元左右

嘉荫堂

退思园

民风民俗

走三桥：在同里，人们为了躲避灾祸，祈求好运，不管是婚事、节日或者家人生日，都会伴着鞭炮声绕着三桥走上一圈。3 座相距不过 50 米的古桥分别是吉利桥、长庆桥和太平桥。三桥虽没有华丽的构造，但却是古镇众多桥梁中最受欢迎的，前来的游客几乎都要走一走 3 座古桥。

打莲厢：打莲厢是江南地区一种古老的习俗。莲厢是一种流行于江南地区的民间自制乐器，以长 1 米、直径 2 厘米的青竹制作而成，竹竿上每隔10 厘米分布着穿透的小孔，并在孔上嵌上铜钱用螺丝固定，两端系上彩带。在举行打莲厢时，艺人手拿乐器按照乐曲拍打自身的手腿各处，伴着震动，铜钱会发出悦耳的响声，绚丽的彩带翻飞，很是好看。每当有重大节日，古镇就会举办打莲厢活动，非常热闹。

特色美食

吃什么

袜底酥：是江南地区非常流行的传统美食，由面和油酥糅合烘烤制成，形似袜底，薄如酥饼，吃起来口感松脆，味道咸甜适中，非常受欢迎。

闵饼：闵饼在同里已经有 400 多年的历史，是本堂斋的特产。闵饼外观似青黛，口感滑而不腻，有着淡淡的清香，清朝时还曾作为贡品敬献慈禧太后品尝。

状元蹄：同里非常有特色的菜肴，将猪蹄用浓油赤酱烧制而成，口感香甜软糯，油而不腻。在古镇上随处可见，一般每个在 32 元左右。

芡实：芡实又名“鸡米头”，是一类睡莲科被子植物。果实呈圆球形，尖端突起，状如鸡头。在同里每年二月二“龙抬头”这一天，都会吃这碗美味的鸡米头羹。

在哪吃

状元楼	酒坛子饭桶	同里湖大饭店
老字号餐馆，在同里人气很旺，其中的白鱼、草扎红烧肉和响油鳝糊做得非常不错，还有特色蹄髈、清蒸白水鱼、太湖白米虾仁等。人均消费在 70 元左右。 **电话：**（0512）63331194 **营业时间：**10：00—22：00 **地址：**同里镇中川路 168 号	以当地的特色菜为主打，其中的面疙瘩很是美味，甜咸可口。此外还有白斩鸡、白水鱼等。人均消费在 57 元左右。 **电话：**13584400350 **营业时间：**10：30—20：00 **地址：**苏州市吴江区竹行街 13 号（平桥旁）	这是比较高档的餐厅，环境很好，特色菜有熏鱼、状元蹄和鲍鱼捞饭等。人均消费 625 元左右。 **电话：**（0512）63337888 **营业时间：**有多种类型的餐厅，可根据自己的需求向客服人员咨询具体营业时间。 **地址：**同里镇九里湖路 8 号

甪直
神州水乡第一镇

古镇概述

甪直初名甫里，因隐居于此的晚唐诗人陆龟蒙自称甫里先生而得名。清朝时期，古镇东侧有直港，三横三纵的河流通向六处，与镇北的吴淞江汇合，形似“甪”字，才改名为甪直。

甪直开发较早，距今已有 2500 多年的历史。地处太湖流域的甪直，是典型的水乡古镇，溪流纵横、水系发达，有“五湖之厅”“六泽之冲”的美誉，被费孝通先生赞为“神州水乡第一镇”。河道环绕着古镇，犹如一条玉带，银光闪闪，石雕的驳岸静静地伫立在波光粼粼的水岸旁，形态精巧，古拙大方。这既是古镇辉煌历史的写照，也代表着我国古代独特的建筑风格和较高的艺术成就。

桥梁是甪直古镇最具特色的风景，故甪直有着“桥梁之都”的美誉。在古镇不大的面积上，桥多而密，现存的古代桥梁就有40多座，多是元明清时期遗留下来的。就桥梁的密度而言，远超过意大利著名水城——威尼斯。甪直桥梁的风格大多是孔数不一的大小石桥、宽窄不一的拱桥、简单石板桥和左右相邻的姐妹桥等，形态各异，千姿百态，各具风采。

因古镇水网密布，陆地支离破碎，所以古镇上的民居有些拥挤，形成了众多的街巷，其中主要的干道就有10条，此外还有近70条蜿蜒的幽巷。纵横交错的街巷将古镇分割成棋盘状，民居建筑大多是明清时期遗留下来的，保存较为完好的宅院主要有沈宅、萧宅和赵宅等。

推崇文教的甪直自古就人才辈出，从这里走出过众多名人雅士，也吸引了很多大家来此隐居。陆龟蒙、赵孟頫、高启、沈周、文徵明、董其昌、叶圣陶等都曾在甪直留下痕迹。新中国成立后，甪直还诞生过四位院士，被誉为“一镇四院士”，可见甪直的人杰地灵。

景点品鉴

➜ 东美桥：俗称鸡鹅桥，是一座修建于明朝成化年间的花岗石桥。古桥的桥孔是全圆形的，很是特殊，要是在明月夜间，浑圆的桥孔和明月清辉交相辉映构成一幅优美的画面，这就是古镇的“长虹漾月”景。

➜ 沈宅：是同盟会成员教育家沈柏寒的居所，修建于清朝光绪年间，是目前甪直保存较为完好的富贵宅院之一。宅院是江南地区典型的园林式民居布局，粉墙黛瓦，亭台楼阁，很有特色。

➜ 保圣寺：始建于五代梁朝时期，距今已有1500多年。寺内有唐代塑圣杨惠之的九尊泥塑罗汉，巧妙的构思，堪称精妙绝伦。

➜ 萧宅：目前甪直保存最为完好的清代古建筑之一，修建于清光绪年间，是江南民居的代表之一。宅院坐西朝东，是一座五进的院落，包括门楼、茶厅、饭厅、厢楼和楼厅等。内部雕梁画栋，包含吉祥寓意的图案随处可见。建筑整体布局精妙，庄严肃穆中带有清丽典雅的风格，展现出江南民居独特的建筑风格。

地理位置

➜ 江苏省苏州市吴中区。

气候特点

➜ 气候温和，多雨潮湿，适宜春秋季旅游。

开放时间

➜ 夏08：00—17：00
冬08：00—16：30

门票

➜ 联票（不含张林园）78元；张林园20元。

交通

➜ 苏州站—甪直古镇

快线5号（黄娄首末站西方向）：苏州站北广场公交枢纽上车—晓市路站下车，一共23站。

➜ 上海虹桥站—甪直古镇

打车：上海虹桥站上车—甪直古镇下车，全程约50千米，大约需要155元。

住宿

➜ 如家快捷酒店

地址：甪直镇清风路9号
电话：（0512）66191666
标间：161元左右

➜ 华美达酒店

地址：甪直镇甫澄北路18号
电话：（0512）80981777
标间：500元左右

沈宅的精华部分——乐善堂

保圣寺

民风民俗

妇女服饰： 甪直的妇女服饰很有特色，她们梳着“愿摄头”，包扎着头巾，穿着拼接的衬衫和拼裆裤，外面罩着束倔裙，脚上穿着好看的绣花鞋，很有水乡风情，被周边的人称为“苏州少数民族”。如今在甪直很多妇女依然身穿这样的服饰，成为甪直一道独特的风景线。

特色美食

吃什么

甪直的美食主要有甫里蹄和甫里鸭，点心和小吃特别多，一年四季都有属于不同季节的糕点。春季有酒酿饼、青团子、糖切藕以及各色猪油糕等；夏季有油酥饼、油煎面、油氽臭豆腐干、薄荷绿豆糕等；秋季有玫瑰猪油糕、月饼、肉月饺、糖芋艿等；冬季有五色汤团、汤水饺、羊肚汤、各式年糕等。

在哪吃

要德火锅	江南村大酒店	江南村酒店
汤非常好喝，味足，其他食材的添加凭自身喜好，总体来说还比较划算，人均消费 73 元左右。 电话：（0512）65027855 营业时间：09：00—3：00 地址：甪直镇海藏路 6 号	在景区附近，菜品种类不多，味道还算可以，人均消费 90 元左右。 电话：（0512）65018880 营业时间：08：30—13：30 16：00—21：00 地址：甪直镇晓市路 48 号	较为高档的饭店，环境尚可，海鲜产品味道不错，比较特色的有甫里蹄、红烧鳝条、蛤蜊肉炒韭菜等，人均消费 170 元左右。 电话：13862065685 营业时间：08：30—13：30 16：00—21：00 地址：甪直古镇达圣路 22 号

木渎
秀绝冠江南

古镇概述

地理位置

江苏省苏州市吴中区。

气候特点

夏季高温多雨，春夏秋季适宜旅游。

开放时间

春夏秋季：08：00—17：00
冬季：08：00—16：30

门票

联票 78 元（含严家花园、虹饮山房、古松园、榜眼府第）。

木渎，别名渎川、胥江。木渎的来历很有传奇性，相传春秋时期吴王夫差为得到西施的欢心，就在灵岩山顶建筑华丽的宫殿，但是过多的建筑材料堵塞了河流的港口，于是当地就有了“木渎”的名字。地处太湖之滨的木渎，景色秀丽，物产丰富，因被狮山、灵岩、天平等名山环抱，也有着“聚宝盆”的美誉。再加上木渎历史悠久，迄今已有 2500 多年的历史，文化底蕴非常深厚，素有“吴中第一镇”“秀绝冠江南”之誉。

木渎的古迹名胜众多，尤以园林文化最具特色，被誉为“园林之镇”。其中的严家花园、古松园、榜眼府第等古典园林非常精致优美。人杰地灵的木渎，汇聚了历史上众多的名士大家。著名人物有范仲淹、朱碧山、陆子冈、杨基、汪琬、冯桂芬、叶涛、严家淦等，正是他们让木渎更具人文魅力。

经济繁盛、生活富裕的木渎有着许多特色鲜明的水乡习俗和民俗风情。每年举办的庙会达二十余次，如春节“拜喜神”“吃年酒”；元宵节“走马锣鼓”“闹元宵”；二月二的“撑腰搞”；端午节的“赏端阳”；中秋节的“斋月宫”“灵岩赏月”；金秋十月的“天平观红枫”；腊月的“喝腊八粥”等，庙会多样，规模宏大，把古镇装点得很是热闹。

走进木渎，深厚的文化底蕴、静幽的园林建筑、丰富多彩的历史故事，穿梭古镇便好似穿越了2500年的沧桑历史。

交通

➜ 苏州站—木渎古镇

轨道交通2号线换乘轨道交通5号线，全程13站。

轨道交通2号线（桑田岛方向）：苏州火车站上车—劳动路站下车，乘坐5站。

轨道交通5号线（太湖香山方向）：劳动路站上车—灵岩山站下车，乘坐8站。

住宿

➜ 苏州老街酒店

地址：木渎镇中市街14号

电话：（0512）66028972
15250503230

标间：140元左右

➜ 速8酒店

地址：木渎灵天路55号芭堤雅广场8号楼

电话：（0512）80991588

标间：129元左右

景点品鉴

➜ 古松园： 因园内有一株500多年的明代罗汉松，人们就称此园为古松园。古松园具有典型的清代园林建筑风格，各个部分精巧雅致，建造手法细腻。正厅名为古松堂，建筑风格是仿造明朝的厅堂格局，在正厅的轩阁架梁上有着八根木梁分立左右，和古代官帽后的两根翼翅相似，所以也被称为“官帽厅”。

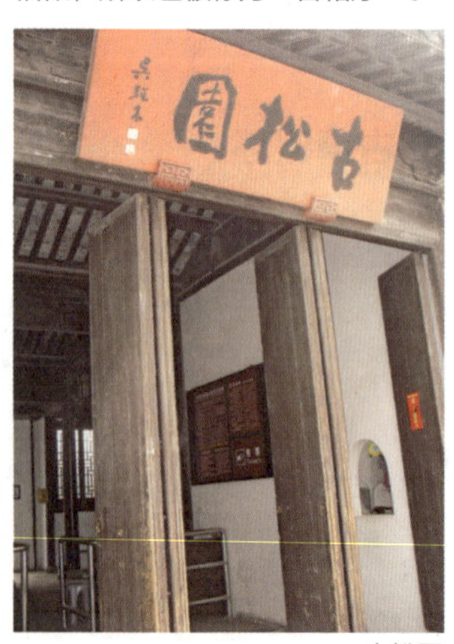

古松园

➜ 虹饮山房： 因“溪山风月之美，池亭花木之胜”成为江南地区有名的园林，是乾隆皇帝每次下江南来到木渎必到的游玩之地，有着“民间行宫”的美誉。

➜ 严家花园： 原是清乾隆年间苏州大名士沈德潜的私宅“灵岩山居”，在被木渎首富严国馨购买后更名为“羡园”，俗称“严家花园”。宅院布局合理，建造工艺精湛，被现代著名建筑学家刘敦桢教授认为是“江南园林经典之作”。宅院共有五进，由外至内依次是门厅、怡宾厅、尚贤堂、明是楼和眺农楼。其中的尚贤堂是非常罕见的楠木厅，木色韵香，古朴典雅。

严家花园

虹饮山房

民风民俗

➔ 碰瘌痢会：一种抬猛将老爷祈求财运和庇护的活动，在每年的农历正月十三举行。之所以叫碰瘌痢是因为猛将老爷虽然看似威武，但是却是赤脚、秃头，人们就起了这个略显滑稽的名字。

➔ 灵岩赏月：灵岩赏月的习俗历史悠久，据说早在春秋时期就已经开始了，后来的历代名人雅士也争相在明月之夜登上灵岩山欣赏月景，逐渐演变成当地的一种习俗。

住宿

➔ 苏州老街酒店

地址：木渎镇中市街 14 号

电话：（0512）66028972

15250503230

标间：140 元左右

➔ 速 8 酒店

地址：木渎灵天路 55 号芭提雅广场 8 号楼

电话：（0512）80991588

标间：129 元左右

特色美食

吃什么

➔ 鲃肺汤：原材料斑鱼是木渎一带的特产，肉质肥嫩细腻。鲃肺汤是鱼肝加入各种辅料用鸡清汤熬制而成，味道清新，营养丰富，十分独特。

➔ 松子枣泥麻饼：枣泥麻饼的品种很多，口感甜而不腻，非常松脆，在当地很是出名。

在哪吃

追夜小酒肆

一家极具特色的江逝菜馆。以诗词为菜名，菜色精致，造型优美，富有情调。在此就餐，有一种穿越南床的时代感，颇有风味。人均消费 99 元。

电话：（0512）66556777

营业时间：

周一—周四 10：00—14：00，17：00—21：00　　周五—周日 11：00—14：00，16：30—21：00

地址：木渎金枫南路 264 号悠方购物中心 6 楼（空中花园）

千灯镇
昆曲之乡

古镇概述

提起缠绵婉转的昆曲，想必很多人都感到熟悉，作为我国最古老的剧种之一，昆曲发源于千灯镇——一个有着 2500 多年历史的古镇。

千灯镇开发较早，早在春秋时期就已经成为集镇，之后不断发展演变，成为今天这副面貌。古时候的千灯镇是吴越争战之地，建有许多防御的土墩，故取名为千墩，后来“墩”变化为“灯”，就改称千灯。

古镇水网密布，有河流千灯浦穿越镇中，蜿蜒的河水两侧有民居错落，这些民居大多是明清时期遗留下来的，具有鲜明的江南民居的特色。古镇上桥梁众多，至今仍保留着 7 座明清时期的古桥，这些横跨在河道上的拱形桥大多小巧玲珑，弯曲的桥拱下可供乌篷船穿过，也构成古镇秀美的景致。

历史悠久的千灯镇产生了许多的民俗文化。如今在新形势的推动下开创了文化旅游节、中秋诗会阅读节等诸多形式的文化活动，极大地丰富了古镇的文化内涵，增添了古镇的魅力。

景点品鉴

余氏典当：俗称典当里，是一座修建于清朝顺治年间的徽派建筑，由当地的余氏家族第二代兴建。建筑共有七进，呈横向排列，坐西朝东，如今只剩下五进的院落，分别是典当铺、明厅“立三堂”、大堂楼、小堂楼和当库。在建筑风格上是典型的明代民居建筑，巍巍高墙能够防火防盗，是古镇不可多得的文物古迹。

三桥邀月：在古镇，三桥邀月是非常有名的景致，三座不同时代的古桥呈现不同的特色。西侧的鼋渡泾桥是一座宋代木桥；中间的恒升桥是清朝的三孔石桥，名称取步步高升之意；东侧的方泾浜桥小巧玲珑，建于明朝，带有鲜明的明代建筑特色。每当明月高悬时，三座古桥倒映水中形成三个圆形，和朗朗明月构成优美的画面。

顾炎武纪念馆：包括顾炎武故居、亭林祠堂以及墓和顾园。馆内陈列着关于顾炎武的生平事迹及其著作等。纪念馆古树参天，环境清幽，是一个很好的旅游去处。

石板街：始建于南宋时期的石板街纵贯古镇，蜿蜿蜒蜒的街道主长 800 米，连接着各个幽巷。老街一共用 2072 块花岗岩石板铺就，因为石板下有宽深的下水道和古镇的河道相连，遇到下雨时街道上也不会积水。

延福禅寺：寺庙历史悠久，始建于五代梁朝时期，后来不断得到朝廷的敕封，规模不断扩大。元朝末年，寺庙在战火中毁坏，重建之后又历经明末和清朝太平天国时期的战火而毁坏，于 2003 年重修，这座千年古刹才得以恢复原貌。

地理位置

江苏省昆山市。

气候特点

气候温和湿润，四季分明，春季是最佳的旅游季节。

开放时间

夏 08：00—17：00
冬 08：00—16：30

门票

门票 40 元，联票 60 元。

交通

昆山南站—千灯镇古镇

昆山 3 路换乘昆山 112 路，全程 17 站。

昆山 3 路（人力资源市场方向）：昆山南站上车—汽车客运南站下车，乘坐 2 站。

昆山 112 路（歇马桥方向）：汽车客运南站上车—千灯站下车，乘坐 15 站。

顾炎武纪念馆

周边景点

➔ **苏州梅园：**素以万亩梅海著称，位于西山景区的西边。内部不仅有江南水乡的自然风貌，而且有岁寒三友、四秀园、君子园和冬梅组成的绿化区，点缀着茶楼、碑廊、展馆等建筑，整个园区是一座休闲生态观光园。

开放时间

➔ 06：00—18：00

住宿

➔ **尚客优快捷酒店**

地址：千灯镇秦峰中路 333 号

电话：（0512）36682988

标间：157 元左右

➔ **嘉元酒店**

地址：千灯镇少卿西路 85 号

电话：（0512）57461001

标间：110 元左右

夏季的千灯镇

特色美食

吃什么

➔ 千灯镇的美味小吃众多，主要有香糍团、海棠糕、油煎虾花饼、糍饭糕、千灯肉粽等，而能够体现古镇特色的美食有千灯羊肉、燠鸭、田螺肉炒蛋等。古镇不是很大，街道上一般都有小饭馆和零星的糕点摊，要是有兴趣可以品尝一番。

在哪吃

望江楼茶馆

茶馆沿江而建，茶舍古色古香，依栏可见船只泛于江上，品茗静心。在这里可以喝到老板亲自泡的茶，搭配可口小吃，走累之后在此处歇息，十分惬意。人均消费 69 元左右。

电话：13611709398　13046693921

营业时间：09：30—21：00

地址：千灯古镇南大街 109 号（博古传奇对面）

沙溪镇
东南名镇

唐代时，沙溪已形成村落。宋元时期，这里已经成为当地有名的集镇。明清时期，这里凭借优越的地理位置和便捷的水陆交通，因而商贸发达，逐渐成为远近闻名的大镇。南北往来的客商和慕名而来的文人雅士带给了沙溪繁盛的经济和浓郁的文化气息，民间有着“东南十八镇，沙溪第一镇”的说法。

地处江南的沙溪镇，水网密布，因此古镇按照沿河网展开的布局模式，形成“一河二街三桥一岛”的格局。作为江南水乡古镇，自然少不了“小桥、流水、人家”这三大景致，古朴典雅的民居沿着河道和狭窄的街巷高低错落，各式玲珑小桥飞架在蜿蜒的河道上，摇曳的乌篷船咿咿呀呀穿梭在古镇的各处，呈现出一派祥和的古镇风情。

人杰地灵的沙溪镇是文化名镇，历史上这里诞生或居住着诸多名人大家，也是最先引进西方文化的古镇之一，明清时期就有很多沙溪学子出国留学。

古镇概述

地理位置

➔ 江苏省太仓市。

气候特点

➔ 亚热带气候，四季分明，3—10 月是最佳的旅游时间。

开放时间

➔ 全天开放。

门票

➔ 50 元。

交通

➔ **太仓站—沙溪古镇**

太仓 109 路换乘太仓 219 路，全程 20 站。

太仓 109 路（铁路太仓方向）：张桥村上车—张桥村北下车，乘坐 1 站。

太仓 219 路（双凤客运站方向）：张桥村北上车—沙溪客运站下车，乘坐 19 站。

景点品鉴

➔ **吴晓邦故居：** 一幢修建于民国初年的双层欧式建筑，是我国新舞蹈艺术开拓者吴晓邦的故居。如今故居保存较好，有客厅、主卧室等 12 间，站在屋顶的望台上还可以遥望沙溪的全貌。

➔ **陆京士故居：** 修建于 1946 年，是陆京士在抗战胜利后修建的私人宅院。院落依山傍水，东侧是陆氏祖居，西侧是兴建的三进的建筑，是典型的中西结合建筑。

➔ **连环画博物馆：** 以连环画的发展脉络为主题，分为四个展厅。展示了连环画的发展，介绍了连环画在每个时期的特点以及当时的绘画名

乐荫园

家和名作，是了解我国连环画发展历史的重要途径之一。

➜ **乐荫园：**修建于元朝末年，是当时隐士瞿孝祯的私人宅院。花园面积不大，由东、中、西三部分组成，以池水为中心，四周分布着假山、亭台、古桥、长廊等建筑。一直以来备受文人们的喜爱，沈周、文徵明等历史名人都曾在此吟诗作赋。

住宿

➜ **沙头客栈**

地址：中市街 73 号（沙溪古镇 100 米）

电话：（0512）53355777

标间：158 元左右

➜ **7 天酒店**

地址：沙溪镇沙南路 2 号

电话：（0512）33013777

标间：155 元左右

特色美食

吃什么

➜ 太仓是江南的鱼米之乡，鱼类资源丰富，刀鱼等肉质细嫩，味道鲜美，产生了诸多的鱼类美食。加之又是港口，往来的客商带来了各地的特色美味，丰富了当地的美食，例如双凤爊鸡、全羊宴等。

在哪吃

➜ 古镇或市内风味餐馆很多，一般这些餐馆内都可以品尝到当地的独特美食。

溱潼镇
水韵江南

溱潼镇建镇时间较晚，南宋时还只是一个小村落，直到明朝中期才成为集镇。溱潼景色秀丽，邻近国家5A级景区溱湖国家湿地公园，有着优美的水色风光。溱潼四面环水，有 5 条河流流经古镇，给古镇带来了充足的水源，便捷的水运交通，也孕育了古镇温润婉约的气质。

虽然古镇建镇时间较晚，但是保留的文物遗迹很多，这里有保存完好的古建筑群，如民俗风情馆、院士旧居、婚俗馆、契约文书馆等，各具特色，展现着古镇丰富的人文历史。

人杰地灵的溱潼镇自古就崇尚文教，历代人才辈出。据当地史料

古镇概述

地理位置

➜ 江苏省泰州市姜堰区。

气候特点

➜ 气候温和，雨水充足，四季分明，适宜秋季游玩。

开放时间

➜ 08：00—17：30

门票

➜ 40 元。

交通

➜ **苏州站—溱潼古镇**

可从苏州北广场汽车客运站乘坐客车至泰州南站，再从泰州南站换乘公交至目的地。

住宿

➜ **溱潼宾馆**

地址：华光大桥东 50 米路南

电话：（0523）88622777

标间：118 元左右

➜ **怡莱酒店**

地址：鹿鸣路 1 号

电话：（0523）88780777

标间：113 元左右

记载，历史上溱潼镇产生过100多名进士和举人，并有数十位名人雅士在此隐居写作，其中著名的有明代吏部尚书储巏、清代大词学家蒋鹿潭、清代进士孙乔年、清代画家郑板桥等。在当代还有“弟兄二人四院士”的李德仁和李德义兄弟，可见溱潼镇文化底蕴之深厚。

景点品鉴

北村：在北村有个历史遗迹就是北村莲社，古时候在溱潼的北村有户朱姓人家，家中建有几间别墅，并在家门前开凿池塘种满荷花。每当盛夏荷花盛开时，粉红的荷花点缀着片片绿色煞是好看，历史上当地的多位名家在此吟诗作赋，成立诗社，故称为“北村诗社”。

东观：东观是一座后晋时期修建的道观，因位于古镇的东部，故称为东观。古镇的东大湖就在道观的旁边，每当夕阳西下时，捕鱼人乘坐小船归来，点点渔火在湖面摇曳，很有意境，这就是古镇著名的“东观归渔”。

绿院：一座古老的寺庙，在庙内原有一正一斜两棵老槐树，据说是寺庙的创建者栽种的，后来斜的那棵在抗战中被毁坏，如今只有直立挺拔的那棵郁郁葱葱。旁边还有一座名为“听槐轩”的凉亭，每当夏日夜晚坐在凉亭内，听着槐树上的蝉鸣，遥望星空，格外宁静。

周边景点

溱湖国家湿地公园：国家5A级湿地公园，素有“水乡明珠”的美誉，内部景观独特，不仅有秀丽的湖光水色，也有着丰富多彩的民俗活动。

开放时间

08：30—17：00

门票

100元

溱湖国家湿地公园

民风民俗

溱潼会船节：会船节的历史源于宋代，相当于一种船舶比赛，在每年的清明节第二天举行，每届会船节都有国内外上万人参与观看，被认为是目前我国保存最好、最具原始生态的水上庙会。如今的溱潼会船节已经是国家级非物质文化遗产、我国的十大民俗之一，也形成了一系列的民俗活动，包括赛船、酒会和送头蒿等，非常有特色。

会船节

特色美食

在哪吃

潼福兴土菜馆

潼福兴土菜馆是一家网红餐馆，环境优美，设有大堂和包间。招牌菜一锅鲜几乎人人必点，菜中包含多种鱼类及鲜美的河虾，味道极鲜。店中菜品种类多，分量也大，点餐时记得按需而点，别贪多浪费。人均消费 81 元左右。

营业时间：09：00—21：00

电话：13914411376

地址：溱湖街 6 号（古镇景点票务中心旁）

枫桥镇
东海文化明珠

古镇概述

地理位置

➔ 江苏省苏州市虎丘区。

气候特点

➔ 气候温和湿润，春、夏季是旅游的最佳季节。

开放时间

➔ 全天开放。

门票

➔ 寒山寺 20 元，枫桥 25 元。

交通

➔ 杭州站—枫桥镇

从杭州站乘坐火车到达诸暨站，再从诸暨站乘坐公交至目的地。

在中国的历代名诗集里一定不会少了这一首脍炙人口的古诗——《枫桥夜泊》，那简单的词语汇聚着作者无尽的惆怅，也描绘出枫桥优美的意境。千年之后的人们手拿诗篇追寻着诗人吟诗的地方，看一看到底是怎样的美景触发诗人那样的诗情？

枫桥镇历史悠久，隋唐时期凭借大运河便捷的交通发展成镇；宋元时期成为当地有名的商业之地；到了明清时期，古镇凭借优越的地理位置和便捷的水路运输成为商业重镇，四面八方的商贾在此云集。唐伯虎就曾这样描述枫桥镇：“金阊门外枫桥路，万家灯火迷烟雾。”太平天国时期，枫桥镇在战火中化为废墟，如今的古镇是在原址上重建的。

枫桥镇有众多的文物古迹，如始建于五代后梁时期的寒山寺，明朝时为抗击倭寇修建的铁铃关以及后来恢复的唐灯、草堂、戏台等，无一不展示着古镇深厚的文化底蕴。

景点品鉴

➔ **寒山寺：**是古镇最为著名的建筑，始建于南朝萧梁时期，后来唐朝高僧寒山和拾得来此住持，才改名为寒山寺，是我国十大名寺之一。古寺在历史上多次被毁坏，如今的建筑是清朝光绪年间修建，主要有大

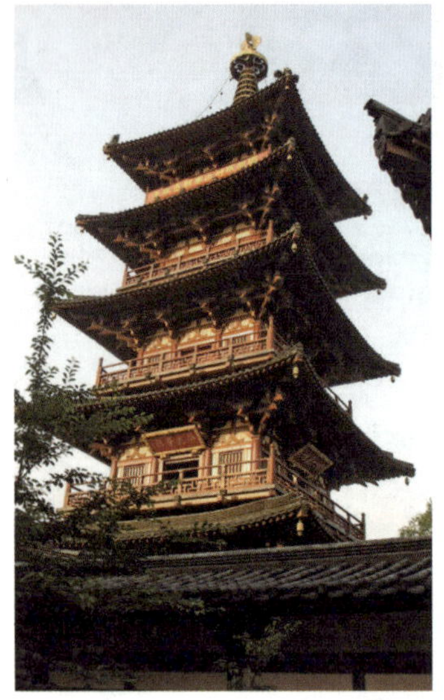

寒山寺普明塔

雄宝殿、藏经楼、霜钟阁、钟楼、花篮楼、枫江楼以及收藏众多碑刻的碑廊。

➜ **枫桥苑：**一座展示枫桥镇历史的展览馆，有着古典庭院式的建筑风格，展馆分为“枫桥五古”“枫桥胜迹”和“远景规划”，展示了古镇的历史、古迹以及未来的规划，是了解枫桥镇的重要途径。

➜ **铁铃关：**明朝嘉靖年间为抵御倭寇而修建，由城楼和关台构成，与枫桥相连，也称“枫桥敌楼”。铁铃关地处水路和陆路，是进入苏州城的要塞地带，桥楼相连的建筑构造有着鲜明的江南古塞的特色。如今的铁铃关是苏州唯一的一座军事古塞，站在这里可以尽情俯瞰枫桥古镇秀丽的水乡风貌。

➜ **江枫草堂：**古时候文人雅士聚集畅聊的地方，悬挂的“江枫草堂”牌匾是由明朝著名文人文徵明所写。园内假山流水，清新自然，堂内各种家具古色古香，大多由竹节精雕细刻制成，充满浓郁的人文气息与风骨。在草堂南侧还有书房，装饰典雅，是当时吟诵诗赋后撰写成集的地方。

➜ **枫桥：**又称封桥，是古镇河流枫江上的一座古桥，因唐朝诗人张继的古诗《枫桥夜泊》而闻名。如今的枫桥是清朝同治年间重建的半圆形单孔石桥，宽大的拱洞能够让游船自由穿梭，游人可尽情领略两岸秀美的景色。

枫桥

锦溪
民间博物馆之乡

锦溪，古称陈墓，被淀山湖、澄湖等五湖所环绕，水域充足，溪流纵横，景色秀丽，有诗形容，“东迎薛淀金波远，西接陈湖玉浪平”，故锦溪历来就有“金波玉浪”之称。据史书记载，南宋时期宋孝宗南渡，其宠妃陈妃病殁后葬于此处，锦溪便更名为陈墓长达 800 多年，直至 1993 年，才恢复锦溪的名字。

“三十六座桥，七十二只窑”是锦溪的写照。作为江南水乡，水流纵横的锦溪，其桥梁密度也是国内较为罕见的。在这不大的面积上就有数十座大大小小的桥梁，大多数还是明清时期保留下来的遗迹。那斑驳古朴的桥身、雕刻精美的图案，让婉约灵动的锦溪很有历史的厚重感。

古时候锦溪的窑业非常发达，是这里传统的支柱产业，出产砖石瓦片、瓷器雕塑等器物，这些古瓷器为后来的古砖瓦博物馆的建立提供了充足的展品。锦溪的博物馆众多，被誉为“民间博物馆之乡”，有各式博物馆 13 座，包括中国历代钱币珍藏馆、华夏奇石馆、华东第一古董馆、华夏天文馆等。

景色秀美的锦溪不仅是名人雅士诗歌咏颂的地方，也是人才辈出之地。“画圣”吴道子、“吴中才子”文徵明、“民国状元”朱雷章等都出生于此，或许正是水乡的灵韵激发了他们惊世的才情。在这似诗如画的古镇水乡，浸润着沧桑历史的厚重和水乡的灵韵，锦溪一直吸引着世人的目光。

古镇景色

古镇概述

地理位置

➔ 江苏省昆山市。

气候特点：

➔ 亚热带季风气候，春、夏季是最佳的旅游季节。

开放时间

➔（4—11 月）
08：00—17：00
（12 月至次年 3 月）
08：00—16：30

门票

➔65 元。

交通

➔ **苏州站—锦溪古镇**

快线 5 号换乘 521 路支线，全程 42 站。

快线 5 号线（黄娄首末站西方向）：苏州站北广场公交枢纽上车—甪直镇政府站下车，乘坐 22 站。

521 路支线（锦溪客运站方向）：甪直镇政府站上车—锦溪客运站下车，乘坐 20 站。

住宿

➔ **光阴的故事缘居**

地址：锦溪古镇南坟堂 4 号
电话：15051631061
标间：160 元左右

➔ **锦溪湖大酒店**

地址：锦溪镇环湖北路 666 号
电话：（0512）55205858
标间：390 元左右

景点品鉴

➜ 古代砖瓦博物馆： 原是民居，后来改造成博物馆，是一座古色古香的清代建筑。如今内部收藏着各种砖瓦、建筑构件等 14 种，不大的建筑内陈列着 1000 余件砖瓦珍品，集中了我国古代建筑各种样式的砖瓦。

➜ 古董博物馆： 博物馆是私人开设的收藏各种古玩的展览馆。建筑分为三层，第一层主要是各种漆器家具和木质雕刻；第二层展示着玉器、书画和瓷器；第三层是水盂的专题展示，陈列着从先秦时期至今的各种水盂以及各种笔架、笔筒等，非常珍贵。

➜ 十眼长桥： 长桥建于明代，全长 52 米，横跨在锦溪的静水上，造型精巧，九柱十孔的镂空构造最是匠心独运。每当明月高悬，水天一色，古桥倒映湖水，景色如画。

➜ 普庆桥： 古桥始建于清朝雍正年间，俗称俞家桥，是一座花岗岩的单孔石桥。桥长 18.5 米，东西横跨在市河上，两端有“两岸烟飞通海市，一溪浪涌接澄湖”的桥联。

➜ 杰出人物馆： 人物馆集中展示着从 1872 年开始的锦溪近代史上 120 位名人大家，这些当地的名人为锦溪古镇的发展和传承做出重要的贡献，也是了解锦溪历史的重要场所。

➜ 莲华禅寺： 莲花禅寺的来源也和陈妃有关，据说是宋孝宗为纪念陈妃而建。整个寺院亭阁殿宇、水榭禅房一应俱全，是江南地区有名的佛教圣地。寺庙的建造布局非常别致，蓝天碧水间，明亮的湖水、翠绿的荷花、杏黄的古寺，构成一幅色彩祥和的画面。

➜ 陈妃水冢： 陈妃是南宋孝宗的妃子，在往杭州的途中于锦溪病逝，于是立水冢而葬在水中的小岛上。也正是这个原因，此后 800 多年锦溪一直被称为“陈墓”。

普庆桥

陈妃水冢

十眼长桥

特色美食

吃什么

➜ **酱汁肉：**由白糖炒制的酱色色泽油亮，肉质纯正，酥而不烂，油而不腻，加上佐料入味，味道很是浓厚，一般伴着青菜食用，入口即化，适宜各类人群。

➜ **长隆月饼：**一种口感香酥的月饼，由油酥和面制成，内含的馅料肥而不腻，香醇可口，常见的以素馅较多，外观精美，风味独特。

在哪吃

观桥阁

室内环境比较幽雅，可以选择在室内，也可以选择坐在室外靠河边。特色菜乌米饭、盐水野生河虾也极受欢迎。人均消费 83 元左右。

电话：18962684417
营业时间：10：30—20：00
地址：锦溪古镇下塘街 8 号

长泾镇

古韵小苏州

古镇概述

地理位置

➜ 江苏省江阴市。

气候特点

➜ 亚热带气候，四季分明，气候温和，春、夏季适合旅游。

开放时间

➜ 长泾老街：08：30—17：00

门票

➜ 长泾老街成人票 60 元。

交通：

➜ **无锡站—长泾老街**

无锡—华西便捷巴士换乘江阴 301 路，全程 27 站。

无锡—华西便捷巴士（华西客运站方向）：无锡汽车客运站上车—永昌村站下车，乘坐 17 站。

江阴 301 路（顾山客运站方向）：北山站上车—东亚汽修站下车，乘坐 10 站。

长泾镇古称“东舜城”，是一座拥有千年历史的江南古镇，不仅有着秀丽的水乡风景，而且文化底蕴深厚，是古老吴文化的发源地之一。古镇的历史悠久，据考证早在 5000 多年前就有文明的曙光初现，2500 多年前有文字的记载，不过古镇直至明清时期才大规模兴起，成为江南名镇，素有“小苏州”的美誉。

在这个不大的古镇上，几条蜿蜒的街道穿梭在古镇中，勾连着幽深的小巷，高低错落的民居坐落在街道的两侧，清雅静幽。这些建筑或是简单的小作坊，或是工艺品商店，抑或是古朴的民居住宅等。这些带着明显明清时期风格的建筑很多是古老的遗迹，跨越百年保存至今，让人赞叹。

近代以来，小巧的长泾镇名人辈出，上官云珠、张大烈、张大煜等，都曾为长泾做出重要的贡献。

景点品鉴

老街：街道由坚硬的山磨石铺成，使用的每一石板都有鲜明的标记，路面下有水道直通河流，雨天时街面不会积水。明清时期是老街最为繁华的时候，当时许多巨商官宦居住在老街上，商铺林立，行人如织，《泾里志》记载："俨成江邑东南一大市镇矣"。

民居建筑：明清时期，长泾古镇上聚集了近十位商家巨贾，兴建了规模宏大的民居建筑，保存至今的明清建筑就有 50 多处，还有很多名人故居。这些明清建筑大多保存完好，是古镇不可多得的文物遗迹，展现着古镇深厚的文化底蕴。

白墙黑瓦的民居建筑

沙家浜
因剧成名

古镇概述

地理位置

江苏省常熟市。

气候特点

亚热带季风气候，四季分明。秋初是最佳的旅游时间，可以品尝到正宗的大闸蟹。

开放时间

07：30—17：30

门票

旺季（6—11 月）100 元淡季（12 月至次年 5 月）80 元

交通

常熟站—沙家浜

常熟 5 路（沙家浜景区方向）：常熟站上车—沙家浜景区站下车，乘坐 38 站。

提起沙家浜就会想起那部著名的京剧《沙家浜》，在那茂密的芦苇荡中，演绎跌宕起伏的传奇故事，谱写了一首首壮丽的战斗诗篇。

相比其他的江南古镇，沙家浜的历史并不算短，早在隋朝初年就已经成为乡民的聚居地，逐渐成为集市，随后不断发展，在清朝时期走向鼎盛。沙家浜是典型的水乡，这里河流纵横，湖网密布，在当地流行着“出门先动橹，抬腿就下湖”的说法，可见水域的广阔。在沙家浜广阔的水域上生长着茂密的芦苇，每当春季时，青色的芦苇铺满整个水面，很是壮观。

广阔的水面也极大地促进了沙家浜水上交易市场的形成。每逢市集，来自周围十里八乡的人们划着小船穿梭在清澈的水面上进行交易，言笑晏晏，满载而归。

每年的十月是到沙家浜最好的季节，这时“阳澄湖畔沙家浜，大闸蟹是屋里乡”，是品尝大闸蟹最好的时候。由于沙家浜优越的水域条件，大闸蟹的生长环境良好，所产的品质也非常好，口感很是不错。

周边景点

➜ **方塔园**：位于常熟市东部，是在宋代遗迹上兴建的园林。方塔始建于南宋时期，是常熟古城的标志性建筑。四面九层的方塔有砖木构造，造型古朴雅致，很是美观。

门票：

➜25 元

开放时间：

➜08：00—16：00

景点品鉴

➜ **影视基地**：在沙家浜有一座影视基地，这里保存着原有的古村旧貌，展现着 20 世纪三四十年代的江南农村的样貌，很多电视剧都是在此拍摄的。每天这里还会上演京剧《沙家浜》中的选段供游人观看。

➜ **芦苇荡**：在沙家浜，最吸引人的景致莫过于占地 1000 多亩的芦苇荡了。乘坐着舟筏穿梭在狭窄的水道上，领略清丽的美景，一人多高的芦苇让人分不清东南西北。秋季是欣赏芦苇荡最佳的季节，此时原本青绿的芦苇变得枯黄，毛绒的芦花在空中飘荡，呈现出“芦苇荡里好风光”的场景。

➜ **春来茶馆**：沙家浜茶馆众多，有着悠久的茶馆历史，其中春来茶馆因京剧《沙家浜》而闻名，在这个简单的茶馆里上演了一曲激荡人心的历史故事。游玩竹林、听戏品茶，回归自然，堪称“绿色旅游”。

春来茶馆

陆巷村
太湖第一古村落

古镇概述

地理位置

➜ 江苏省苏州市吴中区。

气候特点

➜ 气候温和湿润，四季分明，春、秋季节是最佳的旅游时间。

开放时间

➜ 08：00—17：00

门票

➜ 50 元。

交通

→苏州北站—陆巷村

867路换乘862路，全程43站。

867路（济民塘大桥停车场方向）：京沪高铁苏州北站上车—济民塘大桥停车场站下车，乘坐30站。

862路（南泗泾首末站方向）：济民塘大桥停车场站上车—陆巷站下车，乘坐13站。

在浩渺的太湖之畔坐落着一座古老的村落，被认为是“太湖第一古村落”，这就是成形于南宋时期的陆巷村。历史悠久的陆巷村在明清时期走向鼎盛，此时由于出现了连中解元、会元和探花的明朝大学士王鏊，之后又连续出现了状元1名、进士和举人13名，让这座古老的村庄充满浓厚的人文气息。

关于陆巷村的来历，有人认为是宋朝南迁时，部分北方人迁居于此，建立村落，村中有6条巷弄，因而取名陆巷。也有人认为是和王鏊的母亲有关，王鏊高中探花之后，为感谢其母的养育，就将村庄改称母姓陆，后来逐渐演变成陆巷村。

陆巷村的规模并不大，但古时候却是商贾云集，高堂巨宅鳞次栉比。如今保存的明清建筑就有30多处，是当地保存古建筑最多、最为完好的古村。

村中的建筑依据地形而建，高低错落，古朴简洁的造型让民居看起来非常美观，整体格调素雅，而局部雕刻又极精巧，具有鲜明的明清时期的建筑风格，是香山帮建筑的经典之作。民居以一条纵线布局，从外至内依次是照墙、门厅、大厅、楼厅等建筑，位于轴线上的建筑就是正落，而在轴线两侧的建筑称为边落。

临山近水的陆巷村物产资源丰富，其中著名的碧螺春茶和太湖三宝享誉国内外。秀美的山水景色和保存较好的古朴民居还让这里成为影视剧拍摄的取景地，《橘子红了》《红粉》《摇啊摇，摇到外婆桥》等大红的电视剧都曾在此取景拍摄。

景点品鉴

→明代牌楼：在村中一条长达一里的明代古街上，建有“探花、会元、解元”三座明代牌楼。

解元牌楼

→陆氏宗祠：古村陆氏的祖祠，建筑西北东南朝向，坐落在村口，是当地目前保存最为完好、面积最大的宗祠建筑。

→惠和堂：明朝大学士王鏊的故居，建筑精美细致，被认为是明朝官宦建筑的典型之作。堂名惠和，取“惠风和畅”之意。宅院纵向三路，前后有五进，其中的左路是花厅、花园、书楼，中路有门楼、大厅、主楼和后花园，右路是茶厅、耳房等。如今在建筑内开辟有八处展览馆，展示着王鏊的生平、著作和珍藏。最为精彩的要数照壁前的“九狮图”，栩栩如生，非常珍贵。

→寒谷渡：寒谷渡是古村的渡口，古时候陆巷村经济繁盛，商贾往来，官宦世家集聚，都在此上船下船，形成了非常热闹的古渡口，如今在渡口的两侧还有王鏊书写的对联“落霞渔浦晚，斜日橘林秋”。

寒谷渡

上海
Shanghai

作为我国的经济中心之一，上海遍地都是林立的高楼大厦、生活节奏很快。霓虹闪烁、灯红酒绿、歌舞升平，几乎是人们对上海的惯有印象。但是作为经济发达、历史悠久的上海并不只有现代化的建筑，这里也保留着众多古韵深厚的古镇，这些古镇犹如一颗颗璀璨的宝石镶嵌在黄浦江畔。

上海的古镇主要兴起于明清时期。由于优越的地理位置和便利的交通条件，上海在明清时期得到大规模开发，经济快速发展，一大批古镇集市应运而生。上海的古镇带有江南水乡特有的风貌，潺潺的流水在白墙黛瓦间蜿蜒，一弯拱桥跨越小河留下一个圆形的倒影，摇曳的乌篷船在河中畅游，高低错落的民居建筑倒映在清澈的河水中，形成了上海独有的水乡风貌。

虽然上海高楼林立、寸土寸金，但是面积广大的上海拥有的古镇却并不少，其中比较出名的有枫泾、新场、南翔、七宝等，每一个都有其独特之处，每一个都值得驻足细赏。

朱家角
上海威尼斯

古镇概述

地理位置

➔ 上海市青浦区。

气候特点

➔ 全年气候温和多雨，平均气温在15℃，每年的6、7月是梅雨季节，雨天多，夏季偶有台风。一般春夏秋季比较适合旅游。

开放时间

➔ 全天开放。

门票

➔ 朱家角是免费的，但是个别景点会收取门票。

交通

➔ **上海虹桥站—朱家角古镇**

17号线（东方绿舟方向）：虹桥火车站上车—朱家角下车，乘坐11站。

朱家角是上海目前保存最好的古镇之一，风景优美，清幽静雅，好像一把折扇展开在淀山湖畔，有着“上海威尼斯”的美誉。

朱家角历史悠久，据说早在宋元时期就已经建村成镇，直至明朝中期才正式取名“珠街阁”，后来在清朝中期，朱家角得到充分发展，经济繁盛，逐渐定名为“珠里镇”，俗称为“角里”。优越的自然环境和便捷的水路交通是朱家角得以快速发展的主要原因，借助便利的条件，朱家角商贸云集，店铺林立，尤以布业最为发达，被誉为“衣被天下”，是江南有名的巨镇。

素有“江南明珠”之称的朱家角，风景名胜、旅游资源异常丰富。全镇不仅有“一山一湖”之风光，更有“一桥、一街、一寺、一庙、一厅、一馆、二园、三湾、二十六弄”之妙景。古镇河流纵横，形似密网，九条老街随着蜿蜒的河流曲曲折折，相依相偎。民居临河而立，密密匝匝，白墙黛瓦，非常典雅。“到了角里不看桥，等于角里勿曾到。”朱家角有古桥36座，单孔拱桥、多孔拱桥、直桥等各种类型的桥梁都可以见到，是古镇的一大特色。

“水木清华，文儒辈出”是朱家角璀璨人文景观的真实写照。这里诞生过清代金石学家王昶、清末通俗小说家陆士谔、御医陈莲舫、南社诗人陆灵素、上海申报创始人席玉福、著名实业家蔡承烈等诸多著名人物，他们无不为朱家角留下了珍贵的文化遗产。如今的朱家角沿着这条源源不断的文化源泉，继续吸收着各种特色，丰富着群众文化，逐渐成为人们日常生活的重要部分。

购物

➜ 朱家角的特色购物主要集中在北大街，这里的手工工艺品、土特产非常丰富，此外附近还有很多商店可供选择。

景点品鉴

➜ **北大街：** 沪上第一大街，全长1000多米，两侧建有保存完好的明清建筑。街道狭窄，最宽处不过三四米，屋顶屋檐几乎相连，每当阳光直射时，只留下一道窄窄的光线，所有又称为“一线街”。街道上店铺林立，有“长街三里，店铺千家”之说，是朱家角最繁华的街道。

报国寺

北大街

城隍庙

➜ **报国寺：** 古寺位于朱家角的淀山湖畔，始建于明朝末年，原是祭祀关羽的关帝庙，后来演变成上海玉佛寺的下院。在古寺内有一棵1000多年的古银杏树，树高近37米，围长达6米，要几个人才能合抱，是当地最大、最古老的银杏树。

➜ **城隍庙：** 原位于朱家角的南部，乾隆年间迁居镇中，是青浦的城隍行宫。城隍庙虽是祭祀之所，实际上也是一个规模很大的园林，内部亭台楼阁、假山池水一应俱全，古色古香的建筑布局雅致，有“城隍十二盛景”之称。

➜ **课植园：** 始建于1912年，是江南地区著名的私人园林，因园主人自号“农圃”，有耕读的意味，所以取名“课植”。整个庄园由厅堂区、假山区、园林区三部分组成。厅堂区是主人主要的生活区，有头厅、二厅、三厅、迎宾厅和藏书楼。园林区是整个庄园最精华的部分，内有观戏厅、逍遥楼、荷花池、课植桥、藕香亭、钓鱼台等，各建筑布局巧

课植园

妙，结构精致，气势宏大。

➔ 大清邮局： 位于朱家角城隍庙的西湖街，始建于1903年，是当时该地设立最早的邮局，也是目前华东地区保留的唯一一座大清邮局。如今的大清邮局作为邮局博物馆，展示着我国邮局的发展脉络和本邮局的建立与发展历程。

➔ 放生桥： 建于明代万历年间，横跨于漕港河上，呈五孔拱形，全长70.8米，宽5.8米，高7.4米，被誉为"沪上第一桥"。大桥结构精巧，线条柔美，犹如一条玉带在河面延展，那五个大小不一的半圆桥孔形似道道彩虹将桥身加固，在百年的滚滚洪水冲刷中依然保存完好。半圆形的桥孔与清澈的河水相互映照，构成大小不等的圆，被称为"井带长虹"，成为朱家角的"十景"之一。

周边景点

➔ 大观园： 位于淀山湖畔，是仿造《红楼梦》内大观园建造的园林建筑，古色古香的园子与书中令人炫目的景观一致。

➔ 豫园： 著名的江南园林，始建于明代，已经有近500年的历史，内部亭台楼阁、假山池水一应俱全，古色古香，非常典雅。

豫园

住宿

➔ 驿云精品连锁客栈

地址：朱家角镇泗景园路21号
电话：15026672637
标间：168元左右

➔ 全季酒店

地址：朱家角镇漕平路26号
电话：（021）59835566
标间：300元左右

➔ 中信泰富朱家角锦江酒店

地址：朱家角镇珠湖路666号
电话：（021）39277888
标间：700元左右

民风民俗

➔ 珠里兴市： 是古时朱家角每年农历七月初七都会举办的民俗活动，也称"泥河滩香讯"。珠里兴市原是摇船比赛，后来由于大量的商贾提前一星期到来，在此设立临时的各种店铺，附近的各种杂耍也云集于此，形成了繁盛的集市。活动在农历七月六日的晚上达到鼎盛，街道上人如潮涌，两侧店铺林立，叫卖声不断，异常热闹。

➔ 摇快船： 古时的朱家角每年的农历七月初七都会举行摇快船活动，是因为在农历七月初七是当地的神诞节。当地的乡民们在焚香两天后乘坐渔船途经朱家角，连绵不绝的渔船横渡在朱家角水域上，前后数十里，锣鼓喧天，竞相追逐，格外热闹。

特色美食

吃什么

➔ 清水大闸蟹： 淀山湖的特产之一，品尝大闸蟹的最佳时间是农历的九月，这时候的大闸蟹外壳坚硬，肉质饱满，口感极好。

➔ 银鱼： 淀山湖的银鱼外表银白，一般在清明节上市，银鱼肉质细腻，可炒可蒸，可以和鸡蛋混合制成银鱼焖蛋，还可以制成鱼干煮汤等，营养丰富，非常美味。

➔ 扎肉： 当地的传统名菜，用红烧的方法制作而成，古时候叫"贵妃肉"，有"色香味美糯如鳗"的美誉。

在哪吃

酒坛子饭桶	清徽园	茂荪馆饭馆
评价很不错的饭店，有几道拿手的菜肴，如清蒸鱼、糖藕、酒香肉扎肉等，人均消费 69 元左右。	这座有 100 多年历史的茶楼已经成为国内外游客常去的地方，很多人在此喝茶聊天，人均消费 22 元左右。	这是一家百年老字号店，制作的扎肉很有特色，人均消费 64 元左右。
电话：（400）6665034 营业时间：09：30—21：00 地址：朱家角泗景园路 13 号	电话：（021）59231428 营业时间：08：00—20：00 地址：朱家角镇北大家 255 号	电话：13701899028 营业时间：10：00—19：30 地址：朱家角北大街 309 号

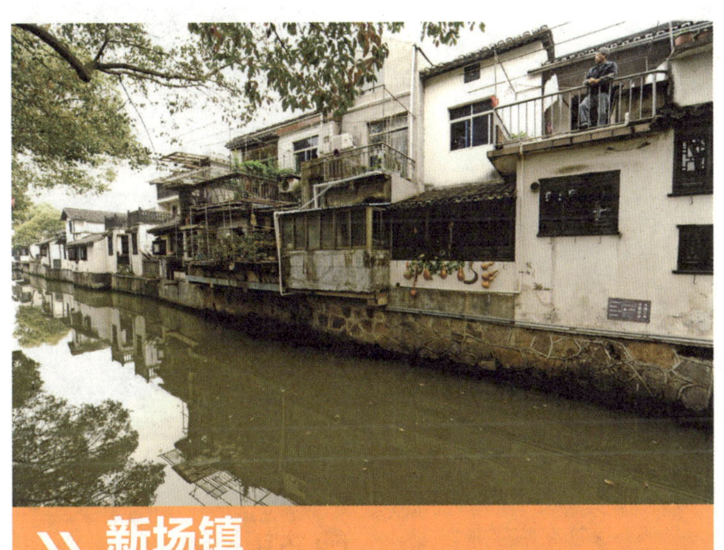

新场镇

小小古镇赛苏州

新场镇是上海的四大古镇之一，距今已有 800 多年的历史。新场古称“石笋里”，曾是晒海水滤盐的地方，很是繁盛，至今仍保留着大量的文物古迹，积聚了多姿多彩且深厚的历史文化，有“小小新场赛苏州”的美誉。

新场镇面积不大，古镇建筑主要集中在几条贯通南北的街道和交错纵横的河流上。轻踩着光滑的石板路，跨过一座座精巧别致的石拱桥后，就能尽情领略这座历经风霜的古镇的全部风情了。古镇现存成片的古建筑有近 20 万平方米，元明清的石驳岸 1000 多米，以及近 70 座古代仪门，这些古老的建筑物拥有独特而珍贵的历史价值、艺术价值和观赏价值。

新场因盐业繁荣而成镇，坊间有“浦东十八铺，新场第一镇”的说法。发达的经济、繁盛的商业，带来了新场镇富足的生活，吸引了大量的文人雅士来此居住游览，留下了丰富的文化遗产。

近些年，随着古镇的开发，新场的知名度得到大幅度的提升。2008 年古镇被评为第四批“中国历史文化名镇”，2009 年命名为“首批上海市文化产业园区”，成为国家 4A 级旅游景区。著名导演李安的电影《色戒》就是在这里取景，里面有不少古镇景色。

古镇概述

地理位置

➔ 上海市浦东新区。

气候特点

➔ 气候温和湿润，一年四季都适合旅游。

开放时间

➔ 全天开放。

门票

➔ 免费，部分小景点需收费。

交通

➔ **上海—新场镇**

地铁 10 号线转 11 号线，再转 16 号线，全程 24 站。

地铁 10 号线（基隆路方向）：虹桥火车站上车—交通大学站下车，乘坐 9 站。

地铁 11 号线（迪士尼方向）：交通大学站上车—罗山路站下车，乘坐 11 站。

地铁 16 号线（滴水湖方向）：罗山路站上车—新场站下车，乘坐 4 站。

周边景点

➔ **上海野生动物园：**全国最大的国家级野生动物园，园内汇聚了来自全世界范围内最具代表性的各种珍稀动物，还有各种动物的表演，非常适宜孩子游玩。

门票

130 元

开放时间

旺 08：00—17：00

淡 08：30—16：30

景点品鉴

三世二品坊：新场镇的标志建筑物。牌坊是明太常寺卿朱国盛所建，巍峨高耸，建造精美，上刻有“九列名卿”，这样的牌楼也反映着古镇诗书传家的教育传统。

历史文化陈列馆：展馆始建于清朝光绪年间，原是一个典当行，后来成为展示新场镇发展脉络的陈列馆。陈列馆是三进的建造格局，第一进是平房，后面的是楼房，如今在陈列馆内有 4 个展厅，分别展示着古镇的历史、盐业发展、古镇名人和生态古镇。

郭家庙：始建于明朝时期，后来历经多次修缮，如今保存着 12 间殿庑，殿内祭祀着东岳大帝、龙王、观音等神话人物。庙宇内的两座忏亭已有 140 多年的历史，皆为木质，雕刻精美，技艺繁复，具有很高的艺术价值。

江南第一楼：一座三层的木质结构古建筑，始建于清朝同治年间。建筑位于古镇的中心地段，第一层是普通的茶馆，第二层是书场，第三层是客栈。最热闹的是第一层的书场，这里每天都会有定时的说书时间，游客可以花费 2 元进去喝茶听书。

三世二品坊

江南第一楼

南翔镇

因寺成名

古镇概述

地理位置

上海市嘉定区。

气候特点

鲜明的海洋性气候带来充沛的雨水和温和的气温，一年四季都可游览。

开放时间

08：00—16：30

门票

40 元联票（含檀园、云翔寺、南翔历史文化陈列馆）。

南翔镇是上海的四大古镇之一，历史悠久，五代后梁时因当地建成白鹤南翔寺而得名。1500 多年的历史让这座小巧的古镇蕴藏着深厚的人文内涵，成为江南地区的历史文化名镇，有着“银南翔”的美誉。

虽然南翔镇建镇历史悠久，但是曾多次遭受毁坏，直至明清之际才逐渐走向鼎盛。人杰地灵的南翔镇历史上诞生过很多名家雅士，如明朝嘉定四先生之一的李流芳、清代竹刻大家吴之璠等，至今在古镇上还保留着许多文物古迹。双塔是五代梁朝时期遗留下来的古迹；鹤槎山记录着南宋时期韩世忠抵抗金军的事迹，至今在烽火台上还有当时留下来的痕迹；古猗园是明代建造的江南著名园林，是江南四大古典园林之一。作为众多名人雅士的聚集地自然少不了私人园林，檀园是明朝著名艺术家李流芳的私人花园。此外，古镇蜿蜒曲折的古街古巷也记录着南翔镇说不尽的沧桑。

穿梭在南翔镇的街巷中，经常会闻到一股扑鼻的香味，这就是著名的南翔小笼包。南翔小笼包有着100多年的历史，那鲜美的汤汁、香浓的馅料和柔软的外皮让人垂涎欲滴，成为南翔镇有名的特色美食。

交通

➜ 上海虹桥站—南翔古镇

地铁2号线换乘11号线，全程17站。

地铁2号线（浦东国际机场方向）：虹桥火车站上车—江苏路站下车，乘坐7站。

地铁11号线（嘉定北方向）：江苏路上车—南翔站下车，乘坐10站。

景点品鉴

➜ 双塔：位于白鹤南翔寺的两侧，和古寺一起建于后梁时期，历遭磨难而保存至今，是南翔镇历史最为悠久的文物之一。南翔镇著名的景致“双塔晚霞”就在这里，傍晚时分远远望去，绚丽的晚霞停留在双塔之间，景致非常瑰丽。

➜ 云翔寺：初名“白鹤南翔寺”，南翔镇的建镇之源，并因寺得名。如今的云翔寺是被毁坏后重建而成的，是古镇重要的景观。

➜ 古猗园：江南著名的园林，始建于明朝时期，园内绿树成荫，花草遍植，有着“千树之园”的美誉。苍翠的绿荫和古色古香的亭台楼阁相互辉映，增添了园林的静谧优雅。在园内厅堂上悬挂的富含各种寓意的楹联，充满着浓厚的文化气息，让古猗园更加古朴、典雅，不愧为江南著名的古典园林。

云翔寺

古猗园

枫泾镇
漫画之镇

古镇概述

枫泾镇又称“清风泾”“枫溪”，也有着“芙蓉镇”的别号。古镇位于上海市西南，是吴越文化的交汇之地，也是历史上有名的吴越名镇。长达1500多年的悠久历史给古镇创造和保留了深厚的文化底蕴，优越的地理环境也带来了秀丽的水乡风光，与江苏的周庄、同里等，并列为全国六大著名古镇。

地处江南水乡的枫泾镇境内河道密布，水系发达，各式桥梁有52座。古镇上的街道大多也是因河成街，商铺临河而立，近30处街、坊和80多条巷弄穿梭在古镇中。是以民间有“三步一座桥，一望十条巷”的说法。古镇上的建筑多是明清时期遗留下来的，由砖木建筑而成，白墙黛瓦，飞檐翘角，几乎保持着原有的样貌。

枫泾镇的人们多才多艺，创造出众多让人叹为观止的艺术文化。像民间的蓝印花布、绣花、花灯等历史悠远，各具特色。此外，这里还是闻名中外的金山农民画的发源地，也诞生过许多著名的画家，如漫画家丁聪、国画大师程十发等。还有顾水如的围棋也不得不提。“三画一棋”共同集中在枫泾镇可谓罕见，也反映出古镇的人杰地灵。

景点品鉴

古长廊： 枫泾镇的古长廊全长268米，是当地最具特色的建筑。在长廊两侧分布着众多的商铺和民居，人们在长廊上休憩来往，成为当地居民不可缺少的古镇建筑，有人将其赞誉为“下雨不湿鞋，盛夏不撑伞”。

施王庙： 俗称“施玉堂”，枫泾镇重要的道教建筑，始建于明朝中期。建筑分为前中后三部分，其中的后殿是主殿，内部供奉施全和其夫人塑像。整个施王庙规模面积宏大，是当地规模较大的道观，每年的庙会非常热闹。

三百园： 一座始建于北宋时期的私人后花园，园林规模仅有1亩左右，但是园内的景色却涵盖四季的特色，在四角种植各种花期不同的植物，一年四季都有景色可观，构思新颖。整个园林有三进三落，里面每间房屋内都有展品，之所以称为“三百园”，源于内部收藏着百灯、百篮、百行等代表物件，故得名。

丁聪漫画陈列馆： 漫画馆位于古镇的北大街，展厅分为7个厅、两个室，内部展示着我国著名漫画家丁聪的漫画作品。丁聪的漫画以讽刺见长，对当时腐败的统治和没落的社会生活展开辛辣的批判，展现出画家的正义和担当。

枫泾牌坊： 枫泾镇的标志之一，古时候的枫泾一分为二分属江苏和浙江，这座高12米、宽14米的牌坊是其中的一处分界线。牌坊的建筑风格俊秀挺拔，上面雕琢着精美的各式花纹，立柱上悬挂的楹联记录着枫泾古镇的历史和各种民俗。

枫泾牌坊

地理位置

上海市金山区。

气候特点

亚热带季风气候，四季分明，日照充足。春季和初秋是最佳的旅游时间。

开放时间

全天开放，景区内部分小景点开放时间：5—9月，08：00—17：00，10月至次年4月，08：00—16：30。

门票

成人票50元，1.3米—1.5米儿童、学生、70岁以上老人凭有效证件半票25元，1.3米（含1.3米）以下儿童、现役军人、残疾人凭有效证件免票。

交通

上海虹桥站—枫泾古镇

地铁17号线换乘青枫专线，全程37站。

地铁17号线（东方绿舟方向）：虹桥火车站上车—朱家角站下车，乘坐11站。

青枫专线（枫泾枢纽站方向）：朱枫公路沪青平公路站上车—枫阳路北大街下车，乘坐26站。

住宿

轻住悦享酒店

地址：枫泾古镇枫丽路109号
电话：（021）67352098
标间：180元左右

悠怡精品酒店

地址：枫泾镇泾波路273号
电话：（021）67327000
标间：258元左右

购物

北大街是枫泾镇保存古街风貌最完整的大街，街道上店铺作坊林立，各种手工艺品和土特产非常丰富，是在枫泾古镇购物的最佳去处之一。

特色美食

吃什么

历史悠久、文化底蕴深厚的枫泾镇拥有的美食特产众多，最具代表性的有枫泾黄酒、枫泾丁蹄、枫泾豆腐干、枫泾状元糕等。这些美食特产都有着上百年的历史，其中的枫泾黄酒是上海地区较为有名的。

在哪吃

本地人·圆味农家菜	新长岭大酒店	枫泾状元糕
这是一家本地人的老饭店，评分比较高。餐馆不大，海鲜很新鲜、白斩鸡非常嫩，鱼肉推荐清蒸和红烧的。人均消费 63 元左右。 **电话：**13817949885　13381969578 **营业时间：**08：00—20：00 **地址：**枫泾镇中大街 240 号	这是古镇上比较高档的饭店，环境好，服务不错，其中拉丝非常美味，消费较高，人均消费 129 元左右。 **电话：**(021)57353535 **营业时间：**11：00—20：30 **地址：**枫泾镇枫湾路 798 号	这里是枫泾卖状元糕最好的地方，物美价廉，人均消费 15 元左右。 **电话：**(021)57354950 **营业时间：**08：00—17：00 **地址：**枫泾镇芙枫丽路 143 号

七宝镇
休闲宝地

古镇概述

地理位置

➜ 上海市闵行区。

气候特点

➜ 全年气候温和湿润，春季和初秋适宜旅游。

开放时间

➜08：30—21：00

门票

➜ 免费

交通

➜ 上海虹桥站—七宝镇

173 路（莘建东路宝城路方向）：申虹路舟虹路站上车—新镇路富强街站下车，全程 7 站。

七宝镇是离上海繁华闹区最近的一个古镇，至今已有 1000 多年的历史，当地人有“千年上海看七宝”的说法。虽然在汉朝就已萌芽，但真正开始于宋代，明清时期走向繁荣，商贾云集、人文荟萃，成为一座秀美的自然风光与深厚的人文底蕴相辅相成、相互彰益的历史文化古镇。

七宝镇是因民间传说拥有七宝而得名，后因七宝教寺而正名，这些宝物包括金鸡、神树、玉斧、金字莲花经、飞来佛、氽来钟、玉筷。古镇虽然历史久远，但是面积并不大。只够三人并行的明清老街纵横南北，两侧是鳞次栉比的朱红排门商铺。在古镇北面的老街入口处，一座高大的石牌坊巍峨耸立，上面篆刻的“七宝老街”是北宋时期遗存下来的，两侧的石柱上刻有“百年市声唱金鸡，飞杪十里接蒲溪”的对联，可见当时古镇繁荣的景象。

七宝镇的老街是古镇最繁华的地方，而且老街有一大特点：南北两段各有不同，南大街是美食爱好者的天堂，有着各种特色小吃；北大街是购物者的最爱，有着琳琅满目的工艺品。七宝镇中，康乐桥、蒲汇塘桥和安平桥是比较有名的桥梁，穿镇而过的蒲汇塘串联着小桥迤逦流过，在河水两岸商铺饭馆林立，各色旗牌随风鼓动。

如今的七宝镇是繁华的大上海有名的休闲娱乐之地，每天来自市中心的游人络绎不绝地来到古镇，放松身心，游玩娱乐。

景点品鉴

七宝琉璃玲珑塔

七宝教寺：教寺原是古镇名人张泽的宅院，后来改成寺庙。明朝中期重新修缮，规模广大，内部园林古木苍翠，房间有近千间，是江南地区有名的寺庙，有着“郡东第一刹”的美称。如今的七宝教寺是在2000年移址重建的，各种殿宇一应俱全，是上海最胜的道场。

琉璃工房：目前世界上最好的琉璃脱蜡铸造室之一，拥有较为完善的琉璃制作技术和设备，出产各式各样的琉璃艺术品。

氽来钟楼阁：一幢三层朱红色的阁楼，位于距石牌坊很近的空地上，风格古典雅致被誉为“古镇之魂”。是由金、银、铜、铁、锡五金融合精炼而成，每年新春都会敲响古钟为古镇居民祈福。

斗姆阁：七宝镇中一座历史悠久的两层阁楼，原是为供奉道教的斗姆神而建，后来在清朝嘉庆年间被改成戏台。

蟋蟀草堂：为纪念七宝镇深厚的蟋蟀文化而建，是目前全国唯一一座以蟋蟀为主题的展览馆。在展览馆内展示着各种蟋蟀的标本，也讲述着古时蟋蟀爱好者是怎么样耍玩蟋蟀的。

张充仁纪念馆：纪念馆通过大量的图片、作品等信息展示着张充仁的艺术生涯。建筑以明清时期江南地区特有的走马楼风格建造，800平方米的展示面积，分为6个展厅，陈列着张充仁的20多件雕刻艺术作品，向世人展示大师的风范。

七宝镇景色

七宝镇夜景

特色美食

吃什么

七宝方糕：方糕是七宝镇特有的美食，据说源自于北宋政治家范仲淹。小时候的范仲淹因父亲早亡，随母亲改嫁，家境贫寒，每年的冬天都会将稀粥冻成块状，每顿就吃一小块解饿。后来他的同学就按照他的制作方法将糯米粉制成糯米糕每天给范仲淹送去，并取名“白软糕”，这样饱含情谊和祝愿高升的方糕就成为七宝镇有名的糕点。

七宝红烧羊肉：上海有名的传统菜肴，据说是从清朝宫廷里流传出来的，也是慈禧太后最爱吃的。鲜美羊肉用料汁小火焖上4—6小时，揭盖闻香，肉质软嫩、甜香可口。

浙江
Zhejiang

浙江省地处我国东南沿海，自然风光秀丽，水韵浓厚，在这片物产丰饶的土地上孕育着众多历史悠久的古镇，这些带着江南水乡风貌的古镇好像一颗颗熠熠发光的明珠被镶嵌在这片如画的锦布上。

提起浙江的古镇，最著名的要数西塘和乌镇，这些小桥流水的古镇风貌几乎是人们对古镇最深的印象。这些古镇看似凌乱，实际上古镇的选址、布局、建造都很有讲究，不管是八卦造型还是方正的井字布局，都是结合当地的地理条件和自然风貌设山理水，按照传统建筑理论建造而成，是我国传统建筑文化中极其重要的组成部分。

如今浙江地区保存的古镇大多是明清时期建造的。临水而建的民居错落有致，黛瓦白墙倒映在河面上，各式各样的古桥横跨在窄窄的小河上，呈现出一幅“小桥流水人家”的景象。除了这些古朴的民居建筑，古镇上一般还保留着完好的文昌阁、城隍庙、牌坊、戏台等民俗建筑。在古镇，很多传承下来的民俗文化依然有着旺盛的生命力，吸引着众多游人。此外，人杰地灵的古镇中还产生了众多的手工技术，民间艺术非常丰富，如刺绣、编织、雕刻和书画等，积淀着古镇深厚的文化底蕴。

西塘
古韵流觞

古镇概述

地理位置

➜浙江省嘉兴市嘉善县。

气候特点

➜亚热带季风气候，四季分明，春天是去西塘的最佳季节。

开放时间

➜景区全天开放。小景点开放时间：旺季（3.1日—10.31日）：08：00—17：00
淡季（11.1日一次年2月28日）：08：00—16：30

门票

➜100元（含古镇内11个小景点）。

西塘，一座拥有千年历史的江南古镇，古称胥塘、斜塘，因在春秋时期处于吴越交界处，又有“吴根越角”之称。西塘始建于唐开元年间，初步形成约在元代，明清时期已成为江南地区的商业重镇，有着深厚的历史文化积淀。

西塘处于江、浙、沪三角腹地，地势平坦，河流交错纵横。9条蜿蜒的小河把古镇分割成8个部分，27座形式各异的小桥将它们一一相连。因此，“桥多、廊多、弄多”成为西塘的重要特色。各个水乡之间连接的桥梁也和古镇一样有着悠久的历史，如建于宋代的望仙桥，建于明代的五福桥、卧龙桥、环秀桥、送子来凤桥等。作为西塘的特色，廊棚是当地最美的风景线。廊棚的产生源于西塘特殊的地理环境。

西塘的街道多沿河道而建，人们以河道为道，用竹船代步，很多交易会在船上进行，于是这种沟通河道和商铺、既能逛街又能躲避风雨的棚式建筑就应运而生了。

全镇的长廊有1300多米，通过交错的长廊，人们可以领略小镇的街道风情。因地处密集的水网之中，所以人们在建造房屋时寸寸计算，尽量把建筑之间的间距缩减到最小，这样屋舍之间就形成“一线天”的弄。弄的存在不仅让人们可以尽可能多地利用有限的土地，也拉近了人们的关系。如今，流连于纵横交错的弄可以仔细品味当地居民的日常生活。

西塘之所以备受人们追崇，不仅是小桥流水的如画景致，关键是西塘拥有深厚的文化底蕴。江南自古多才子，作为吴越文化的发祥地之一，钟灵毓秀的西塘同样人才荟萃。从明朝中期以后的400多年里，西塘科举昌盛，诞生了数十位进士和举人，各类名家聚集，如元代工艺美术家杨茂、张成，明代诗人周鼎，音乐家高腾等，都为西塘深厚的文化积淀做出了贡献。

漫游西塘，行走在曲折斑驳的廊棚下，远眺乌篷船摇曳在碧波荡漾的小河上，别是一番风情。特别是微雨蒙蒙，乘坐游船，泛舟河上，与二三好友共叙衷肠，这种景象想想就让人如痴如醉。

交通

➜ **嘉兴站—西塘古镇**

152路（西塘汽车站方向）：莱花泾（东区）站上车—翠南村站下车，乘坐24站。

景点品鉴

➜ **烟雨长廊：** 廊棚在古镇很有特色，实际上就是带有屋顶的街。西塘的廊棚多为砖木构造，主要分布在古镇的南栅街、北栅街等后来兴建的商业区，很多已经有着上百年的历史。古朴的长廊沿着蜿蜒的河道，既遮阳又避雨，漫步其中静看古镇的风景，有种穿梭历史的沧桑感。

➜ **胥塘河：** 古镇上最主要的河流，被称为“西塘母亲河”，在小河两岸分布着古镇众多的景色，其中的胥塘河夜游是到西塘必有的观景活动。

➜ **里仁巷：** 名称取意于“里仁为美”的古语。里弄长约673米，南北两侧各有桥梁，中间的水巷内可以停靠渔船，这里的景色非常优美，明朝的诗人周鼎曾这样描绘：“邻屋枕溪沙，都成网罟家，常闻修古栅，争欲置新槎。”

➜ **种福堂：** 古镇上王家的宅院，名称来源于“种瓜得瓜，种豆得豆”，种福积福，劝诫后人行善积德。建筑虽不是很气派，却有着江南民居大宅院式的建筑风格。如今这座古建筑还有七个单元，正厅中悬挂着“种福堂”的匾额。

➜ **西园：** 原是朱氏故居，始建于明朝时期。园内有假山池水、树木花草，后来为纪念柳亚子故将园林改名为西园。如今在保存原有格局的基础上，改造有书法艺术馆、百印馆等展厅展示西塘的文化特色。

➜ **石皮弄：** 在西塘122条里弄中，石皮弄是最窄的一条，最窄处仅有

购物

➜ 在西塘主要购买一些当地的特色手工艺品和特色美食，这里的手工艺品格调清新，充满着文艺范。还有蓝印花布色彩淡雅，结实耐用，可以做围巾或是一些装饰，很好看。美食上主要是一些糕点和嘉善黄酒，其中的黄酒口感独特，酒味醇润。这些都可以在景区内买到，景区外的邮电路购物一条街也是不错的购物选择地。

西塘夜景

西塘水乡景色

0.8 米，这条长约 68 米的里弄由 166 块石板铺成，因石板薄如皮，故得名石皮弄。

➔ 环秀桥：古桥始建于明朝万历年间，是古镇上最早的高桥，在桥的两侧还有一副对联：“船从碧玉环中过，人步彩虹带上行。”

民风民俗

➔ 放河灯：只要在特殊的节日，西塘的水面上都会有上千只造型各异的水灯漂浮，绚丽的灯光把夜色中的西塘装点得异常优美。每一个河灯都寄托着不同的愿望，随着河水飘荡起伏的河灯成为西塘夜晚最美的景色之一。

➔ 田歌：也称“吴地歌”“子夜歌”，在当地民间流传，是写实的农村生活。其曲风明亮，表达自由，在水乡河流间，行船对歌，自在悠远。

➔ 七老爷庙会：西塘人民将每年农历的四月初三天定为七老爷生辰，每年的这天都会举行隆重的庙会。抬“七老爷”和“七夫人”按规则路线巡游，鞭炮锣鼓，好不热闹。

住宿

➔ 西塘古镇景区内临河客栈
地址：西塘镇三埭街 25 号
电话：13586321136
标间：88 元左右

➔ 奢野·上品设计酒店
地址：西塘镇北栅街 30 号
电话：13601599665
标间：198 元左右

特色美食

吃什么

➔ 送子龙蹄：龙蹄就是优质的猪蹄，肉质滑嫩，肥而不腻，外皮极其有弹性，口感非常好。

➔ 芡实糕：糕点是西塘的特产，由八珍糕演化而来，口感细腻有嚼劲，吃上一口带有淡淡的桂花香。

➔ 清蒸白水鱼：很多人说这是来到西塘必点的菜肴，经过清蒸后的白水鱼肉质鲜嫩，有着极佳的口感。

➔ 六月红河蟹：六月份的河蟹壳薄易蒸，熟后变红故得名红河蟹。河蟹肉质鲜嫩，口感细腻，在当地有着“穷再穷，不忘六月红”的俗语，可见其受欢迎程度。

在哪吃

森林芡实糕坊

这是西塘制作糕点最好的地方，几乎每一个来到西塘的游人都会在此买上几份糕点，品种多，味道好，而且性价比比较高，人均消费 30 元左右。

电话：18105663620
营业时间：07:00—20:00
地址：西塘镇塘东街 18 号

送子得月楼

主要以农家小菜为主，味道非常好，西塘著名的美食在这里都能找到，像送子龙蹄、清蒸白水鱼、酱爆螺丝和白切鸡等都是点菜时不错的选择。这里的价格很是亲民，人均消费 63 元左右。

电话：13666775488
营业时间：10：00—21：30
地址：西塘镇朝南埭 37—39 号

吉韵餐厅

一家地道的本帮菜餐厅，虽然不是很有名气，但是人气很旺，被网友戏称为“酒香不怕巷子深”。招牌菜“招牌牛肉”“西塘醋鱼”以及当季螃蟹都很受顾客喜爱，人均消费 72 元左右。

电话：13758080080
营业时间：11：00—14：00
17：00—20：30
地址：嘉善县西塘镇米行埭 36 号（卧龙桥往东 15 米）

乌镇
最后的枕水人家

古镇概述

地理位置

➜ 浙江省嘉兴市桐乡市。

气候特点

➜ 亚热带季风气候，四季分明，春季是最佳的旅游季节。

开放时间

➜ 夏季（5月1日至10月8日）
东栅：07：20—18：00
西栅：09：00—22：30
冬季（10月9日至4月30日）
东栅：07：20—17：30
西栅：09：00—22：00

门票

➜ 东栅 110 元，西栅 150 元；联票（含东栅、西栅）190 元。

乌镇的历史悠久，早在春秋时期就为吴越疆界，吴国曾驻兵于此，故得名“乌戍”。唐朝末年开始建镇，南宋时以车溪为界，把古镇一分为二，西侧为乌镇，东侧为青镇。1950 年，两镇合二为一，称为“乌镇”。

作为江南六大水乡之一，乌镇的建筑、街道都保存得相当完整。整个小镇被两条街道分割成四个区域，主要的建筑集中在东栅景区和西栅景区。东栅景区大多保存着乌镇原有的水乡风貌，主要有民俗馆、木雕馆、百床馆等景点；西栅景区在古镇特色的基础上，增加了现代化的商业生活消费区，景点有染色作坊、桥里桥、白莲塔寺等。作为水乡，空气湿润，为了保存房屋的墙体，乌镇的建筑上一般都涂抹有黑色的油漆，而这种颜色在当地被称为“乌”，这大概就是乌镇名字的来历吧。

镇内水流纵横，从镇西南的天目山流下两条溪水蜿蜒辗转最终汇入车溪。弯弯曲曲的车溪缓缓流淌千年，静默无言，成为人们生活的

夜色下的乌镇

交通

➜ **嘉兴站—乌镇**

3 路换乘游 2 路，再换乘 7213 路，全程 21 站。
3 路（高照公交枢纽站方向）：嘉兴火车站北广场上车—天正电气站下车，乘坐 11 站。
游 2 路（乌镇汽车方向）：天正电气站上车—乌镇汽车站下车，乘坐 4 站。
7213 路（桃源汽车站方向）：乌镇汽车站上车—兴隆桥站下车，乘坐 6 站。

住宿

➜ **乌镇同桌设计民宿**

地址：甘泉西路 232 号
电话：13867381570
标间：168 元左右

➜ **锦江之星酒店**

地址：乌镇隆源路 383 号
电话：（0573）88716111
标间：230 元左右

➜ **梵璞主题文化酒店**

地址：植材路 288 号
电话：（0573）88716999
标间：470 元左右

重要组成部分。捕鱼、洗衣、泛舟游玩……有了她，乌镇更添灵性和温婉。

作为水乡，桥是乌镇不可缺少的建筑。乌镇的桥有 30 多座，形式多样，有简单的木桥、坚固的石拱桥，还有依河而建的廊桥。这些桥梁历史悠久，最早的建于南宋时期，更多的是明清时期修建或是重修的，桥上大都雕刻有装饰，或花草鸟兽，或传奇典故。

地处吴越交界，乌镇的文化璀璨绵长。乌镇虽小，文风却盛。坐落于茅盾故居东侧的立志书院由严辰创建于1856 年，其前身为分水书院。在文风的熏陶下，古往今来，乌镇人才辈出。著名的人物有梁昭明太子、名士沈约、唐朝丞相裴休、理学家张杨园、清代的夏同善以及近代的文学家茅盾、沈泽民等，正是因为他们，才有了乌镇深厚的文化底蕴。

有着丰富文化底蕴的乌镇，“出会”的习俗相当盛行。这里一年四季都要举办各式各样的庆典节日，如灯会、庙会、苗会、城隍会等，多种多样，五花八门。其中，茅盾笔下的“香市”最具特色。乌镇有句民谣：三月三、庙门开，乡下蚕娘出门槛，东亦逛、西亦颠，轧朵蚕花回家来。这里说的就是香市上的蚕花会。

历经沧海桑田，经过千年洗涤，韶华虽逝，乌镇却有着一种饱经岁月的从容，风情依旧。青石板、乌篷船、石桥、戏台、书院、老院子，无不向人述说着她悠久的岁月。

古镇现存的建筑以明清时期的砖木结构建筑为主，保存 20 多万平方米的建筑大多是旧时的富商、官宦的深宅大院，装饰繁华，三雕精美绝伦。建筑风格上带有鲜明的江南水乡民居的特点，高高的马头墙外形高峻秀美。不仅可以防火防风，还可以防盗。

景点品鉴

西栅： 乌镇的两大区域之一，由 12 座岛屿组成，以休闲度假和商务旅游为主。西栅毗邻京杭大运河，水系发达，桥梁多达 72 条，密集分布在这个不大的区域内。在西栅，自然景观和人文风情交相辉映，加上绚丽的夜景，美不胜收，让人流连忘返。

东栅： 相比起西栅的现代特色，东栅较多地保存着古镇原汁原味的水乡风貌，在河流的两岸，古色古香的民居建筑高低错落，喧闹的店铺和安静的客栈临街而立，具有浓郁的生活气息。东栅是古镇文化气息最为浓厚的地方，这里有茅盾故居、文昌阁、立志书院等，都记载着古镇悠久的历史文化。

白莲塔寺： 始建于北宋崇宁年间，

白莲塔寺

立志书院

定升桥

是当地著名的寺庙式砖木混合结构的阁式塔，塔7层，塔高51米多，从外看呈梭状，实际平面为正方形。巍峨的高塔被当地人称为“宝塔”，香火非常旺盛。

➜ **定升桥：**一座三孔的石拱桥，是西栅最高的桥，全长24.1米，宽2.4米。此桥在当地非常有名，传说吕洞宾曾在此桥上卖过汤圆，斑驳质朴的古桥伴着清清的河水，仔细品味，很有味道。

➜ **茅盾故居：**一座清代的民居建筑，是茅盾出生和居住的地方，也是其家族四代人居住的地方，前后两幢房屋内含会客室、书房和卧室。故居带有浓郁的江南民居淡雅的基调，环境优雅，如今这里游人如织，很多游人前来领略这位文学巨匠昔日的生活环境。

➜ **昭明书院：**南朝时期萧统为太子时的读书馆，明朝万历年间重建，是古镇的重点保护文物。由于昭明书院游人不多，这里环境静雅，风景非常不错，适合休闲散步。

购物

➜ 作为著名的水乡古镇，乌镇的手工艺品和富有本地特色的传统装饰品很多，一般都有专门的店面售卖，例如乌香堂是专门销售香制品的、叙昌酱园生产销售各类酱料、谢馥春是创建于清道光年间的中国第一个化妆品牌等，而且这里的商业开发充分，各种商品琳琅满目。

民风民俗

➜ **香市：**相传在唐代时期古镇上就已经有香市了，每年的农历三月，古镇上的人们就将自己所卖的商品放在土地庙前的广场上，琳琅满目的商品布满整个广场。之后就是各种杂耍表演，来自各地的表演者五花八门，非常热闹。

➜ **城隍会：**古镇中最热闹的民风民俗之一，各种活动精彩纷呈，最精彩的是抬阁。抬阁就是按照古时候官员出行的样式将身穿神袍和面带粉装的城隍从庙内抬着，沿街周游，锣鼓喧天，非常热闹。

特色美食

吃什么

➜ **三珍酱鸡：**一种以当地放养的母鸡为食材制成的美食，辅以黄酒、白糖和酱油等佐料经过三次初汤烹饪而成，成品外观为酱红色，肉质细嫩鲜美，非常美味。

➜ **猫耳朵：**对于每一个乌镇人来说，猫耳朵都是童年最美味的记忆。这种用糯米粉制作、形似猫耳朵的美味小吃，外脆里嫩，非常好吃，黏上白糖后更是香甜。

➜ **粽香乌米饭：**在乌镇的街道上经常会闻到乌米饭的清香味道，在当地人的心中，立夏那天是一定要吃乌米饭的。粽香乌米饭是将糯米泡入乌树叶中，再经过蒸煮而成，味道清香，口感香浓，很是美味。

➜ **姑嫂饼：**这是乌镇的传统糕点，已经有着数百年的历史，姑嫂饼外形酷似象棋，风味独特，口感丰富。

在哪吃

那一年主题餐厅

古镇中很有特色的餐厅，菜品较为清淡，色泽清雅，很适合有文艺范的食客。因为都是家常的小菜，所以价格较为实惠，人均消费60元左右。

电话：（0573）88052181
营业时间：10：00—22：00
地址：乌镇甘泉路181号

锦岸私房菜

饭馆的环境很好，特色菜非常丰富，味道也不错，这里的猪油拌饭很香，还有招牌小羊肉和北京羊蝎子等都很好吃，价格也比较亲民，人均消费107元左右。

电话：（0573）88731985
营业时间：上午11：00—13：00，下午17：00—21：00
地址：乌镇西栅大街239号

芙蓉中餐厅

古镇中较为中档的餐厅，环境清新自然，有茶餐厅和包间。菜肴以江浙口味为主，海鲜产品较多，人均消费180元左右。

电话：（0573）88732563
营业时间：11：00—13：30
17：00—20：30
地址：乌镇西栅女红街118号

俞源村
太极星象村

古镇概述

俞源村，一个充满着神秘色彩的古老村落，据说是由明朝时著名人物刘伯温按照天体星象的布局而设计建造的。整个建筑呈现“天罡引二十八宿，黄道十二宫环绕”的构造，正是这样独一无二的村落布局，被称为“太极星象村”。

走进已有600多年历史的俞源村，就像走进一座古老的迷宫，那形式独特的布局构造让人啧啧称奇。俞源村的布局奇异，村内主要的28幢建筑是按照天上的星座排列，同时伴有镇邪、防火用的“七星井”。从远处的高岗上俯瞰，发源于九龙山的溪流横穿村庄，呈“S”形流向村外。这种“S”形正像一条阴阳鱼的分割线，将村庄分成太极的两仪，溪流东侧古树参天，有一个圆形的小池塘做阴鱼眼，西侧的土地可种稻谷旱物。太极图与村庄的星象建筑共同构成了太极星象图。正是这种独具特色的建造布局，“天人合一”的建造思想，俞源村也被认为是我国古代村落生态建设的典范。

俞源村现存的宋、元、明、清建筑有近400幢，宗祠、寺庙、民居、牌坊一应俱全。建筑规模大，工艺精致，墙上壁画保存完好，各种雕刻工艺精细，很好地将实用与艺术结合在一起，与建筑主体结构交相辉映，极具江南风格。

古老而神奇的村落布局，悠久而丰厚的文化积淀，历经600多年的沧桑变迁，依然掩盖不了俞源村迷人的光华。如今，越来越多的游客、专家学者被俞源谜一样的村落形态、神奇的现象所吸引，试图解开这些令人不解的谜团。

地理位置

➜ 浙江省金华市武义县。

气候特点

➜ 气候温和湿润，春、夏季是旅游的最佳季节。

开放时间

➜ 全天开放。

门票

➜ 寒山寺20元，枫桥25元。

交通

➜ **金华站—俞源村**

从金华站乘坐火车到达武义站，再从武义站换乘公交至目的地。

景点品鉴

➜ **俞氏宗祠：**建于明代隆庆年间，是俞涞的四个儿子为其所建，原称“孝思庵”，被毁后重建改为宗祠。俞氏宗祠分三进二院，共51间，气势庄重，各个厅堂、庑厢、廊房均等级分明、错落有致。站在湿漉漉的天井里，中间宗祠厅堂轩敞，梁柱挺拔，雕饰精美绝伦。廊内通道上鹅卵石组成的图案，已被岁月的青苔所遮盖，往日的那份精美和趣味已然不在。

➜ **声远堂：**建于清康熙年间，因正厅正对巍峨耸立的六峰山，故声远堂又叫“六峰堂”。大堂由前后两部分组成，前厅轩敞高大，后厅为住处或书房，儒雅宁静。环视厅堂，柱基均为明代典型的覆盆式，古朴典雅，砖雕、木雕处处可见，技艺精湛。沿口的三根桁条雕刻更是卓尔不群，左边刻画百鸟朝凤的图案，右边装饰蛟龙出海的画像，中间是四只麒麟及牛、鹿、羊等动物栩栩如生，有“百兽大梁”之美誉。更为奇特的是百鱼梁上的九条鲤鱼，会随季节气候的变化而变换颜色，或黑或红或黄，甚是奇妙。

南浔
湖丝之源

南浔地处嘉湖平原和苏州市吴江区的交界处，东临上海，西接湖州，北濒太湖，是我国有名的文化古镇，历史悠久。南宋淳祐十二年（公元1252年）建镇，明清时期，江南经济发展，南浔也达到鼎盛，商贾云集，店铺林立。19世纪末，南浔富豪称雄江浙乃至全国，有“湖州一个城，不及南浔半个镇”之说。

南浔是典型的江南水乡，全镇风貌主要由小桥、流水、临河而建的街区和居民区组成，史上有“小镇千家抱水园，南浔贾客舟中市”的记载。南浔不仅有着丰富的文物古迹，自然景色也极为秀美，在深厚的历史文化底蕴基础上洋溢着诗画般的水乡风貌。

古镇上保存的建筑大多是明清时期遗留下来的，其中以明代的寿俊堂、百间楼和清代的张氏旧居最为著名。园林是南浔建筑的一大特色，历史上的南浔园林众多，从南宋到清代出现过的园林大大小小就有近30处。据《江南园林志》记载，“以一镇之地，且拥有五园，且皆为巨构，实江南所仅见”。记载中的五座园林“巨构”分别为嘉业藏书楼、颖园、易园、适园、小莲庄，这些园林建筑集中体现着南浔的建筑工艺和艺术风格。

作为“湖丝之源”，良好的地理环境、丰厚的物质条件、崇文重教的风气共同催生了南浔璀璨的文化。在明朝，就有“九里三阁老，十里两尚书”的说法。撰修宋辽金三史的史学家庞朴、《后水浒》的作者陈忱、朱国桢等都为南浔留下了珍贵的文化遗产。

穿行在悠悠的古巷，斑驳的石拱桥，依水而建的民居，潺潺淙淙的小河……那么安详，时光在南浔如此轻悠。千年的风霜过后，在沧桑中的南浔依然保持着君子般温润如玉的风度和俊秀模样。

古镇概述

地理位置

→浙江省湖州市南浔区。

气候特点

→全年气候较为温和湿润，一般春、夏季比较适宜旅游。

开放时间

→08：30—17：00

门票

→100元（包含主要的景点）。

交通

→ **乌镇汽车站—南浔古镇**

145路换乘114路，全程34站。

145路（花林中学方向）：乌镇汽车站上车—徐洪站下车，乘坐15站。

114路（泰安路换乘中心方向）：徐洪站上车—南浔镇政府站下车，乘坐19站。

住宿

→ **阳光假日宾馆**

地址：南浔镇同心路293号

电话：（0572）3510125

标间：140元左右

→ **南浔留荫庐客栈**

地址：南浔镇百间楼河东75—76号，临近长板桥

电话：（0572）3019772

标间：360元左右

→ **花园名都大酒店**

地址：南浔区嘉业中路533号，靠近南浔中学

电话：（0572）3363333

标间：550元左右

景点品鉴

→ **百间楼：** 沿河两岸东起东吊桥，北至栅桩桥的一排民居建筑，因建楼有百间，又有长桥相连，故称百间楼。密密麻麻整齐排列在两岸的民居是由明朝万历年间的礼部尚书董份所建。乘坐乌篷船穿行在河中，一派秀美的江南水乡风貌尽现眼前。

→ **小莲庄：** 刘墉的私家庄园，也是南浔的“四象”之首。庄园始建于1885年，历经刘家三代几十年的时间完成，因庄园主人仰慕元末书画家赵孟頫所建的湖州“莲花庄”，

百间楼

洪济桥

所以取名“小莲庄”。小莲庄由园林、刘氏义庄和刘氏家庙三部分构成，以荷花池为中心的园林根据地形布局，假山湖水相依相成，形成内外两园的格局。内园处于东南角，是一座以山石为主体的园中园，山石堆叠，峥嵘嶙峋。外园和内园之间仅有低矮的白墙相隔，中有漏窗相连，这种似隔非隔、似断非断的构造把园林的景色塑造得别有情趣。

➜ **洪济桥：** 横跨运河两岸的洪济桥位于古镇的东区，建造的年代不详，最早出现在史书上是明朝万历年间。洪济桥曾经在阻挡日军进攻时被炸毁，如今的古桥是被修复的单孔石桥。

刘氏梯号

➜ **张石铭旧居：** 又名“懿德堂”，是南浔著名的民居建筑，也是“四象”之一。故居位于镇南栅南西街，是一个五落四进的院落，每进都各具特色，随处可见精美生动的木雕、砖雕、石雕，还有从西方进口的玻璃刻花等，被人们称为“江南第一巨宅”。

➜ **嘉业藏书楼：** 藏书楼位于南浔西南郊的鹧鸪溪畔，1920 年至 1924 年由江南巨富刘承干所建，因有清末代皇帝溥仪所赠“钦若嘉业”九龙匾而得名。藏书楼以收藏古籍闻名于世，有宋元以来的上万册书籍，是我国近代最为著名的古籍收藏楼之一。

➜ **刘氏梯号：** 在古镇俗称“红房子”，是当时古镇首富儿子的住宅，整个建筑中西合璧，将罗马式建筑和传统的园林建筑相结合，极富特色。

小莲庄

南浔夜色

特色美食

吃什么

→ **双林姑嫂饼：** 古镇中富有传说故事且最为常见的美味，扁圆形的饼厚薄均匀，带有浓郁的麻香味，口感酥松。

→ **粉丝千张包：** 用薄且韧的千张将馅料紧密包裹，馅料食材丰富，汤汁鲜浓，整个千张包美味小巧。

→ **橘红糕：** 橘红糕小巧精致，软糯香甜，是南浔特产，采用江南糯米制作而成，属于冬季小吃。

在哪吃

沈家人饭店

有不少的特色菜，像绣花锦菜、红烧肉、螺丝等味道都不错，价格很公道，人均消费67元左右。

电话：（0572）3011779

营业时间：09：00—21：00

地址：南浔南东街139号

长兴馆

古镇上一家百年老字号店，底蕴深厚，当地的特色美食众多，白斩鸡、真蟹粉、虾仁鳝丝面、臭豆腐虾仁等深受当地人喜爱。在店中手剥虾仁是值得推荐的美味，要是春季来一定要尝一尝莼菜羹。在这里消费不是很高，人均75元左右。

电话：（0572）3915573

营业时间：06：30—09：00　11：00—13：00　17：00—20：00

地址：南浔东大街33号，紧靠着张静江故居。

浙江

安昌

师爷之乡

安昌，一座具有千年历史的著名江南水乡古镇，是人称“师爷的故乡”——绍兴的四大古镇之一。古镇古称“长乐”，唐朝末年，由于该地有战乱发生，在平定之后为寄托渴望安定昌盛之心，就改名为安昌。后来古镇多次被毁，直至明清时期才得以重建，因此保留的建

古镇概述

地理位置

→ 浙江省绍兴市柯桥区。

气候特点

→ 全年气候温和多雨，5月至9月是最佳的旅游时间。

开放时间

→ 全天开放，个别景点另有开放时间。

门票

→ 免费，部分展馆需要门票，联票50元。

交通

→ **绍兴站—安昌古镇**

地铁1号线换乘118路公交，全程30站。

地铁1号线（之江学院方向）：火车站上车—高教园区南站下车，乘坐5站。

118路（安昌公交站方向）：高教园区南站上车—安昌大酒店站下车，乘坐25站。

筑具有典型的明清时期江南水乡的风格。

作为江南水乡，安昌的街道以河为主，高低错落的民居建筑分布在河道的两岸，粉墙黛瓦，长廊蜿蜒，具有鲜明的水乡特色。古镇上水流纵横，古桥斑驳玲珑，素有“碧水贯街千万居，彩虹跨河十七桥”的美誉。其中最具特色的莫过于福禄、万安和如意三座古桥了，此地至今还保留着嫁女儿时要走完三座桥的传统。

绍兴自古就是人杰地灵、文风昌盛之地，科举竞争激烈，促进了绍兴师爷的兴盛。如果说“天下师爷出绍兴”，那么可以说“绍兴师爷出安昌”，在“师爷”这一群体出现的200多年里，从安昌走出去的师爷数不胜数。如今，成立的绍兴师爷博物馆综合了安昌师爷的特色，展示着师爷这一群体的特殊风貌。

安静、朴实是安昌古镇的本色。千百年来，虽饱经战乱、毁坏，安昌的历史文化却不断丰富，逐渐形成了独具安昌特色的民俗风情。悠久深厚的文化底蕴仿佛乳汁般滋润着这片神奇的土地，那独具一格的乡情风物犹如陈年酒酿在古老灵秀的乡土上弥漫，醇香浓厚。

景点品鉴

老街：是古镇最具风情的地方，沿河而建，长约1800米。街道两侧布满了各色店铺、斑驳古旧的老作坊、各色古韵的楼阁、静幽蜿蜒的小巷以及在河中摇曳的乌篷船，再伴随着各种买卖的吆喝声，安昌数百年来的民俗风情在这里展现得淋漓尽致。

师爷馆：全称绍兴师爷博物馆，里面有彩塑作品，展现了清朝堂审的过程，十分精彩有趣。都知道天下师爷出绍兴，却不知绍兴师爷出安昌，故馆内介绍了许多与师爷有关的内容，如“无绍不成衙”等。

安昌老街

民风民俗

水上婚礼：作为当地的传统习俗，水上婚礼程序严格：婚礼的前一天，男方的彩礼就要用木船送到女方的家里。第二天早上，新娘穿上一身喜气洋洋的新娘服饰，头戴凤冠，当迎亲的队伍一到，在家人的护送下，新娘登上红色的轿子，在一路的鞭炮、锣鼓的交响中赶到新郎家。走街串巷的迎亲队伍热热闹闹，引得观者无数，场景十分喜庆。

腊月风情节：每年的一月当地都要举办腊月风情节。风情节期间有着各种各样的民俗活动，杂技表演、乌篷游、各式游览、品味小吃等。此外，游人还可以看到古镇真实迎新年的传统：包粽子、做年糕、扯糖丝、制腊肠……透着醇厚的水乡民俗味儿。

石浦镇
渔港重镇

古镇概述

地理位置

➔ 浙江省宁波市象山县。

气候特点

➔ 亚热带季风气候，温暖湿润，一年四季都是适合旅游。

开放时间

➔ 08：00—17：00

门票

➔ 60 元。

交通

➔ **宁波汽车南站—石浦镇**

从宁波汽车南站乘坐客车到象山站，再从象山站乘坐公交即可。

浙江

石浦镇是一座渔港小镇，历史上这里是我国古代海疆防御的重镇，有着坚固的古城墙和硝烟弥漫的烽火台。从元代开始特别是在明朝初年，石浦镇附近的山头上设立了 50 座卫所，这些众多首尾相连的军事设施，形成一个庞大且严密的军事防御体系。这道坚固的石头长城为抵御海贼和倭寇的侵袭做出了重要的贡献。

古城沿山而筑，临海而建，被称为是“城在港上，山在城中”。古老的城墙随着山势高低起伏，厚重的城门依山构造，成就古城巍巍的雄姿。如今昔日的城墙斑驳不堪，烽火台也残缺不全，古朴沧桑中却蕴含着百年的战争历史。

如今的古镇商业气息浓厚，这里成为各地渔船停歇、运输的港湾，是我国四大渔港之一。因此也诞生了众多关于渔业的民俗文化，例如妈祖赛会、三月三踏沙滩、放海灯等，都得到了较好的保存。特别是这里的人们相信妈祖和关公，能够护佑他们在出海时平安、收获。

渔业发达的石浦镇自然少不了海鲜美食，这里的海鲜风味数量众多、味道新鲜，海鲜餐馆随处可见。享受完美食，这里的美景也不遑多让，沧桑的古城、绚丽的海面晚霞、变幻的云海、点点的帆船……都是古镇中不可错过的美景。

这座历史上充满着硝烟的古镇，如今不仅有着江南水乡宁静的风貌，也有着渔港繁忙的商业来往，那经历 600 多年风霜洗礼的明清古建筑却仍是无语静立，不曾改变。

景点品鉴

➔ **金鸡山炮台：**古镇上遗留了很多明清时期的军事设施，炮台位于古镇西南的金鸡山上，是当时重要的军事防御阵地。

➔ **城隍庙：**古镇中保存较好的明代大型古建筑之一，内部的建筑雕刻细腻精美，工艺精湛，布局很有讲究。在戏台前还有一组生动的戏剧人物雕塑，人物形象惟妙惟肖，色彩历经百年依然艳丽。

➔ **皇城沙滩：**古镇并不只有深厚的历史底蕴，还有着秀美的自然之色。皇城沙滩位于古镇的东北部，沙滩

中街

长约1800米，状同一轮新月，这里有着排排的别墅，还有各种海景，我国沿海第一崖滩长廊是古镇中最具代表性的自然风光。

➜ **中街：** 古镇中街是修建于明代的古街，是保存最为完整、商业最为繁华的一条老街。在街道两侧是木质结构的店铺和砖瓦建造的民居，整条街道质朴古拙，有着沧桑的历史气息，带着鲜明的江南海滨风韵。

➜ **渔山列岛：** 有“亚洲第一钓”之称的渔山列岛，海水透明度达到10米以上，深受游客喜爱。渔山列岛分三个群岛，由54个大小不一的岛礁组成，是休闲、度假、野营的好去处。

前童
古韵墨香

古镇概述

地理位置

➜ 浙江省宁波市宁海县。

气候特点

➜ 亚热带季风气候，四季分明，温暖湿润，四季皆宜游览，一般夏季有台风。

开放时间

➜ 08：00—17：00

门票

➜ 40元。

交通

➜ 宁波汽车南站—前童

从宁波汽车南站乘坐客车到宁海，再换乘公交即可。

前童地理环境优越，文化积淀非常深厚，是一个历史悠久、风景优美的古镇。前童的“童”源于姓氏，据记载，前童村的始祖童潢，于南宋绍定六年（公元1233年）带领全族迁居于此，建造前童村，700多年来，历代繁衍。村落建造时按照“回”字布局，塔山和鹿山分居东西两端，街道是呈南北向民居、小巷井然有序，各种祠堂、牌楼错落其间。

历经近千年，前童仍有2000多间保存完好、工艺精致的民居，现有“职思其居”“五福临门”“童氏祠堂”等建筑。前童的古建筑一般传承明清的建造风格，以白墙黛瓦的四合院居多，坐北朝南，分为车门、隈下间、堂前、厢房、主房。其中车门、堂前是举办各种仪式的公共场所；隈下间一般是做饭、吃饭的地方。这些建筑上精美的雕饰随处可见，高高扬起的马头墙和墙花风格独特。在古代，马头墙有着特殊的意义，其数量的多少代表着宅院的地位和级别，不能乱用。墙上每隔一段都会镶嵌石刻雕花的窗花，饱含着各种吉祥寓意、祈祷风调雨顺的雕饰耸立在高墙的顶部。

童氏先祖以耕读传家，崇文重教，素称“诗礼名宗”。明朝初年，童氏先人就已经收藏数千卷六经群书，并建造石镜精舍、聘请方孝孺教育子弟。“读书不求闻达，亦足变化气质”成为童氏家族的家训。“谨节堂”“聚书楼”“集贤斋”“鹿鸣山房”“德邻书院”等，一座座书院相继建立，孕育着乡村悠悠墨香。

此外，前童还是一个手工艺术之乡，其中木雕极具代表性，至今在故宫博物院就收藏着来自前童的一张木雕嵌镶床和一顶花轿。如今的前童，虽雕刻工艺没有昔日的辉煌，但几乎每家都收藏有一两件古旧的雕刻物件，而且生产的现代工艺品独具一格，仍有前童先祖的风采。

景点品鉴

职思其居： 清代举人童桂林三子童汝宽的住宅，始建于清朝嘉庆年间，是一座两层的四合院木质结构建筑。庭院虽按照严格的伦理排序，但是其乐融融，布局细腻精致，是古镇中不可多得的民居建筑。

民俗博物馆： 原是私人宅院，后来改建成博物馆，里面收藏着传统的工具 500 多件，记录着前童从古老走向现代的发展过程，是一部农村发展的文明史。

泽思居： 因主人官居一品，古称“宰相府”，始建于清朝初年。整个建筑恢宏大气，“无梁不雕、无雕不精”，被誉为“江南第一雕花大楼”。在建筑的四面不同的地方都雕刻着精美的图案，包含着不同的寓意，也反映着建筑主人高雅的生活追求。

童氏宗祠： 是前童村童氏的祖祠，始建于明朝洪武年间，是一座封闭的四合院。建筑中只有正厅仍保留着明朝的建筑风格，据说有大儒方孝孺的参与设计，在西侧就有方孝孺祠。

民俗博物馆

童氏宗祠

特色美食

在哪吃

知味亭豆腐坊

一家将豆腐做出各种花样的小店，豆腐在这个店中可以做成饺子、可煮可煎可炖、可成豆浆、可变豆干，品类繁多，口味惊艳。除以豆腐为特色的招牌菜之外，还有一些家常菜可以品尝。人均消费 59 元左右。

电话：13857816695
营业时间：05：00—22：00
地址：前童古镇南街 231 号

慈城

江南第一古县城

古镇概述

地理位置

→ 浙江省宁波市江北区。

气候特点

→ 气候四季温暖湿润，全年都适合到古镇来旅游。

开放时间

→ 全天开放。

门票

→ 套票：165 元

交通

→ **宁波站—慈城古县城**

乘坐轨道交通 4 号线（慈城方向）：宁波火车站上车—慈城站下车，乘坐 13 站。

慈城的历史开始于唐朝开元年间，至今已有近 1300 年。作为江南地区的千年古城，慈城积累了深厚的历史文化底蕴，在这里不大的面积上至今仍保存着完整的生活结构方式，拥有大量的民居建筑，享有“江南第一古县城”的美誉。

关于慈城名称的来历，据说和西汉时期大儒董仲舒的家族有关。相传董仲舒的第六世孙曾为患病的母亲在慈溪旁隐居，每日为母亲担水做饭、洗衣，这样的孝顺之举得到世人的赞誉，于是就称呼当地为慈城，那条潺潺的溪水也逐渐演变成慈湖。

民居建筑是古镇的精华，这里如今保存着众多明清时期的民居建筑，很多都是深宅大院。这些民居建筑分为东、中、西三个区域，其中规模较大的有东区的甲第世家、程氏庆余堂，中轴线上的状元宅，西区的大耐堂、刘家祠堂、周信芳故居。虽然建筑类型不同，但大多都精雕细刻，构造精美，是当地建筑的代表之作。

有着深厚历史底蕴的慈城，人杰地灵，人才辈出，比如近现代以来有物理学家何育杰、京剧大师周信芳、实业家应昌期、作家冯骥才等都是出自慈城。这些不同领域的杰出人士为古镇增添了不少的故事和人文色彩。

人文底蕴深厚的慈城有着众多的民风民俗，每年都会举办众多的节日活动，例如中国慈孝节、年糕文化节、庙会等各种节日，将古镇装点得非常热闹。此外，古镇中的白菜汤和烧酒杨梅是可口的美味，来到古镇一定要尝一尝。

慈城古老的戏台

景点品鉴

甲第世家：一座坐北朝南的钱氏宅院，因主人是嘉靖年间的进士，且后人多次考中举人、进士，古称“甲第世家”。院落的布局和建造都有着鲜明的当地明代建筑的风格，是目前当地保存最为完整的建筑群，成为人们研究此类建筑的主要依据之一。

慈湖：古时候慈湖名为“阚湖”，在很多人看来慈湖是当地最美的景色，有着“西子的缩影”之美称。在湖中心堤坝上还有一座乾隆年间建造的“师古亭”，周围还有很多古老的遗迹，如慈湖书院、周信芳故居等。

县衙：县衙一直都是古镇最为宏伟的建筑，也是命运多舛的建筑。虽然县衙建造在浮碧山上，但是由于特殊的地理位置，慈城多次被外敌入侵，县衙多次被毁坏，如今的县衙是当代按照原来的样貌重建而成的。

孔庙：当地保存最为完整的文庙，完整的布局和庞大的建筑规模真实展现了科举在古时候的重要影响。

县衙

诸葛村
诸葛后裔聚居地

诸葛村，古称“高隆”，是诸葛亮一支后裔聚集的血缘村落。元代末年第 26 世宁五公诸葛大师迁居于此，此后不断繁衍生息，逐渐成为全国最大的诸葛亮后裔聚集地。

村落坐落在被山谷环绕的谷地和山冈上，沿着山冈顺势延伸，建筑大都建造在山坡上。整个村落以钟池为中心，呈九宫八卦式布局，纵横交错的街道把村落分为不同板块。乡土建筑是诸葛村的一大特点。整个村落的建筑系统完整、种类齐全，有宗祠、学塾、住宅、作坊、牌坊、花园等。“青砖、灰瓦、马头墙；肥梁、胖柱、小闺房”是诸葛村民居的生动写照。如今，保存完好的明清古建筑有 200 多幢，千姿百态，风格各异，堪称我国古建筑的一大奇观。

作为血缘村落，祠堂是村落的中心。而整个村落有祠堂 11 座，等级分明，分为总祠和分祠。丞相祠堂是总祠，和大公堂并为最大的礼制中心，其他小的祠堂均围绕总祠的四周而建。小的祠堂分为孟、仲、季，即崇信堂、雍睦堂和尚礼堂。祠堂建造精致，是村落建筑的代表。

作为武侯的后裔，诸葛村耕读传家，倡导勤学苦读，因此人才辈出，人文荟萃。在诸葛村的《兰溪县志》中记入列传的后裔就有 16 人，大部分在史学、书法和诗画方面留下著作。在明清两代就有 16 人考中举人、进士，可见文化昌盛。在诸葛村中，“不为良相，便为良医”的古训一直保存着，杏林名医众多，药铺遍布，自宋代以后中药业就是诸葛村的立足之本，如今依然声名显赫。

古镇概述

地理位置

浙江省兰溪市诸葛镇。

气候特点

四季分明，气候温和，一年四季都比较适合旅游。

开放时间

夏 07：30—17：00
冬 08：00—16：30

门票

125 元。

交通

兰溪站—诸葛村

兰溪 301 路换乘兰溪 302 路，全程 34 站。

兰溪 301 路（汽车西站方向）：火车站上车—汽车西站下车，乘坐 4 站。

兰溪 302 路（诸葛汽车站方向）：汽车西站上车—诸葛汽车站下车，乘坐 30 站。

景点品鉴

丞相祠堂：诸葛氏祭祖的场所，始建于明朝万历年间。整个建筑坐西朝东，依次是门厅、中庭、钟楼和享堂。在中庭有四个柱子分别以松树、柏树、桐树、椿树为建造材料，寓意“松柏同春”，享堂里供奉的有诸葛亮的坐像。

大公堂：一座内供诸葛亮画像的纪念堂，坐北朝南，正对钟池，为彰显诸葛亮的身份，大门左右分别书写“忠”“武”二字。在农历的四月十四，都会在大公堂举办盛大的祭祖仪式，村民对着祖先顶礼膜拜，载歌载舞，舞龙耍狮，好不热闹。

农坊馆：一座展示着古村传统文化的陈列馆，里面展示着织布机、碾盘、手磨、耕犁等古老的农耕纺织用具，从这里可以了解到诸葛村的历史发展、民风民情以及古村所蕴含的深厚农耕文化。

钟池：是整个村落八卦布局的核心，半边为水，半边为陆，水与陆结合，阴与阳相容。在钟池内和陆地上各有一口井，与池塘、陆地共同构成一副太极阴阳鱼状。人们围绕钟池嬉戏、洗涤，池塘与居民融为一体，为诸葛村增添了一种不一样的神韵。

大公堂

钟池

新叶村

明清建筑博物馆

古镇概述

地理位置

➔ 浙江省建德市大慈岩镇。

气候特点

➔ 四季分明，温暖湿润，四季皆适宜旅游。

开放时间

➔08：00—16：30

门票

➔68 元。

交通

➔ **建德站—新叶村**

可从建德站打车至新叶村，全程约 54 千米，大约需要 140 元。

浙江

村落始建于南宋中期，叶氏自第一代先祖起就定居于此，因背靠玉华山，故称“玉华叶氏”。后来，叶氏避开战乱，繁衍生息，逐渐成为一个庞大的宗族，新叶村也不断扩大，成为历史悠久、民风淳朴的古村落。自定居以来，叶氏祖先就在这里不断建造居舍，大量的建筑也被注重传承的叶氏家族保存下来。如今保存有大量的祠堂、楼厅、古塔、寺庙以及 2000 多幢民居建筑，建筑形式丰富，特别是众多的明清建筑，被誉为“明清建筑露天博物馆”。

新叶村的建筑布局极有内涵，俯瞰村庄建筑，呈传统的五行九宫格的布局，寓意天人合一的建筑思想。古村内宽窄不一、长长短短的上百条街巷纵横交错，把村落分割得如迷宫一般。一户户人家在这狭窄幽长的街巷、高大封闭的白墙包围中悠然地生活。

在新叶村的众多建筑中，遗留有很多珍品，风格独特、精美雕琢的木雕是最吸引人的地方。这些木雕分布在祠堂、梁枋斗拱之上，内容包括人物故事、虫鱼鸟兽和回纹等，精雕细琢，造型优美。人物类的雕饰，面部表情逼真，栩栩如生，衣着服饰飘动自然。那些饱含寓意的花虫鸟兽图案体现着新叶村人的爱好与追求。

玉华叶氏以耕读传家，注重科举，推崇儒家，村里开办有官学堂、私塾和书院。在新叶村，雨天不沾泥湿鞋的石板路就是对读书支持的最好证明，这些石板路每一条都通往学校，方便了读书人的出行。位于村口的抟云塔、文昌阁、土地祠都是为祈求文运而建，可见新叶村人对读书的热衷以及读书在当地人心中的地位。

地势较为封闭的新叶村也是一个独立的宗族社会，至今还保留着诸多的传统民俗。新叶村最大的仪式活动就是每年农历的三月三节

新叶村景色

日，此时会举办规模盛大的祭祖仪式、形式多样的杂耍和山歌对唱等，在这热闹中将风雅的传统文化和多彩的民间艺术巧妙地结合起来，向世人展示着新叶村丰富多彩的生活风貌。

徜徉在新叶村，时光仿佛倒流了百年。这些风格不同的建筑、精美的雕饰图案，从流畅简洁到富华繁丽，从祭祀迷信到返璞归真，无不深深地烙上了历史的印记，完整地体现着新叶村的变迁。

景点品鉴

有序堂：玉华叶氏的总祠，建于元朝大德年间，是古村村民活动的中心，也是古村建筑的中心。

崇仁堂：目前新叶村最高大、最宽敞、最华丽的祠堂，四进的院落不仅超过了祖庙和总祠，还是我国历史上比较少见的祠堂，可见其在玉华叶氏心中的地位。

抟云塔：一座造型端庄秀丽的古塔，又称“文风塔”，古塔始建于明朝隆庆年间，整体素雅没有添加多余的雕饰，是古村为了祈求文运而建。

文昌阁：是在抟云塔修建 300 年后于清朝同治年间修建的祈求文运的建筑，阁楼两层高，对称布局，四角凌空飞翘，屋顶的两端有类似龙须的装饰，极具特色。

抟云塔

文昌阁

苍坡村

笔墨纸砚

古镇概述

始建于五代时期的苍坡村距今已经有1000多年的历史，古老的岁月在此留下诸多的痕迹，成为后人争相欣赏驻足之地。古时候的苍坡村是李姓的聚居地，由李氏先祖邀请当时的国师规划布局建造而成。如今的古村还保持着数百年前的样貌。在历经百年的沧桑之后，这里依然保存着众多的古建筑，蕴藏着无尽的古意。

人们经常称呼苍坡村为“笔墨纸砚”，并不是指该村生产这些文房四宝，而是古村的整体是按照文房四宝这一新颖的形式构造来布局。在古村中蜿蜒的石条铺就的长约306米的长街是为“笔”，与古村右侧的笔架山遥遥相对；长街两侧的尺方水池是为“砚”；在砚台两旁各有一条长约4.5米的条石被看作“墨”；而古村周围广阔的田地平缓如“纸”，如此带有浓郁文化内涵的村落布局世间少有，不得不让人感叹古人的智慧。

以“耕读传家”为古训的苍坡村，在村落建筑上也是别具一格。村中仅有的一条纵贯的长街，民居大多紧邻长街而建，虽然有些凌乱，但在历史的晕染下却也古香古色。如今在古村中保存的老事物主要包括寨墙、亭榭、水池以及古树等，其中还包括“四壁青山藏虎豹，双池碧水贮蛟龙”这样寓意人才辈出的楹联。

景点品鉴

➜ 李氏宗祠： 李氏家族举行各种重要仪式以及祭祀祖先的地方，规模虽不是很大，却是整个古村中最为重要的地方。在宗祠的对面还有一座戏台，古时候的村民们就在此举行各种娱乐活动，劳累一天后得以休闲放松。

➜ 望兄亭： 位于古村的南寨墙上，古亭的修建据说还有一个兄友弟恭的佳话。古时候这里还是古村的活动中心，如今这座老亭伴着苍劲的古柏树成为古村中不可缺少的风景。

➜ 水月堂： 堂院修建于北宋末年，是李氏的族人为纪念为国捐躯的人而建。横向三开间的堂院是单层的瓦舍，四面环水，有花墙相隔，玲珑典雅。在院中还有一清澈水池，明如日月，很是小巧，堂院因此得名。

➜ 车门： 苍坡村的正门，为木造牌楼式结构，是古时严格的礼制建筑。车门是一种属于明清以前的建筑设计，这主要是和当时的科举考试有关，从中也可以看出古村对科举的态度。或许正是这种对科举和教育的不断追求才有了如今历经千年依然保存的苍坡村。

地理位置

➜ 浙江省温州市永嘉县岩头镇。

气候特点

➜ 气候温和，全年平均气温在17℃左右，四季都比较适宜旅游。

开放时间

➜ 08：00—16：30

门票

➜ 免费。

交通

➜ 温州站—苍坡村

可从温州站打车至苍坡村，全程约51千米，大约需要135元。

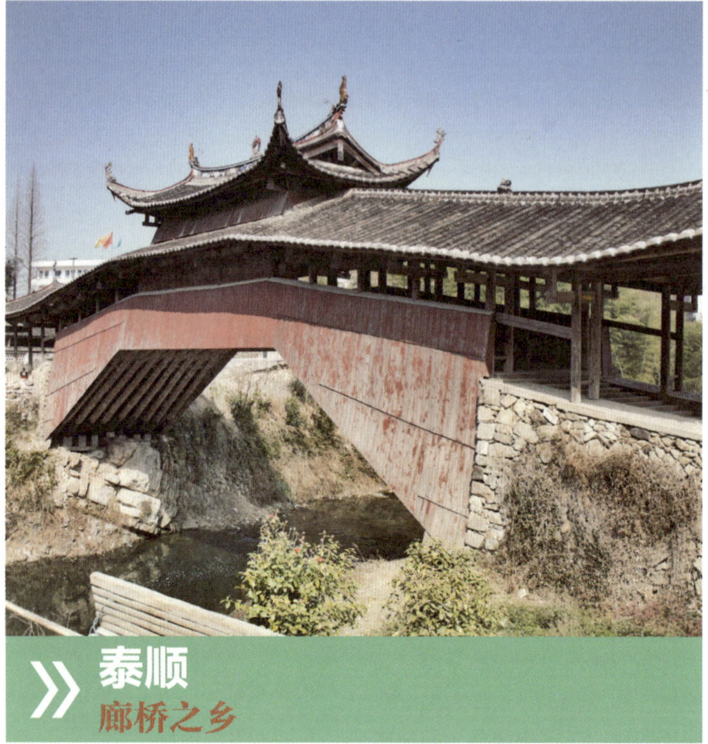

泰顺
廊桥之乡

古镇概述

地理位置

➜ 浙江省温州市泰顺县。

气候特点

➜ 四季分明，气候温和，春、夏季是最佳的旅游季节。

开放时间

➜ 全天开放。

门票

➜ 部分景点收取门票。

交通

➜ **温州客运中心—泰顺**
从温州客运中心乘坐客车可到达泰顺。

住宿

➜ **柏悦酒店**
地址：城北路 480 号
电话：（0577）59292299
标间：165 元左右

➜ **汉庭**
地址：文苑路华鸿中心广场 12 幢 1 楼
电话：（0577）67588777
标间：195 元左右

泰顺位于浙江省南部，北接文成，西临景宁，因地形崎岖多山，素有“九山半水半分田”之说。在这群山环绕、山高林密的世外桃源，大量因躲避战乱迁居而来的人们开创了具有山区田园特色的地方文化，留下了珍贵无比的历史文化遗产。

历史上的泰顺，由于山地丘陵广布，村落分散，人烟稀少，交通偏僻，人们为躲避风雨、歇脚，就在每条大路的桥梁上建造风雨亭。这样的屋檐，不仅可以保护木质的桥梁免受风吹雨淋的侵蚀，还能为长途跋涉的行人提供休憩之所。但是“廊桥”这一称谓也是最近才开始使用的。

廊桥的建造看似很简单，基本单元也仅仅是 6 根杆件，纵横各有 2 根，呈“井”字形摆放。这种结构充分利用杆件相互挤压产生的摩擦力，各个构件之间越是挤压就越紧，以此来达到无须钉铆而直接固定的作用。这样的构造方法既便宜又方便，只需用规格相同的杆件就能建造桥梁，而且拆装方便，受损的构件可以快速更换。正是这样单元规模小、便于运输、经济合理的构造方式，泰顺的廊桥才会数量众多，保存完好。

泰顺廊桥已有 700 年左右的历史，始建于明朝，如今现存的廊桥多修建于清代。《泰顺交通志》记载，目前现存的桥梁有上千座，主要类型有编梁木拱廊桥、八字撑木拱廊桥、木平廊桥、石拱廊桥等几类，其中的 18 座木拱廊桥在世界桥梁史上都有很高的地位。廊桥不仅是行走避雨之所，也是当地人休息、交易的场所。很多廊桥上都有一个个大小不一的摊位，可想当年廊桥交易繁盛的景象。一条条小型的街道在廊桥的桥头逐渐形成，下面可作店铺，上面可供居住。

游览泰顺，廊桥是必须驻足之地。站在廊桥上，望着脚下湍湍不息的流水，思绪悠悠，仿佛看到廊桥上上演的一幕幕故事，让人沉醉。

知名节目《幸福三重奏》就在此地拍摄，停下来的都市人在小镇中感受慢节奏的生活。

景点品鉴

➜ **三条桥：**桥最初是由三根巨木搭建而成，故名为三条桥，如今的三条桥是清道光二十年重新建造的。桥形古朴犹如一架飞虹横架在小河上，和周围的青山、流水构成一幅优美的画景。

→ 苏文桥： 一座始建于清代的古桥，横跨在两座小山峰之间，是木质石拱廊桥，半月形的构造让其成为泰顺最美的廊桥。

→ 仙居桥： 古桥始建于明朝时期，34 米多的跨径让其成为泰顺横跨最大的木质拱桥，桥身上建造的 18 间桥屋使桥看起来异常壮观。

→ 药发木偶： 是一种多层次烟火的烟花杂技，每一层次所绽放的烟花不同，点燃后伴随着烟火会出现不同的木偶出现，常见的有《封神榜》《西游记》中的角色，顶层往往是凤凰。焰火飞舞、五彩缤纷，美不胜收。在中国传统佳节中，都有它的身影。

三条桥

浙江

特色美食

吃什么

→ 在泰顺，山中的野菜比较多，还有一些特色的小吃都非常美味。野味中有苦马、观音豆腐、奶奶捧等特色菜肴，米面层、泰顺婆饼、千层糕等是泰顺比较常见的糕点。

在哪吃

泰顺县泗水山庄

门外看去是一家比较有古味的餐厅，大堂很大，在这里可以吃到许多健康的绿色野菜，也可以吃到许多河鲜。推荐九层糕，人均消费在 50 元左右。

电话：（0577）67647979　13706612303
营业时间：08：30—21：00
地址：泗溪桥东南 100 米

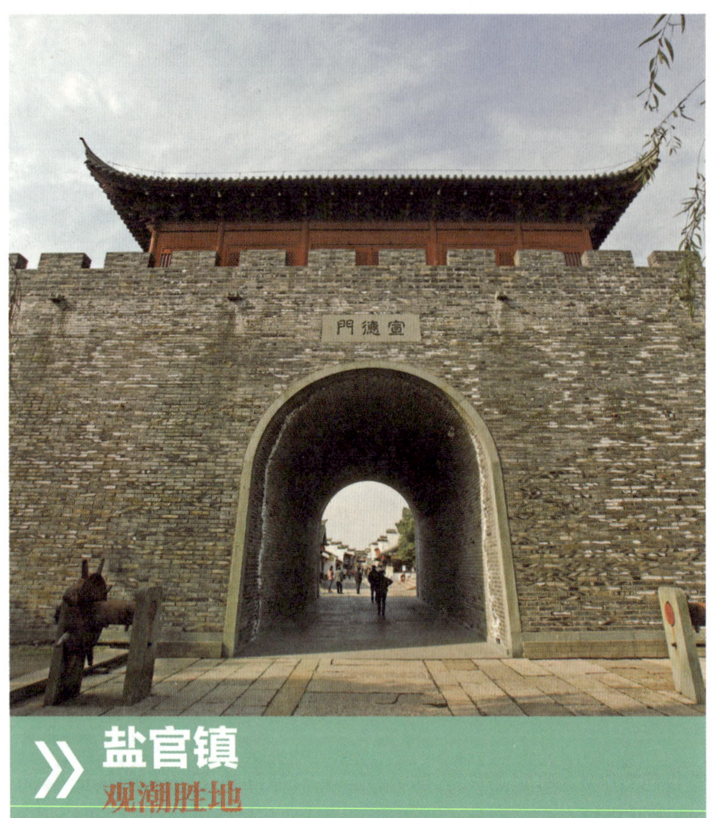

盐官镇
观潮胜地

古镇概述

地理位置

➜ 浙江省海宁市。

气候特点

➜ 全年气候温和多雨，一年四季都适宜旅游，尤其不能错过钱塘潮。

开放时间

➜ 全天开放。

门票

➜ 古镇免费，小景点另外购买门票

交通

➜ **海宁站—盐官镇**

海宁 109 路公交（盐官景区公交站方向）：火车站上车—郭店站下车，乘坐 25 站。

汹涌澎湃的钱塘潮闻名遐迩，备受世人瞩目，而位于钱塘江之畔的盐官镇是观潮的最佳胜地。盐官镇因在西汉汉武帝时设立专管盐业的官职而得名，唐朝中期盐官改名为建宁镇，后来又恢复盐官镇至今，有着 2000 多年的历史。悠久的历史、深厚的人文底蕴以及壮美奇特的钱塘潮水让盐官镇在历史上尤其出名，也是我国著名的历史文化名镇。

古老的盐官镇处处透着神秘和庄严的气息，这里有着悠久的历史、壮观的海潮景象和唯美动人的传说故事，这座集人文景观和自然奇景于一体的古镇自古以来就让人惊叹。

景点品鉴

➜ **杨兵部宅：**清朝人杨雍建的故居，如今是古镇中的景疏园展馆，主要以家训为主题，利用书籍资料、图片影像等展示古人治家的理念，也反映着盐官镇深厚的人文底蕴。

➜ **花居雅舍：**相传是北宋名妓李师师开设的青楼，如今成为古代青楼文化的展览馆，内部展示着古代青楼女子的各种日常。青楼文化在我国的文化中占据重要的地位，这里诞生过诗歌、音乐、舞蹈、雅趣故事等，如今的花居雅舍也是电视剧《韦小宝》中丽春院的场景地。

➜ **王国维故居：**一座始建于清朝末年的木质庭院式建筑，前后两进的建筑古朴庄重。如今的故居第一进的平房改造成了陈列馆，第二进楼房展示着王国维的学术成就，故居虽没有园林般雅致，也没有官宦宅院的大气，却有着浓郁的人文气息，小巧玲珑的造型是当地民居的典型。

➜ **金庸书院：**按照古镇历史上安澜书院的布局建造，主要展示金庸先生的学术成就。建筑分东、中、西三路布局，分工明确，其中东区为居住区、中区是藏书区、西区是游览区。如今这座带有浓郁古典园林特色的院落成为讲学、藏书和展示金庸文学的重要场所。

➜ **安国寺经幢：**始建于唐朝初年，如今在寺内保存有三座石刻经幢，都是唐朝的古物。这些经幢篆刻经文，雕饰精美，各个造型不同，有的因浮雕蟠龙别称“系龙幢”，这是古经幢中最早的仿木石构，具有很高的文物价值和艺术价值。

➜ **海神庙：**始建于清朝雍正年间的祭祀庙宇，规模庞大、耗资不菲的

海神庙

海神庙以清朝官式布局建造，气势恢宏，有着“江南紫荆城”的美誉。庙宇三路并进南北走向，中间是山门、仪门以及正殿，左右是天后宫、道院、水仙阁等辅助建筑。各个建筑精美细腻，体现了匠人精湛的工艺。除了精美的建筑，庙内还有清初四位皇帝赏赐的五块匾额，其中有一座雍正、乾隆合题的父子双皇御碑，异常珍贵。这些宏大的建筑、珍贵的匾额御碑处处彰显着海神庙神秘、庄严的气度。

➜ **海塘：** 一座防水大堤，距今已有1700多年的历史。海塘建造繁杂，规模庞大，需要精妙的布局和详细的构造，和长城、运河并称为我国三大水利工程。海塘在隋唐和宋代是以土为主要材质，明朝时添加木竹，到了清朝康熙年间，为了加固堤防始建鱼鳞石塘，如今的盐官海塘是钱塘江海塘中最具特色的一段。

➜ **宰相府第风情街：** 一条以宰相府第为核心的历史文化古街，古色古香的老街上，城楼、茶楼、故居和城隍庙等应有尽有，蕴藏着千年的江南古城风韵，此外街道上商铺餐馆鳞次栉比。

民风民俗

➜ **观潮节：** 海宁的观潮节已有千年的历史，每年的农历八月十八是著名的观潮节，成千上万的游客伫立在海塘上静候钱塘江汹涌的潮水，呈现着“万马奔腾海宁潮，江潮人潮两相涌”的壮观景象。

➜ **祭祀海神：** 仿照乾隆时期祭祀海神的程式衍生而成的祭祀活动，整个祭祀活动在礼乐的调和下，展现着古时候祭祀的传统礼制，体现了海宁深厚的海潮文化。

特色美食

吃什么

➜ **海宁缸肉：** 俗称“东坡肉”，海宁市的特色美食，色同琥珀，入口即化，不油不腻，非常美味。

➜ **钱塘江鱼圆：** 传说和乾隆皇帝有关，鱼圆肉质鲜嫩，色泽鲜明，滑软鲜嫩，油而不腻，是当地的特色美食。

➜ **朱万昌糕点：** 一家有着百年历史的老字号，糕点精美，以四时茶食为主，生产的糕点在江浙一带非常有名。

在哪吃

新东坡酒楼	乾隆酒楼
很有特色的酒楼，东坡肉、钱江珠鱼、海宁双臭在这里都能吃得到。酒楼生意红火，需要提前预订。人均消费 57 元左右	一家味道非常不错的酒楼，盐官镇的特色美食在这里都能品尝，味道鲜美，价格也比较亲民。人均消费 86 元左右
电话：（0573）87617176	电话：（0573）87617777
营业时间：10：00—13：00　16：00—21：00	营业时间：11：00—13：00　17：00—20：00
地址：盐官镇春熙路 88 号	地址：盐官镇中新路 67 号（望江苑沿街商铺）

郭洞村

长寿村

古镇概述

提起郭洞村，不知道的人一定以为这是一个地处黄土高原的窑洞村，实际上郭洞村位于景色秀丽的江南水乡群峰之间，因“山环如郭、幽邃如洞”而得名。始建于宋代的郭洞村距今已有 1000 多年历史，世代居住于此的何氏家族也已经繁衍 600 多年，建造了郭洞村这一特殊的江南古村。

郭洞村有着新颖的布局构造。因郭洞村的地形独特，三面环水中有两条溪水汇入，蜿蜒的溪水最后在两座青山之间向北流去，形似“狮象把门”。据记载，郭洞村的整体建造是按照《内经图》中记载的样式建造的，这是一部有着近 2000 年历史的道教经典，里面蕴藏着无穷的智慧，是古人智慧的结晶。郭洞村内每一座建筑的构造和布局都带有鲜明的传统色彩。

郭洞村由上下两个相连的村落组成，村落内由石子铺就的街道纵横交错，不管晴雨天气都是干净整洁的。在街道两侧有着高低错落的民居建筑，这些保存较好的建筑大多是明清时期遗留下来的，大都有着粗壮的廊柱、各种精美细腻的雕饰。民国时期的建筑上还有西方建筑风格的点缀，在历史的沧桑中充满些许的新意。

在郭洞村，水口很有特色。水口并不是字面意思上的出水口，而是一种抵挡外部入侵的关卡。郭洞村的水口是一道 5 米高的坚固城墙，古时候的人们都是从城门下的大路上出入古村，至今在城墙的两侧还有“郭外风光古，洞中日月长”的楹联，“双泉古里”的匾额高悬在城门上。

郭洞村还是有名的长寿村。村中居民大都身体康健，平均寿命高达 85 岁，远远高出我国人口的平均寿命。这大概得益于古村原始简朴的生活方式、未经污染的水土资源和村民与世无争的生活态度吧。

地理位置

→ 浙江省金华市武义县。

气候特点

→ 四季分明，气候温和湿润，雨量丰沛，一年之中都适合旅游。

开放时间

→ 全天

门票

→ 免费，景点另外收费

交通

→ **金华站—郭洞村**

金武快线换乘武义 313 路（郭洞方向）（郭上村），全程 27 站。

金武快线（武义公交总站方向）：金华火车站上车—武义公交总站下车，乘坐 18 站。

武义 313 路（郭洞方向）（郭上村）：星光菜场站上车—郭洞站下车，乘坐 9 站。

景点品鉴

→ **新屋里：**一座建于明朝末年的三进民居建筑，是当地民居建筑的代表之作。30 间的房屋显得建筑规模庞大，其中内部的雕饰最为精致。这些雕饰以砖雕为主，图案丰富，样式生动，布局精妙，是当地建筑的一大特色。

→ **何氏宗祠：**何氏家族的祖祠，始建于明朝万历年间，规模宏大，古朴之中透露着不凡的气势。在祠堂内悬挂着几十块匾额，展示着郭洞村深厚的文化内涵，是郭洞村悠久文化的集中之地。

岩头镇
水秀古村

古镇概述

地理位置

→ 浙江省温州市永嘉县。

气候特点

→ 亚热带季风气候，温暖湿润，一年四季都适宜旅游。

开放时间

→ 09：00—17：00

门票

→ 部分景点收取门票。

交通

→ **温州站—岩头镇**

可从温州站打车至岩头镇，全程约 48 千米，大约需要 120 元。

岩头镇的历史开始于明朝中后期，由当时的金氏家族规划设计而成。村落先经过合理的布局规划后才真正开始修建、居住，这种建村的方式在我国是少有的。古镇因位于芙蓉三岩之首，故而得名岩头镇。

位于楠溪江之畔的岩头镇是唯一一座以便利的水利设施布局规划的古镇，镇内分布着三进两院四合围的古建筑，错落的民居建筑群，虽然有的已经斑驳不堪，但是依然散发着古老的历史气息。

因楠溪江景色秀丽，所以古镇的自然景色也是秀美非常，蜿蜿蜒蜒的河道两岸孕育着苍翠的林木，各色景致变化多端，其中以丽水湖附近最为优美，伴着古朴的古镇风貌，别有一番趣味。古镇的水异常清澈，被认为是无污染的水质，因此溪水中孕育的鱼类肉质鲜嫩，在当地有着“淡水鱼之王”的美誉。

悠久的历史自然也孕育出古镇深厚的文化底蕴，这里保留着众多遗留下来的古建筑，例如进士牌楼、水亭祠、丽水桥、接官亭等，在秀丽的水色映衬下有着浓郁的质朴感。漫步古村，古老的村落、潺潺的河水、秀美的山林景色共同构成岩头镇这座静谧而悠久古镇的全部，不愧有“水秀古镇”的美誉。

景点品鉴

→ **狮子岩：** 岩头镇前潭水中的两座小岛，一大一小形似狮子和球，因此被称为“狮子戏球”。在这里白天和夜晚呈现不一样的景致，晴日里，狮子岩的壮美身姿倒映在潭水中，格外娇美；夜晚时，明月倒映在潭水中，伴着点点的渔火，呈现亦真亦幻的景象，是楠溪江上天然的盆景。

→ **进士牌楼：** 在岩头镇金氏宗祠的门前，有一座气势恢宏的牌楼，这座进士牌楼是明朝嘉靖皇帝赐给金氏家族的，三间四柱的木质牌坊高 7.6 米，宽 9.9 米，整个牌楼建造风格俊雅，是古镇的标志性建筑之一。

丽水街

➜ **水亭祠**：并不是祠堂，而是一座书院，而且还是楠溪江流域内最大的书院。不过这座有着东西长65米、南北宽25.4米围墙的书院，如今只剩下一座正堂孤立在古镇中。

➜ **接官亭**：建于明朝嘉靖年间的亭阁，因在亭子附近有着众多的名花，也称“花亭”。四柱的亭子以方形重檐攒顶，五层的斗拱配上八角的藻井，在亭子上有着以传说故事为内容的雕塑，生动形象。

➜ **丽水街**：实际上是修建于明朝嘉靖时期的堤坝，后来逐渐成为楠溪江上有名的景致，民间有着“不游岩头丽水街，就不算来过楠溪江”的说法。长300多米的街道两侧分布着高两层的古建筑，门前都有宽2米多的檐棚可供行人遮阳避雨。

廿八都镇

移民古镇

古镇概述

地理位置

➜ 浙江省江山市。

气候特点

➜ 亚热带季风气候，全年气候温和，一年四季都适宜旅游。

开放时间

➜ 全天开放。

门票

➜ 75元。

交通

➜ **江山站—廿八都镇**

江郎山—廿八都旅游区（廿八都古镇游客中心方向）：江山火车站上车—廿八都古镇游客中心站下车，乘坐1站。

住宿

➜ **念八铺客栈**

地址：廿八都古镇浔里街57号

电话：（0570）4887779

标间：150元左右

➜ **江山杨家大院酒家**

地址：古镇枫岭路27号

电话：（0570）4886252

标间：98元左右

廿八都镇，这个有着奇怪名字的古镇隐藏在仙霞山深处，位于仙霞关和枫岭关之间开阔的平台上，至今约有1000多年的历史。古镇原称“道成”，据说是因为唐朝末年黄巢带兵在浙江、福建和江西三省的交界处开山辟路成就仙霞古道屯兵扎营，被称为“道成”的古镇就应运而生。古镇地势险要，有“浙西南锁钥”之称，因此也是当时的兵家必争之地。北宋时期，当地设立44都，道成镇位于第28位，于是后来就演变成廿八都镇，之后的岁月里古镇安静祥和，少受战乱侵扰，一直保存了900多年。

廿八都镇是一座移民古镇，也是目前发现的唯一一座有着百家以上姓氏的古镇。千百年来，从各地而来的移民在不断地碰撞和融合过程中成就了古镇多样的文化色彩。在古镇不大的土地上居住着千户人家，其中共有140多种姓氏，来自不同地方的移民拥有各自的语言和风俗，虽然经过漫长的交融，如今在古镇依然可以听到9个地方的不同方言。虽然古镇上语言纷杂，但是却有着统一的廿八都镇官话，这是居民日常交流的常用语。

不同地方的移民自然带来多彩的移民文化，其中在建筑上自然表现得极为鲜明。古镇上有很多保存完好的民居建筑，这些建筑有徽式、赣式、闽式以及浙式等多种样式，千姿百态。虽然这些建筑在外在的样式上有所差异，但是基本的建造布局大致相似，一般以二进、三进以及四合院的布局为主。每家每户自成院落，阁楼式的门楼、棱角的飞檐、装饰精美的门窗以及巍峨的马头墙几乎是当地民居建筑必备的构件。其中以马头墙最为精美，这种以砖瓦为主层层叠加的墙面建筑，配上精致细腻的雕饰，显得高大精美，是反映一户人家底蕴的重要标志。

虽然作为移民古镇，各种文化民俗纷杂，但是廿八都镇的人们对于教育和科举的重视却是一致的。古镇上很多家族都是耕读传家，传承千年，其中以金曹两大家族为主。书香浓郁的廿八都镇，商业氛围也异常浓厚。作为三省交界之地，廿八都镇凭借便利的交通成为南北通道中重要的中转站，带来了商业的繁盛，也孕育了繁华的古镇。

在仙霞山的崇山峻岭中，廿八都镇好像一颗被仙人隐藏的明珠，在此大放光彩，那闪烁的熠熠光辉好像呼唤着游人前来欣赏这座充满着古朴和沧桑的多彩古镇。

古朴的民居建筑

浙江

景点品鉴

水安桥： 建于清朝同治年间的半圆形单孔石拱桥，古桥横跨在枫溪上，长约 20 米，宽约 5 米，在桥上还建有九间桥亭，巍峨壮观，是当地唯一一座建有桥亭的古桥。

东岳宫： 俗称“大王庙”，始建于明朝万历年间，后多次被毁，民国年间集资重修。坐南朝北的庙宇是二进一天井的建筑，共有东岳殿、三清殿、财神殿等八大殿，呈方形布局，有着非常恢宏的气势。

姜守全旧宅： 一座坐南朝北的三进二天井的民居大宅，是民国时期重要人物姜守全的故居。民居是传统的歇山顶建筑，古朴的石大门、巍峨的马头墙以及精致的木雕门罩都在诉说着这座民居昔日的辉煌。

文昌宫正殿

文昌宫： 目前廿八都镇内保存最为完好的古建筑，建于清朝光绪年间，是一座祈求文运的古建筑。坐南朝北的文昌宫为三进二天井建筑结构，照壁、庭院、正殿沿着轴线分布，左右规整，整个建筑中以木雕刻最为精美，绚丽的彩绘虽然历经岁月，却依然明艳如昔。

特色美食

吃什么

作为千年古镇，地处三地交界的廿八都镇从来不缺少美食。被当地奉为“糕中之神”的铜锣糕是古镇的传统糕点美食，这种由糯米、红糖、枸杞子、藕粉、红枣等诸多食材制成的糕点，香腻爽口，非常美味。此外，廿八都镇的豆腐也是一大特色，这里水质好，豆腐爽滑鲜嫩，品尝古镇美食时切记不可错过。

溪口镇

民国文化第一镇

古镇概述

地理位置

→ 浙江省宁波市奉化区。

气候特点

→ 亚热带季风气候，一年四季都适合旅游。

开放时间

→ 08：00—17：00

门票

→ 230 元（含溪口景区、雪窦山景区、雪窦山景区交通）

交通

→ **宁波站—溪口镇**

988 路（雪窦山游人中心方向）：宁波火车站南广场上车—银凤广场站下车，乘坐 19 站。

在长三角南部有一座依山傍水的古镇，早在汉代就有“海上蓬莱”的美誉，它就是溪口镇。古镇的历史源远流长，据记载，唐朝初期时古镇开始兴建，到了北宋中期就已经是有 8000 多人的大镇了。据史书记载，北宋仁宗还曾在梦中游览古镇中的雪窦山，因此雪窦山也有着“应梦名山”的美誉。清朝光绪年间，溪口正式列为镇，其间几经变更，最后称为溪口镇至今。

早就有着“海上蓬莱”美誉的溪口镇自然不缺秀美的山水景色，深谷幽壑、流泉飞瀑的雪窦山，清幽静雅的亭下湖都是古镇中最为优美的自然风光。如今古镇不仅是最佳旅游休闲胜地、国家重点风景名胜区，也是国家 4A 级旅游区，各项名誉可谓众多。

在古镇最为著名的景致当属蒋氏故里，如今这里保存有众多民国时期的历史遗迹，如蒋母陵园、蒋氏宗祠等，被称为“民国文化第一镇”。文昌阁、武岭门、小洋楼等建筑虽有些破旧，却蕴含着古镇悠久的历史，成为古镇的精华，也是游人最常驻足的地方。

景点品鉴

→ **蒋氏故居：**蒋介石、蒋经国父子的故居，宅院房号“丰镐”，位于武岭路西端，坐北朝南。故居建筑面积 1800 多平方米，四合院式布局，构造精致，显得富丽堂皇。

→ **文昌阁：**始建于清朝雍正年间，1924 年重建，是当地有名的景点之一。文昌阁位于武山的南端，在这里不仅可以遍览山水秀色，也可领略古镇繁华的街道。民国时蒋氏夫妇经常在此小住，张学良在西安事变后有一段时间就曾被软禁于此。

→ **千丈岩瀑布：**因壁立千仞、水流飞流而下而得名千丈岩瀑布。瀑布高 186 米，飞溅的水珠好似多彩的珍珠，粒粒晶莹，蔚为壮观。北宋

蒋氏故居

著名的政治家、文学家王安石曾作诗赞曰：“拔地万生青嶂立，悬空千丈素流分。共看玉女机丝挂，映日还成五色文。”

➜ **雪窦寺：** 始建于晋代，位于雪窦山的中心，在两宋时期走向鼎盛，历代多次获取殊荣。如今的寺庙各个建筑一应俱全，规模宏大，是游览雪窦山不可错过的景致。

特色美食

吃什么

➜ **千层饼：** 溪口的千层饼始于清代，是当地的特产之一。千层饼虽然常见，但是溪口的千层饼口感松脆，味道香甜，来溪口游览时一定要尝一尝。

➜ **羊尾笋：** 当地的特产之一，以味美著称，不仅味道鲜美可口，而且营养丰富，具有开胃消食的功效。一般在凉拌或是烤肉的时候伴以羊尾笋，味道鲜美无比，饭店里一般都有供应。

在哪吃

王毛龙千层饼

这里的千层饼是最正宗的，味道最为丰富。人均消费 22 元左右。

电话：（0574）88857008
营业时间：08：00—17：00
地址：溪口镇武岭路 88 号

古镇蒋家菜

三层饭馆，味道好评，可接待旅游团和散客，性价比高。推荐菜：排骨芋、椒盐小溪鱼和油焖竹笋。人均消费 57 元左右。

电话：（0574）88873658
营业时间：10：00—21：00
地址：溪口镇中兴西路 175 号

东浦镇

越酒之乡

古镇概述

地理位置

➜ 浙江省绍兴市越城区。

气候特点

➜ 亚热带季风气候，温暖湿润，全年适宜旅游。

开放时间

➜ 全天开放。

门票

➜ 免费，个别景点收取少量费用。

交通

➜ **绍兴站—东浦古镇**

108 路（柯桥区公共服务大楼方向）：小城北桥站上车—徐锡麟故居站下车，乘坐 11 站。

在浙江绍兴的土地上，东浦镇这座千年古镇，在秀丽的水乡中散发着浓郁的酒香，在这醉人的酒香中，无数的名士登临桥头俯瞰滚滚流水举杯吟唱。书圣王羲之感叹古镇美景：“山阴道上行，如在镜中游”，诗仙李白“我欲因之梦吴越，一夜飞渡镜湖月”，诗圣杜甫“越女天下白，鉴湖五月凉”北宋著名诗人陆游在饱览美景之后发出“千金不须买画图，听我长歌歌镜湖”的赞美。

东浦镇境内河湖众多

千年的历史孕育了东浦镇深厚的人文底蕴，加之得天独厚的自然环境，东浦镇有着“水乡”“酒乡”“桥乡”“名士之乡”的美称。这里不仅是绍兴黄酒的发源地，也是北宋著名诗人陆游的故乡。

东浦镇是典型的江南水乡，在这河流纵横、星罗棋布的湖泊环绕下，古镇被分割成大小不一的块状，小巧玲珑的各式古桥连接着两岸。古镇上的民居大多沿河而建，错落有致，粉墙黛瓦间尽显江南水乡“小桥流水人家”的秀美景致，古人就曾写诗赞曰：“鉴湖秋净碧于罗，树里渔舟不断歌，行到夕阳中堰埭，村庄渐少好景多。”

东浦镇还有一个被人们赞誉的地方，那就是酒，这里也被称为“酒乡”。东浦镇是绍兴老酒的发源地，历史源远流长，早在晋朝时这里就已经开始酿酒，宋朝时期这里就已是绍兴酒业的中心。东浦镇的酒品质高，酒香醇正，历史上多次获得名士大家的赞誉，近代还曾获得万博博览会金奖。因为悠久的酒业，东浦镇也产生了丰富多彩的和酒有关的民俗文化，

有酒自然少不了名士，东浦镇还被称为“名士之乡”。历史悠久、人杰地灵的东浦镇在历史上诞生了不少的文学家、政治家、军事家等诸多领域的大家。如唐代诗人贺知章、大诗人陆游、爱国将领陈仪以及近代的书法家胡之光等，都是小小东浦镇上著名的人物。

“远眺青山叠翠，近看碧波映照”，古老的东浦镇不仅有着秀美的自然风光，也有着俊秀的名人大家，更有着浓郁飘香的绍兴老酒。乘着乌篷船穿梭在纵横交错的水道上，眼前是秀丽的水色和错落的民居，空气中弥漫着阵阵的酒香，真是酒不醉人人自醉。

景点品鉴

➜ **老街：**形成于南宋时期的老街是古镇上很有特色的风景，虽然在清朝时期才走向繁盛，近代又被毁坏，但是这条老街依然保存着主要的构架，是古镇上不可或缺的景致。在老街的两侧分布着高低错落的民居，依然保留着古时候粉墙黛瓦、高高马头墙、巍巍骑马楼的建筑风格。

➜ **徐锡麟故居：**一座三进的静雅民居，徐锡麟青少年时代就是在这里度过的。如今，这座面积 1100 多平方米的民居成为展示徐锡麟生平事迹的陈列室。

➜ **泗龙桥：**古镇最具代表性的古桥，独特的设计、壮观的桥型让其成为我国重点文物。古桥建于宋代，全长 96.4 米，宽 2.35 米，犹如一架飞虹横跨鉴湖，桥体俊秀，气势恢宏。

斯宅村
民居荟萃

历史悠久的斯宅村古称“上林”，五代后汉时期，因当地兴建上林苑而得名上林。建村以后大量的外来居民迁居，其中以斯姓最多，村名就逐渐演变成斯宅。斯姓家族在这山清水秀之地繁衍生息千年，规模不断壮大，如今已是全国最大的斯姓聚居地。

斯宅村地处山区，地势较为封闭，因此在千年的岁月里少受侵扰，大量的古村建筑得以保存。如今在古村中保存完好的清代建筑有10多处，这些建筑是明清时期江南地区典型的大型民居建筑，规模在整个地区较为宏大，构造精致细腻。斯宅村这个深藏在山中的小山村之所以能够拥有众多规模宏大的建筑，是因为其独特的治家理念。在当地一直流传着这样的说法：小船出，大船回。意为乘坐小船出去，赚到大钱后乘坐大船回来，开拓土地，建造房屋，因此这座小小的山村才会有如此众多的古老建筑。在斯宅村的古建筑群中，三雕装饰随处可见，这些工艺高超的雕刻具有很高的艺术价值，在千柱屋内展现得最为精美。

如今这座隐匿在深山中的小山村在历经岁月的沧桑之后焕发出新的勃勃生机，凭借秀美的山水景色和深厚的历史古韵，斯宅村吸引了众多来自四面八方的游人前来领略其优美的景色。

古镇概述

地理位置

➜ 浙江省诸暨市东白湖镇。

气候特点

➜ 气候温和湿润，水源充足，全年都适宜旅游。

开放时间

➜ 全天开放。

门票

➜ 个别景点收取门票。

交通

➜ **诸暨站—斯宅村**

诸暨Y2路换乘诸暨102A路，全程54站。

诸暨Y2路（赵四方向）：火车站上车—赵四站下车，乘坐7站。

诸暨102A路（斯宅方向）：赵四站上车—斯民小学站下车，乘坐47站。

浙江

景点品鉴

➜ **千柱屋：**古村中最为典型的建筑，因院内有1000多根柱子而得名千柱屋。院落修建于清朝中后期，由8座四合院合并组成，共有10大天井、121间房间，这些房间之间由四通八达的道路相连形成一个庞大的整体，整个院落看起来并不像是家住的民居，更像是一个小型的村落。虽然房屋的规模庞大，但建造得极为精细，各种雕刻装饰应有尽有，极具内涵，是江南民居中不可多得的建筑。

➜ **上新屋：**千柱屋的斜对面，宽80米，纵深近50米，内部装饰极为精美。在上新屋有3座砖雕门楼，其中在正门上有宋代书法家米芾书写的“於斯为盛”匾额，寓意此地人才鼎盛。在这里，雕刻是让人关注的特色，随处可见且非常精美，工艺精湛，图案精妙，是游览古村不可错过的景致。

民风民俗

每年春节，斯宅村都会举办一场特殊的庆祝活动，活动中的龙灯和扬扬马最为吸引人。活动开始时，来自不同村落的板龙队都会带着各式各样的龙灯走街串巷，这些龙灯四周用雕花木板，上面装饰着各种寓意丰富的图案，在灯光的照耀下显得华美异常。

扬扬马是另外一种独特的庆祝道具，装有滑轮的木马空腹中装有蜡烛，在夜间显得极其高大，走街串巷中给古村增添不少喜庆。此外，斯宅村的村民依然保留着过去的传统婚礼习俗。

古屋中举行的婚礼

三门源村

砖雕古村

三门源村地势封闭，南临盆地，东、北、西三面紧依绵延的山脉，一条潺潺的溪水从北向南流经古村，独特的地势让古村在漫长的岁月中少受侵扰，整体面貌得以保存。古村始建于宋代，翁氏先祖为躲避战乱迁居于此，后来叶氏先祖也迁居于此，因此如今古村的村民主要以翁氏和叶氏为主。

古村中保存最好的建筑是位于村东的叶氏民居建筑，这些建于清朝末期的民居建筑依山而筑，呈现坐东朝西的布局，原有的5幢民居建筑如今也仅存3幢，每一幢上都

古镇概述

地理位置

➜ 浙江省衢州市龙游县。

气候特点

➜ 亚热带季风气候，四季分明，除了5月的梅雨季节外都适宜旅游。

开放时间

➜ 全天开放。

门票

➜ 个别景点收取门票。

交通

➜ 衢州站—三门源村

601路换乘龙游252路，全程74站。

601路（龙游公交总站方向）：万达广场上车—交易城南门站下车，乘坐40站。

龙游252路（下洪方向）：交易城站上车—下洪站下车，乘坐34站。

有寓意丰富的匾额。这些民居建筑中假山池水、花园亭阁应有尽有，每个部分组合巧妙，具有晚清时期江南民居典型的建筑风格。

在这些建筑上，砖雕艺术是整个建筑的精华。内容丰富的砖雕包含着虫鱼鸟兽、传说故事等，其中长 56 厘米、宽 26 厘米的 23 方戏曲砖雕工艺精湛，雕刻手法多样且高超，是砖雕作品中的稀世珍宝，具有极高的艺术价值。

精美的砖雕

除了这些蕴含着沧桑古韵的老建筑，秀丽的山水景色也是古村中重要的景致。海拔 660 多米的饭甑山位于古村的村边，据考证是一座古老的火山，挺拔的山峰气势宏伟，因山形似饭甑而得名。在山路的北段还有一座落差 70 多米、宽 3 米多的瀑布。水流从悬崖峭壁上跌落，形似悬挂的垂帘，飞溅的水珠散落在池水中。秀美的自然风景也吸引了修道的古人，据说唐朝时期的道士叶法善曾在此修道。此外，在瀑布附近还有将军岭、点易洞、石船、石人等。

如今的古村在历经岁月之后显得斑驳，昔日热闹的场景随着人烟的稀少变得静谧，来自四面八方稀稀落落的游人穿梭在老街古巷，渴望领略古村过去繁华的样貌。

景点品鉴

三门源村祠堂：祠堂在古村中算是保存较好的建筑，建筑的规模并不大，这里是古村中叶氏家族举办各种重要活动以及祭祀祖先的地方。祠堂中砖雕图案最为精美，各种寓意富贵、子孙绵延的图案惟妙惟肖。

三门源村祠堂

民风民俗

三门源村地势封闭，各种民风民俗保存较好，每当有重大的节日都会举办各种活动以示庆祝。其中最为隆重的是农历的正月十三，这时精美的“龙灯”“狮子”都会走街串巷进行表演，非常热闹。

芙蓉村
七星八斗

古镇概述

地理位置

➔ 浙江省温州市永嘉县岩头镇。

气候特点

➔ 亚热带季风气候，一年四季温和，雨量充沛，四季都适宜旅游。

开放时间

➔ 全天开放。

门票

➔ 20 元。

交通

➔ 温州站—芙蓉村

可从温州站打车至芙蓉村，全程约 47 千米，大约需要 120 元。

在浙江省永嘉县的不远处有三座山崖形似盛开的芙蓉花，紧密相连的山峰被人们称为“芙蓉山崖”，而坐落在山峰之下的古村就被称为“芙蓉村”。

芙蓉村始建于唐朝末年，是陈氏族人为躲避战乱从河南开封迁居于此建造的村落，已经有着 1100 多年的历史，也是楠溪江沿岸最为古老的村落。在千年的时间里，古村见证了朝代更迭、岁月荣枯，自身也是几经毁坏和重建。如今的芙蓉村有近 500 户人家，共 2000 多人，算是当地比较大的古村。

古村是一座较为封闭的村落，在村子四周共有七座村门守护着这座古老的村落，其中东门是村子的正门。东门始建于元朝末年，歇山顶式的二层阁楼建筑，有很强的防御功能，只要将七座村门关闭，古村就能封闭，这主要是为了抵抗兵乱匪盗。

古村的建筑布局极具特色，是按照“七星八斗”式建造。所谓“星”是村中道路交会处的方形平台，“斗”是水渠交会处的方形水池，二者分别称为“星筑台”和“斗凿池”。七星八斗构成了古村水路交通的完整体系，也构成了古村的整体布局。这样造型独特的布局不仅能够完善村落的各项设施，也能用来美化环境，同时在战争的时候还能作战指挥，提供水源，可谓是一举多得。

古村中的建筑大多保存良好，多建造于晚晴时期，多是砖石构造而成，高低错落的民居建筑在青山秀水间更显古朴素雅，有着古村淳朴的风貌。

景点品鉴

➔ 陈氏大宗祠：古村中古建筑的精华之一，院落坐西朝东，布局严谨，规制完整，两进七开间的建筑构成祠堂的主体。在祠堂前的院子上南北各有光宗门和耀祖门，由此可见家族寄许的厚望。如今的大戏台是祠堂内最为精美的建筑，三面大开的戏台不仅是古时候陈氏家族娱乐的场所，也是展示家族底蕴的所在，在戏台的建筑上布满了各种富含寓意的木雕，精湛的技艺、丰富多彩的内容实属罕见。

➔ 如意街：全长 220 米的如意街又称长塘街，由村东头延伸至村西头，全部由鹅卵石铺就而成，两侧用石条镶嵌。古时候如意街是古村中最为繁华的地方，每当闲暇时村民们就会聚集于此谈天说地，在当地还有着“天上天堂，地上芙蓉，有吃没吃，长塘街逛逛”的说法，可见这里曾经的繁华。

➔ 将军屋：国民党少将陈毓秀的故居，以三合院式建筑为主体的故居建造于清朝道光年间，四面高墙环卫下，院落重檐悬山屋顶，二层的阁楼上铺就着灰色的鸳鸯瓦。整个建筑虽然不是很大，但是豪华气派，布局精妙，各个部分建造细腻精美，将建筑的艺术性和实用性完美地结合在一起。

➔ 三星祠：始建于明朝万历年间的四合院式木质建筑，祠堂是陈氏的宗祠，呈左右对称布局，以抬梁和穿斗结构混合建造，造型古朴，是古村中不可多得的建筑。

➔ 芙蓉亭：一座两层的方亭，歇山

顶式的楼阁式建筑，因檐角翘起，好似一朵盛开的芙蓉花而得名芙蓉亭。每当夏秋的傍晚，忙碌的人们就会来到亭中小憩，吹拂着凉爽的晚风谈天说地，格外祥和。

特色美食

吃什么

➜ 芙蓉村的农家菜有独特的风味，腌腊肉、霉干菜烧肉、山粉饺、田鱼、溪鱼干等菜是特色。当地的特产香鱼很是美味，因脊背上有一条满是香脂的腔道，能散发出香味而得名。无论红烧、清炖、生炒皆香气扑鼻，诱人垂涎。建议品尝一番当地香醇的土酒，色泽清亮，虽然度数较高，但入口不涩，口感柔和，味道极好。

新市镇

丝绸之路发源地

已有千年历史的新市镇是江南七大古镇之一，和著名的西塘、周庄、乌镇相比，新市镇融合了商贸文化和民俗文化，成为别具一格的古镇。据记载，新市镇始建于西晋时期，当时以发达的商贸联系国内外，也是我国海上古丝绸之路的发源地之一。

新市镇是京杭大运河最大的水运码头起源地，这里河道纵横，河中舟楫往来不绝，两岸不仅有高低错落的民居建筑，也有茵茵绿树，各式的古桥横跨在潺潺的河水上，展现着水乡秀美的景致。

临河而建的建筑大都是清朝末年建造的，这些带有江南风格的民居傍水依桥，高低错落，倒映在水中显得格外静雅，呈现出小桥流水人家的景象。临河的沿岸还有廊棚蜿蜒，行走在廊棚里可看着河中摇曳的乌篷船，要是走累了还可以坐在长椅上，背靠着美人靠，看着形形色色的游人和古朴的民居建筑，宁静祥和，让人沉醉。

古镇的建筑上多悬挂红灯笼，一串串大红的灯笼悬挂在临河的屋檐下，要是在夜晚，红彤彤的灯笼映照着水面，将河水晕染得红红的，很是好看。由于面积狭小，建筑多是二层的阁楼，粉墙黛瓦，雕刻精细，这些建筑不仅有民居还有商铺和饭馆，门前悬挂的招牌旗在风中飘荡，将古镇悠久的古韵展现得淋漓尽致。

建制 1200 多年的新市镇有着许多神奇的故事，这里诞生了许多充满神秘色彩的传说，也孕育了许多可口的美味。张一品羊肉肥而不腻、茶糕绵软可口、细沙羊尾味道独特、酥糖口感香脆味道甜腻……

古镇概述

地理位置

➜ 浙江省湖州市德清县。

气候特点

➜ 亚热带季风气候，温暖湿润，四季分明，春、夏季最适宜旅游。

开放时间

➜ 08：30—11：00
12：30—16：20

门票

➜ 50 元。

交通

➜ **湖州站—新市镇**

从湖州站乘坐火车到德清站，再换乘坐公交即可。也可以直接从湖州站乘坐公交，不过需要换乘多次。

那散落在古镇街道各处的美味让人回味无穷。

自古繁华的新市镇民风淳朴，崇文重教，历代人才辈出，从南朝道学家陆修静到近代神学家赵紫宸，从杨万里到王嘉仑，都曾在新市镇留下印迹，为古镇增添了不少人文底蕴。

景点品鉴

→ **仙潭民间艺术馆：**原是清朝江南丹王周光通的故居，如今主要陈列着新市镇民间的艺术作品，包括轧蚕花、张一品烹煮羊肉以及喝酒的场景，形象生动，惟妙惟肖，真实地展现了各种活动的流程。艺术馆不仅向游人展示着古镇的民间艺术，也是一种对民间艺术的保护措施。

→ **觉海禅寺：**古镇中一座始建于唐朝中期的千年古刹，寺内 8 米高的钟楼是最吸引人的建筑，寺内悬挂着一只据说重达 3000 斤的铜钟，极其精美。每当铜钟响起时，浑厚的钟声回荡在古镇的上空，将古镇营造得庄严肃穆。

觉海禅寺

→ **太平桥：**始建于北宋时期的单孔石桥，横跨小西河，重建后的古桥上还保留着几个初建时的石狮。在当地有这样的习俗，每当婚嫁时，新郎、新娘必须走一走太平桥，寓意一生平安吉祥。

→ **胭脂弄：**古镇中著名的古巷，在狭窄的巷弄内伫立着众多的古迹建筑，王氏门楼、清代巡检司等都隐藏在古弄内。如今漫步在古弄内，斑驳的墙壁、长着青苔的墙角缝、高高的马头墙都展现着这座古镇的沧桑。

→ **潭三桥：**三座由砖石垒就的石桥，据考证最迟建于宋代，三座桥分别名为望仙桥、会仙桥和驾仙桥，据说是因为有仙人曾降临此处，当地人为纪念仙人就建造了三座石桥。

太平桥

民风民俗

→ **蚕花庙会：**每年清明节，当地的蚕农就会举办蚕花庙会为蚕宝宝祈求祛病消灾，来自古镇周围的蚕农带着焚香来到觉海寺拜佛烧香，妇女们怀中装着蚕种，头戴着各种蚕花，非常好看。

安徽
Anhui

安徽省位于我国地理上的中东南部，在这片不大的土地上汇集了我国众多的名山大川，黄山、齐云山、九华山、淮河以及巢湖等，景色极为秀丽。安徽的古镇数量之多、类型之丰富、建造之精美，在我国都是首屈一指的，这里还形成了独具风格的徽派建筑。

徽派建筑可谓是闻名遐迩，结构严谨、雕琢精细、风格独特的建筑，将徽派文化展现得淋漓尽致。徽派建筑主要集中在皖南的古民居村落中，其中以大名鼎鼎的宏村和西递最具代表性。安徽古镇的兴起具有鲜明的时代特色，明清时期徽商走向鼎盛，得到大量财富的商人们在家乡大兴土木，兴建祠堂、民居。在徽派文化的熏陶下，这些建筑带有浓郁的徽派文化气息。这些独具一格的建筑在体现我国传统建筑理念的基础上，突出了自身对士文化和官宦阶层的向往，也表达着对自身生活方式的追求。

安徽黟县被认为是徽派文化的发源地之一，在这里聚集着众多举世闻名的古镇。此外，绩溪县、歙县等原古徽州的一府六县中都汇聚着安徽的众多古镇，是徽派建筑文化的精华所在。

西递村

桃花源里人家

古镇概述

地理位置

➜ 安徽省黄山市黟县。

气候特点

➜ 亚热带季风气候，春秋季适宜旅游。

开放时间

➜ 07：30—18：00

门票

➜ 104 元。

交通

➜ **黄山北站—西递村**

宏村景区通勤车（宏村停车场方向）：黄山高铁北上车—西递站下车，乘坐 2 站。

西递原名西溪，因古时为传送信件的驿站，故而得名“西递”。古村坐落于黄山南麓，群山环抱，景色优美，是国家 5A 级景区，世界文化遗产，素有“桃花源里人家”之称。

关于西递的由来有很多种说法，其中流传较广的是有河水在这里西流而去而得名西川，后又因是往来传递信息的驿站而改名为西递。西递的繁荣兴盛与胡氏家族有着密不可分的关系。据传西递原住民的祖先胡氏是唐昭宗之子，在唐朝灭亡后因变乱奔逃至此，经过不断的繁衍生息形成了聚居的宗族村落。历史上的胡氏家族不仅诗书传家，而且经商富庶，村落不断扩建修缮，经过几代人的努力发展，这里逐渐繁华起来，成为名扬四海的地方。

烟雨朦胧中的西递透着一股清秀之美，踏着微润的青石板，便可见高低起伏的古建筑错落有致地排列着，白墙黑瓦，古朴淡雅。蜿蜒曲折的深巷使人犹如置身迷宫，一眼看不到尽头。青石铺就的小巷在清一色的徽派建筑中若隐若现，蜿蜒不断的清泉为西递这座古村落增添了许多灵气，无愧其“桃花源里人家”的美名。

民居建筑也是西递的一大特色。西递民居结构精巧、布局新颖、装饰华美，完美体现了西递深厚的文化底蕴和独特的人文风情，可谓徽派民居中的典范。古村中的街巷纵横交错，青石铺成的道路通向古村的四处，两侧是散发着悠悠古韵的民居建筑。如今在古村中保存的明清时期的建筑达120多幢，还有3座古老的祠堂，牌楼、西园、东园、桃李园、惇仁堂等展现着徽派建筑的风采。

大概因为是皇家之后，这里自古就有着浓厚的贵族气息，一砖一木，一门一扇都精致无比。那些斑驳古香的门楣、雕刻精细的漏窗、飞檐翘角的走马楼……无不深刻地体现着古徽州的人文风情。说到雕刻，这里的“三雕”可谓独特，具有新安画派的风格，其中追慕堂的《桃源问津图》和《西溪耕织图》最为有名。那精湛的雕琢手法、层层叠加的雕刻技艺，整个画面线条流畅，显得惟妙惟肖，让人赞叹。此外还有西园的“松石”和“竹梅”两个漏窗，高超的雕琢手法将松竹和蜡梅刻画得生动传神，极具风雅，完全展现了它们的特色内涵。婆娑挺拔的松竹和傲然凌寒的蜡梅交相辉映，不仅展示着雕刻人高超的技艺，也体现着屋主人高雅的情怀。

身处西递，古拙的牌坊巍然屹立，错落的民居斑驳沧桑，整个村落静谧安详。假如不远处的黄山是一位威武雄壮、勇猛无前的战场勇士，那么山麓的西递就是一位隐居山谷的遗世老人，看淡了世事沉浮，无欲无求，追求着心灵的宁静。

住宿

➔ 西递青云轩客栈
地址：西递村景区内（靠近敬爱堂）
电话：13955989636
标间：148元左右

➔ 花筑·西递沐熹山房民宿
地址：西递景区内
电话：18055998448
标间：322元左右

古村民居

景点品鉴

➔ 桃李园：西递商人胡元熙的旧居和私塾蒙馆，建造于清朝末年，庭院是三进两层的建筑，格局建造很是平常，分为正屋和庭院，只不过在楼上还有一个“楼上井”，这是最为独特的地方。这个好似屋顶的天窗的楼上井，不仅能够让上方的阳光直射入屋内，而且还可作为一个单独的观景点，可谓匠心独运。

➔ 惇仁堂：胡氏先祖居住过的地方，建造精美，充满着人文气息。屋内各种摆设古朴雅致，那一张张桌椅历经岁月之后，沉淀着厚重的历史古韵，置身其中，仿佛身处时间的长河之中。在这里不仅有着构思新颖的“联珠房”，还有着生动的雕刻和意义深远的匾额、楹联。惇仁堂“菊叟”的匾额是清朝时期著名的书法家汪承霈题写，两侧的楹联“几百年人家无非积善，第一等好事只是读书”“寿本乎仁，乐生于智；勤能补拙，俭可养廉”寄许后人诗书传家、勤俭持家，可谓用心良苦。

➔ 西园：胡氏二十五世祖胡文照的故居，西递中一所较为典型的园林式建筑，内设牡丹园、梅竹园、山水园和松柏园。园林建筑浑然一体，各种造园手法工艺精湛，其中石雕最具有代表性。如今西园已毁，只留下“西园”大门和少许遗迹。

➔ 胡文光牌坊：俗称“西递牌楼”，是西递的标志，建于明朝万历年间。牌坊高约12米，宽近10米，是采用大理石雕筑而成的三间四柱五楼仿木石雕牌坊。牌楼上雕刻有“恩荣约”的字样，表明牌坊的来源，两侧都雕刻有龙虎等瑞兽，整个牌坊具有徽派特色的雕刻技艺装饰，是徽派雕刻艺术的代表之作。

特色美食

吃什么

→ **石头馃：** 久负盛名的西递传统面食，一种包裹着五花肉丁和黄豆粉的烙饼，口感酥脆，味道香浓。

→ **苞芦松：** 当地的著名零食，味道香甜，具有很高的营养价值。苞芦是一种种植在山上的玉米，将玉米粉搅拌成糊状，然后用当地特有的弓刨成薄片，晾晒干后经过油炸，香脆可口。

→ **腌鲜鳜鱼：** 西递的传统名菜，据说已有200多年的历史，采用特殊制法制成的腌鲜鳜鱼，味道香浓，是到西递一定要品尝的美味。

在哪吃

徽娘私房菜

西递网红徽菜馆，环境优雅，古色古香。精炖土鸡汤味道浓郁、汤色黄金、鸡肉滑嫩，深受喜爱。主打徽菜：臭鳜鱼、铁板毛豆腐、五加皮炒蛋等，人均消费73元。

电话：15305591184　18154086101

营业时间：09：00—21：00

地址：西递村履福堂

西递三畏堂

一家很有特色的农家私房菜馆，虽然饭馆简单，但是菜肴的味道却是非常不错。人均消费65元左右

电话：13705598521

营业时间：09：00—21：00

地址：西递村内胡氏宗祠附近

屯溪

流动的清明上河图

古镇概述

地理位置

→ 安徽省黄山市屯溪区。

气候特点

→ 亚热带季风气候，气候温和、四季分明，四季都适宜旅游。

开放时间

→ 全天开放。

门票

→ 免费。

交通

→ **黄山北站—屯溪**

高铁快线2路（皇冠假日酒店方向）：高铁北站上车—屯溪区政府北门站下车，乘坐9站。

屯溪古称“昱城”，过去曾是一个水运码头。相传“屯溪”起源于三国时期，当时的中郎将为讨伐山越族人，将大军驻扎在溪水边上，后来这里演变成集镇，就取名屯溪。地理位置优越的屯溪自古商业发达，加上优美的自然风光，成为当地的政治经济文化中心，有着举足轻重的地位。

在屯溪最著名的要数屯溪老街了，这是全国著名的街道之一，有着“流动的清明上河图”的美誉。屯溪老街的形成得益于南宋的建立，当时北方的豪商巨贾纷纷逃离北方迁居南方，大量的徽商回归家乡，开始在家乡建造店铺。到了明清时期，屯溪一位名叫程雄宗的富商在老街上兴建近50座店铺。清

购物

➜ 作为商业风味浓郁的街道，屯溪的各种商品琳琅满目，手工艺品、美食小吃、当地特产等应有尽有，在游览之余买上精致的饰品带给亲朋好友很是不错。

屯溪老街商铺中琳琅满目的商品

优美的屯溪夜景

朝末年以后大量的商铺、茶楼林立在老街的两侧，成为沪杭大商埠会。

老街全长1200多米，是一条具有明清建筑风格的商业街，有着种类繁多的商品，蕴藏着浓郁的文化气息，其中最引人注目的莫过于做工精细的笔、墨、纸、砚。在这里，几乎每一家店铺在显眼的位置都有装裱精美的字画，远远地吸引着游人的目光。店铺上方还有流光溢彩的匾额，这些匾额大多出自名家之手，无形中又增添了些许内敛庄重之感。老街不仅有特色的茶叶，如茶中极品黄山毛峰、滋味甜醇的太平猴魁、味中有香的祁门红茶以及绿茶中的名品屯绿炒青，而且茶叶的经营也很有特色。

相比白天的喧嚣，夜幕笼罩下的老街有一种古朴静谧的韵致，伴着清凉的微风，踏上青石板路，迎着橘黄色的灯光缓步而行，间或看看两旁的商品，甚是悠闲自在。

老舍先生曾写道：“热爱江南鱼米乡，屯溪古镇更情长。小华山下桃花水，况有茶香与墨香。”难怪有“屯溪留得长街在，不换巴黎十座城”这样的佳句，红彤彤的灯笼，蓝底白字的黄边布帘和古色古香的街道店铺相互映衬，散发着醉人的魅力。

景点品鉴

➜ **程氏三宅：**明朝成化年间礼部右侍郎程敏政的故居，都是三层封闭式的砖木楼房，内部雕琢精细，装饰高雅。其中的第一宅建造于元末明初，拥有非常精美的砖雕，尤其是内门上的《凤戏牡丹》中一凤一凰采用高超的雕刻工艺，形态逼真，惟妙惟肖。此外，另两座建筑上也有着数量众多的精美雕刻。

➜ **戴震藏书楼：**戴震是清朝著名的思想家，“乾嘉学派”的代表人物之一。藏书楼分为四个部分珍藏着戴震著作的手稿、《四库全书》、经史子集、名人雅士的诗词楹联以及乾隆的谕旨。此外在藏书楼内还有展示戴震生平的图画，描绘着戴震的坎坷一生。

古色古香的木质建筑

特色美食

吃什么

→ 屯溪集中了安徽的各种美食，在老街上有著名的老街一楼、美食人家和老徽馆，此外还有“好再来”“周济烧饼”和“救驾烧饼”等老字号，这些美食馆集中了各种美食小吃，其中烧饼是最多的。烧饼用梅干菜和肉丁做馅，外表点缀些许芝麻，放入特制的炭火炉中贴壁烤制，又香又脆。

周边景点

→ **黄山**：五岳之一，是我国著名的山峰景致，有着“天下第一奇山”的美誉，以日出、奇松、怪石、云海和温泉为“五绝”之景，被人称为“五岳归来不看山，黄山归来不看岳”。

→ **齐云山**：我国的四大道教名山之一，素有“黄山白岳甲江南”的美誉，乾隆皇帝赞誉为“天下无双胜境，江南第一名山”。

宏村
中国画里的山村

古镇概述

地理位置

→ 安徽省黄山市黟县。

气候特点

→ 亚热带季风气候，春短夏长，3—4 月和 10—11 月是最佳旅游季节。

开放时间

→ 07：30—17：30

门票

→ 104 元。

交通

→ **黄山北站—宏村**

宏村景区通勤车（宏村停车场方向）：黄山高铁北站上车—宏村停车场站下车，乘坐 5 站。

宏村，始称“弘村”，因清朝时避乾隆讳而改名为宏村。村落位于安徽省黄山市黟县，依山傍水，在青山和静河的怀抱中已有 900 多年的历史。

宏村的村落布局堪称古镇的“中华一绝”，完全根据山水格局建造而成。整个村落是按照牛形布局，北部青山是高昂的牛首，村落中高低错落的民居是牛身，在村内蜿蜒曲折的溪流是牛肠，风景最美的月沼是牛胃，汇聚溪水的广阔南湖被当作牛肚，而在溪流上凌空飞架四座古桥就是雄健的牛腿，如此形象生动的布局构思可谓匠心独运，让人叹为观止，也创造了宏村“浣汲未防溪路远，家家门前有清泉”的好环境。

进入村中，穿行在古老的街巷，一片静谧悠然的景象：斑驳的石板桥、错落的民居、掉了漆显得古旧的大门、静幽幽的溪水……在村中月沼的景色最为优美。月沼是一个半月形的人工开凿的池塘，是村民洗衣、用水的地方。至于为何是半月形的，还流传着很多的故事，其中以胡重娘的故事最为凄美。据说胡重娘的丈夫是商人，常年经商在外，难得一见，于是她就出钱修建了这个月沼，以半月之意寄托相思之情。千百年来，涟涟的水波如重娘剪不断、理还乱的情思萦绕在月沼之畔，诉说离肠。

古村中的民居虽然看似凌乱，但是有着一定的层次布局。整个民居是以正街为中心，向四周延展，鳞次栉比的庭院楼阁在千年的风霜中依然屹立不倒。古镇中至今仍有数百幢保存完好的古民居建筑，规模宏大。这些高墙深宅的院落建造精细，砖雕、石雕和木雕随处可见，精美华丽，彰显徽派建筑之美。历史悠久的宏村蕴藏浓郁的文化色彩，那些民居的匾额和楹联上留有很多诸如“传家有道唯存厚，爱世无奇但率真”“快乐每从辛苦得，便宜多自吃亏来”“嚼诗书其味无穷，敦孝弟此乐何极”等名言警句，尽显治家修身的理念。几乎每个民居之中都会有书房，内部装饰古朴雅致，反映出当时的宏村居民崇文重教、推崇儒术，寄托着诗书传家的期望。

南湖是宏村景色最为秀丽的地方，湖水水波荡漾、碧幽清澈，湖中的荷叶盛开之时，一望无际的绿色铺满整个湖面，望之令人心醉。要是夕阳西下，湖边的青柳倒垂，掩映湖中，风景如画。还有一座古桥直通村里，斑驳的板桥在湖水的氤氲下，若隐若现，显得虚无缥缈，好似仙境。

“青山依旧水相伴，神牛奋蹄天地间”，状如“青牛”的宏村静卧青山碧水之间，远离世俗、规避红尘，那如中国画一般的山水民居景致无不让人感叹这是天赐的神韵。

景点品鉴

月沼：在整个村落中占据牛胃的位置，俗称“月塘”，半月形的月沼建造于明朝永乐年间，周围由青石铺就，水面平滑如镜，是宏村村民生活中不可缺少的部分。

南湖：修建于明朝万历年间，仿照西湖“平湖秋月”的景色建造，整个湖面水天一色，加之岸边绿荫葱葱，营造出清新、静雅、明丽的古村景色。1986 年，南湖重修时在湖中修建“画桥”，更添南湖秀美的景色。

承志堂：被称为“民间故宫”，是古村中最为气派古典、保存最完整的民居建筑。整个院落建造细腻，每一块砖瓦都透露出建造者的用心和智慧，那些边边角角看似普通寻常，实际却是艺术珍品。在这些构造中，雕刻可以说是徽派艺术雕刻中的精品，手法娴熟，层次繁复，技艺精湛，图案内容丰富。其中最

月沼

晨雾下的画桥

住宿

永红客栈
地址：宏村际村中洲 8 号
电话：13095590611
标间：110 元左右

宏村半山半水客栈
地址：宏村景区停车场旁东边井
电话：18134595664
标间：199 元左右

为好看的是那幅著名的《百子闹元宵》图，画面上形象生动的儿童有上百个之多，神态各异，让人喜爱。

敬修堂：一座建于清朝道光年间的二进二层的古建筑，建筑呈长方形，坐北朝南，堂前有两套精巧的庭院，内院紧邻着秀美的月沼，整个布局营造出静谧祥和的古村风貌。

乐叙堂：宏村的汪氏宗祠，建于明朝中期，具有鲜明的明代建筑风格。如今的乐叙堂依然保持着昔日的样貌，只是更加古色古香，充满历史的厚重感。祠堂是反映一个宗族底蕴的地方，乐叙堂建造精美，建筑雕刻随处可见，有着很高的艺术价值。

乐叙堂

特色美食

吃什么

→ **乌饭：**当地的特色美食，制作时将一种叫“乌饭叶”的叶子捣碎取汁液，拌上糯米经文火烘烤成米饭，味道清香无比，十分可口。

→ **腊八豆腐：**当地的风味特产，每年的农历十二月初八前后开始制作豆腐，因此被称为“腊八豆腐”。豆腐味道甜咸相伴，入口松软，是烹饪菜肴时最佳的辅助材料之一。

→ **臭鳜鱼：**俗称“腌鲜鱼”，菜肴闻起来臭，吃起来香，肉质醇厚入味，是徽式风味名菜的代表菜品之一。

在哪吃

得月楼

宏村内五星的饭馆，各种特色菜应有尽有，味道相当不错，价格也相当亲民，人均消费 80 元左右。

电话：（0559）5541480
营业时间：09：00—21：00
地址：宏村中街 86 号

添灯食堂

宏村内比较有名气的饭馆，菜肴以传统的徽菜为特色，味道十分不错，各种特色菜很多，价格也不是很贵。人均消费 70 元左右。

电话：18855920808 （0559）5541023
营业时间：09：00—21：00
地址：宏村中街 81 号

南屏
中国影视村

古镇概述

地理位置

→ 安徽省黄山市黟县。

气候特点

→ 亚热带季风气候，春秋季是最佳的旅游季节。

开放时间

→ 07：00—17：30

门票

→ 43元。

交通

→ **黄山北站—南屏**

宏村景区通勤车换乘黟县2路，全程18站。

宏村景区通勤车（宏村停车场方向）：黄山高铁北站上车—秀里站下车，乘坐4站。

黟县2路（关麓景区方向）：秀里影视村景区上车—南坪景区站下车，乘坐14站。

安徽

南屏是一座历史悠久、古香古色的徽派民居村落。唐宋时期，南屏只是一个杂居的小村庄，至元末时叶姓迁居而来才得到快速发展。明清时期，徽商发展崛起，南屏逐渐走向鼎盛。近些年来，因南屏独特的村容村貌，诸多著名的影视剧在此拍摄使南屏名声大噪，被称为“中国影视村”。

村中用青石板铺就的长长短短、宽宽窄窄的巷弄相互交错纵横，行走其中犹如置身迷宫一般。古朴的民居高低错落地分布在街道的两侧，至今仍保存有300多幢明清时期的民居建筑，每一幢都建造细腻，构思精妙。祠堂应该是南屏最具规模的建筑，南屏素来注重祠堂的建造。如今在古村不大的面积上保留有大大小小的八座祠堂，有“中国古祠堂博物馆”的美誉。这些祠堂大的一般为宗祠，建造精致，规模宏伟；小的为家祠，小巧玲珑，形式各异。

南屏之所以被称为“中国影视村”，源于这里曾是众多影视剧拍摄地，例如20世纪90年代，著名的影片《菊豆》就是在这里拍摄的，之后的《大转折》《徽商》等众多知名的影片中都有南屏古建筑的痕迹，如今这些拍摄遗留下的场景还保存在古镇中，成为当地的一种特色。

有着深厚历史文化的南屏不仅塑造了精致典雅的村容风貌，也培育出诸多名士才子。据记载，历朝历代南屏都是名人辈出，各行各业都有着代表性的人物。这些人物汲取着南屏丰厚的文化元气，也丰富着南屏璀璨的人文历史。

景点品鉴

奎光堂

→ **叶氏宗祠：**即“叙秩堂”，是古镇中规模最大、建造最为精巧的建筑。宗祠建造历史悠久，据记载已有530多年的历史，是专为叶氏祭祀祖先、举办重大活动而建。整个建筑分为上、中、下三进大厅，由54根巨大的原木支撑，格局规范有序。其中下厅一般是族人举办各种活动的场所；中厅是祭祀堂，为宗族举行祭祀仪式或集会的正厅；上厅主要放置祖先牌位。整个宗祠庄严肃穆，有着祖祠不可侵犯的风范，著名的电影《菊豆》中很多的场景都是在这里拍摄完成的。

南薰别墅： 建于清朝中后期的民居建筑，因正门正对南屏山而得名。整个建筑明亮宽敞，光照条件好，斜照的光线可直入厅堂的后部。二楼的小姐闺房里至今还保存着西方的镜子和美人靠上的彩色玻璃，虽有些斑驳，但依然明亮，也可见当时主人家的富有。

半春园： 又名梅园，是当地富商为教育子女读书而建造的私塾院落。建筑位于古村的北部，包括三间书屋和一个半圆形的庭院。最令人印象深刻的是内部悬挂的楹联："静乐可忘轩冕贵，清游端胜绮罗尘"，用词简单，但意境深远，可谓饱含苦心。

奎光堂： 为叶氏支祠，是南屏叶氏祭祀先祖叶文圭公的会堂。祠堂始建于明弘治年间，是南屏保留完好的几座祠堂中规模较大的一座。结构上祠堂高大巍峨，青色的大理石石柱和巨大的白果木柱支撑着整个庞大的建筑，历经岁月而不倒。风格上有着祠堂应有的简洁明朗、庄严肃穆的特点。装饰雕刻在保持庄重的基础上力求精美，精细的雕琢、内容丰富的雕琢图案无不寄托着村民的美好愿望。在祠堂的门楣上还悬挂着"钦点翰林""钦赐翰林""钦取知县"三块匾额，记录着祠堂主人的功绩。

卢村
木雕精粹

古镇概述

地理位置

安徽省黄山市黟县。

气候特点

亚热带季风气候，四季分明，气候温和，春秋季是最佳的旅游季节。

开放时间

07：30—17：30

门票

50 元。

交通

黄山北站—卢村

宏村景区通勤车（宏村停车场方向）：黄山高铁北站上车—宏村停车场站下车，乘坐 5 站。

卢村是一个以木雕楼而闻名于世的古村落。卢村据说是建于唐代，距今已有 1000 多年的历史，世代居住于此的卢氏创造了辉煌无比的木雕艺术，至今保存的建筑有志诚堂、思成堂、思济堂、玻璃院等宅院。其中最为有名的便是徽派艺术的极品建筑——木雕楼志诚堂，被誉为"徽州木雕第一楼"。

卢村依山傍水，村口东南西三面都有溪水潺潺流过，村内也有一条蜿蜒曲折的人工沟渠。跨过村口玲珑古朴的驷车桥，沿着斑驳的青石板道路一步步进入村落的深处，静谧优雅的村落容貌让整个古村有一种江南水乡的神韵。

木雕楼是卢村最具特色的建筑，是徽派建筑中木雕文化的代表之作。这些木雕家族群中包括思济堂、志诚堂、思成堂等，这些如今看起来古朴的老建筑有着精美的装饰，梁枋屋角、桌椅照壁都显示着雕刻者精湛的雕琢工艺。

拥有如此精湛木雕工艺的卢村自然也是一个人文荟萃的文风昌盛之地，从民居里的匾额楹联就可见一斑。过去，这里孕育了许多的名士、为官者，很多都是官至二三品的高官，如北宋的卢储、南宋的卢麟等，当然还少不了建造志诚堂的卢邦燮。

漫步在卢村，好像置身于光与影的交界地带，时间仿佛在这里停住了脚步，一切都不曾改变。耀眼的阳光穿过那精美木雕的缝隙铺洒在斑驳的地面上，静谧之中蕴藏悠远，好似一张绝妙的昏黄老照片。

卢村秀丽的景色

景点品鉴

思济堂：古村中较早的建筑之一，因建筑风格非常大气，被人们俗称为“官厅”，修建于清朝中期，是当地很多有名建筑的建造范本。

志诚堂：是整个村落乃至徽派民居中最为精华的建筑。建于清朝道光年间，是当地卢氏传人卢邦燮所建。志诚堂坐北朝南，规模宏大，有拱门、庭院、正堂、左右偏厅等多层构造。整个庭院中，雕刻图案构造随处可见，拱门上的题额“东启长春”“西辟延秋”“钟奇”“毓秀”、门楣上的“挹爽”“延辉”、贴墙门枋上的荷托莲花、鸳鸯戏水、凤鸣牡丹、松鹤延年等，无不精妙绝伦。这些雕刻集全了木雕、砖雕、石雕“三雕”的雕琢工艺，雕刻技法繁复多变，浅雕、深雕、镂空雕等多种类型的技法相互交融，具有极高的艺术价值。

志诚堂

关麓村
关麓八家

古村因地处于有“西武险关”之称的西武岭东麓，所以被称为“关麓”。古时候这里是沟通南北的要道，有驿站在此驻扎，所以有“官路”的绰号。关麓始建于五代后唐时期，距今已有1000多年的历史，如今的关麓村是汪氏为主的聚居地。关麓真正兴起于清朝中期，此时由于徽商的兴起，古村得到大规模的发展，兴建了众多带有鲜明徽派文化的建筑。

地处青山脚下的关麓村，依山傍水，周围平坦绿色的农田环绕，让古村显得静谧安详。在村中，一条条羊肠般曲折的小巷铺着清一色的石板，在悠长的岁月中被打磨得古拙古韵。两侧斑驳的民居高低错落，有的大门紧闭，有的敞开着一扇门，偶尔从里面传来几声儿童的欢声笑语，在古村安静的街巷中回荡。每当秋初，树上的枝叶开始有些金黄，天气也变得爽朗起来，晴朗早晨初升的红日开始铺洒无边的光辉，袅袅升起的炊烟让古村显得如梦似幻，充满诗情画意。

在关麓村，“关麓八家”是最有名气的建筑，是整个古村的精华。古镇有“四绝”，除了“关麓八家”，还有“米塑”“砖雕”和“海底木”。米塑听起来像是一种美食，实际上是一种民间手工艺品，是将常见的如佛、道人物雕像及水果等物品加工成盆景，专为祭祀所用。在关麓，最美的砖雕位于令钰居所的门罩上，图案分为七层，每层都有故事，各具特色。其中第五层的“小康世家”最为精美，是砖雕技艺的代表之作。海底木并不是出自海底的长木，而是一个长约2米、宽1米的古式烟榻，因所用的木料一年四季触摸冰凉，而被称为“海底木”。据说由海底木建造的烟榻已有上百年的历史。

如今的关麓村显得和它的历史一样沧桑，昔日繁盛的汪氏家族，如今随着年轻人的离去显得有些孤寂与落魄。那说不尽的故事、看不完的古韵弥漫在古村每一个角落，在蒙蒙的细雨中迷离而又忧伤。

古镇概述

地理位置

➜ 安徽省黄山市黟县碧阳镇。

气候特点

➜ 亚热带季风气候，春秋季是最佳的旅游季节。

开放时间

➜07：30—17：30

门票

➜30元。

交通

➜ **黄山北站—关麓村**

宏村景区通勤车换乘黟县2路，全程19站。

宏村景区通勤车（宏村停车场方向）：黄山高铁北站上车—秀里站下车，乘坐4站。

黟县2路（关麓景区方向）：秀里影视村景区上车—关麓景区下车，乘坐15站。

民风民俗

➜ **关麓八家：** 古村中最具有魅力的建筑群，也是关麓村建筑的核心。关麓八家始建于清朝中期，是一个宗族建筑，为汪氏八兄弟共同建造连在一起的建筑群。当年汪氏家族通过经商赚得百万家业，又经过科举成为士族，家族规模不断壮大，成为当地有名的富贵人家。为了能够倡导家族和睦、保持家族团结和防范匪乱，营造了这座辉煌无比的建筑群。八座建筑以“武亭山房”为首，自上向下依次是“涵远楼”“吾爱吾庐”“春满庭”“双桂书室”“门渠书室”“安雅书屋”“容膝易安”，规模宏大，雕梁画栋，富丽堂皇，是徽派民居建筑的经典之作。在建筑布局上是以祖屋“春满庭”为中心，剩余建筑呈“回”字形环绕排列，层次分明，整齐有序。建筑群不仅在规模上罕见，在装饰雕刻上也让人叹为观止。清一色厚重的大门、雕有各种图案的漏窗、明朗的宽厅、婉转迂回的廊阁……无不体现了建造者新颖的构思和精湛的建造工艺。八座建筑在各成单元的基础上通过回廊、门户串联，形成似连非连、似隔非隔的整体，布局精妙。

屏山

山水绕屏

古镇概述

地理位置

➔ 安徽省黄山市黟县。

气候特点

➔ 亚热带季风气候，气候温和，春、秋季是最佳的旅游季节。

开放时间

➔ 全天开放。

门票

➔ 旺季 32 元，淡季 20 元

交通

➔ **黄山北站—屏山**

宏村景区通勤车换乘黟县 2 路，全程 6 站。

宏村景区通勤车（宏村停车场方向）：黄山高铁北站上车—秀里站下车，乘坐 4 站。

黟县 2 路（金家岭村方向）：秀里影视村景区上车—屏山景区下车，乘坐 2 站。

因古村四周被屏风山、双凤山、东头岭和吉阳山环绕，还有蜿蜒淙淙的吉阳溪在古村中潺潺流过，可谓山清水秀，故有“山水绕屏”之说。村落历史悠久，据说是从唐朝时就开始建村，当时的舒姓先祖来此定居，繁衍生息，至今已经有 1000 多年的历史了。

历史悠久的屏山由于地势较为封闭、避开战乱，而且家族兴盛、人才辈出，所以古村具有相当大的规模，拥有数十条街巷、十多幢祠堂和牌楼，有着“八百烟灶、三千丁男、五里长街”的美誉，被认为是当地最大的村落。如今古村中还保留有 7 座祠堂和 200 余幢古民居。

屏山的建筑很有特色，风格上旗帜鲜明。民居大多是商户、农耕人家，规模气势不大但内饰较为精美；官厅代表朝廷威仪，气势较为宏大、端正；祠堂为祭祀、礼仪之所，大都营造得庄严肃穆。在这众多的民居中，舒庆余堂最为大气、精致，无疑是其中的佼佼者。

清朝诗人余逢辰在游屏山时曾写道：“青山列画屏，雨余翠欲滴。秋叶更春花，纷披似锦织。”四面环山的屏山在潺潺流过的吉阳溪的滋润下展示着徽派深厚的人文底蕴，那青山绿水中蕴藏着“小桥流水，田园人家”的古风古色。

生动的屋顶雕塑

景点品鉴

➜ **玉兰庭：** 一座环境优雅的庭院，因庭院内有一株苍翠的玉兰树而得名。庭院建于清朝末年，背倚溪水，三间不大的房屋布局规整，正厅明朗轩敞、书厅静谧祥和。这样的院落虽没有宽阔的庭院、假山流水的装点，却也有着不同寻常的韵味。

➜ **敦仁堂：** 是目前屏山保存最好的建筑，极具徽派建筑的风格特点，是清代徽派民居中的代表之作。建筑始建于清朝中后期，建造得极为精致，特别是在梁枋、门窗等处都雕刻有内容丰富的图案，一幅幅生动的画面既体现了主人家富庶的生活环境，也表明主人家具有很高的精神品味和追求。其中照壁是敦仁堂的精华所在，上面描绘着各种传说故事，栩栩如生的形态展现着匠人高超的雕刻工艺，具有很高的艺术价值。

➜ **舒庆余堂：** 舒氏的宗祠，一座建于明朝万历年间拥有牌坊的三进建筑。祠堂坐北朝南，门前的牌坊高约 10 米，是双柱三楼梭形的建筑格式，整体全部由水磨石砌成。牌坊上的砖雕精致细腻，顶上有着高高翘起的檐角，营造出古朴大方的气派。前中后厅的布局有着各自的作用，也有着各自的特点。前厅内部银杏木构造的梁柱，雄伟壮阔，与雕刻雅致的花饰浑然一体。中后厅大部分因年久失修而改建，不复原有样貌。

➜ **水车：** 位于屏山村头，是古代中国劳动人民发明的灌溉工具。

水车

棠樾
牌坊之乡

棠樾，一个意为棠树荫的地方，一个没有响亮名字的古村。棠樾因牌坊群聚而闻名，在村口屹立着以“忠、孝、节、义”为顺序的七座牌坊，是全国目前仅存的最大的牌坊群，有“牌坊之乡”的美称。

历史悠久的棠樾是血缘宗族鲍氏的居住地，始建于南宋时期，距今已有 800 多年。牌坊在我国古代是朝廷为了表彰和纪念科举、德政和忠孝节义之人而建的纪念性建筑，而小小的棠樾拥有这么多的牌坊可谓罕见。在宣扬封建礼教、儒家伦理和忠孝节义的古代，鲍氏可谓是践行这种思想的典范，历朝历代家族中忠臣孝子、守贞洁妇层出不穷，加之家族人才辈出、实力雄厚，为了表彰鲍氏家族，朝廷特许修建各种牌坊，棠樾牌坊群就在这样的背景下产生。

走进棠樾的村头，迎面而来的就是七座高大巍峨的牌坊，建造精美，可以说是明清时期牌坊建筑的代表之作，具有极高的艺术价值和文物价值。七座牌坊虽然建造时间跨越两个朝代，历经百年的间隔，但是

棠樾牌坊群

古镇概述

地理位置

➔ 安徽省黄山市歙县。

气候特点

➔ 亚热带季风气候，温和湿润，适宜春秋季前往旅游。

开放时间

➔07：30—17：30

门票

➔100 元。

交通

➔ **黄山北站—棠樾**

徽州 13 路换乘徽州 8 路，全程 25 站。

徽州 13 路（豪生大酒店方向）：高铁北站上车—中央丽园站下车，乘坐 10 站。

徽州 8 路（棠樾牌坊群方向）：中央丽园站上车—棠樾牌坊群站下车，乘坐 15 站。

住宿

➔ **银杏别苑家庭旅馆**

地址：潜口镇唐模村水街 2 号

电话：18355985697

标间：120 元左右

➔ **歙县鲍家花园大酒店**

地址：棠樾村鲍家花园景区内

电话：（0559）6756261

标间：275 元左右

在建筑风格上一脉相承，在独具特色的基础上相互协调，浑然天成。

看着这一排雄伟的牌坊，古朴中蕴藏着严格的封建社会“忠孝节义”的伦理道德，或许正是这种对伦理纲常的追崇，棠樾才能在历史的长河中保存下来，成为重要的历史古镇。在这些气势宏伟的牌坊群之外，棠樾还有许多古民居、古祠堂，在静谧的自然风光中散发着浓郁的古色古香。

景点品鉴

➔ 鲍文渊继吴氏节孝坊：棠樾牌坊群中极为特殊的一座，在我国众多的牌坊中也很有地位，牌坊的设立打破了古代继妻不准立坊的常规。牌坊又称“节劲三冬”坊，建于乾隆年间，是鲍文渊的儿子为继母所建。

➔ 清懿堂：俗称“女祠”，打破了“女人不进祠堂”的旧例。祠堂是一座三进五开间的建筑，整个布局结构紧凑，风格端庄沉静，砖雕尤其精彩，被誉为徽派民居的砖雕之最。

➔ 慈孝里坊：牌坊为旌表宋末处士鲍余岩、鲍寿逊父子而建，相传在元朝末年，父子二人被俘，相互争死以求另一人存活，明成祖朱棣深受感动，认为“兹孝可风”，并“御制”此坊。后来清朝乾隆皇帝在经过棠樾时，为表彰胡氏父子就写下：“慈孝天下无双里，衮绣江南第一乡”。

➔ 鲍象贤尚书坊：明嘉靖年间进士鲍象贤，历任户部右侍文、兵部左侍郎等职，在西南边陲发生叛乱时，他奉旨率兵征讨，不仅平息了叛乱，而且善于治理，深得当地少数民族爱戴。他逝世后，崇祯皇帝赐建牌坊以旌表其镇守云南、山东有功。

➔ 乐善好施坊：七座牌坊中最后建造的一座，建于清嘉庆年间，当时鲍氏子孙鲍漱芳官至两淮盐运使司，见家族已有“忠、孝、节”三字牌坊，独缺“义”字，便向皇帝请求恩准赐建“义”字坊，以光宗耀祖。建成后的牌坊气势轩昂，建造精细，梁枋、门楣和花窗等处都有精美的花纹雕刻，极为壮观。

➔ 敦本堂：鲍氏家族的祠堂，原名“万四公祠”，俗称“男祠”。祠堂坐北朝南，三进五开间，占地750余平方米。建筑气势恢宏，是清代徽州祠堂建筑艺术的典范，具有典型的“肥梁瘦柱内天井”的徽派建筑特征，屋柱又细又高，横梁却很粗，被称为“冬瓜梁”。

敦本堂

渔梁村
水利名村

古镇概述

地理位置
- 安徽省黄山市歙县。

气候特点
- 亚热带季风气候，温和湿润，春秋季适宜旅游。

开放时间
- 全天

门票
- 30 元。

交通
- **歙县北站—渔梁村**

歙县 702 路（渔梁景区方向）：高铁北站上车—古建公司站下车，乘坐 25 站。

渔梁村古称“梁下”，因村落形似游鱼而改名渔梁村。渔梁村的历史悠久，早在唐朝就已成形，原是练江上的一座码头，后来由于往来不断的商旅逐渐形成村落。正是这座交通便利的码头孕育了后来规模庞大的徽商队伍，并成为明清时期商界著名的地域性商业队伍，也孕育了当地深厚的徽商文化，被看作是徽商的起源之地。

渔梁村虽小，但却是一个有山有水的地方，景色极为秀丽，其中最为有名的要数渔梁坝了。渔梁坝是一条横贯练江的花岗岩堤坝，也是当地的一大水利工程，由隋朝时期当地的官员汪华所建。分为左、中、右 3 个水门的堤坝采用徽式风格的榫头建造，3 座水门分工大不相同，其中左边常年流水，另外两座主要是调节水量，防涝防旱。如今新颖独特的设计依然备受世人赞誉，我国著名的古建筑专家郑孝燮曾赞誉道：“渔梁坝的设计、建造和功能，均可与横卧在岷江上的都

渔梁村景色

江堰相媲美”。

鱼形的渔梁村头南尾北，古村中有一条临江宽 2 米多的街道，青石板铺就的街道点缀着小巧的鹅卵石显得非常精致。在街道的两侧是高低错落的民居，如今保存较好的民居建筑有 320 多处，这些明清时期的古建筑大多是上下两层，以徽派的建筑风格建造。蜿蜒的街道还连接着几条幽巷，深入到古村的各处，一同构成渔梁古村的全部风貌。

景点品鉴

渔梁坝： 始建于隋朝，被称为“江南第一都江堰”，是新安江上游历史最悠久、规模最大的古代拦河坝，也是古徽州最为著名的水利工程，而如今的堤坝是明朝重修的。堤坝长约 140 米，底宽近 30 米，顶部宽 4 米，以巨石垒成，设计巧妙，坚实稳固，历经千年而不毁。渔梁坝还有着秀美的景色，碧波如镜的河水上渔舟点点，呈现一派安详恬静的画面。

渔梁古街： 俗称“鱼鳞街”，由鹅卵石铺成的街道长 1000 多米，因形似斑斑鱼鳞而得名，是古时候渔梁主要的商业街道。

白云禅寺： 当地人称“观音阁”，始建于明朝万历年间，具有明显的徽派建筑风格。如今的寺庙虽没有古时候旺盛的香火，但每当有重大的节日，人们都会来此敬香还愿。

巴慰祖纪念馆： 巴慰祖是清代时期著名的篆刻艺术家，其故居坐落在渔梁古街的中段，如今成为纪念馆，共分有 4 个展厅展示着 600 多件艺术作品，是游览渔梁不可错过的景致。

紫阳桥： 横跨在练江上的明代万历年间修建的古桥，因紧临紫阳山而得名。古桥为九孔石拱桥，长约 140 米，宽 10 米，高 14 米，全部由红砂岩建造而成，12 米多的孔径能让船只不落风帆而通过。站在紫阳桥上可以欣赏渔梁四周的美景，繁华的街市、耸立的紫阳山、滚滚的练江，尽收眼底。

紫阳桥

三河镇
皖中首镇

古镇概述

地理位置

→ 安徽省合肥市肥西县。

气候特点

→ 亚热带季风气候，雨热同期，春秋季适宜旅游。

开放时间

→ 08：00—17：30

门票

→ 四联票 70 元（包含杨振宁旧居、刘同兴隆庄、鹤庐、孙立人故居）；八联票 120 元（包含杨振宁故居、刘同兴隆庄、鹤庐、孙立人故居、国粹楼、根雕馆、仙姑楼、古娱坊）。

交通

→ **合肥南站—三河镇**

31 路换乘 699 路，全程 57 站。

31 路（亿力机械（上派）方向）：合肥南站上车—亿力机械（上派）公交站下车，乘坐 35 站。

699 路（三河换乘中心方向）：亿力机械上车—三河换乘中心站下车，乘坐 22 站。

三河镇是一个借助水运发展起来的水乡古镇。历史上这里的水运极为发达，溪流纵横，有“外环两岸，中峙三洲，而三水贯其间，以桥梁相沟通”的说法。三河镇发端于唐宋时期，当时只是围田筑坝的小渔村，在不断地开发中逐渐成为鱼米之乡，经过明清时期的发展，逐渐成为商业重镇。

三河镇虽小，却是历来兵家必争之地。春秋时期的吴楚两国之争，就经常在这里发生大战。此后的明末张献忠起义以及太平天国时期著名的“三河大捷”都发生在这里，如今此地还保存有当年使用过的大炮。小巧的三河之所以饱经战乱，缘于其便利的水运条件，张献忠还在这里建立过水军，可见水运的便利。由此可见三河镇因水运而兴，也因水运而争。

虽然饱经战乱，但是三河镇每次都会重新振兴起来。这样多彩的历史也造就了三河镇深厚的历史底蕴和丰富的人文景观，至今古镇仍保留着古村、古河、古居、古街、古桥、古圩、古茶楼和古战场等“八古”景观，可谓当地所独有。

蜿蜒曲折的河道，清澈碧幽的河水，水中鱼儿畅游，岸边柳枝依依，风景如画。若是顺流泛舟，置一杯清茶悠闲地穿梭在秀丽山水之中，便可尽情享受“小桥、流水、人家”的水乡风光，涤去身上的疲惫和焦虑。河道两岸上的民居为清一色的徽派风格。高且白的墙面，青瓦覆盖的屋顶，犹如粗浅不一的水墨线条画就。亭台楼阁间雕梁画栋，构思精妙，精巧雅致，鎏金的匾额在漆黑底色下显得稳重大气，门楣上悬着的挂灯在风中摇曳，一派古风古韵！

手工艺品是三河镇的特色，在这里诞生过角梳、油布伞和羽毛扇等诸多闻名四方的手工艺品。这些传统的手工艺传承百年，是当地重要的文化现象，也是古代三河人得以传家立业的根本。如今这些精湛的手工艺品发挥着新的作用，不仅是增加收入的方式，也是三河镇文化的代表。

历史悠久、生活富足的三河镇有着淳厚的民风民俗，孕育着丰富多彩的民俗文化。每年三河镇都会举办众多的民俗活动，特别是在春节期间，人们会举办各种的活动来庆祝新年的到来。

三河镇，没有周庄声传四海的名气，没有宏村典雅的民居，也没有西塘绵绵的水乡景致，却有着属于自己的古镇风韵，成为著名的文化古镇。

景点品鉴

→ **国粹楼：**高 37 米的七层古塔，也称望月阁，是古镇最高的建筑，站在阁楼上可尽览古镇风貌。原为忠武阁、望月阁，现为三河古镇博物馆，内部展示着古镇珍藏的近千件古代艺术珍品，极富价值。

国粹楼

太平天国时期遗留的炮台

英王府：三河镇保留着众多太平天国时期的遗迹，著名的“三河大捷”就发生在这里，英王府是太平天国将领陈玉成的住所，原来共有六进，如今只存四进。

鹊渚廊桥：古桥因三河镇古称鹊渚而得名，桥梁历史悠久，距今已有 1500 多年，是三河镇最古老的桥。古桥横跨蜿蜒小河，桥上建有木亭，可供行人躲风避雨。

特色美食

吃什么

处于交界地带的三河在徽菜的基础上吸收苏菜、浙菜、鲁菜等诸多菜系的特色和精华，孕育了富有本地特色的“八八席”“八四席”等名闻天下的宴席。如“三河酥鸭”“三河马蹄酥”“三河米酒”……展现着三河古镇丰富的美食文化和深厚的历史古韵。

在哪吃

水乡人家土菜馆

拥有很多三河当地的特色菜，味道相当不错，特别是浇汁锅巴、三鲜锅、三河小炒，味道很不错，价格亲民实惠，人均消费 60 元左右。

电话：15256020225　18356047674
营业时间：08：00—23：00
地址：三河古镇一级游客中心斜对面

唐模

唐朝模范村

古镇概述

地理位置

➜ 安徽省黄山市徽州区。

气候特点

➜ 四季分明，气候宜人，春夏秋冬都适宜旅游。

开放时间

➜ 全天。

门票

➜ 80 元。

交通

➜ **黄山北站—唐模风景区**

徽州 13 路换乘徽州 8 路，全程 21 站。

徽州 13 路（豪生大酒店方向）：高铁北站上车—中央丽园站下车，乘坐 10 站。

徽州 8 路（棠樾牌楼方向）：中央丽园站上车—牌楼站下车，乘坐 11 站。

唐模位于黄山的南麓，紧邻景色优美的新安江，以其“千年古樟之茂，中街流水之美”“十桥九貌之胜”和“一村三翰林”的美誉闻名中外。

听到唐模是不是认为此地历史上是做各种模具手工艺而闻名的？实际上唐模是“唐朝模范”的简称，这和村庄的来源有关。据当地的史书记载，唐模是唐时越国公汪华的太曾祖父开始建立的，当时认为此地是一块宝地，能够令家族繁盛，于是就在此大兴土木，历经百年之后逐渐演变成一个聚族而居的血缘村落。由于感激唐朝对其祖先的恩荣，就将村落的建造格局仿造唐朝村落的格局建造，所以取村名为“唐模”。

走在村中，高低错落的民居、潺潺淙淙的溪流、斑驳的石板路，一派古色古香的韵味在村中流淌。整个唐模景色最为集中的要数长 1000 多米的长街和檀干园。长街又称水街，街道沿着潺潺的溪水蜿蜒在古村中，古色古香的民居在两侧高低错落，街道两侧还有可以避雨的长廊，整条街道仍保持着古拙质朴的样貌。檀干园是古镇的水口园林，原是当地的富商为了孝顺母亲按照西湖的原型建造，景色秀丽，很有特色。

倡导忠孝的唐模自然少不了代表家族的祠堂。这里的许氏宗祠，被称为“徽歙祠堂的典型”。祠堂如今只遗留下少许的遗址可以看出全貌的规格。许氏宗祠是许氏家族的总祠，规模宏大，下设三个分支以满足庞大的家族祭祀。当地至今还流传着这样的说法：“穿靴戴顶尚义堂，摇摇摆摆继善堂，草鞋麻履骏惠堂。”形象生动地道出了祠堂的等级分明，规矩森严。

唐朝，我国悠久历史上最负有盛名的朝代，她的雍容华贵、她的波澜壮阔、她的胸襟气度，无不让人渴望梦回唐朝。置身于保持着唐风古韵的唐模古村，仿佛眼前流淌着盛唐那斑斓辉煌的历史，回首望去，千年繁华沉寂。

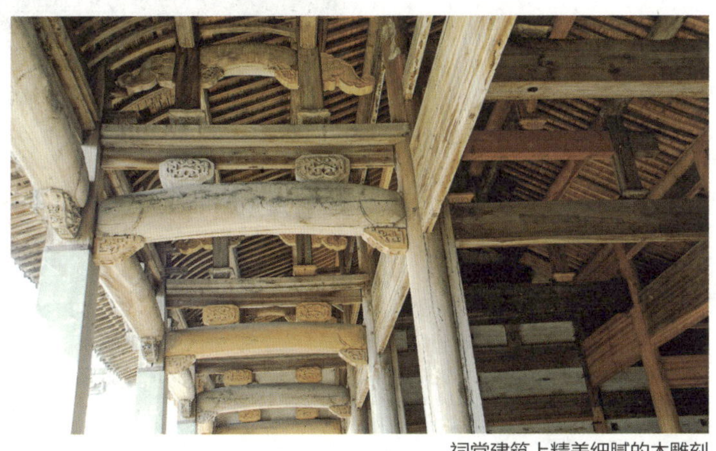

祠堂建筑上精美细腻的木雕刻

景点品鉴

檀干园：当地著名的水口园林，修建于清朝初年，因湖内的园林景色按照西湖的景色修建，故当地民间俗称为“小西湖”，园林内有三潭印月、玉带桥、灵官桥、湖心亭、白堤等景色。

园林以玉带桥为分界线分为内外两湖，湖水相依，合融共生。除了美景，檀干园内的书法艺术也是一大特色。园内有历代名家书法刻石18块，包括朱熹、苏轼、赵孟頫、米芾、蔡襄、黄庭坚、倪云路、董其昌等诸多书画名家的作品。

槐荫树：檀干园中一棵有着400多年树龄的古树，底部中空的古树好像一位阅尽古镇沧桑的老人，如今远来的游人在树荫下驻足、休憩。据说《天仙配》中七仙女就是在老槐树的见证下与董永结成夫妻。

同胞翰林石坊：为纪念清康熙帝钦点的许承宣、许承家兄弟俩同入翰林而建，石坊外形独特，风格典雅，上面有精美的雕刻图案，被誉为唐模的标志与象征。

沙堤亭：唐模古村中外形独特的古亭，又称“八角亭”，建于清康熙年间，上下两层的亭阁，上层中空建有虚阁，八个角的飞檐上各悬铁马飞铃。沙堤亭是古镇中的标志建筑，不允许攀爬登顶。

檀干园

沙堤亭

特色美食

吃什么

翰林红：唐模的翰林红是徽州米酒的一种，色泽嫣红、口感香甜、香气扑鼻，是老少皆宜的养生滋补品。

土酱：酿制土酱是唐模当地几乎家家户户必备的技能，口感非常好，平时吃饭的时候添加一点，饭的味道更好。

食桃：“唐模打食桃”，每年春节，唐模的村民们聚集在一起制作食桃，场面十分喜庆。食桃配上土酱味道更好，是唐模最为常见的搭配。

呈坎
江南第一村

古镇概述

地理位置

➜ 安徽省黄山市徽州区。

气候特点

➜ 亚热带季风气候，四季分明，春秋短，夏冬长，春秋季是最佳的旅游季节。

开放时间

➜ 全天

门票

➜107 元，学生 53 元。

交通

➜ **黄山北站—呈坎**

徽州 17 路（呈坎方向）：高铁北站上车—呈坎镇政府站下车，乘坐 29 站。

呈坎，熟悉易经八卦的人听到这样的名字就会认为这是一块宝地，因为在八卦中“呈”为阳，“坎”为阴，呈坎即为阴阳相容之地。由其名字可见呈坎的地理风貌。呈坎紧邻黄山、依傍屯溪，背倚岩寺，被朱熹誉为“呈坎双贤里，江南第一村”，在历经 1000 多年之后成为保留徽派古建筑最多的村落之一。

呈坎号称“三街九十九巷”，可见原先古村的规模之大，民居建筑之多。如今古村还保存有明清时期的民居 200 多幢，风格独特的民居建筑极具特色，有“呈坎民居甲天下”之誉。在众多的民居中，宗祠和长春社是整个古村布局的中心，周围散落的民居高低错落、鳞次栉比。宽窄不一的街巷蜿蜒曲折，串联着民居、宗祠、社屋……绘成一幅古村画卷。

人杰地灵、钟灵毓秀的呈坎历史上一直都是人才辈出，其中苏东坡在《罗氏族谱》题词中就有关于呈坎人才的评说，“文德武功名留简竹，理学真儒后先继续”，著名理学家朱熹在《罗氏族谱》序中赞呈坎道，“以进士发科嗣世家业赫，为歙文献称首”。由此可见，呈坎在历史上的文化底蕴深厚，而且得以传承，近代的文物鉴赏家罗长铭、当代物理学家罗辽复等都是出自呈坎的著名人物。

在呈坎，一直流传着这样的一句话，“游呈坎一生无坎”，这里仿佛成为人们寄托祈愿、护佑平安的地方。这里有着对自然美学的不断诠释，更有着对美好生活的向往和追求。

古桥景色

景点品鉴

长春社：呈坎村民集会、祭祀的场所，大社建于宋代，主体建筑建于明朝时期，后来进行了扩建和修缮。栏门上方有书法大家苏轼书写的“长春大社”，蓝底鎏金字体匾额。大门是五凤楼的格式，栅栏门是房屋的正门，后有中门和边门。五个开间的房屋寓意着“五凤朝阳”，名曰“五凤楼”。如今的长春社早已失去昔日的荣耀，不再是村民们集会的场所，成为孩子们的嬉戏之地。

罗润坤宅院：修建于明朝中期的私人宅院，是两层两进的楼房，具有鲜明的徽派建筑风格，在楼房的各处都有精美的雕刻图案，是古镇中一所幽静的古建筑。

宝纶阁：原名“贞静罗东舒先生祠”，源于呈坎人罗应鹤。罗应鹤在明朝万历年间身居高位，深得皇帝的宠信，经常得到皇帝的赏赐，为了保存这些赏赐品以传于后代，就专门修建阁楼保存，并将楼阁取名为“宝纶阁”。阁内建筑繁复，层次有序，各个构件配有雕饰图案，精美异常。特别是梁柱间各种图案的木雕，还有穹顶形的屋面和翘起的棱角，精美绝伦，美不胜收。那些色彩斑斓、生动优美的彩绘图案，在近 500 年的沧桑中仍然亮丽如新而不褪色。沿两侧的楼梯登上阁顶，远可观天都峰和莲花峰的秀美景色，近可赏古村沉静之美。巧妙的结构，新颖的布局构造、华丽的装饰、精美绝伦的绘画图案，整个宝纶阁宏伟华美、古朴雅致，可以说是古代建筑的代表之作。

宝纶阁

查济村

美术家之村

古镇概述

地理位置

安徽省宣城市泾县桃花潭镇。

气候特点

亚热带季风气候，四季分明，春秋季是最佳的旅游季节。

开放时间

08：00—17：00

门票

80 元。

交通

泾县站—查济村

泾县 12 路换乘厚岸线，全程 26 站。

泾县 12 路（桂村方向）：高铁站北广场上车—百园村站下车，乘坐 2 站。

厚岸线（查济方向）：百园村上车—查济站下车，乘坐 24 站。

在苍茫的黄山北脉脚下，太平湖、桃花潭之侧，点缀着一个犹如世外桃源的古村落——查济村。村落群山环抱、绿树成荫、风景秀丽、历史文化深厚，是国家 4A 级景区、中国历史文化名村。因每年都会有很多的美术爱好者在此写生创作，又被称为“美术家村”。

很多人看到查济村的“查”就会把它读成“chá”，实际上应该读“zhā”，这主要是和村落居民“查”的姓氏有关。查济村看似不大，却有着近 1000 多年的历史，据说查济村的先祖是初唐时任刺史的查文熙，晚年致仕后认为此地风景优美，景色秀丽，于是将家族迁于此定居。经过不断地繁衍生息，逐渐形成查济村现在的规模。

“十里查村九里烟，三溪汇流万户间。祠庙亭台塔影下，小桥流水杏花天。”这是当地人对查济村优美环境的亲身描述。查济村虽四面环山，但地势宽阔，蜿蜒河流从山中汇聚穿村而过，各式小桥飞架两岸，沟通两侧人家，一幅江南水乡所具有的“小桥、流水、人家”景象。

村落的民居因地形差异、年代不一，无法统一规划而显得错落有致，各种宽窄不一、长长短短的弄巷应运而生。古巷就像一条探寻神秘村落的古径，沟通着外面的世界。村中铺就的清一色石板，千百年来被查济村人踩磨得光可鉴人，向游人展示着村庄古老的历史和曾经的繁荣。

查济村的溪水缓缓清澈，宛如古村悠长的历史。查济村的桥形态各异，有孔数众多的大石桥、单孔的小石桥、弯弯的石拱桥、窄窄的石板桥，千姿百态，各具风采。

行走在查济村，古建筑是给人印象最深刻的景观。这些临河而建的古建筑大多是明清时期遗留下来的，沿着悠悠的查济河绵延五六千米。如今在古村中保留的明清建筑有近 200 处，建筑建造精细，雕梁画栋。民居建筑大多是三进或四进的院落，层次分明，整齐有序。洁白的墙体高高伫立让人仰望，在清一色青瓦的映衬下显得庄严肃穆。

建筑上最引人注目的莫过于雕刻了。在查济村，建筑上的雕饰素有“奇葩三雕，交相辉映”之说，意思就是木雕、石雕和砖雕交相辉映，由此可见雕刻数量之多、品质之精。在查济村的民居建筑中，雕刻多分布于梁枋、漏窗、门楣等处，内容都是一些带有吉祥寓意的花鸟虫兽，形象或细腻，或生动，或简约，千姿百态，精妙绝伦。

历经岁月洗礼的查济村集深厚的古韵和淡雅的村融为一体，好像是从千年前就开始酿造的美酒，味道醇厚，历久弥香。只有亲身走进这样的古老之中，才能体会到那浓郁的芳香。在这里，一段青石板路、一泓碧水、一块砖雕、一幢民居……都充满着悠悠古韵。查济村，古色古香中所蕴含的温婉和淡雅之花，正悄然绽放。

查济村景色

景点品鉴

德公厅屋：一座高大巍峨的牌坊式门楼，始建于元代。门楼是查济村的标志性建筑，不管是建造风格、造型，还是牌坊上随处可见的雕刻工艺，都可以说是精妙绝伦。精美细腻的门楼在历经岁月洗礼之后显得雄浑大方，上面手法娴熟的镂空雕刻让各种图案栩栩如生，形象逼真。

二甲祠：古村中现存规模最大的祠堂，也称“光裕堂”。修建于明朝，建筑外观典雅精致，装饰精美，是我国古建筑中不可多得的精品。

德公厅屋

二甲祠

许村镇
双龙戏珠

古镇概述

地理位置

安徽省黄山市歙县。

气候特点

亚热带季风气候，春短夏长，春秋季是最佳旅游季节。

开放时间

全天开放。

门票

40 元。

交通

歙县北站—许村镇

可从歙县北站打车至许村镇，全程约 18 千米，大约需要 55 元。

相比起歙县其他的名镇古村，许村镇的名气就小了很多，这座位于歙县西北部的古村，在历史上最出名的故事也就是诗仙李白的赞誉：“十里沙滩水中流，东西石壁秀而幽”。历史悠久的许村镇肇始于东汉时期，古称富资里、任公村，后来不知什么原因改名为许村镇。许村镇最繁华的时候在唐宋时期，此后逐渐趋于平实。

我国村镇大都是按照传统建筑的理论布局建造，许村镇也不例外。据记载，古村的整体布局按照“临水而建，双龙戏珠，倒水葫芦”的理论建造而成，村落中各个部分布局精细，看似杂乱又蕴藏天人合一的理念。已有 1500 多年历史的许村镇目前保存着元明清时期的建筑 200 多幢，这些散落在古村中的建筑包括许寿山宅、许家泽宅、许声远宅、章宅等规模庞大的私人宅院，这些宅院大多都有着巧妙的布局、精妙的构造，马头墙高高耸立，门窗屋檐古色古香，这些建造精美的古代建筑有着很高的艺术价值，是当地历史文化重要的组成部分。

地处文风昌盛之地的许村镇自古以来就非常崇文重教，在这个不大的村子里，历史上共出现过近50位进士，百多位举人、秀才，居当地各村之首。宋代著名的政治家王安石曾为许氏家族的族谱作序，可见当时许村镇的赫赫声名。

古老的许村镇虽然小巧，却也蕴含着历史的古韵，那斑驳的土墙、灰色的青瓦、苍劲的古树……都在诉说着古村的静雅。

景点品鉴

双寿承恩坊： 修建于明朝，是朝廷为表彰许村中一对百岁的老夫妻而建造的牌坊。牌坊虽历经百年沧桑，如今在牌坊上雕刻的精美图案却依然清晰可见，精湛的雕刻工艺让人赞叹。

五马坊

大观亭： 一座修建于明朝嘉靖年间的两层木质小亭。亭子不大，却是当时文人聚会饮酒作诗的地方，据说当时在此地远可看高山流水，近可观古村祥和风貌，极为风雅。

五马坊： 牌坊位于古村的村口，是古村的标志性建筑。牌坊修建于明代，据说是为了表彰当地抗倭有功的知府而建。古老的牌坊按照明朝建筑风格建造，四柱三层的牌坊伫立村中看起来巍峨无比，充满着古色古香的韵味，牌坊上的“哺鸡图”惟妙惟肖，是当时雕刻风格的真实再现。

高阳桥： 古村中最为古老的桥梁之一，又称“离合桥”，始建于元朝，是一座双孔廊桥。廊桥古拙质朴，内部还保存着供奉的观音菩萨，如今在廊桥上还悬挂有大红的灯笼，每当夜晚灯笼亮起时，映照着静静的河水，景色格外唯美。

大邦伯祠： 许村的宗祠支脉，始建于明朝，是一座三进三开间的建筑。在大邦伯祠中，中门一般只在迎接祖先牌位时才会打开，其余时间只能从两边的侧门进入。大邦伯祠的规模算是古村中最大的建筑之一，也是当地保存最完好的建筑之一。

大邦伯祠

万安镇
小城大街

古镇概述

地理位置

→ 安徽省黄山市休宁县。

气候特点

→ 亚热带季风气候，气候温和，四季分明，春秋季适宜旅游。

开放时间

→ 全天开放。

门票

→ 个别小景点收费。

交通

→ **黄山北站—万安镇**

休宁 1 路（齐云山景区停车场方向）：黄山北站上车—万安镇政府站下车，乘坐 16 站。

如今的万安镇虽是个规模不大的小镇，但是这里在古时候却是皖南的政治、经济、文化、交通中心，是徽州四大古镇之一。万安镇的历史起源较早，早在三国时期这里就是当时的县治中心，一直延续到唐代成为郡治中心，明清时期万安更是繁荣昌盛。历史悠久的万安镇地处水路要津，是当地重要的商业重镇，这里的万安老街被称为徽版的“清明上河园”，繁华的商贸让老街有着“小小休宁城、大大万安街”的赞誉。

有着千年历史且繁华的万安镇自然形成了以商业发展为中心的街道布局。万安镇的街道分布很有意思，整体呈现出鱼骨状的体系，主要包括两个部分，一是商业为主的街，二是勾连内外的巷，二者相互连接，纵横交错，成为古镇中最为繁华的地方。

如今古镇上的建筑主要分布在长街的两侧，而这条长 1100 多米的老街按照这些建筑的类别可分为上、中、下三段。老街的上段集中了大型的民居建筑，这里伫立有祠堂、四合院、园林遗址等众多规模较大且地位较高的建筑。中段主要是商铺客栈的集中地，如今各种当地的手工艺品都集中在这里。下段如今在原有的古建筑基础上出现了很多现代民居建筑，虽有些杂乱，却也是大势所趋。如今在古镇中保存较好的明清建筑有近 200 处，其中包括古桥、古塔、店铺、码头等，古色古香的建筑反映着万安镇古时候的繁华。

自古就商贸繁华的万安镇自然不缺少各种精美的手工艺品，而且有的手工艺品在我国的历史上还占据着重要的地位，比如万安罗盘。古时候的罗盘主要是指示方向的，万安生产的罗盘更加精妙准确，不仅能够在方向上给予准确的指引，而且能测定房屋建筑的方位及平面布局，因此被称为“徽盘”，万安的罗盘在 1915 年还曾获得美国巴拿马万国博览会金质奖章。

地处风景优美的新安江上游的万安镇不仅有着悠久的历史、深厚的文化古韵，也有着秀美的山水景色，诸如“海阳八景”之一的“寿山初旭”等。蜿蜒的横江在古镇中由西向东缓缓流过，江水因古城形成弧形的弯曲，据当地人说，横江就是万安的腰带，将无尽的财富收拢在怀中，才有了万安的富庶，这也为万安提供了良好的水资源。

万安镇，这里有着唐朝徽国公的汪王故宫遗址，有着朱元璋避难的仙人洞，有着抗清名士金声设立的“还古书院”，当然也不缺少秀美的自然风景。这座有着徽版“清明上河图”美誉的古镇，如今虽不复昔日的辉煌，却也别有风貌。

景点品鉴

→ **古城桥：**又称高公桥、水南桥，修建于明朝万历年间，古桥长 181.3 米，宽 7.2 米，有 10 墩 11 孔。古桥横跨在横江之上，不仅可以满足渡江的需求，而且桥上建有凉亭，可供行人休憩观景。

古城塔：又名“万寿塔”，修建于明朝嘉靖年间，是一座楼阁式砖塔。高近 30 米的古塔有六角七层，内部全空，直径近 3.4 米，非常巍峨。原先在古塔上有生铁铸成的塔顶，重达 2400 千克，后来逐渐向东南倾斜，于 1958 年坠落。

富琅塔：原名“水口神皋”，修建于明朝万历年间，是一座八角七层的楼阁式砖塔，如今砖塔残缺不全，仅剩两层基部。

万安罗盘：是现存的全国唯一以汉族传统技艺手工制作的罗盘，因其诞生、生产地为安徽省休宁县万安镇万安老街而得名。

万安罗盘

寿县
楚文化之乡

寿县古称“寿春”“寿阳”，位于安徽省中部地区、淮河中游的南岸，依山傍水的寿县是楚文化的故乡，我国豆腐的发源地。这座历史悠久的古城，春秋战国时就是当地的政治、经济和文化中心，到了三国时期人口更是达到数十万之多，自晋以后历代皆是繁华重镇，被世人评价为“扬（州）寿（州）皆为重镇”。

有 4000 多年漫长岁月的寿县在历史上曾四次为都，楚考烈王二十二年（公元前 241 年）迁都于此，汉太祖时先后为淮南王和外姓王英布的王都，东汉献帝时袁术在此称帝。又因寿县地处襟江扼淮的重要地理位置，它自古还是兵家必夺的重镇，秦王嬴政破楚国都城寿县后终完成一统天下之霸业。历史上著名的以少胜多的淝水之战便在这里发生。这座古城内有着遍地的文物古迹和数不尽的千古传奇。

在这座古韵深厚的历史古城里，各种古迹遍布，其中最具有代表性的有“神州第一大塘”安丰塘、历经近千年风雨的宋代古城墙、淮南王刘安墓、名寺古刹报恩寺、道教圣地四顶山、江南地区最大的清真寺、水色秀丽的珍珠泉等，都是全国闻名的文物古迹。

古镇概述

地理位置

安徽省淮南市。

气候特点

气候温和温润，四季分明，比较适宜在春秋季旅游。

开放时间

各小景点开放时间不同。

门票

小景点收取门票。

交通

淮南站—寿县

29 路换乘寿县 5 路，全程 46 站。

29 路（寿县南门公交枢纽方向）：舜耕站上车—柏家台站下车，乘坐 38 站。

寿县 5 路（新客站方向）：柏家台站上车—国投大厦站下车，乘坐 8 站。

景点品鉴

安丰塘：素来有“天下第一塘”“世界塘中之冠”的美誉，其历史地位可与都江堰、漳河渠、郑国渠同列。古名“芍陂”，是春秋时期楚国名相孙叔敖修建的水利工程，有着 2500 多年的历史。如今这座神州第一大塘依然发挥着作用，有着较大蓄水量，不仅带来了丰富的渔业资源，也创造了秀美的风景。

古城墙：被认为是我国的七大古城墙中唯一保存较好的宋代城墙，自南宋时期重建后保留至今。古城墙长 7000 多米，有四座城门以及瓮城，并且在城墙上还有一处独特的设计，那就是“月坝”形的防洪墙体，即使在洪水袭来时也能保护城池的安全。历史上此地曾历经多次洪水，古城都安然无恙，这样的设计可谓是新颖巧妙。

安丰塘

古城墙

民风民俗

花鼓灯：当地有名的民俗活动，非常流行，备受人们的喜爱。花鼓灯以舞为主，载歌载舞，主要角色有伞把子、鼓架子、小丑和兰花，伞把子在舞台上通过相互交换岔伞以指挥表演。兰花女角头上戴着假辫和彩绸珠花，上穿彩褂，下穿裙子，翩然登场。小丑虽然不是主角，但也是舞台上不可缺少的角色，他们主要有活跃气氛的作用，并在表演中穿插一些笑话和顺口溜以逗趣观众，使得台上台下一片欢声笑语。

潜口镇
徽派民居的典范

潜口镇是徽州地区著名的文化古镇，古时候称“阮溪”“潜川”。地处于黄岳、天马之间的潜口镇是黄山的南部余脉万山的出口，有着秀丽的自然景色，加之近 2000 多年的历史，潜口镇成为一个有着丰富自然风景和深厚文化底蕴的古镇，是国家 5A 级旅游景区。

气候宜人、风光秀美的潜口镇最值得称赞的还是独一无二的民居建筑，这些建造于明代的民居建筑带着鲜明的徽派民居的建筑风格，被认为是徽派明代民居的缩影。潜口镇的明代古镇建筑主要开始于明代弘治年间，后一直延续至明朝晚期，这些涵盖了民居、亭阁、古桥、牌坊的古镇建筑虽然跨越了百年的历史，但是在建筑风格上依然一脉相承。在潜口镇，保存下来的古建筑并不仅仅只有官宦富商所建造的私人宅院，也有普通农人的简陋民居，可见古镇建筑的丰富多样。

在潜口镇的建筑中以民宅最为有名。潜口镇民宅又称“紫霞山庄”，因位于古镇紫霞峰的南部而得名。民宅原是一座规模庞大的建筑群，清朝晚期由于战火被毁，1984 年在原址上重建，取名为“潜口镇民宅”。如今这些依山就势而建的建筑包括 4 幢民居、3 幢祠堂、牌坊、拱桥、路亭和山门各 1 座，总占地近 2000 平方米，可谓规模庞大，被认为是“明代民宅的博物馆”。

带着欣赏完黄山美景的愉悦漫步古镇，不仅能看到在江南地区保存完好的最早砖木结构的“司谏第”、按照远点营造手法建造的吴建华宅，还有最能体现徽雕技艺的方文泰宅院，那充满着古色古香的古建筑展示着明代徽派民居建筑的风格和特色，是研究古建筑史的重要来源和依据。

古镇概述

地理位置

➜ 安徽省黄山市徽州区。

气候特点

➜ 四季分明，气候宜人，适宜春秋季旅游。

开放时间

➜ 全天开放。

门票

➜ 免费。

交通

➜ **黄山北站—潜口镇**

徽州 9 路换乘徽州 1 路，全程 20 站。

徽州 9 路（文峰公园方向）：高铁北站上车—城北站下车，乘坐 12 站。

徽州 1 路（呈坎方向）：城北站上车—翼峰公园站下车，乘坐 8 站。

景点品鉴

➜ **司谏第：** 江南地区现存最早的明代古建筑之一，是一座三间两进的砖木结构的厅堂，始建于明朝弘治年间，原是汪氏为祭祖所建的祠堂。建筑用木宏大，在各个细节之处都雕琢有精美的雕刻，是明代大木建筑中很少见的建造。

➜ **乐善堂：** 又称“耄耋厅”，原是专供老人娱乐休闲的场所。建筑修建于明朝中期，是二进三开间的建筑，20 根大柱支撑着正堂，上面雕刻着精美的图案。虽然如今的乐善堂已经有些斑驳不堪，但是蕴藏的古韵依然让建筑显得古拙质朴。

➜ **善化亭：** 修建于明朝嘉靖年间的亭阁，因修建时意在行善，故而取名“善化亭”。古亭石柱木架歇山顶的建筑构造，青瓦覆顶，装饰有龙吻，底部是用花岗岩铺就，两侧的石条长凳可供行人休憩。

➜ **方观田宅：** 一座当地普通的明代中期的居民宅院，一进三间的砖木结构楼房。建筑各个结构布局紧凑，加有木樨的屋柱具有防震、防潮、防腐功能。虽然民居建筑没有奢华的装饰，却被认为是明代普通农民住宅的代表。

➜ **谷懿堂：** 潜口镇潘姓商人的住宅，始建于清代道光年间，由门屋、大厅和居室组合而成。建筑内各种木雕非常精美，被认为是清中叶徽派民居的代表性建筑之一。

谷懿堂

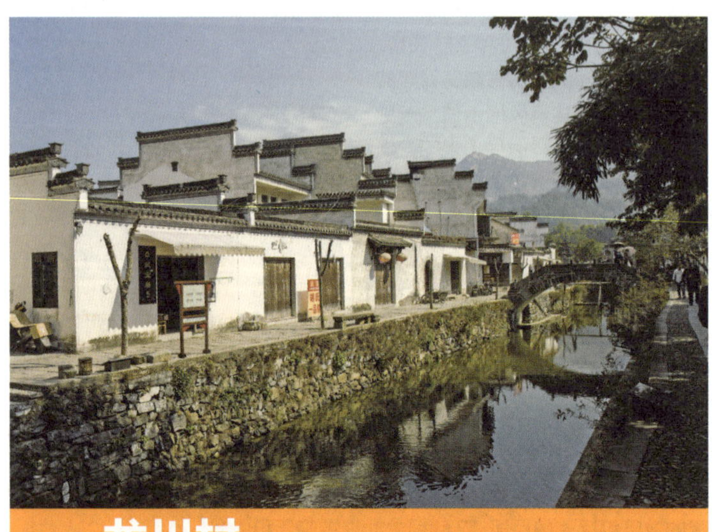

龙川村

古祠之乡

古镇概述

地理位置

→ 安徽省宣城市绩溪县。

气候特点

→ 亚热带季风气候，与同纬度其他地域相比气温较低，降水较多，春秋季旅游最佳。

开放时间

→ 07：30—17：30

门票

→ 75 元。

交通

→ **绩溪北站—龙川村**

绩溪 6 路（龙川小学方向）：绩溪北站上车—龙川景区下车，乘坐 15 站。

龙川，由原坑口、浒里、横川 3 个村合并而成，2019 年被评选为“2019 第一批美丽乡村重点示范村”。

村内祠堂、坊、桥等主要都分布在水街两旁，从高处看整个龙川像一条龙舟，故又称之为“船形村”。村里建筑可分三类，一类为传统建筑，如三进七开间的胡氏宗祠，具有鲜明的地域色彩；二类为砖木或砖混合结构，大多在 1949 年之后建成，外观朴素，多以单层或两层为主；三类是指非传统建筑，主要是砖石混凝土结构，比较现代化。

龙川村依山傍水，依照着“枕山、环水、面屏”的基本模式建村，西为凤山、北为登源河、南有天马山、东有龙峰山，山环水绕，景色优美，青郁的龙须山耸立在古村的前方，蜿蜒的溪流在古村中潺潺流过，为古村带来秀丽的山水风光。

历史悠久的龙川自然少不了古色古香的老建筑，在古村中保存较好且规模较大的要数胡氏宗祠，这座被认为“中国古祠一绝”的祠堂是国家级重点文物，具有很高的文物价值和艺术价值，是到龙川一定要欣赏的建筑景观。

景点品鉴

胡氏宗祠

→ **胡氏宗祠：** 一座始建于明代嘉靖年间的家族宗祠，有“木雕艺术博物馆”和“民族艺术殿堂”之称。宗祠坐南朝北，是三进七开间重檐歇山式的建筑，建筑面积1100多平方米，由外而内依次是照墙、门楼、廊庑、正厅、厢房、寝楼及特祭祠等。整个宗祠布局严肃、方正，在各部分均衡的基础上讲究精巧灵活，展现出高超的布局手法，构成了宗祠肃穆、庄严、自然、宽舒的美感。

木雕是宗祠最有看点的景致，随处可见的精美雕刻可见宗祠在古村中的地位。这些运用浮雕、深雕、圆雕等各种雕琢工艺的木雕刻工艺精湛，布局构思巧妙，各种图案内容丰富，无一相似，很有美感。

→ **古戏台：** 坐北朝南的古戏台修建于明朝万历年间，戏台由木柱支撑木板的台面，在台面的两侧有楼梯和看台相互连接。戏台如今斑驳不堪，古时候这里却是热闹非凡，是古村人劳动之余娱乐的地方。

→ **奕世尚书坊：** 牌坊修建于明朝嘉靖年间，高10米，宽9米，由4根柱、4根定盘枋和7根额枋组成，为明代户部尚书胡富和兵部尚书胡宗宪父子而立。“奕世”即为一代接一代的意思，父子二人相隔60年成为进士，古称“奕世”。牌坊装饰精美，透雕、深浮雕、浅浮雕等雕刻工艺运用纯熟，鲲鹏展翅、太狮滚球等各种雕刻图案精美细腻、生动自然。在牌坊上还有明代书法大家文徵明题写的“奕世宫保”“奕世尚书”字样，为牌坊增辉添彩。

古戏台

奕世尚书坊

特色美食

吃什么

→ **一品锅：** 当地的名菜，是古时候胡家待客的拿手菜，也被认为是徽菜中最具代表性的美食。菜肴咸鲜微辣，鲜嫩可口，各种食材如宝塔一样层层叠起，色香味俱全，被众多文学家、美食家所赞誉。

→ **菜糕：** 用糯米伴着白糖、小红枣及红绿丝等配料制作而成的糕点，是当地有名的小吃，还可以和各种菜肴搭配，味道鲜香可口。

特产

→ **澄心堂纸：** 世界物质文化遗产澄心堂纸，也称“宣纸”，是龙川特别的产物。在封建社会年代，龙川村的澄心堂纸仅供御用。

民俗

→ 龙川有一个特别有意思的民俗，当一对新人结婚生子之后会根据性别不同在家中摆放物品，若生下男孩，摆放茶壶与天竹叶，有甜甜美美之意；生下女孩则摆放酒壶和柏枝叶，意为长命百岁。

桃花潭镇
古诗里的古镇

古镇概述

地理位置

➜ 安徽省宣城市泾县。

气候特点

➜ 亚热带季风气候，同纬度相比气温较低，降水较多，春秋季旅游最佳。

开放时间

➜（3—11月）07：00—18：00；（12月至次年2月）07：00—16：30

门票

➜ 联票：120元。

交通

➜ **泾县站—桃花潭镇**

泾县—桃花潭（桃花潭风景区方向）：泾县综合客运枢纽站上车—临时站下车，乘坐35站。

诗仙李白的一句“桃花潭水深千尺，不及汪伦送我情”使桃花潭这座不大的古镇得以传承千年，名传千古。桃花潭镇地处青弋江的上游，自然景色清新秀丽，加上有着鲜明风格的皖南村落风貌，整个古镇自然和人文浑然一体，美不胜收。

桃花潭镇的历史悠久，从李白的这首《赠汪伦》中就可以看出早在唐朝时期古镇就已经有一定的规模，进入明清时期，桃花潭镇进一步发展，如今在古镇保存的建筑大多都是明清时期的。古镇沿河发展，很多建筑都分布在河道两岸，这些建筑包括老街、古祠、古阁、古塔等各种类型。众多古色古香的建筑在这山清水秀的映衬下别有一番景致。

桃花潭镇不仅有浓厚的文化底蕴，也有着秀丽的山水景色，蜿蜒的青弋江在古镇中逶迤而过，静谧的桃花潭水光潋滟、碧波漾漾，古朴的阁楼在空隙间隐隐约约，氤氲的水汽在水面弥漫，犹如蓬莱仙境，又好似武陵人家。遥想千年前醉醺醺的李白站立在船头吟诵着优美的诗句与好友告别，桃花潭的烟波让人陶醉。

水色秀丽的桃花潭

景点品鉴

文昌阁：是古时候桃花潭镇中祈求文运的建筑，始建于清朝乾隆年间，建筑上下共三层，高25米，为八角的砖木阁楼建筑，外形似塔非塔，气势恢宏。在文昌阁上每层都悬挂有匾额，依次是“盛世文明”“文光射斗”“共登云梯”，成为当地著名的景观之一。

桃花潭文昌阁

中华祠：原是古镇中崔氏的祭祀之地，明朝万历年间，翟氏族人翟国儒任大将军在云南平叛捐躯，于是朝廷就御赐建造忠孝堂，后来演变成中华祠。祠堂为三进的建筑，采用楠木和汉白玉石建造而成，在建筑上雕刻有精美的雕刻图案，被古建筑专家罗哲文先生誉为“中华第一祠”。

义门：始建于唐朝初年，清朝乾隆年间重修，是古镇中历史最为悠久的建筑之一，也是古镇人的骄傲。义门分为上下两层，上层是马楼，底部是行人的通道，凹字形的门楼上有写着“义门”的门额。整个建筑简约质朴，两侧峭立的马头墙让义门看起来更加高大，在建筑风格上更显独特，做工也更显精细。

踏歌古岸：一座上下两层的阁楼，始建于明朝，清朝乾隆年间由于毁坏而进行重建。阁楼的兴建源于纪念伟大诗人李白，于是就在汪伦送别李白的地方兴建阁楼名为“踏歌古岸”以此纪念。阁楼的底层是行走的通道，上层为敞开的窗台式栏杆，如今在阁楼内展示着李白和汪伦的资料，是展示桃花潭镇历史的地方。

踏歌古岸

水东镇
因河而兴

古镇概述

地理位置

安徽省宣城市宣州区。

气候特点

亚热带季风区，气候温和，雨量适中，四季分明，四季都适宜旅游。

开放时间

全天开放。

门票

免费，个别景点收取门票。

交通

宣城站—水东镇

宣州109路（水东旅游集散中心方向）：宣州火车站东广场上车—水东政府路口下车，乘坐49站。

历史悠久的水东镇至今已有1100多年的历史，早在唐朝初年就已经有一定的规模，直至明清时期，随着阳江流经古镇，水路运输便逐渐兴盛起来，水东镇也逐渐发展成为一个规模不小的古镇。

古镇有一条长约750米、宽4米的主街蜿蜒串联着众多或宽或窄的街道巷弄，将古镇分割成大小不一的网格状，形成了连环街市。一排排徽派的建筑高低错落在街道的两侧，青石板铺就的街道和白墙黛瓦的建筑浑然一体，更显皖南古镇的淳朴自然。

如今这些保存的古建筑大多是民居，有零星的祠堂、亭台等，在历史的冲刷下早已不复原有的样貌，不过从门窗、梁宇之间依稀可见生动的雕刻，有的还有着很高的艺术价值。

地处丘陵地带的水东镇有着优越的自然条件，盛产众多的特产，其中以“枣”最为有名。水东镇是远近闻名的枣乡，其特色的青枣自明朝以后一直都是闻名于世的美食，品质优良的水东枣也为古镇带来长足的发展。游览古镇之余品尝一颗颗味道甜美的青枣，也算是一种乐趣。

景点品鉴

宁东寺：又称“三官殿”，始建于唐代，是水东镇中保存的唯一一座千年古刹。历史上的宁东寺规模庞大，僧侣众多，曾是皖南最大的寺庙。如今寺庙坐北朝南，为三进的建筑院落，共有大雄宝殿、观音殿、地藏殿三座殿宇，都是歇山顶式的天井式建筑。每年的节日，寺庙香火旺盛，四周的信众都会来此敬香还愿。

宁东寺

十八踏：水东镇中一道极富特色的古迹，上面建有一座两层的古朴牌楼，下面有一口方形的古井。在青石垒成的进口下还有一个长 20 多米的水池，井水从古井中汲取汇入水池中。水池被石拱桥分为两部分，一侧供饮用，一侧供洗菜洗衣，十分巧妙。

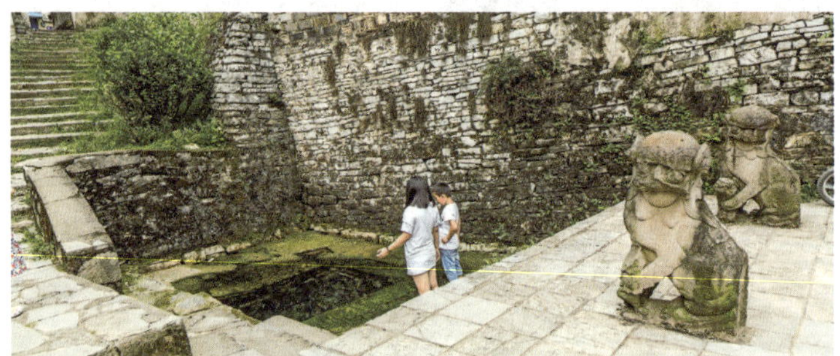
十八踏

圣母堂：水东的历史上有多位西方国家的传教士在此传教并兴建教堂，如今保存的圣母教堂就是古时候遗留下来的。教堂是哥特式的建筑风格，用砖木建造而成，是华东地区最大的两座古教堂之一，历经百年之后依然保存完好。每年的圣诞节，来自四面八方的信众都会来到此处。

碧山龙泉洞：位于镇东 4 千米处的碧山脚下，与广德的太极洞齐名。洞外山峦崎岖，林木葱翠，泉水叮咚，建有餐厅、茶庄、旅店等旅行设备，房廊弯曲，楼阁参差，掩映于茂林修竹之中；洞内规划宽敞，气焰澎湃，迂回幽静，怪石新奇，宛如龙宫，美不堪收。

小胡村花戏楼：位于安徽宣城水东古镇南部的东胜小湖村，是保管较为完整的徽式三层楼，透射出浓重的人文气味。

圣母堂

北京
Beijing
天津
Tianjin

之所以将北京和天津合并在一起，一是因为二者距离较近，二是因为北京和天津的古镇建筑风格、历史习俗、生活方式极其相似。北京、天津历史悠久、文化底蕴深厚，二者所拥有的古镇几乎都有着丰富多彩的文化。

在北方提起民居建筑，最著名的要数四合院了，这是我国传统民居建筑的瑰宝，有着 3000 多年的历史。四合院的典型特征是外观方正、中线对称，外部装饰质朴、内部点缀富丽，蕴藏着深厚的文化内涵，是中华文化的载体之一。在北京、天津的古镇中，四合院也是最为常见的民居建筑，成为古镇中最不可或缺的景观。此外，古镇中还有宗祠、庙宇、古桥、戏台等诸多建筑设施，共同构成北京、天津古镇的古朴和大气。

如今的北京、天津古镇在现代化大潮的冲击下，已经所存无几，那些曾经繁华了几百年的古村落逐渐淹没在高楼大厦、车水马龙之中。行走在仅存的古镇中，看着那斑驳的民居，不禁让人唏嘘。

古北口镇

长城关隘

古镇概述

地理位置

➔ 北京市密云区。

气候特点

➔ 温带大陆性气候，四季分明，适宜春秋季旅游。

开放时间

➔ 08：00—17：00

门票

➔ 古镇免费，镇内小景点单独收费。

交通

➔ 东直门枢纽站—古北口镇

980 路快车换乘密 25 路区间车，全程 70 站。

980 路快车（密云汽车站方向）：东直门枢纽站上车—密云新农村站下车，乘坐 19 站。

密 25 路区间（古北口二站方向）：密云新农村上车—古北口二站下车，乘坐 51 站。

绵延千里的长城上有着众多的关口，其中如山海关、雁门关、嘉峪关等都是闻名遐迩的雄关，而在北京至东北地区的咽喉要道上也伫立着一座关口——古北口。古北口雄关巍巍，关口下的古北口镇非常古朴。

古北口镇位于北京密云区东北，和著名的居庸关南北对峙。自明成祖朱棣迁都北京大修长城以后，古北口镇就成为首都北京两个重要的关口之一，有“地扼襟喉趋朔漠，天留锁钥枕雄关”之称。

古镇的来历和长城的建造有关，常年驻守在关隘的士兵、商客以及受伤的士兵在此定居，逐渐形成一个不大的镇子，延续至今。由于独特的地理位置和军事所需，古北口镇的建造经过了严密的规划。

左右有群山耸立，中有潮、汤两河蜿蜒而过，春季里古镇中碧波荡漾，好似江南水乡一般；夏季乘坐小船畅游，不仅可以纳凉，还可以赏景；秋季金黄的银杏叶和古朴的建筑交相辉映，是拍摄美景的好去处；冬季是欣赏雪景的一大去处，巍峨的长城在白雪的覆盖下尽显妖娆。

古镇周围山上的长城由三段组成，分别是卧虎山长城、蟠龙山长城和司马台长城。三段长城中除了蟠龙山长城没有重新修缮，另外两座长城都曾在毁坏之后重新修过。蟠龙山长城上有抗战纪念碑、将军楼和二十四眼楼等建筑，其中二十四眼楼是蟠龙山长城的精华所在。

古北口镇不仅有雄伟的长城、古朴的文物古迹，还有着秀美的自然风景。古老的村庄中自然少不了丰富多彩的民俗，其中最为庄重的要数皇会，之所以被称为“皇会”，是因为和乾隆皇帝有关。相传，乾隆曾登览长城，在古北口镇时看到当地正在举行花会，很是满意，就将其名称改为“隆福老会”，后来逐渐演变成皇会。

古北口镇河道

景点品鉴

➜ 杨令公庙： 原名为杨令公祠，坐落在山坡上，1992 年重建而成。祠堂坐北朝南，是土木结合的建筑，有前后两院，山门、角门、前殿、后殿、东西禅房呈中轴对称分布。山门在整个祠庙中最为讲究，高 5 米、宽 3 米的山门上有“杨氏全家做事忠实不二，专祠一座表扬英勇无双”的对联，上面还悬挂着“气壮山河”的横联，在正殿中有几处楹联和横匾。杨令公的塑像在前殿，高 2 米的塑像身披铠甲，手持长刀，威风凛凛。

➜ 肉丘坟： 因抗战时有 300 多位英雄在此牺牲，后来就成为著名的爱国教育基地，每年都会有很多人来此祭拜英灵。

➜ 司马台长城： 长城始建于明朝洪武初年，后来又经过戚继光和谭伦加固修缮，以奇、特、险著称于世。长城因鸳鸯湖被分成两段，东段有美人楼 16 座，西段有英雄骨灰楼 18 座，最高处是仙女楼。在司马台长城上有坡度为 85° 的天梯，长达 100 米，寻常人等看到这样陡峭的台阶不禁望梯兴叹。

司马台长城

特色美食

在哪吃

邻家客栈·沿河餐厅

人气排名第一的网红餐厅，环境很有特色的农家院，到了晚上灯光倒映在山脚水面，极为美观。红烧肉、香煎臭鳜鱼很受欢迎，人均消费 82 元左右。

电话：18600298787
营业时间：10：00—21：00
地址：古北水镇汤市街邻家客栈民宿 35 号院内

乌镇会精品酒店文昌阁中餐厅

环境是古色古香中带点现代的味道，既有老北京的风味又有现代化的便捷，可以一边就餐一边欣赏风景。菜品精致，人均消费 155 元左右。

电话：（010）81009999
营业时间：11：00—14：00　17：00—21：00
地址：古北水镇司水路乌镇会精品酒店内

爨底下村

京郊四合院

在北京的市郊有着一个默默无闻的古村落——川底下，实名爨底下。古村坐落在北京市门头沟区斋堂镇西，全村依山而建，从山脚蜿蜒上升，建筑高低错落，布局合理。村中的建筑大多是清朝后期所建，以南北为轴，呈东西对称之势，扇形分布。建筑风格自然是四合院的模式，但也有着水乡的温润婉转。

爨底下村可以说是民居建筑的典范，古村分为上下两层，层间由一道东西向的弧形大墙隔离，以道路为骨架，确定空间走向，错落有致，线条清晰。村上的街道、胡同历经风雨之后古朴沧桑，斑驳的青石砖质地坚硬，郁郁青色之中隐隐含着时光走过的痕迹。每当雨过天晴，阳光折射映出迷人而斑斓的色彩，加上小路两旁青的草、红的花，使整个村落看上去幽静雅致，别有

古镇概述

地理位置

➜北京市门头沟区斋堂镇。

气候特点

➜温带大陆性季风气候，夏季高温多雨，冬季寒冷干燥，春、秋季较短。适宜夏秋季旅游。

开放时间

➜07：00—18：30

门票

➜35 元。

交通

➜**金安桥西公交站—爨底下村**

M22 路换乘 M39 路，全程 50 站。

M22 路（斋堂公交场站方向）：金安桥西上车—斋堂公交场站下车，乘坐 49 站。

M39 路（黄安村方向）：斋堂公交场站上车—爨底下路口站下车，乘坐 1 站。

住宿

➜因为村中很多村民都利用自己的庭院开办了旅馆，所以住宿很方便，而且还可以在村民家中品味当地的美食。一般每晚的住宿费用在几十到上百元不等，价格可谈，要是吃饭点菜可以另算。

一番风情。

爨底下村的70多座四合院依山而建，随山势变化，高度集中，严谨和谐。这些房屋建筑随地势起伏，高低错落，展现出在狭小的空间下灵活巧妙的布局构造，虽然建筑小巧，充分利用空间却是非常雅致，而且巧妙的布局可以有良好的通风和充足的光照，还有良好的观景位置，十分适宜居住。这种变化有序的山地四合院，充满了自然的灵性。

爨楼是四合院中最引人注目的建筑之一，也是地位最高的院落。跨过形如如意门的高大门楼，沿着七级台阶而上就是正院，门楼上有着精细的雕刻，镌刻着寓意富贵生财的图案。整个院落规则整齐，门内的装饰考究，注重细节，有显示富庶、遮挡、辟邪作用的影壁上雕刻着精美的图案，寓意吉祥。影壁是门楼的对景，古代称“萧墙”，还可以挡住外面的视线，给院落以神秘之感。古村现存影壁有几十个，且无一雷同，装饰精美，令人赞叹。

爨底下的民居是独特的山地四合院，和北京的四合院有着异曲同工之妙，构成当地绚丽多彩的民俗文化。远离繁华都市的爨底下村赋予人们一个宁静的港湾，一个倾心畅谈的伙伴，一片遗世独立的天地。

景点品鉴

➜ **影壁：** 四合院厢房的南山墙建有影壁分为上有帽、中有心、下有座三部分。帽上雕有寿桃，万字锦，檐头瓦当或虎头，或福字，磨砖假椽头或圆或方，精雕梅花，以取万事美好之意。

➜ **民居：** 古村中的建筑以四合院为主，有近700间，有着很高的艺术价值和历史价值，被认为是“一颗中国古典建筑宝库中的明珠”。如今这些历经风雨的古老民居焕发出新的生机，成为游客争相欣赏的景观。

爨底下村民居

灵水村

举人村

古镇概述

地理位置

➜ 北京市门头沟区斋堂镇。

气候特点

➜ 温带大陆性气候，四季分明，适宜春秋季前往。

开放时间

➜ 全天开放。

门票

➜ 免费。

交通

➜ **金安桥西公交站—灵水村**

M22路（斋堂公交场站方向）：金安桥西站上车—军响站下车，乘坐44站。

灵水村是国家第二批“中国历史文化名村”，历史悠久、底蕴深厚，不仅有着众多的历史文物古迹，也有着秀美的自然风光，有“灵水八景”之称。

古村源自于汉代，成熟于辽金时期，村落的规模庞大，保存有大量明清时期的民居建筑，这些民居建筑多是三合院、四合院。此外，在古村中还有众多的庙宇遗址、文昌阁、魁星楼、五道庙等建筑，也反映着古村丰富的民俗活动。

关于古村名称的来历，据说是和古村的整体布局有关。古村坐落在西北高、东南低的地势中，呈长方形分布。在古村南部的山岭上俯瞰村落形似一只龟，灵龟头南尾北，古村中三条东西走向和南北走向的胡同构成了龟背上的纹路，大大小小的四合院是龟背上的纹块。古村中还有一个特点，就是拥有的古井数量之多非常罕见，有 72 眼水井，井中水源充沛，故而得名“灵水”。

灵水村崇文重教、推崇科举，历史上出现过众多进士、举人，其中，仅明清时期就有 20 多人，是远近闻名的“举人村”。仅在民国初年，小小的灵水村中就有 6 名燕京大学的毕业生，在当时可谓罕见。

行走在古村中，那历经千年的古树的青翠树叶在轻风中微微摇曳，悠久的历史仿佛连一片青瓦都在诉说着古老的故事。

2013 年知名节目《爸爸去哪儿》的第一站，就在灵水村中拍摄。

景点品鉴

➜ 柏抱桑榆：在南海火龙王庙内有两株有着千年树龄的古柏树，其中的一棵上长出一株榆树，分叉上又长出一棵桑树，形成了“柏抱桑”和“柏抱榆”的奇景，被认为是“灵水八景”之一。

➜ 举人宅院：一组群体建筑，是古时候举人的宅院，如刘懋恒、刘增广等故居。宅院多是三进或五进，内有门楼、照壁、大板门、过厅等，墙体厚实，屋顶为硬山式，内部雕饰繁复精美，图案很有讲究。整体的建筑风格具有“士大夫”的规整和严正，当然也少不了文人的风雅。

➜ 灵泉禅寺：古村中有文字记载最早的寺庙，也是北京地区最早的寺庙。古寺始建于汉代，历经千年，如今只保留着明代弘治年间修建的门楼。三重大殿的寺庙坐南朝北，巍巍的山门上雕饰有各种瑞兽，门额上有“灵泉禅寺”的石刻。

住宿

➜ 爸爸去哪农家院

地址：北京市斋常镇灵水村中街 121 号

电话：13716388115

标间：258 左右

民风民俗

➜ 秋粥节：每年的立秋，灵水村就会举办“秋粥节”，如今被称为“金榜节”。相传是为纪念清末的举人刘懋恒父子在荒年赈灾的义举，后来演变成备考的学子们为感悟中举之道，纷纷来品尝“举人粥”，就改名为“金榜节”。

➜ 九曲黄河灯：古村中的“九曲黄河灯”也是远近闻名的庆祝活动。每年古村中会举办一次转灯的活动，周围各村的村民都会来到灵水村观看转灯，场面非常热闹。

琉璃渠村

琉璃之乡

古镇概述

每当我们看到那些巍峨壮观的建筑屋顶上覆盖着色彩斑斓的琉璃时，都会惊叹这样形若宝石的饰物是怎样烧制而成的。而在我国的北方就有一座琉璃的生产地——琉璃渠村，它被誉为“中国皇家琉璃之乡”。

古村坐落在永定河边，紧靠着九龙山，历经辽金元明清五代，可谓是历史悠久。从元代开始这里就建造琉璃局，清朝乾隆时期，位于北京的琉璃厂也迁于此处，加上一条水渠流经古村，故而得名。如今古老的琉璃渠村仍保留着众多的文

地理位置

➔ 北京市门头沟区龙泉镇。

气候特点

➔ 温带大陆性季风气候，四季分明，适宜春秋季旅游。

开放时间

➔ 全天开放。

门票

➔ 免费。

交通

➔ **金安桥西公交站—琉璃渠村**

929路(木城涧)(木城涧方向)：金安桥西上车—琉璃渠站下车，乘坐12站。

九龙壁

物古迹，有北京唯一一座黄琉璃顶的清代过街天桥，此外还有龙王庙、古戏台、五道庙、老君堂山神庙等古建筑，这些古建筑多是明清时期建造，如今有的已经仅剩框架了。

琉璃渠村所生产的琉璃多是由明清时期的皇宫专用，北京宫殿上所用的琉璃几乎都是琉璃渠村所生产的。后来琉璃渠村生产的琉璃也用于建造人民大会堂、毛主席纪念堂等诸多重大建筑的屋顶。如今为了保证琉璃渠村琉璃生产的技术得以延续，当地还开办了教授琉璃生产技术的学校，这样不仅能够使这项历史悠久的技术得以传承，还能够为当地经济的发展做出贡献，可谓是一举两得。

景点品鉴

➔ **过街楼：** 又称“灯阁”“三官阁”，始建于清朝乾隆年间，后在光绪年间重修，楼阁由下部城台和上部殿堂组合而成，城台是砖石垒砌，有东额和西额，都由琉璃烧制。殿堂是硬山琉璃瓦顶建筑，屋檐下有两块琉璃匾额，分别为“三官阁”“文星高照”。整个建筑具有较高的历史、艺术和研究价值。

➔ **琉璃厂商宅院：** 一座清代的两进四合院，院落坐北朝南，硬山元宝式的屋顶，跨过大门，门楼上的砖雕图案非常精美。前院有耳房一间，两侧各有两间厢房。后院也是硬山元宝式的屋顶，有东西厢房各三间，三间的正房两侧有配房各两间，房屋上砖雕精美，有着古拙的韵味。

➔ **双家大院：** 一座建于清朝时期的三进院落，原是当地一位油商的宅院。院落临街，大门为拱形，宽阔的门洞可以行走车马，前后院落之间有厅门和过道相连。整个院落内砖雕非常细腻，窗棂上有精美的木雕，图案多花卉、瑞兽，有很多影视剧曾在此进行拍摄。

关帝庙

➔ **关帝庙：** 过街楼的对面，当地俗称“老爷庙”，庙宇建于明代，是一座完整的四合院。院落坐西朝东，硬山大脊屋顶，上有琉璃覆顶，殿内有三间，正殿前有垂带八级踏步，两侧各有耳房，两边的配殿是硬山元宝顶。关羽的坐像供奉在大殿内，琉璃须弥座造型精美，塑像尽显威武。

杨柳青镇
北国小江南

古镇概述

地理位置

➜ 天津市西青区。

气候特点

➜ 温带季风气候，四季分明，四季都适宜旅游。

开放时间

➜ 全天开放。

门票

➜ 免费，个别景点收取门票。

交通

➜ **天津站—杨柳青镇**

824 路（天安数码城公交站方向）：天津站公交站上车—中环学院站下车，乘坐 35 站。

杨柳青镇，一座有着质朴名字的古镇，一座集古老与年轻、传统与现代于一体的古镇，不仅积淀着古镇悠久的历史，也展示着深邃而悠远的古镇文化。

杨柳青镇的历史比较久远，有着深厚的文化底蕴，古镇真正兴起于明清时期，因为是京杭运河中漕运的重要枢纽而发展起来，逐渐成为北方重要的商贸交流地和各种文化的交融之地。繁华的杨柳青镇凭借运河的巨大优势成为有着“北国小江南”“沽上小扬州”美誉的古镇。

有着悠久历史的杨柳青镇至今保存着众多的文化遗址，其中就有明朝万历四年（公元 1576 年）所建的文昌阁，是国内保存最完好的明代楼阁式建筑之一。杨柳青镇不仅有着众多的文化遗迹，还有着丰富的民俗文化，其中最为著名的要数木版年画了。古镇的木版年画是我国的四大木版年画之首，它的创立和发展影响着我国近百种年画的风格和创作方式。此外，还有享誉京津的杨柳青镇风筝、剪纸等民间艺术。

如今，杨柳青镇通过大力挖掘历史文化，以民俗文化旅游节为载体，包括演出戏曲、民间音乐、鼓曲等几十种节目，展示着古镇悠久深厚的历史文化。

景点品鉴

➜ **安氏祠堂：**始建于 1720 年，距今已有 300 余年的历史。祠堂坐北朝南，是个两进的四合院，为清代的建筑风格，内部青石高台，磨砖对缝，较有规模。

➜ **普亮宝塔：**又称“公塔”，始建于清代嘉庆年间，是当地为纪念道士普亮而建造的。宝塔高 12.5 米，由基座、塔肚、塔身三部分组成，浑身青砖筑就。基座为八角形，塔肚为喇嘛塔形，七层的塔身顶部有圆形塔刹，塔身上有书“普亮宝塔”的石刻。每到初夏时节的早晨，红日初升，映照着宝塔，成为当地有名的“塔林旭日”，是“杨柳青十景”之一。

➜ **石家大院：**原是清末天津八大家石元士的宅院，始建于 1875 年，有“天津第一家”“华北第一宅”之称。大院规模宏大，连接着大门的甬道就长约 60 米，两侧有四合院的房间 12 座，整体形成了“院中有院，院中跨院，院中套院”的格局。整个宅院中无论是客厅、戏楼、花楼还是卧室，都是通体格局，建筑上的装饰工艺有着鲜明的清朝特色。如今的石家大院是杨柳青镇的博物馆，里面展示着数量众多的年画，都是名家的大作。

➜ **风情街：**街道位于古镇南部，光明路的西侧，东临文昌阁，西接有着“津西第一宅”的石家大院，是一组青砖灰瓦，磨砖对缝的仿清代商贸建筑群。街道上的建筑采用长街和葫芦罐式的建筑模式，在街道上还有仿古青石牌楼一座，堪称我国石牌坊之最。

河北

Hebei

地处华北平原的河北省，内拥京津，外环渤海，是我国重要的行政区域，是中华文明的发祥地之一。

河北省是元明清时期护卫京畿的要地，加上悠久的历史，形成了深厚的文化积淀，在区域内散布着大小不一的古城古镇，这些古老文化的载体因军事或佛教，抑或其他原因而产生。就地域分布而言，河北地区的古镇古村主要集中在燕山和太行山的山脉体系中，或许正是山脉的护佑才让这些古镇古村得以保存。

古村落中的民居建筑以四合院建筑为主，古朴典雅，建筑风格恢宏大气，这些错落有致的民居建筑不仅展示着北方民居的建筑特色，也反映着古人高超的建造技艺、科学的建筑理念。河北古村落的建筑受佛教文化影响比较深，很多村落里都建有寺庙。这些建造于不同时期的寺庙有着不同的建筑风格，成为古村落文化的重要组成部分。

正定
古建筑宝库

古镇概述

地理位置

➔ 河北省石家庄市正定县。

气候特点

➔ 温带大陆性季风气候，夏季高温，冬季温差很大，秋季是最适宜旅游的季节。

开放时间

➔ 各个景点开放时间不同。

门票

➔ 各个小景点收取门票不同。

交通

➔ 石家庄站—正定

148 路（正定客运枢纽方向）：火车站（东广场）公交站上车—江南新城站下车，乘坐 31 站。

正定，这个赫赫有名的北方著名古城位于河北石家庄，是石家庄的北大门，因重要的地理位置和雄浑壮观的城池，历史上与北京、保定并称“北方三雄镇”。它是国家历史文化名城，中国民间艺术之乡，也是三国名将赵子龙的故里。

正定历史悠久，至今已有2000多年的历史，作为北方重镇，名胜古迹众多，保留的有“三山不见，九桥不流，九楼四塔八大寺，二十四座金牌坊”之称。这些古迹有的从汉代就开始存在，一直延续至今，此外还有各个朝代的不同建筑，数量之多、历史之久、种类之繁被许多专家学者誉为“古建筑宝库”。

曾经有人说“一座正定城，半部佛教史”，这话一点也不夸张。著名学者余秋雨在游览完正定后，结合曾经的游历感叹道，“正定最大的亮点在于，它是中华文化最兴盛时期的佛教重镇，在这个地方曾经出现过最高的东方智慧”，“一部千年文明史、千年佛教史在正定大地上激荡”。

伫立在正定名传四方的“一寺四塔”，不仅是正定辉煌过去的证明，也是我国佛教兴盛时期的表征和文化融合的证据。一寺即隆兴寺，也叫大佛寺，是当地最著名的寺庙；四塔分别为天宁寺的凌霄塔、开元寺的须弥塔、临济寺的澄灵塔和广惠寺的华塔。正定的寺院布局可以说是千古奇观，是按照道教建筑的布局排列，很有特色，从中可以看出佛教与道教的融汇，这也使正定成为北方重要的佛教圣地。

景点品鉴

➜ 开元寺：原称净观寺，始建于东魏时期，距今已有1500多年，因在唐朝开元年间改名开元，一直延续至今。和其他的寺庙不同，开元寺的整体布局是非对称的，寺内的钟楼和寺塔相对而立，有别于以前的以寺塔为中心的格局，这也反映了我国寺院建筑逐渐从塔向钟楼的演进。如今须弥塔和钟楼是开元寺仅存的古建筑，其中须弥塔是正定四塔之一。须弥塔始建于唐朝初年，因与后来建造、名气更大的大雁塔形制相似而称为“雁塔”，俗称“砖塔”。塔平面呈正方形，高39.5米。从远处看，须弥塔孤零零地伫立在大地上，门楣上镌刻着“须弥峭立”四个大字，形象地写出了古塔在毁弃寺庙中的孤寂与落寞。

➜ 隆兴寺：正定最著名的寺庙，也称“大佛寺”，是目前国内历史较长、规模较大、保存较为完整的庞大寺庙建筑群，也是我国“十大名寺”之一。其建造格局整齐有致，布局合理，是研究目前国内现存宋代寺庙建筑的重要实例。隆兴寺规模宏大，内有天王殿、摩尼殿、大悲阁、御书楼等众多的建筑，建造精美，极富特色。在隆兴寺有“六最”是一定要看的，分别是：被梁思成先生誉为“世界古建孤例”的摩尼殿；被鲁迅先生誉为“东方美神”的五彩悬塑倒坐观音；目前我国保存最早最大的木制转轮藏；被誉为“隋碑第一”的龙藏寺碑；我国最高的铜铸千手千眼观音菩萨；设计精妙的千佛尊。

➜ 广惠寺：寺庙始建于唐德宗年间，清代以后寺院被毁，如今仅存华塔一座。古塔因内部装饰精美，周围雕刻众多，被称为“多宝塔”。塔身高约40.5米，共有四层，其中下面三层是八角形，第四层为圆形。在古塔周围，雕刻有数量众多的菩萨力士等佛像以及大象雄狮等佛教瑞兽。整个华塔建造精美，工艺精

隆兴寺摩尼殿

湛，是正定著名的文物古迹。

临济寺：原称“临济院”，始建于东魏时期，距今约1500年。在我国的佛教建筑中，正定临济寺有着重要的地位，不仅是我国佛教禅宗临济一派的发祥地，也是日本佛教临济宗的祖庭。在寺庙中，澄灵塔无疑是最出众的建筑，古塔始建于唐代，是临济宗创始人义玄禅师的舍利塔。澄灵塔高30多米，是一座八角九级密檐式塔，外形挺拔俊秀，被建筑学家梁思成赞为“清晰秀丽，塔中之上品”。2001年，澄灵塔被国家认为是国宝级文物建筑。

天宁寺：旧称“大藏院”，始建于唐代宗年间，距今已有1200多年。如今寺庙内的建筑早已坍塌，仅存的凌霄塔是正定四塔之一。凌霄塔俗称“木塔”，是木质结构的空心塔体，非常罕见，在国内仅此一例。木塔分为九层，每层八角，内部有阶梯延伸至塔顶。作为木质结构为主的塔身，为保证木塔的安全，就在第四层竖立了一根近20米的笔直木柱支撑塔顶，周围有8根木柱围绕加密固定。木塔历经1000多年的风霜依然威武壮观，可见古时高超的建造工艺。

广惠寺华塔

天宁寺凌霄塔

暖泉镇
古镇藏古堡

古镇概述

暖泉镇据说早在尧舜时期就已存在，到了战国时期，成为赵国和秦国相互争夺的要地，后来逐渐成为当地的交通枢纽和商贸交流中心。

暖泉镇的名称来历据当地的县志记载是源于古镇中的两处泉水。两处泉水在古村中东西两个龙口中流出，潺潺的溪水环绕着古镇，给古朴的小镇带来清丽的秀色。逢源池水是其中比较有名气的泉水，在池水的南部有凉亭书院，因有一座凉亭而得名。清澈的池水绕古亭而过，一口外形八角的石砌八角井静立在古亭前，这就是当地有名的景色——“水过凉亭八角井”。古镇中的生活和这两条泉水息息相关，居民用溪水灌溉田园、洗衣、嬉戏，

地理位置

→ 河北省张家口市蔚县。

气候特点

→ 温带大陆性季风气候，四季分明，最适宜秋季旅游。

开放时间

→ 全天开放。

门票

→ 西古堡 120 元。

交通

→ 张家口站—暖泉古镇

从张家口站到暖泉古镇距离比较远，游客到达张家口站后，可先选择乘坐客车，再打车去目的地。也可以直接从张家口站打车去目的地。

成为古镇中不可或缺的景观。

暖泉镇的西古堡无疑是蔚县现存古堡中最为有名的一个，有“河北民俗文化第一村”的美誉。西古堡闻名遐迩，俗称“寨堡”，是河北省典型的古堡。古堡建造于明朝嘉靖年间，后来规模不断扩大，如今因汇集“古民宅、古寺院、古城堡、古戏楼”四大文化奇观于一体，成为当地众多古堡中保存最为完好、形式最为独特的一个。

西古堡整体外形呈长方形，南北长约 330 米，东西宽 260 米，四周有堡墙环绕，高近 10 米、宽近 4 米的堡墙由黄土夯筑，浑厚坚固。城堡上有南北两座城门，相互对称，沿着城门进入古堡内的街道都是用青石铺就，上面有两道清晰的车辙印记，可见历史的久远。在古堡内有寺庙、殿堂、民居各种建筑 70 多座，其中南瓮城中的古戏楼是古堡众多建筑中独一无二的建筑奇观。戏楼宽 13 米，深 8.5 米，两侧各有耳房，独特的设计形式新颖巧妙。

暖泉镇不仅有着规模宏大的建筑，也有着丰富多彩的民间艺术，其中的剪纸很有特色。当地的剪纸和我们平常所见的大不相同，平常所说的剪纸是用剪刀，而在当地是用不同型号的刻刀在纸上刻画形成精美的图案。

如今，凭借着优美的自然环境、古朴的建筑和深厚的历史底蕴，暖泉镇成为众多影视剧的拍摄基地，吸引了众多的游人。

河北

住宿

→ **名都宾馆**

地址：暖泉古镇室外树花广场北 20 米

电话：13722315088

标间：268 元左右

→ **德佳晓院客栈**

地址：暖泉古镇商业街

电话：（0313）5680188

标间：138 元左右

现存的古城墙

景点品鉴

→ **地藏寺：** 俗称“阎王殿”，是一座上下两层的天井式建筑，第一层内建有 12 个全砖镟窑洞，洞内是按照传说中十八层地狱的样式建造。第二层上建有地藏殿、鬼王殿、观音殿、钟鼓楼等建筑，各个建筑构造精巧，上面的雕刻工艺精湛，各种塑像生动形象。

→ **九天阁：** 暖泉镇最高的建筑之一，位于古堡的最北端，阁楼高 16.5 米，站在阁楼上能够俯瞰整个古堡，是古堡内最有名的建筑。

→ **九连环院：** 古镇中较有名气的民居，九座院落形成连环套院，整个村落有 5 座九连环院，规模宏大。九座院落中有三座是主院，院院相通、屋屋相连，散落有碾房院、长工院、车马院等配套院落。

民风民俗

→ **打树花：** 有 500 多年历史的非物质文化遗产“打树花”，是一种古老的技艺。将熔化的铁水快速泼洒至墙上，瞬间溅出壮丽的火花，比烟花还要绚烂耀眼，因如同枝繁叶茂的树冠，所以称之为树花，表达了人们欢度佳节的心情以及对美好生活的向往。

特色美食

在哪吃

暖泉小吃广场

位于西古保的暖泉小吃广场，集合了许多不同的美食，店铺、小吃摊位均有，在这里可以吃到分量十足的主食（如面条、馄饨、粽子等），也可以吃到各种美味的小吃，价格公道。

电话：13831389433
营业时间：10：00—21：00
地址：张家口市蔚县逢源街中小堡村 3 号

鸡鸣驿
古驿站

古镇概述

地理位置
➜ 河北省张家口市怀来县。

气候特点
➜ 温带大陆性季风气候，四季分明，最适宜秋季旅游。

开放时间
➜ 08：00—17：00

门票
➜ 40 元。

交通
➜ 张家口站—鸡鸣驿
从张家口站乘坐火车到达下花园北站，再换乘公交即可。

住宿
➜ 可以在古城农家家中借宿，价格可谈，一般 20 元左右。

餐饮
➜ 有专门的农家提供农家饭，可向村民打听。

鸡鸣驿是怀来县较有名气的古村，原是古代的驿站，后来逐渐发展成为村落。驿站始建于元代，因为地处鸡鸣山下而得名鸡鸣驿。鸡鸣驿的来历据说和成吉思汗有关，相传成吉思汗在西征时，为了快速传达军情，就在鸡鸣驿设立驿站。到了明代永乐年间，为了更好地完善军情的传达，鸡鸣驿得到扩建，如今的鸡鸣驿已经是全国范围内规模最大、保存最为完好、功能最为齐全的古代驿站。

鸡鸣驿古城始建于明代成化年间，隆庆四年成为砖修的城墙，古城墙周长约 1891.8 米，高 11 米，上窄下宽，四周有角楼，东西两侧有城门，是马道的出入口。鸡鸣驿古城的整体布局按照“三横两纵”南北纵向的布局，略呈长方形，共有 22000 多平方米。如今古城的整体保存较为完好，城门外的卫城已成为遗迹，只留下木架的城门。

古城内古建筑众多，砾石铺就的道路是古城的主干道，建筑中民居和寺庙最多，其中寺庙有 8 座，永宁寺是鸡鸣驿最早的建筑，距今已有 800 多年。在古村落中，还保留着清末慈禧太后逃难时躲避的古建筑遗址。5 条纵横交错的道路将古城分割成三区九块十二片，中心区域是驿署区，其他的建筑散布在各处。

近些年来，由于鸡鸣驿保存较为完好的古村风貌，因此受到影视剧工作者的青睐，许多影视剧都在此拍摄，这样也扩大了鸡鸣驿的声誉，对当地的发展有着推动作用。

雄伟的城墙

景点品鉴

➜ 贺家大院： 因清末慈禧太后逃难时居住过而出名，如今在宅院的山墙上还有着楷书“鸿禧接福”的砖刻。宅院原是五进的连环大院，在200多年的历史风雨中如今变成了相互独立的单独院子，成为鸡鸣驿村中不可或缺的景致之一。

➜ 泰山庙： 始建于清顺治八年，距今有300多年，是当地有名的祈子庙宇。每年的农历四月十三至十八，庙中都会举办盛大的庙会，场面非常热闹。泰山庙的壁画也是到鸡鸣山必看的景观，壁画精美生动，上面的文字内容也堪称绝品。

泰山庙内精美的壁画和雕像

广府镇 太极拳之乡

古镇概述

地理位置

➔河北省邯郸市永年区。

气候特点

➔温带大陆性季风气候，春季多风、夏季炎热多雨、秋季凉爽、冬季寒冷干燥，因此适宜在秋季前往旅游。

开放时间

➔08：00—17：00

门票

➔60 元。

交通

➔邯郸站—广府镇

29 路（联邦农产品批发市场方向）：火车站上车—广清苑小区站下车，乘坐 50 站。

地处邯郸市永年区的广府镇原称城关镇或永年城，有着 2600 多年的历史，是我国著名的杨氏太极拳、武氏太极拳的发源地，是我国历史文化名镇，5A 级景区。

据史书记载，广府镇原是春秋时期曲梁国的国都，到了汉代改为广平、广年。隋朝末年，当时的农民起义领袖窦建德在此建立大夏国，修建了城池。后成为具有一定规模的古城。进入元朝以后，广府镇的规模进一步扩大，明朝嘉靖时期，当地的知府发动群众耗时 13 年将古城的城墙由土墙修筑成高 12 米、宽 8 米的砖墙，防护更加稳固。

古镇内各种文物古迹众多，街道纵横交错，四大街、八小街和七十二拐弯构成了古镇整体的布局。古镇保存较为完好的建筑遗存有清晖书院、毛遂墓、武氏故居、状元楼、太和堂等。

在古镇外还有面积广大的洼淀，是华北地区除白洋淀、衡水湖之外的第三大洼淀。丰富的水源让这里形成景色秀美的南国水乡风貌，有着“北国小江南”的美誉。

广府镇是杨式太极拳、武式太极拳的发祥地，在太极拳领域有着举足轻重的地位，如今这里还保存着两位创始人的故居，古镇也被认为是“中国太极拳之乡”。

广府镇景色

景点品鉴

弘济桥：赵州桥的姊妹桥，与赵州桥同属于单孔敞肩石拱桥，有着相同的结构形制，在我国现存的古代石拱桥中占据第二位。古桥始建于宋元时期，在嘉靖时期重修，相比起赵州桥，弘济桥稍微小一点，全桥长 48.9 米，由 18 道单券组成，大券跨度为 31.88 米，两端的小券跨径，一为 3.5 米，另一为 1.9 米，高约 4 米。在古桥的两边各有 18 根方形的望柱，上面雕刻有各种动物图案，清晰生动，工艺精湛，有很高的艺术价值。

清晖书院：修建于明朝万历年间，是明清时期当地的府学，著名的历史人物郑板桥、翁同龢等都曾在此讲学。历史上，书院曾是当地的“平干八景”之一，建筑面积广阔，内有莲花池和古建筑群，有香远堂、荷花馆、治经楼、春秋阁等建筑。

文庙大殿：始建于明朝初年，1982 年发生火灾，现存为遗址。古时候的大殿为进深三间、面阔七间的大殿，通高有 17 米，琉璃瓦覆盖屋面，殿前的月台是由青石砖铺就，整体规模恢宏大气。古时候的文庙大殿是河北省内保存下来体量规格最高的文庙建筑，如今也是省级重点文物保护单位。

毛遂墓：“毛遂自荐”中毛遂的墓冢，古时候因墓冢高大被认为是“平干八景”之一，被称为“毛遂高峰”。

弘济桥

河北

冉庄
地道战原型地

古镇概述

地理位置

河北省保定市清苑区。

气候特点

温带大陆性季风气候，四季分明，夏秋季是到冉庄游玩的最佳时节。

开放时间

地道战纪念馆 09：00—16：30（逢周一闭馆）。

门票

免费。

交通

保定站—冉庄镇

可从保定站打车至冉庄镇，全程约 30 千米，大约需要 70 元。

很多人都看过著名的抗战电影《地道战》，抗战军民们凭借神奇的地道将侵略者打得晕头转向，而这些场面的发生地就在河北省冉庄。这里还保留着 20 世纪三四十年代古村落的样貌，很多抗战的军事设施得以保存，其中就包括著名的地道。

冉庄地处冀北平原上，古村落有着明显北方传统村落的建造形式，因为饱受日军的侵略，当地的村民凭借智慧修建了纵横交错的地道。凭借地道，冉庄无论是在抗战时期还是在解放战争时期，都发挥着重要的作用，在当地流传着“宁绕黑风口，不从冉庄走”的话语，可见冉庄村民的积极抗争精神。

由于地道战功绩卓著，冉庄曾荣获“抗日模范村”的光荣称号。凭借这些宝贵的战争遗迹，冉庄成为爱国教育基地，是当地重要的旅游景点。

景点品鉴

地道战纪念馆

《地道战》影片中著名的古槐树和钟楼

➜冉庄地道战纪念馆：占地 960 平方米的纪念馆建成于 1959 年，是专为纪念冉庄地道战而建，展厅展示着地道遗址，作战的工具以及地上、地下设施等，有各种珍贵的文物 431 件，同时还借助现代的灯光、音频等工具展现了当时冉庄军民凭借地道作战的场景，看着生动的场景，听着隆隆的炮火声，仿佛回到当时战火连天的年代。

➜地道战遗址：由于日军在华北实施“三光政策”，当地的村民被逼无奈之下开展了地道战斗争，将战争从地面转移到地下，凭借纵横交错的地道，军民们在保存自己的前提下取得了重大的战绩，这种地道战无疑是人们智慧的创举。

冉庄村中的古槐树和钟楼是地道战遗址的标志，也是《地道战》中见到的场景。冉庄的地道以村中的十字街为中心分为东西南北四条主要的干道，有支线 24 条，其中南北 13 条，东西 11 条，全长约 16 千米，连接着四周的其他村庄，构成了村村连通的地下通道网络，形成了严密进攻和防御完美结合的军事网。

地道能发挥巨大的作用，出入口是其中最为关键的部分，冉庄的地道出入口设计得非常巧妙，不仅考虑到隐蔽性，还具有实用性。这些地道口有的是牲口槽，有的是内墙的墙根，有的是井口，五花八门，极具创造性。地道的火力也是其发挥作用的重要部分，因此在地道建造过程中，军事工事采用三通、三交叉和五防，三通就是高房、地道和堡垒相互连通；三交叉是明枪眼与暗枪眼交叉、高房火力与地平堡火力交叉、墙壁火力与地堡火力交叉；五防即防破坏、防封锁、防水灌、防毒气、防火烧，凭借如此严密的作战体系，冉庄地道在抗日战争和解放战争时期发挥着重要的作用，成了冀中地道战的一面旗帜。

天长镇
燕晋通衢

古镇概述

天长镇位于河北和山西的交界处，因其独特的地理位置和便利的交通条件而享有“燕晋通衢”的美誉。古镇起源于汉代，唐代和后晋时期都曾设立机构管辖，到了宋代开始成为当地的县治之所。

凭借便利的交通，古时候的天长镇南北商贾云集，各种物资在此中流转，成为当地的商贸之地。有着千年历史的天长镇，加上该地商贸繁盛，富商云集，兴建了大量的建筑，如今保留下来的古建筑成为古镇中珍贵的文物古迹。古镇民居建筑多种多样，以四合院居多，都是青砖灰瓦的构造。古镇崎岖的街道由砖石铺就，蜿蜒至古镇的各处，两侧的民居建筑历经风霜，显得古拙质朴。

古镇中的古迹众多，包括地上，地下的。其中的河东井陉古瓷窑遗址是国家级文物保护单位，省级的有 7 处，市级的有 3 处，如此之多的文物古迹在河北的古镇中可谓罕见。

历史悠久的天长镇孕育出丰富多彩的民间文化，有晋剧、竹马、拉花、社火、腰鼓、高跷、龙灯、狮子舞等，其中庄旺拉花还是世界非物质文化遗产，这些各式各样的民间艺术不仅展示着古镇深厚的文化内涵，也展示着古镇居民的智慧和勤劳。

地理位置

➜ 河北省石家庄市井陉县。

气候特点

➜ 温带大陆性季风气候，气候较为干燥，秋季最适宜旅游。

开放时间

➜ 全天开放。

门票

➜ 免费。

交通

➜ 石家庄北站—天长

从石家庄北站乘坐火车到达井陉站，再从井陉站乘坐公交至目的地。

景点品鉴

➜ **皆山书院：**书院建于清朝乾隆年间，是由当地的知县扩建而成，因地处群山之中，名称取意于四顾环山之意。书院是一座三进的院落建筑，有房屋 30 多间，建造考究，有灵巧之意。历史上书院人才辈出，是当地第二大教育基地。

➜ **县衙：**古镇中明清时期的县衙，是当地规模最大的古建筑群，由衙门、仪门、大堂、二堂和内宅呈中轴构成，两侧的厢房对称。衙门口是拱形的石洞，一块精美的照壁遮挡着大门，走进衙门就是仪门，是一座单层的歇山顶式的阁楼建筑。衙门的大堂面阔五间，是重檐山式的建筑，也是古代县官进行审判的地方；内宅是县官及其家人休息的地方。

➜ **井陉古瓷窑遗址：**是一座内涵丰富的大型古窑遗址，从隋朝一直延续至清朝。井陉窑的瓷器以白瓷为主，其产品远销国外。

➜ **孔庙：**位于古镇县衙的西侧，是古代重要的教育场所。孔庙的建筑随地形逐渐升高，从棂星门开始，之后的状元桥、圣殿、宗圣祠在中轴线上步步升高，这样独特的布局也寓意着“步步高升”的美好期望。

英谈村
江北第一古寨

古镇概述

在河北的平原上出现由石头构成的村落，这已经算是少有，而由红色的石头建造而成的古老村寨更是罕见。英谈村就是一座由红色石头建造而成的村落，因地处群山之中，从远处看俨然一座深藏在山谷中的古堡。

英谈村被誉为“江北第一古寨”，至今已有 600 多年的历史，因地理位置极为重要，自古就是兵家必争之地。关于古寨的来历，在当地流传着两种说法，都和唐末起义军领袖黄巢有关。一种说法是黄

河北

巢带领军队占据此地后，召集将领商讨下一步的进军计划，因此被称为英雄的会议，故得名“英谈”。另一种是黄巢的军队驻扎于此，形成规模较大的营盘，后来逐渐将“营盘”称为英谈。不管哪一种说法，都可见英谈村的出现和战争有关，也因此古寨由石头建造，形似古堡。

民居是英谈村最为精华的部分，如今在古村中保存着 60 多座宅院，是英谈古村落的主体建筑群，建筑风格独特，依山而建，错落有致。这些民居建筑多是采用红石材建造而成，也有少量的青石建筑。民居以二三层建筑为主，依据山势层层叠叠，参差错落，别具一格，自成特色。在村中有寨墙护卫，寨墙宽 3 米，高低随山势不等，最高有 6 米多。墙随地形而建，并不是完全的墙体，有的还借用民居的外墙。在寨墙上开置有 4 座寨门，其中东门上建有阁楼，阁楼雕刻着各种花纹的图案，虽然装饰较为简单，但也显示寨墙的朴实大方。

英谈村有“一姓三支四堂”之说，“一姓”即全村中绝大多数是路姓；“三支”是路姓有三个分支；“四堂”是指在古村中三个分支建有四座祠堂，即为德和堂、中和堂、汝霖堂和贵和堂。古老的英谈村在近代历史上也大放光彩，抗日战争时，百户人家的英谈村参军村民竟达三四十人之多，其中有六人在战场上光荣牺牲。

地理位置

➔ 河北省邢台市邢台县。

气候特点

➔ 温带大陆性季风气候，四季分明，降水集中，一年四季都适宜旅游。

开放时间

➔ 全天开放。

门票

➔ 免费。

交通

➔ 邢台站—英谈村

从邢台站到英谈村距离较远，可选择打车，也可选择换乘多次公交。

景点品鉴

➔ **德和堂：**英谈村中四座祠堂之一，始建于清朝乾隆年间，祠堂有 33 间房间，规模在古村的建筑中算是不小的。每年的重要节日里，英谈村的路氏族人都会在祠堂内祭拜祖先。在祠堂内还有一处很神奇的地方，当地人称之为“滴水神泉”，泉水一年四季不间断，让人惊讶。

➔ **小石楼：**古村中最古老的建筑，是古村中的祖居，有着 600 多年的历史，因全部用石头建成，故而得名小石楼。在石楼的一侧有汝霖堂，是建于清朝乾隆年间的四合院式建筑。解放战争时期，刘伯承元帅还曾在此堂中居住过。

民风民俗

➔ **刺绣：**英谈村女子擅于刺绣，针法有“齐针”“套针”“扎针”“长短针”“打子针”“平金”等几十种，飞针走线，精美图案就在布面上展现，现已纳入非物质文化遗产。

于家村

石头村

古镇概述

地理位置

➔ 河北省石家庄市井陉县。

气候特点

➔ 温带大陆性季风气候，气候温和，适宜夏秋季节旅游。

开放时间

➔ 全天开放。

门票

➔ 20 元。

交通

➔ 石家庄北站—于家村

从石家庄北站乘坐火车到达井陉站，再从井陉站换乘公交至目的地。

于家村是河北地区唯一一处省级的村落类型的重点文物保护单位，也是当地一处重要的旅游古村落。

于家村的来源和明朝著名的政治家、民族英雄于谦有着紧密的联系，古村是于谦之孙于之道率领全族迁居于此而形成的，距今已经有500多年的历史。迁居于此的于氏子孙在一片荒凉之中“与木石居，与鹿豕游”，通过开凿山石，凭借愚公般的毅力建造了以石头为建筑材料的石屋民居，一代代地不断建造，筑就了于家村规模宏大的石屋民居建筑群。

艰苦的自然环境和长期的磨炼造就了当地建造者高超的建造工艺，通过灵巧的双手将坚硬的石头变成各种形状，建造成房屋，成就村落。如今这些规划整齐、建造工艺奇特、带有豪放气息的石屋、石街、石井、石梯田成为当地著名的景致。

历经沧桑的于家村仍然保存着六街七巷十八胡同的古村格局，由石头铺成的街道纵横交错，将古村分成大小不一的块状。如今古村中还有4000多间房屋分布在或直或曲的街道两旁，这些街道总长近4000米，1000多口石井点缀在古村的各处，此外还有面积广大的石梯田分布在古村的周围，那些精心打磨的石头农具古拙质朴，是于家村村民手中最重要的工具之一。

行走在古村中，看着这些石街石道、石楼石阁、石房石墙、石桌石凳、石碾石磨……满眼的奇石怪石、景石雅石，不仅感叹于氏后人坚韧不拔的毅力，也赞叹他们高超的石匠工艺。这样富有特色的古村俨然就是一座聚集各种石头工艺品的展览馆。

景点品鉴

➜ 石头四合院： 于家村中最为壮观的民居建筑，是一座砖石混合构造的建筑，修建于明朝末年，规模宏大，有着古朴典雅的建筑风格。在四合院正房中有巨大木柱顶梁，窗前弯曲的回廊曲径通幽，站在屋内可以远眺村外的南山，可见房屋的宽阔高大。

石头四合院

清凉阁

➜ 于氏宗祠： 古村中保存完好的石头四合院，祠堂位于宗祠院落的正北面，大门上悬挂有“僾见忾闻”金字匾额，两边还有木质的楹联，在祠堂的正中供奉有神龛，内有村落始祖于之道的牌位。每年春节，古村中的于氏族人都会来到祠堂祭拜祖先，仪式隆重。

➜ 石头古街： 古村中的街道多用石头铺就而成，东西为街、南北为巷，全长3700多米，宽3—4米，弯弯曲曲、宽窄相间。这些有几百年历史的石头街历经打磨，逐渐变得光滑，经过雨水的冲刷之后，有清新明丽之感，是古村一道优美的风景。

➜ 清凉阁： 又称“神仙阁”，于家村的标志性建筑，兴建于明朝万历年间，是三层的砖石木混合结构的建筑，其中下两层是全石建造，三层是砖木结构，建筑的外形与北京的前门箭楼相似。清凉阁的建造中有一奇特之处就是不打地基，整个建筑都是用不经打磨的巨石一块块垒砌而成，如此高大的建筑在没有地基的情况下历经几百年风雨侵袭而不倒，可谓是奇迹，此外在没有机械设备的条件下，将巨石一块块地垒砌也是花费巨大。

保定
京畿重地

古镇概述

地理位置

→ 河北省保定市。

气候特点

→ 温带大陆性季风气候，四季分明，来此旅游一般以夏、秋季为宜。

开放时间

→ 各景点开放时间不同。

门票

→ 各个景点门票价格不同。

交通

→ 石家庄站—保定

可从石家庄站乘坐火车到达保定。（保定各景点所在区域不同，根据实际情况按导航行驶）

在河北省的中部，屹立着一座集自然风光和历史人文于一体的小城——保定。因其位于北京、天津、石家庄之间的三角地带，且东临白洋淀，西傍太行山，地理位置优越，自古以来就是“北控三关，南达九省，地连四部，雄冠九州”的“通衢之地”，更是历代帝王霸主的必争之地。春秋战国时期的燕、中山和西晋末年的后燕，都曾在此建都，到了元、明、清，保定更是守护京畿重地的大门。

在悠久的历史中，凭借独特而优越的地理位置，保定成为一座内敛深厚又悠久璀璨的古城。在这里建造过数不尽的古建筑，巍峨的城墙、耸立的楼阁、繁华的亭台、方正的四合院、淡雅的园林……也孕育着丰富多彩的民俗文化，保定老调、涿州皮影、高洛古乐、曲阳石雕……这些形式独特的文化不仅娱乐着人们的文化生活，展示着历史上古城中的生活状态，也在一定程度上说明当地文化积淀的深厚。

走进保定，看着那巍巍的城墙、耸立天际的大慈阁、承载近代灾难史的直隶总督署，还有那埋葬着清朝历代帝王的清西陵，不得不让人感叹这座古城的厚重。

景点品鉴

→ **大慈阁**：保定最具代表性的建筑，素有“不到大慈阁，何曾到保定”的说法。大慈阁始建于南宋时期，至今已有近 800 年的历史。实际上大慈阁是一组寺庙建筑群体，因其主体建筑——大慈阁而得名。主体建筑坐北朝南，高 31 米，有三层，是市内最高的古建筑，风格古朴大气、庄严肃穆，在阁内供奉着释迦牟尼佛和观音菩萨。观音菩萨是木质材料雕刻而成，高 5.5 米，有 42 只手臂，每只手都拿有法器。另外，殿内还有精美的笔画，是阁内艺术

大慈阁

清西陵

珍品。登上主阁的第三层，凭窗远眺，可将周围的景色尽收眼底。

➜ **保定古城墙：** 古城墙始建于元朝，在明代将土墙改造成砖墙，建造时城墙长 12000 米、高 11 米多，呈梯形，上宽 5 米、下宽 11.7 米，城门 4 座。如今这座规模宏大的古城墙仅 500 多米得以保存，这样巍峨的古城墙不仅体现着古城历史的厚重，也展示着建造技艺的精湛。

➜ **清西陵：** 雍正的泰陵、嘉庆的昌陵、道光的慕陵和光绪的崇陵的统称，共有 14 座陵墓，始建于公元 1730 年，规模宏大。清西陵背靠永宁山，毗邻易水河，群山环绕，古木参天，郁郁葱葱，富有浓郁的江南园林特色。在陵区内有着 1000 多间宫殿建筑和 100 多座古建筑、古雕刻，技艺精湛，严格遵循清代皇帝陵寝制度。每座陵寝又各具特色，展现出不同的景观和风格。

➜ **直隶总督署：** 一座保存完整的清代省级衙署，有着“一座总督衙署，半部清史写照”的说法。它始建于元朝，明初作为保定府衙而存在，到了清朝成为直隶总督办公之处，也是清代直隶省的最高军政机关。直隶总督署历经了自雍正到宣统八位皇帝，是清朝历史的缩影，和近代很多重大事件有关。该建筑坐北朝南，分东、中、西三路，其中的中路保存得较为完好，呈中轴对称分布。

住宿

➜ **汉庭酒店**

地址：保定市东风西路 793 号

电话：（0312）6772222

标间：180 元左右

➜ **如家快捷酒店**

地址：保定市东风中路 340 号

电话：（0312）8910088

标间：160 元左右

直隶总督署

特色美食

吃什么

➔ **卤煮鸡**：当地最为有名的美味，味道香浓，肉质极佳，到保定一定要品尝。当地制作卤煮鸡最好的有“五德斋”和“刘氏三兄弟”，最好是选择这两家的。

➔ **驴肉火烧**：当地的特色美味，是主要的早餐之一。驴肉鲜美，火烧硬度不同口感也不同，当地制作驴肉火烧出名的店主要有永茂驴肉和老驴头。

在哪吃

刘氏三兄弟卤煮鸡	永茂驴肉	北斗星
清真的卤煮鸡是拿手招牌，还获得过国家级大奖，味道极好。 电话：13032088763 营业时间：09：00—13：00 16：00—18：30 地址：唐家胡同 101 号	制作驴肉火烧最好的店，想吃驴肉火烧一定要选择这家，尽量在上午去，因为下午很可能就售完了。 电话：15303128739 营业时间：06：00—21：00 地址：莲池南大街 553 号	一家连锁店，菜肴品种很多，尤以鱼类最好，味道很好，价格也不高，人均消费 50 元左右。 电话：（0312）3280958 营业时间：6：00—14：00； 17：30—21：00 地址：阳光南大街与百花东路交叉口西北角

内蒙古
Neimenggu
吉林
Jilin
辽宁
Liaoning

内蒙古与地处东北的吉林、辽宁都位于我国的边疆地带，原是少数民族居住区，开发较晚，明清以后才真正发展起来。由于缺乏深厚的历史底蕴，因此和中原以及江南地区相比，该地区古镇古村的数量、规模以及各种建筑样式都不及上述地区丰富。

但是作为很多少数民族的聚居地，内蒙古和吉林所保留的古镇古村都有鲜明的特点。其中内蒙古地区的古镇多和佛教有密切的联系，很多都是因寺而成镇、成村的，如五当召村、美岱召村，古村中的寺庙是主体建筑，规模宏大。而在东北地区，尤其是吉林省，古镇古村的来历和清朝的统治者密切相关，很多都因是某位大人物的出生地、故居或陵寝而得来，如永陵镇、叶赫镇等。很多建筑都是清朝建立后建造的，有着皇家的风范。

五当召村

因寺成名

古镇概述

地理位置

➜ 内蒙古自治区包头市石拐区。

气候特点

➜ 春季多风沙，深秋与冬季比较寒冷，因此6—9月旅游最佳。

开放时间

➜ 08：00—18：00

门票

➜ 60元

交通

➜ 呼和浩特东站—五当召

先从呼和浩特东站乘坐火车到包头东，再从包头东打车到目的地即可。

五当召村因寺而成村，这里有内蒙古地区现存规模最大、最完整的纯藏传佛教寺庙——五当召，也是我国三大藏传佛教寺庙之一。位于包头东北部五当沟中的五当召村，其来历和五当召的建造有关。

清朝康熙年间，五当召建造时受西藏扎什伦布寺影响，历经乾隆、嘉庆几十年的不断扩建和重修，规模逐渐壮大，大量的建造者和附近的牧民开始在寺庙的周围定居，逐渐演变成一座有着一定规模的古村，这也为寺庙的生活提供了便利。

五当召是古村中的主体建筑，占地面积有20多万平方米，拥有殿宇和仓房2500多间，各建筑按照不同的功能被分布在不同的区域。五当召多采用藏式的建造结构，房屋有挺拔的直墙，白色的墙体，墙面上有小巧的窗户，屋顶是平顶，整个建筑在周围青山的掩映下显得古朴自然。

关于古村的名字，五当召在不同的语言中有不同的含义，在蒙语中意为“柳村”，因古村前峡谷中每到春季柳树繁茂而得名；在藏语中是“巴达格尔”，有着“白莲花”的含义；汉名为“广觉寺”，是由清朝乾隆皇帝亲赐，不过人们经常称之为五当召。

历史上的五当召因其特殊的建造原因，包含着当时社会政治、经济、文化和习俗等诸多方面的信息，因此为保护这些古老且独特的文化，当地对村落进行了修缮和管理。在成为“中国历史文化名村”之后，古村的保护得到进一步加强，成为内蒙古地区有名的古村。

五当召村全景

景点品鉴

➜ 五当召：我国藏传佛教四大名寺之一，始建于清朝康熙年间，建筑群坐落在山谷中一块凸起的山坡上，由八大经堂、三座活佛邸和一幢活佛舍利塔的灵堂组成，规模极为宏大。八大经堂中如今存有六座，分别是苏古沁殿、洞阔尔殿、却伊日殿、当圪希德殿、阿会殿和日本伦殿，这些建造精美、功能不同的殿堂都是藏式建筑，外墙为白色，上面建有柱廊和窗洞，屋顶为平板式的四方形，殿内有壁画、唐卡、佛像等藏传佛教中的特色饰物。苏古沁殿坐落在全庙的最前部，是举行全体集会诵经的场所，也是寺庙中最大的建筑。

洞阔尔殿是讲授天文、地理的场所，在其门楣上悬挂着一块用汉、满、蒙、藏四种文字书写的匾额，“广觉寺”的名称就来源于此。古时候的五当召是西北地区弘扬佛法、学习藏传佛教经典的学问寺，内部设立四个学塾，有时轮学部、显教学部、密宗学部和菩提道学部，这些学部培养出众多的藏传佛教僧人，寺内鼎盛时期有喇嘛上千人。

作为一座政教合一寺院，五当召不仅在促进民族交融上发挥着重要的作用，而且寺内的建筑、壁画、塑像等都有很高的艺术价值。

五当召建筑

五当召唐卡

民风民俗

➜ **庙会：** 当地非常隆重的民俗活动，每年的农历七月二十五至八月初一在苏古沁殿前，附近的牧民、前来旅游的游客以及喇嘛们都会来参加。傍晚，寺庙的喇嘛们就会手拿着经轮，敲着羊皮鼓，吹着法号，围绕着寺庙不停地转动。

美岱召村
城寺结合

古镇概述

和五当召村有些相似，美岱召村也是一座主要由寺庙构成的古村，不过比起五当召村，美岱召村的历史更加悠久一些。古村始建于明朝隆庆年间，距今已有 400 多年，它的建造是中原王朝和北方蒙古族相互交融的结果。

美岱召村是明朝土默特蒙古族首领阿拉坦汗兴建的，当时的明王朝和北方的土默特蒙古族相处融洽，为更好地促进双方的交流，阿拉坦汗及夫人三娘子就兴建了美岱召村，这里不仅成为其居住和议政的地方，也成为喇嘛教重要的活动场所。整个美岱召村完全是仿照中原地区汉式的布局规划，在融合蒙古族、藏族建筑特色的基础上建造而成，成为一座城堡、寺庙和邸宅兼备的建筑群，有着“城寺结合，人佛共居”的称誉。

美岱召村占地 60000 多平方米，有大雄宝殿、琉璃殿、三娘子灵堂等大型建筑，共有古建筑 250 多间，这些建筑规模宏伟，融合汉、蒙、藏多种建造风格，如今保存完好的壁画展现着那时的礼仪风俗，具有较高的历史、文化、艺术价值。

走进美岱召村，看着那古拙质朴的寺庙建筑，遥望四周空旷辽远的自然景色，那青山脚下的古刹在近 500 年的时间里沉默如初。蓝天白云下，偶尔寺庙中有钟声响起，雄浑的梵音穿过寺庙、回荡在天地间。整个美岱召村的自然环境一如它的名字般优美。

地理位置

➜ 内蒙古自治区包头市土默特右旗美岱召镇。

气候特点

➜ 春季多风沙，深秋与冬季比较寒冷，最适宜夏季和初秋前去旅游。

开放时间

➜ 08：00—18：30

门票

➜ 30 元。

交通

➜ 呼和浩特汽车站—美岱召村

从呼和浩特汽车站乘坐客车到达萨拉齐，再换乘公交即可。

景点品鉴

➜ **美岱召：** 一座城寺相结合的藏传佛教寺庙，原称“灵觉寺”“寿灵寺”，始建于明朝隆庆年间。万历初年建成了第一座城寺，朝廷赐名为福化城，后来因西藏僧人来此处传教又改名为“美岱召”。寺庙被长方形的围墙所环绕，石包土夯筑的城墙周长 681 米，敦厚结实的城墙上有南门“泰和门”，四角上有伸出城墙 10 多米的墩台，建造的角楼能够起到很好的防御作用。如今南门上保存的匾额“泰和门”是明代遗留下来的，在城门上建造有城楼，卵石砌筑的南门显得巍峨无比，是我国现存的城池中不可多得的珍品。寺庙内的建筑有大雄宝殿、罗汉堂及观音殿等，大殿内竖立着佛像、菩萨像以及法器，色彩艳丽的壁画展示佛教的传说故事。

➜ **九峰山：** 美岱召村周围景色优美的旅游风景区，因九座巍峨挺拔的山峰依次相连并逐渐升高而得名，是当地最奇秀的旅游胜地。山峰由东九峰、西九峰、大西梁、杆林背、羊背山等大小山峰和美岱沟、水涧沟、香桂铺沟等沟堑组成，景区内景色优美，生态资源丰富，森林茂密，动植物多种多样，天然植被被保护得相当完好。

叶赫镇
两代皇后故乡

古镇概述

对于地处东北的叶赫镇，很多人在第一次听到这个名字的时候会问是不是慈禧太后的故乡，可见这位太后在历史上有着显赫的名声。实际上，慈禧太后的祖上是后来并入叶赫部的，不过在叶赫部的历史上还出现过一位皇后，那就是清朝的开创者努尔哈赤的孝慈皇后。因此，叶赫镇也被称作是“首尾两代皇后之乡”，这样巧合的历史让人惊讶。

关于叶赫镇，有历史记载从明代开始，距今已有500多年。清朝康熙二十年，为了连接北京和吉林乌拉便修建了驿道，就在叶赫镇设立驿站，为过往的官兵、官差提供食宿、车马、杂役等保障，这也在一定程度上促进了叶赫镇的发展。

作为一座历史悠久的古镇，叶赫镇最美的景致当属秀美的自然风光。古镇地处长白山的余脉上，地形以山地丘陵为主，有“六山一水三分田”之称。群山环绕中，叶赫河穿镇而过，“S”形的河道将古镇环绕包裹，孕育出秀美的水色风光，4A级景区就坐落在古镇的边缘上，优美的自然景观与深厚的历史风韵将古镇绘成一幅“静水环城霞淡淡，长松绕岭雾悠悠”的美丽画卷。

地理位置

➔ 吉林省四平市铁东区。

气候特点

➔ 温带大陆性气候，四季分明，适宜春、夏季前往旅游。

开放时间

➔ 全天开放。

门票

➔ 免费，小景点收取门票。

交通

➔ 长春站—叶赫镇

从长春站乘坐火车到达四平站，再从四平站打车至目的地。

景点品鉴

➔ **伽蓝寺：**古镇中藏传佛教的寺庙，地处山谷中，清朝中期所建，由大雄宝殿等建筑组成。寺庙香火旺盛，有节日时寺庙内的钟声回荡，前来上香敬拜的信徒们络绎不绝，非常热闹。寺庙附近的民族展馆中则展示着满族的历史和各种文化习俗，游人可以游览。

➔ **古城堡：**现代仿古建造的城堡，位于古镇的转山湖东侧。城堡的城墙随着山势的起伏而高低不同，城墙的建筑是分别采用石、土和木质三种材质构造的三道城墙，在城墙上有城门、烽火台、点将台，城外还有清水流淌的护城河环绕。整个城墙再现了昔时古镇的样貌，那悬挂的萨满面具充满神秘，也述说着古老的文化。

➔ **转山湖风景区：**叶赫镇中一处集自然和古迹为一体的风景区。境内山环水绕，呈现“S”形的布局，故而得名转山湖。两座形似卧龟的山峰相对而立，浩渺的湖水围绕着山峰，相互辉映，构成秀美的自然景致。在东侧建有“叶赫那拉城”，巍峨高大的城墙、方方正正的四合院、古朴的村落都展示着当时的民俗风情，置身其中尽情领略独特的民族文化。

乌拉街镇
王朝发祥地

古镇概述

清朝顺治帝定都北京后不久就将一个地方的方圆25千米内划为禁地，认为是“本朝发祥之圣地”，这就是乌拉街镇。乌拉是满语，意为沿江。在明朝中期，乌拉街还属于明朝统治，后来当地女真部落崛起，逐渐控制乌拉街镇，在此建立女真王国。直到明朝末年，努尔哈赤占领该地，形成统一女真的庞大优势。正是在得到乌拉街镇之后，女真族实力大增，最终夺取天下。

乌拉街镇位于距吉林市不远的

地理位置

➜ 吉林省吉林市龙潭区。

气候特点

➜ 温带大陆性气候，秋、冬季较为寒冷，春、夏最适宜旅游。

开放时间

➜ 全天开放。

门票

➜ 免费。

交通

➜ 吉林站—乌拉街镇

14路（新立方向）：吉林站西广场上车—新立站下车，乘坐29站。

地方，因处在松花江的冲积平原上，地势开阔平坦，物产丰富。加之龙潭山、长白山余脉耸立在古镇的南部和东部，西部紧邻松花江、北面屹立着凤凰阁，自然风景极为秀丽。古时候有“八庙四祠三府一街”的说法，说的就是古镇中所拥有的古建筑。历经动荡之后，这些建造极为宏伟的建筑大多湮没在历史中，如今保存的古建筑中有后府、萨府、白花点将台等遗址建筑，从那些残存的建筑中依稀可以看出昔日这些建筑精湛的建造技艺。

走在乌拉街镇，经常能够感受到当地浓郁的民族色彩，其中的萨满教仪式和当地的婚礼最让人惊讶。萨满在我国历史上属于一种比较古老的原始宗教，乌拉街镇的萨满教传承至今。当地的婚礼是一种独特的民俗文化。在婚礼举行的前几天，新娘就要把自己的嫁妆送到新郎家中，还有一个特殊的现象就是不管婚礼在哪个季节举行，新娘都要穿棉袄，不知这种习俗是不是和当地古时候寒冷有关。当新娘来到新郎家门前，新郎就要用弓箭射出三箭，这是一种吉祥寓意的表达。古镇中这种有着独特形式的婚礼是古时候村民根据自身生活方式而衍生出来的，在一定程度上是古镇生活方式的反映。

景点品鉴

➜ **古城遗址：**乌拉街镇的历史悠久，如今保存的古城遗址有着1200多年的历史，古时候的古城由外、中、内三城组成，在经历多次战乱破坏之后仅剩下大部分内城、少量的中城，外城全部被毁。残存的古城由砖石土混合建成，城墙上还建有城门，如今已毁。

➜ **总管衙门：**清朝时期中央管理当地部落的特殊机构，是一种清朝所独有的管理机构。衙门位于乌拉街镇的十字街上，按照都统衙门的样式建造，历史上经历过多次修缮。

➜ **白花点将台：**古镇中一处有着传奇故事的地方，因白花公主而得名。点将台由土垒的高台、三霄殿、圆通楼和乐贤亭组成，各个建筑古拙质朴，虽然不知这些建筑的具体建造年代，但大致出现在清代以前，能够保存至今可谓幸运。

永陵镇

中华满族第一镇

古镇概述

清朝时，这座位于连山脚下的古老村镇是爱新觉罗家族眼中的吉祥福地，被看作是家族的发祥地、满族的故乡。因为在这里不仅发生了决定整个家族以及王朝命运的战争——萨尔浒之战，而且这里还是整个家族祖先的陵园。正是这样显赫的荣誉，永陵镇被认为是“中华满族第一镇”。

在永陵镇中有三大主要景致，满族老街、清永陵以及赫图阿拉城，原来弯曲的土道被后来的石道所代替，两侧保存下来的树木仍然郁郁葱葱。数百年来，作为清朝人眼中的福地经过历史的不断变迁和发展，绵延的连山、红墙黄顶的清永陵以及巍巍的赫图阿拉城让这座古朴的古镇已然成为一个有着浓厚底蕴和独特民族风情的旅游胜地。

景点品鉴

地理位置

➜辽宁省抚顺市新宾满族自治县。

气候特点

➜温带大陆性气候，四季分明，气候宜人，一年四季都适宜旅游。

开放时间

➜全天开放

➜清永陵：08：00—17：00

门票

➜清永陵 50 元。

交通

➜抚顺北站—永陵镇

新宾—抚顺（新宾客运站方向）：中心客运站上车—永陵镇下车，乘坐 17 站。

➜ **满族老街：** 原是永陵镇中商贸交流的场所，南北的商人、物资在这条老街上汇聚、交易，如今是当地汇集各种商店、美食、购物等功能于一体的街道，两侧是古色古香的建筑。在街道上能够见到很多关于满族民族风情的饰物，品尝一番美食也是很不错的选择。

➜ **清永陵：** 清代关外三陵之首，在一定程度上是清代皇室的祖坟，也是我国规模较大、保存较为完好的大型帝王陵寝。始建于明朝万历年间，清朝顺治年间改名为永陵，建筑规模宏大，其建造样式和装饰风格具有很高的艺术价值，是我国非常重要的文化遗产。

作为帝王陵寝，清永陵具有完整的帝王陵墓的样式，城墙环绕，前院、方城、宝城是主要的建筑。前院面阔三间，硬山式的屋顶由琉璃瓦覆盖，门前有四座碑亭，分别是清朝四位祖先的碑文。碑亭的后面是方城，之后是启运殿。殿内有暖阁、宝座、神碑等建筑。整个建筑群按照传统的帝王陵墓的规范建造，错落有致，若是俯瞰，别有一番景致。

➜ **觉尔察城：** 明代建州女真宁古塔城之一，始建于明朝嘉靖年间，与赫图阿拉城是同系列的古城，这类古城共有六座，形成相互拱卫的军事防御工事。觉尔察城是由努尔哈赤曾祖福满的长子修建，在这个不大的古城中，女真人用了百余年的时间就从氏族社会、奴隶社会进入封建社会。如今古城中保留了很多古迹，有女真族老遗址、千年古墓、女真祭祖堂、德世库遗址等，从这些遗迹中可以看出古代女真人的生活方式。

清永陵

赫图阿拉城

➜ **赫图阿拉城：** 后金开国时建造的第一座都城，是我国历史上最后一座山城式的都城，也是如今保存最为完整的女真族山城，在当时是后金的政治、经济、文化、军事中心，清朝兴起的摇篮。城池分为内外两城，其中内城中有金銮殿、衙门、关帝庙、数量众多的民居以及一系列的祭祀庙宇。外城中主要是一些手工作坊、仓库等。如今的赫图阿拉城是中华人民共和国成立后重建的，原城在清末日俄战争中被俄军全部破坏。

周边景点

➜ **和睦森林公园：** 吉林省省级森林公园，因是长白山系的余脉而植被茂密，动植物资源极为丰富。公园内部景色秀丽，共有水库风景区、碾子沟风景区、石棚沟风景区等多个景区，住宿、购物、寺庙等建筑区域一应俱全，是理想的度假之地。

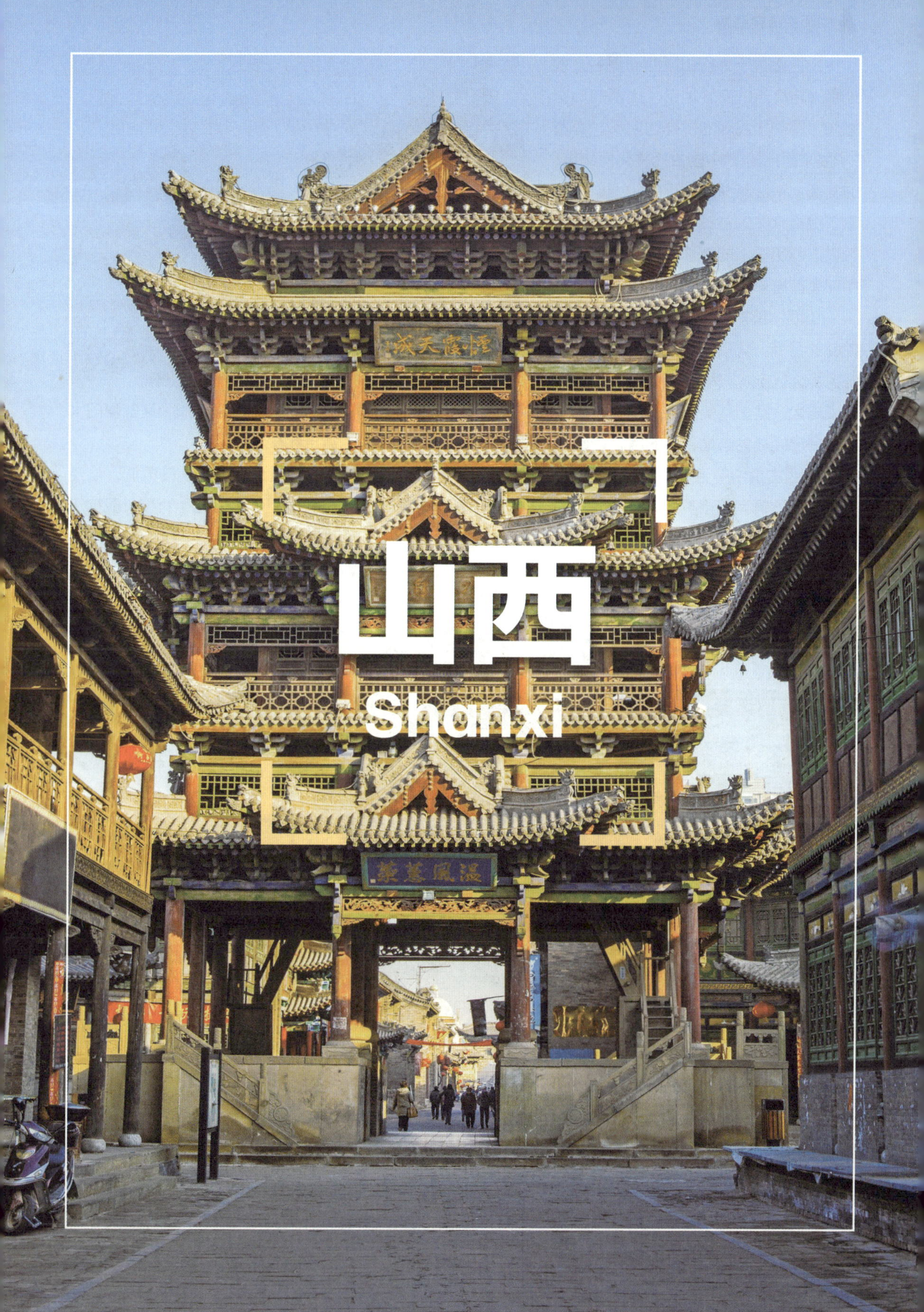
山西
Shanxi

山西因位于太行山以西而得名，地处平原与高原的交界地带。山西的历史悠久，是中华民族的发祥地之一，有着“华夏文明摇篮”“中国古代文化博物馆”的美誉。积淀着深厚底蕴的山西自然少不了数量众多的古镇，其古镇的规模、数量以及历史上的辉煌程度在我国古镇中都是首屈一指的。

山西古镇的发展得益于历史上威名赫赫的晋商，凭借雄厚的财力和物力，在家乡大兴土木，兴建各种豪华的宅院。规模宏大、建造精美的宅院让山西的古镇享誉四方，有着和皖南民居相媲美的气势。如今这些豪门大宅很多已经成为当地著名的旅游景点，走进其中能够感受到晋商的富庶和豪气。

山西古镇中的建筑很能体现所处的环境，有着雄浑的气势，展现着黄土高原厚重的气派。虽然这些民居建筑有着粗犷的外表，但内部雕梁画栋，各种装饰异常精美，不乏细腻之处，有着“藏拙于外”的含义。

王家大院

王家归来不看院

古镇概述

地理位置

➜ 山西省晋中市灵石县。

气候特点

➜ 温带季风气候，季节特征明显，春秋季适宜旅游。

开放时间

➜ 春、夏季：08：00—19：00
秋、冬季：08：00—17：00

门票

➜ 成人票 55 元，半价 30 元。

交通

➜ 灵石东站—王家大院
灵石 6 路（职中方向）：灵石东站上车—马河北路口站下车，乘坐 5 站。

王家大院，位于山西省晋中市灵石县城东的历史文化名镇——静升镇，是我国最大的民居建筑之一，也是山西最大的一座保存完好的建筑群。

王家大院规模宏大，依山就势而建，错落有致，重楼叠院间尽显王氏家族的气派与鼎盛。整个院落的建造历经康熙、雍正、乾隆、嘉庆四位皇帝，可谓耗时甚久。虽然建造的时间跨度较长，但在布局上却是构思巧妙，采用“龙”“凤”“龟”“麟”“虎”五瑞兽造型，形成“五巷”“五堡”“五祠堂”的格局。在建筑风格上，各个装饰雕刻技艺精妙绝伦，可以说是清代民居建筑精华的集中体现。

当东方的红日徐徐升起，那红彤彤的霞光也染红了整个王家大院。“王是一个姓，姓是半个国；家是一个院，院是半座城”，此言非虚，毫不夸张。

在这座豪门巨宅中，每一个来访者都如同刘姥姥进大观园一般，满目的惊奇、满心的震撼。无论是喧闹还是寂静，这座古宅永远都刻满了历史的沧桑。有些褪色的红灯笼高高地挂在门楼上，依稀能看到往日的繁华与热闹；斑驳破败的门栏，隐含了多少辛酸往事；精致的雕刻随处可见，彰显着主人昔日的显赫地位与荣耀；各种亭台水榭，雕栏画栋，旖旎风光，令人感叹这里不是江南却胜似江南……

进入王家大院，就好像进入了门的世界。整个大院门中有门，院中连院，可谓“一关辖三门，三门通四院”，各种门达66道之多。这些门，不仅使各个院落相通，而且也连通了整个王氏家族的命脉；这些门，集装饰、防盗、保安的作用于一体，古老而有韵味，美观而不失雅致。这些门，彰显了明清时期民居门户的文化艺术。一道道门进去，又一道道门出来，仿佛进出于一个玄幻的世界。

雕刻也在王家大院中占有很重要的位置。在浩瀚如烟的中国传统民居建筑中，灵石王家卓尔不群的“三雕”艺术品更是被人们誉为“天上取样人间造，雕艺精湛世上绝”，其雕刻规模之宏大、雕刻艺术之精美、构思之巧妙可谓我国雕刻艺术的珍品，散发着迷人的神韵。

王家大院的楹联匾额是另一个看点，也是建筑装饰的一大特点。楹联匾额的材质多为精致的木质或是精心雕刻的砖石，雕刻内容多为家传世训，或是儒家经典，意境悠远，以修身齐家为内涵，不仅增添了宅院的儒雅之气，还给予每个院落只可意会不可言传的精魂神韵。那小篆、隶书、行草的铁笔勾画，那书卷额、竹型联、折扇额的造型精妙别致。

虽然王家大院规模庞大，但是对外开放的并不是很多，主要有高家崖、红门堡和王氏祠堂等。这些古色古香的古朴建筑不仅展示着历史上王家的富庶和辉煌，而且反映着我国古代系统完善的建筑理念以及高超的建造技艺。

城楼

景点品鉴

➔ 高家崖： 王家大院内规模庞大的建筑群，修建于清朝嘉庆中期，坐北朝南，有大小院落35座，房屋340多间，井然有序，分布有严格的等级。建筑上砖、木、石三雕数量众多，题材丰富，是大院中有名的景观。

➔ 红门堡： 修建于清朝乾隆初年，历经54年才建成，规模面积庞大，有大小院落88座，房屋770多间。红门堡依山势而建，从低到高依次排列，每座院落间的干道共同组成一个“王”字，很有特色。每座院

高家崖

王氏祠堂

落都是根据主人的身份和喜好布局建造，房屋的不同装饰展示着主人家的底蕴，一般房屋内都有匾额和楹联，反映着王家深厚的文化底蕴。

➜ **王氏祠堂：**分为孝义祠和孝义坊两部分，是当地人为祭祀祖先而建。祠堂分为上下两层，规模宏大，建造精细。上层主要用于祭祀祖先，下层则陈列着部分祖先的雕塑以及讲述建造者的丰功伟绩，对了解王氏家族很有价值。

碛口镇
九曲黄河第一镇

古镇概述

地理位置

➜ 山西省吕梁市临县。

气候特点

➜ 温带季风气候，四季分明，9月份最适宜旅游。

开放时间

➜ 全天开放。

门票

➜ 免费。

交通

➜ 吕梁站—碛口镇

可从吕梁站乘坐火车到柳林南站，然后再打车即可。也可以直接从吕梁站打车到目的地。

碛口，听名字就知道这是因作为渡口而形成的古镇，它位于山西吕梁地区滔滔的黄河边上。滚滚的黄河水造就了碛口，给它带来了充沛的水源和便利的交通，也因此孕育了碛口古老悠久的历史文化。作为历史上一个重要的交通要塞，碛口镇以其厚重的历史文化底蕴、古老的建筑而备受瞩目。

古老的碛口镇斑驳而又充满古韵，大小适中的鹅卵石铺就的街面，老建筑参差罗列，老店铺、老字号紧挨在一起，门对门，窗对窗，各种明清风格的砖雕、石雕、木雕随处可见。建筑的门前有着宽敞的走廊，昔日络绎不绝的车马在这条斑驳的道路上留下深深浅浅的车辙印迹，门旁边的拴马石历经风雨显得有些沧桑。

漫步在五里长街上，烧饼铺里散发出浓浓的饼香，引人注意的各种条编用具、鲜亮耀眼的铜器制品，让人仿佛穿越了时空隧道，走进明清时期，感受着这里昔日的繁华景象与浓郁的商业气氛。

临街的民居上挂着鲜红的灯笼，点缀在熙熙攘攘的人群里，“蓦然回首，那人却在灯火阑珊处”，这是多么富有诗情画意和幸福的画面啊！到了放河灯的日子，满眼望去，全是灯的世界，一盏盏红红的河灯顺着滚滚的河水漂流而下，漂浮不定。要是数量足够多，整条大河上都是红红的河灯，在漆黑的夜里，河流好像一条流动的灯火，散发着温润而又柔和的烛光。每当此时，古镇就显得非常有韵味，平添了无穷的魅力。

如今的碛口镇显得沧桑古旧，

昔日繁忙的店铺、南来北往的商客、照亮夜空的河灯都随着滚滚的黄河水一去不复返，让人唏嘘。随之而来的是发出“突突突”声、充满节奏感的摆渡船，在黄河两岸来回摇摆……

景点品鉴

➔ **碛：** 据说是黄河上形成的一段段波浪起伏的浅滩。滚滚的黄河水在这样的浅滩上奔涌向前，泛起洁白的浪花，成为碛口壮丽的景色。旧时的纤夫在两岸的浅滩上拉纤，那些弯着腰、迈着坚定步伐的纤夫们光着上身，古铜色的皮肤和浑黄的黄河水交相辉映，将黄土高原上的粗犷和力量展示得淋漓尽致。

➔ **黑龙庙：** 修建于明朝，具体年代不详，是当地为祈雨而建的庙宇。建筑坐落在卧虎山上，脚下就是滚滚的黄河。山门左右两边各有一对雕刻精细的石狮子，威风凛凛地站立着，庙里正殿中央的黑龙王正襟危坐，似乎在震慑黄河，保护当地百姓，以免黄河泛滥成灾。庙内还有一座华丽讲究的戏台，戏台正对着正殿，在长方形围台合起的院子左右为配殿和看台，形成了人神共赏同乐的戏剧性场景。

➔ **土柱林：** 高低、大小不一的土柱林在当地非常壮观，至于形成原因，据说是由于很久以前发生的地震将堆积的山石集聚在这里，经过千万年的侵蚀等原因得以保存的石头形成了这些土柱林。

特色住宿

住窑洞，感受陕北风情，现在有很多民宿依窑洞而建造，但干净卫生。

➔ 碛口民宿窑洞

地址：碛口古镇河南坪村

电话：13994815577

土柱林

张壁
袖珍军事古堡

古镇概述

地理位置

➜ 山西省介休市龙凤镇。

气候特点

➜ 温带季风气候，四季分明，气候温和，春秋季适宜旅游。

开放时间

➜ 全天开放。

门票

➜ 40 元。

交通

➜ 介休站—张壁

介休 301 路（张壁古堡景区方向）：火车站东上车—张壁古堡景区站下车，乘坐 10 站。

张壁又称张“壁古堡”，位于山西省介休市，是一个罕见的袖珍古堡。古堡位于海拔 1000 多米的山丘上，地上和地下都有着系统、完整的防御体系，功能齐全，易守难攻。作为我国目前保存较为完整的军事古堡建筑，张壁有着 1500 余年的历史，历史上经历过多次战火，对防御外敌入侵发挥着重要的作用。目前，在张壁村还保存有完好的古堡地道、宫殿庙宇等诸多建筑，民俗文化也异常浓厚。

壁者，军垒也。作为一个功能单一的军事堡垒，历经多次战火而能得以保存，可谓幸运。张壁面积狭小，仅有 0.2 平方千米，但是各项军事、生活设施完备。在保证军事防御的基础上，充分运用传统建筑理论建造城堡，并不在一条直线上的南北两座城门就是遵照这一准则布局的。

古堡中所有的路口都是“丁”字形，这是和其他城镇不同的地方。特别是城堡的主要街道龙街，它与各个街巷相交都是构成丁字形结构，或许是为巷战做准备吧。街道两侧是古色古香的店铺和高低错落的民居，其中还有几座不大的寺庙静静伫立，琉璃碧瓦，金碧辉煌，成为古堡不可多得的景色。

作为封闭严密的军事古堡，张壁现存的古建筑中还有很多其他地区消失的建筑，比如说隋唐时期城市里各个里坊的出入口，这些都是张壁古堡的独特之处，也为研究古代城市布局提供了极好的范例。同时，这些里坊构成一个封闭的区域，形成完备的防御体系，既能各自为战，又能够在战争中相互呼应。

在张壁，并不只有军事建筑，宗教寺庙也是一大特色，这也和战争有关。如今现存的寺庙观殿有 16 座之多，三大士殿、真武殿、二郎庙、关帝庙等分布在古堡的各处，而且大多距城墙很近，或许是为了方便祭祀吧。这些宫殿的建造花费了众

关帝庙

多的人力和财力，建造得金碧辉煌，成为当地人们祈祷平安的地方，也是人们缅怀在战争中牺牲的战士之所。正是战争的残酷才会让人们有如此强烈的期盼。

在历史长河中起起伏伏的张壁历经朝代的兴衰，积淀了非常深厚的文化底蕴，成为一本记录血与火的史书。当打开这本沉重的大书，上面记载着一篇篇让人记忆深刻的故事，现在细细读来，仍能感受到张壁所特有的风采。

景点品鉴

张壁地道

➜ 地道： 张壁古堡就因“古庙神佛异，明堡暗道奇”名闻天下。在袖珍的张壁，地下是另外一番景象，位于地下20多米处的地道里有指挥所、粮仓、马厩和排水等设施。弯弯曲曲的地道串通古堡各处，气孔可供空气畅通，竖井可供士兵上下地道，是古堡与地道的重要连接。这样独特的地道建造，可见当时张壁战争的频繁以及张壁地理位置的重要。

➜ 空王佛行宫： 修建于明代，是一座坐南朝北的三间大殿，内部伫立有空王佛像，墙壁上有关于空王佛的壁画。大殿的顶部有精美的琉璃雕饰，雕刻精美，栩栩如生。

空王佛行宫殿顶的三彩琉璃装饰

平遥古城
古韵悠悠

拥有2700多年历史的平遥古城，历史文化底蕴深厚，保存至今的300多处名胜古迹仿佛在诉说着昔日的辉煌。这里有被誉为“东方彩塑艺术宝库”的双林寺，有我国现存最早的木质结构建筑万佛殿，还有“中国现代银行的鼻祖”日升昌票号……无不彰显平遥的古韵古色。

平遥古城在我国有着特殊的地位，它不仅是国家级的历史名城，还是世界文化遗产，也是目前我国唯一一座以整个古城作为世界文化遗产的名胜古迹。放眼望去，巍巍厚重的古城墙、犹如北京四合院的特色院落，古朴沧桑的街巷，还有那散发着浓浓味道的美食小吃，都在展示着平遥2000多年历史的古色古韵。平遥古城与云南丽江古城、四川阆中古城、安徽歙县古城并称为中国现存最为完好的“四大古城”。

步入平遥古城，青砖灰瓦、棱角飞檐，红艳的灯笼，恍惚间似身着长衫马褂，披几缕暖暖的斜阳，游走在逼仄的巷弄里。平遥古城的民居建筑以明清时期的居多，且大多保存完好，因此有“小北京”的美誉。平遥的真正发展始于明清时期，当时这里商贾云集、贸易繁盛，人们生活富足，因此在居住上也颇有讲究。一般是四合院式的院落，要是家庭富裕，还会在门前立着两对威武的石狮以壮声威。建筑上的雕饰也非常细腻雅致，虽没有江南园林的清新自然，但有着北方建筑的恢宏大气，体现着当地的民俗特色。

平遥古城的西大街是最为繁华的地段，因著名的“中国第一家票号”日升昌坐落于此，所以有着“大清金融第一街”的美誉。匾额上“汇

古镇概述

地理位置

➜ 山西省晋中市平遥县。

气候特点

➜ 温带季风气候，四季分明，春秋季最适宜旅游。

开放时间

➜ 旺季08：00—18：30
淡季08：30—18：00

门票

➜ 免费（镇国寺25元；双林寺35元；平遥古城景点联票150元）。

交通

➜ 平遥古城站—平遥古城
平遥108路南线（南良如村口方向）：平遥古城站上车—眼科医院站下车，乘坐12站。

购物

➜ 在平遥，名气最大的特产就是“新平遥三宝”：长山药、牛肉和漆器，此外还有六合泰枕头、平遥剪纸、槟干、脸谱和曹家熏肘等地方特色。古城中的“明清一条街”是购买这些特产的最佳去处，街道两侧古色古香的商铺中各种商品琳琅满目，在购买的时候要多看看。

日升昌票号

通天下”四个大字虽显得黯淡无光，但“日升昌”这块金字招牌却不会因时间的流逝而蒙尘。当年那个名闻天下的日升昌，如今已经改为中国票号博物馆，在这里我们可以看到中国民族银行业的发展轨迹，并回味日升昌在当时环境动荡、内忧外患的风雨飘摇中纵横百年的辉煌历史。

古朴厚重的平遥就像一部记录历史变迁的古书，在这狭窄的字里行间隐藏着太多的风雨和烟云，那潮流涌动的水波上却是风平浪静，让人不觉处在滚滚的浪潮中。它从遥远的历史中走来，不再平常，不再遥远，带着悠悠古韵，让人们很轻易地迷失在那厚重的城墙背后的前朝往事中。

景点品鉴

➜ **文庙：**祭祀孔子的地方，也称“尊经阁”，古代几乎每一座城市里都会有，如今平遥的文庙始建于唐朝贞观年间，是目前我国保存历史最久的殿宇之一。文庙坐北朝南，为两层楼阁，各种等级规制齐全，2004 年正式向游人开放，是平遥主要的景点之一。

➜ **日升昌票号：**建立于清朝道光年间，以“汇通天下”享誉天下，是中国民族银行业的先河，在我国历史上占据非常重要的地位。

➜ **镇国寺：**始建于五代后汉时期，规模虽不是很大，但各种寺庙建筑应有尽有，是我国现存最古老的木结构建筑之一。在寺内供奉有释迦牟尼佛像及其弟子迦叶和阿难的塑像，造型细腻，气势非凡。

➜ **双林寺：**始建于公元 571 年，至今有 1400 多年的历史，三进的院

文庙

双林寺

住宿

➜ **温鑫家庭旅馆**

地址：平遥古城冠云斜对面惠安路 6 排 1 号

电话：（0354）5691021

标间：180 元左右

➜ **雍华阁人文客栈**

地址：平遥古城内南大街米家巷 15 号

电话：（0354）5670009

标间：230 元左右

➜ **天元奎客栈**

地址：平遥古城南大街 73 号（明清街市楼南 100 米）

电话：（0354）5680069

标间：450 元左右

落内分布着十座大殿，规则整齐。双林寺内的彩塑是最为精彩的部分，2000 多尊彩塑被认为是“世界珍宝”“独一无二的珍宝”。

墙壁上的雕刻壁画也非常精彩，采用多种雕刻技法，圆雕、深浮雕和浅浮雕等交错连环使用，再现了当时世俗生活的盛况，形象生动，构思巧妙，犹如一座精美的佛教艺术馆。

➜ **明清一条街：** 也即南大街，是平遥古城的中轴线，这条街道上保存着许多明清时期的建筑遗迹，票号、当铺、杂货铺等，各种商品都能在这里找到。如今这条街道上伫立着鳞次栉比的商铺，摆着琳琅满目的商品，往来的游人络绎不绝。

➜ **平遥城墙：** 始建于西周时期，原是夯土，到了明朝洪武年间才开始成为砖石城墙。城墙周长 6100 多米，高 10 米，有敌楼 70 多座，3000 多个垛口，规模宏大，气势宏伟。

➜ **平遥县衙：** 我国目前保存最为完整的县衙之一，始建于北魏，如今保存的县衙是元朝末年建造的，距今已有 600 多年。县衙坐北朝南，对称布局，总面积 26000 多平方米，是现存规模最大的县衙。

平遥城墙

平遥县衙

特色美食

☺ 吃什么

平遥的美食以面食为主，品种众多，富有当地的特色，其中在平遥三宝中就有两种是关于吃的。在平遥的众多美食中，比较著名的有莜面栲栳栳、碗托、拨烂子和平遥牛肉等，口味丰富，是游览平遥一定要品尝的美食。

➜ **莜面栲栳栳：** 当地的特色美食小吃，因外形像“笆斗”，就被叫作“栲栳”，用莜面在竹条编织的圆框中精心制作而成，味道、外形极好。

➜ **碗托：** 据说是清朝厨师董宣发明的，至今已有 100 多年的历史。碗托是用白面、温盐水和油混合后制成糊状然后蒸熟，可凉拌和拌炒，是平遥古城中比较常见的美食。

➜ **拨烂子：** 一种用土豆、白面和高粱面制作而成的面食，食材通过蒸熟、翻炒等一系列的烹饪流程制作，味道清淡、平和，口感很是不错。

➜ **平遥牛肉：** 平遥的牛肉非常出名，历史久远，早在明朝就已经是比较出名的美食了，牛肉肉质鲜嫩、色泽红润、口感香酥，其中五香味的酱牛肉非常好吃。

特色美食

在哪吃

云锦成

古城中一家四星级饭店，据说已经有 600 多年的历史了，优雅的环境和可口的美食让这里宾客云集。平遥的特色美食如平遥牛肉、栲栳栳等都可以在这里品尝到。人均消费 85 元左右。

电话：（0354）5888888（0354）5689188
营业时间：11：00—14：30 17：30—21：30
地址：平遥古城西大街 56 号

天元奎饭店

人气美食排行榜第一名，始建于清朝乾隆年间，在这里可以吃到正宗山西美食。推荐美食：平遥牛肉、长龙茄子、自制手工醋等。人均消费 69 元。

电话：（0354）5687222（0354）5680069
营业时间：07：00—23：30
地址：南大街 73 号

元亨酒家

非常不错的餐厅，环境优美，服务周到，特色菜肴有拔丝长山药、酒糟蛋花汤、过油肉和腐乳肉等。餐厅的价格实惠，人均消费 55 元左右。

电话：（0354）5624333（0354）5687052
营业时间：09：00—15：30 17：00—23：00
地址：平遥古城西大街 111 号

乔家大院
民间故宫

古镇概述

地理位置

➜ 山西省晋中市祁县。

气候特点

➜ 温带大陆性气候，四季分明，春秋季最适宜旅游。

开放时间

➜（4—10 月）08：30—18：30（11 月至次年 3 月）08：30—17：00

门票

➜ 72 元。

交通

➜ 祁县站—乔家大院
祁县 29 路（晓义方向）：火车站上车—燕京啤酒公交站下车，乘坐 18 站。

乔家大院又名“在中堂”，位于山西省祁县乔家堡村，是清末著名的商业金融资本家乔致庸的府邸。宅院始建于清朝乾隆年间，在之后的几十年里经历多次扩建和修缮，最终成为一座由 300 余间房屋组成的面积庞大的建筑群落，如今是国家级文物保护单位。

闻名遐迩的乔家大院有着“皇家有故宫，民宅看乔家”的说法，可见其规模之盛、建造之精。作为一座城堡式的民居建筑，乔家大院有着科学合理的布局和规划。“喜”字形的布局说明在建造时，乔家人对其充满美好的寄托。整个建筑威严气派，古朴庄严之中蕴藏着细腻精湛的雕刻装饰，有着藏富于拙的意味。

在乔家大院，砖雕、木雕、石雕随处可见，飞檐斗拱，工艺精湛，具有很高的研究价值和美学价值。因此，乔家大院被许多专家学者誉为“清代北方民居建筑的一颗明珠”。

封闭的乔家大院有 6 座大院、20 多座小院、300 多间房屋，耸立的外围墙有1米厚、10多米高，上面建有垛口和眺楼，俨然是一座缩小版的古城。在大院的北面有三个大开间的建筑，建造得非常精细，从西开始分别是书房院、西北院和老院。这些建筑都有较为宽阔的甬道，可以走行人和车马轿。沿着正院的门道进入正房，有着三个大台阶，寓意“连升三级”和“平步青云”。两座主楼名曰明楼，巍然雄立，那种雄视千古之霸气彰显着乔家主人在当时商界呼风唤雨的气势。

乔家大院的院落都是正偏布局，这是严格按照古代等级尊卑的顺序建造，辈分高的正房居住在主屋，偏房是客人以及仆人居住的地方。正院和偏院的建筑结构也不相同，正院与偏院相比要显得高大许多，屋檐梁柱上随处可见精美的雕饰图案，平顶的偏院则低矮许多，这样高低错落的建筑布局使乔家大院显得层次丰富。

漫步在乔家大院，看着那绵延的民居，不禁让人为中华民族的智慧和勤劳而感叹。在他们勤劳的手中，所有的或巍峨，或精致，或宫殿，或园林都一一成形，让人叹服，而乔家大院正是其中当之无愧的翘楚，是“建筑艺术的宝库”“民俗学的殿堂”。

布局规整的乔家大院院落

景点品鉴

乔家大院有三大珍宝，是游览大院一定要去看的。

➜ **万人球：**据说万人球是从美国买回来的，专门挂在屋顶天花板上，每当在客厅与人谈话时，可以把屋内的人按照某种比例缩小到球上用以监视，这种特殊的用途在当时非常罕见。

➜ **犀牛望月镜：**望月镜在乔家三号院，面积非常大，是个直径有一米的大镜子，而且构造材料珍贵，镜架镜框是用珍稀铁力木制作而成的。圆镜的下方有祥云缭绕，饱满的犀牛回首仰望，好似痴望明月，故而得名。

➜ **九龙灯：**慈禧太后赏赐乔家的，是目前全国独有的两盏九龙灯，非常珍贵。灯的外形因有九条龙盘踞故而得名九龙灯，是乔家大院三大珍宝之一。

良户村
太行古村落

古镇概述

良户村坐落在太行山脚下，是一座山环水绕的古村落，著名乡土建筑专家、清华大学建筑学院教授陈志华评价良户村："通过良户的遗存告诉人们，生活是应该而且可以这样精致地、艺术地、富有感情和实事求是地去创造的。"

古村历史悠久，据考证最早可能出现在战国时期，与著名的长平之战有关。到了唐朝时期，有郭、田两大家族迁居于此，形成了村落，因只有两户故称"两户村"，后来逐渐演变成"良户村"。宋代以后，不断有其他的姓氏族人迁居于此，古村的规模逐渐扩大，到了元、明、清时已成为当地规模不小的古村落。

如今的古村中还保持着原有的样貌，由砂石铺就的街道纵横交错，5条主要的街道构成了整个古村的布局。因街道是砂石铺就的，排水条件非常好，在雨天街道上很少有积水。

在街道的两侧有高低错落的民居建筑，青砖灰瓦在历史沧桑中显得古色古香，很多民居建筑保存得较为完好，巍巍的门楼、斑驳的匾额以及精美雕刻都是古村中的看点。

崇文重教、耕读传家的良户村有着浓厚的文化气息，那些门额上的匾额以及悬挂的楹联，意义深远，内涵丰富，具有很高的教育意义。在古村中还保留着众多的手工作坊，像铁匠铺、木匠店、染坊、杂货铺等，从中也可见古时候古村人口之多、工艺之丰富。如今漫步在古村中，在一些街边的小商店里还能见到纯手工制作的工艺品。

地理位置

➜ 山西省高平市原村乡。

气候特点

➜ 温带季风气候，四季分明，雨热同季，季风强盛，适宜春秋季旅游。

开放时间

➜ 全天开放。

门票

➜ 个别景点收取门票。

交通

➜ 高平站—良户村

高平401路换乘高平121路，全程20站。

高平401路(客运中心站方向)：泫都小区站上车—公安局站下车，乘坐12站。

高平121路（良户方向）：公安局站上车—良户站下车，乘坐8站。

景点品鉴

➜ **蟠龙寨：**古村中最有名的堡寨建筑，是修建于明清时期的一组有着宏大规模的城堡式建筑群。蟠龙寨的建造设计非常巧妙，有着合理的空间布局，风格上融宫廷规制和地方特色于一体，纯熟地运用了封建的等级观念和当时的建造工艺，被认为是"整个晋城城堡式民居的缩影"。

➜ **侍郎府：**清代著名"三阁老"之一田逢吉的私人宅院，是蟠龙寨的主要建筑。宅院坐北朝南，是一进四院的建筑格局。宽阔的大门有着很高的门栏，门头上斗拱层叠，一座砖雕的照壁上有着各种吉祥寓意的雕饰，画面生动，图案精美。院中是方形的，三间迎面的大厅非常豪华，内部各种雕饰精美，两侧的厢房也是富丽堂皇，风格上展现着作为侍郎的风范。

➜ **玉虚观：**古村中保存最为完好的庙宇，始建于金元时期，观宇规模是古村庙宇中最大的，南北长98米，东西宽35米，其中正殿高有10米。古时候的玉虚观是古村中最为繁华的地方，这里地处古村的交通要道，主要的街市在这里汇集。

李家山
黄土古村

古镇概述

地理位置
→ 山西省吕梁市临县。

气候特点
→ 温带大陆性气候，四季分明，9月份最适宜前往。

开放时间
→ 全天开放。

门票
→ 免费。

交通
→ 吕梁站—李家山
可从吕梁站乘坐火车到柳林南站，然后再打车即可。也可以直接从吕梁站打车到目的地。

关于李家山的来历和发展，主要得益于独特的地理位置，李家山的先祖在明清时期，借助优越的地理位置，通过骆驼运输物品、发展商业而逐渐兴盛起来，古村的规模也不断扩大，形成如今的格局。在百年的历史中，古村的样貌几乎没有变化，还保持着原有古拙质朴的风貌。

著名画家吴冠中到李家山采风时曾这样说："从外部看像一座荒凉的汉墓，一进去是很古老讲究的窑洞，古村相对封闭，像与世隔绝的桃花源，这样的村子，这样的房子，走遍全世界都难找到。"那到底怎么样的古村格局被如此称誉？古村坐落在坡度为70°的山坡上，两侧的山脊形似凤凰的两翼，大小不一的窑洞在黄色高原上层层叠叠，加上李家山浓郁的黄河风情和淳朴的村庄风貌，才有"桃花源"的赞誉。

如今在古村中有大大小小100多处院落，遗留的清代古建筑保存较为完好。在这些古民居、古建筑上点缀的精美砖木雕刻还清晰可见，从那斑驳的纹路中依稀可见古村昔日的辉煌。

古村的民居中窑洞居多，这些建筑形式独特的民居建筑是我国传统民居中的一大奇观，李家山的窑洞也有着同样的特色。一般窑洞的民居中，大门总是位于左前方的，不同于其他地区中大门正对着正房，不知是不是和避免风沙从大门吹进院中有关。在院中左右两侧分别有碾和磨，古时候有着"左青龙，右白虎"的说法。院中的正房主要用于居住，侧房是用来储藏粮食或是居住客人，这些房间很少有前檐。房内有炕床，不仅可以坐，也可以作为床。要是有两层，一层中的屋顶就是二层的院落。

坐落在群山之中的李家山，带着黄土地和滚滚黄河的厚重，展示着百年历史的古朴，它在我国的古镇中占据着一席之地。

李家山窑洞

景点品鉴

麒麟滩：位于李家山脚下，有13多万平方米的面积，因河水冲击而成，是古村中种植辣椒和红枣的地方，产品品质非常好。漫步在麒麟滩，经常有人在滩边捡到奇形怪状的黄河石，要是运气好，还能捡到彩色的。

东财主院：清朝同治年间李家山村中财主李登祥的宅院，是一座两层的窑洞，整个宅院以大门的装饰最为豪华，也是整个宅院中最重要的部分。

新窑院：在当地又称"子寿楼"，民国时期的建筑，是当地的地主李带芬为其侄子李子寿修建的。院落非常宽敞，也保存得非常完好，有着很高的建筑价值。在宅院中，地窖的规模很大，而且还不是垂直的，而是通过阶梯逐渐下沉的，足可见其内部空间之大。

常家庄园
儒商世家

山西凭借明清时期晋商的兴盛建造了很多规模宏大的私人宅院，常家庄园就是其中的一个，是规模最大的晋商大院，也是我国最大的庄园式建筑群。在山西，有着"乔家一个院，常家两条街"的说法，可见其规模之大。

常家庄园于清朝康熙年间开始修建，一直持续到清末光绪年间，历经200多年。这样长时间的建造，让常家庄园整整修建了南北和东西两条交叉的大街。在两条街道上分布着高低错落的各种建筑，有各种房屋1500多间，总共占地6万多平方米。

整个庄园布局严谨，各种功能的建筑整齐有序，堡门、堡墙、街道、民居、园林、牌楼、商铺等各种功能性建筑应有尽有。庄园以后街为纽带将各个分散的宅院彼此联系在一起，形成"临街门户依次开，堡门关闭如一堂"的局面。

在这上百处的房屋建筑中，处处雕梁画栋，其中的主体建筑不仅带有北方建筑雄浑方正的特色，相伴的园林建筑还有着南方古典园林的秀丽，这些建造精美的建筑也反映着常家的富庶和对高雅生活的追求。

古镇概述

地理位置

山西省晋中市榆次区。

气候特点

夏、秋季是最佳的旅游时节，春季风沙较大，冬季较为寒冷。

开放时间

（3—10月）08：00—18：30
（11月至次年2月）
08：00—17：30

门票

80元。

交通

榆次站—常家庄园
4路东环换乘12路，全程31站。
4路东环（晋华医院方向）：榆次火车站上车—结珲珠宝名店下车，乘坐10站。
12路（常家庄园方向）：结珲珠宝名店上车—常家庄园站下车，乘坐21站。

山西

景点品鉴

常氏祠堂：庄园中的"北祠堂"，修建于清朝光绪年间，历时3年完成。祠堂坐北朝南，按照南北中轴和东西对称分布，长100多米，宽25米，有三门四进，由和献厅、配厅、配房和戏台构成。整个祠堂的建筑风格呈现雄浑的气势，是我国北方现存规格较高、规模最大、结构最为完整、各项设施最完备的祠堂建筑群。

贵和堂：常家庄园建筑中是现存规模最大的一个堂，厅堂坐北朝南，内有楼房2座，房间73间。在厅堂内有两处全国之最：一是我国民居中最大的砖雕影壁；二是七开间的后楼被认为是民居中最高等级的建筑。

静园：是在几个园林基础上历经

住宿

➔ 晋中大庄园宾馆

地址：晋中东阳东清路口 108 国道 684 公路处

电话：（0354）2755388

标间：98 元左右

我国多位古建园林专家修复、改造而成的。静园占地 8 万多平方米，风格上汇聚北方的质朴豪放和南方的灵巧秀丽，内容上以野趣为主，各种小溪、水塘、回廊、甬道、亭阁、溪桥一应俱全，整座园林透着一股空灵、静雅和通透的韵味。

➔ 石芸轩书院： 常家的家族书院，因书院内珍藏着稀世珍品——石芸轩法帖而得名。整体上书院是一座园林式的建筑群，内有石芸轩大书院、私塾院和约斋书院三部分，其中碑廊是石芸轩书院的主体，里面收藏着四部大型珍贵碑帖：《石芸轩法帖》《听雨楼法帖》《常氏遗墨帖》《四十四帝后御笔帖》。

常氏祠堂

石芸轩书院

西文兴村
柳氏民居

古镇概述

在山西历山脚下坐落着一座有着600多年历史的古村落——西文兴村，这是唐宋八大家柳宗元的后裔聚居的地方，也是我国目前唯一的以同祖血缘世代聚居的原始古村落。唐朝时，柳宗元的族人为躲避灾祸，其中一支迁居于此，不断繁衍生息延续至今。

古村位于三山环抱之中，环境较为封闭，正是这样封闭的环境才让西文兴村在历史的动荡中保存得较为完好。古村依山就势而建，西高东低，四周青山环绕，春夏时节风光极为秀丽，各个民居建筑规划分布得极为整齐。整个西文兴村的民居建筑共分为三大部分，有外府区、中间区和内府区。

其中外府区位于古村的东段，是半封闭的状态，建筑主要有柳氏祠堂、虞帝庙、文庙、纸帛楼、天子殿、圣庙等；中间区是内外相连接的地方，建筑主要有文昌阁、校场、府外门楼以及内街；内府区位于古村的北段，是古村中的封闭区域，内有府内环形小街、司马第、中宪第、承德第、因秀楼和府门楼等建筑。整个古村的规划和建造可谓匠心独运，展现着古村建造者极其高超的工艺。

古村深厚的文化内涵，不仅体现在民居的建造和装饰上，在古村的生活、教育以及民风民俗上都有着丰富的文化内涵。古村中积累了大量的名人书画碑，这些碑刻中有朱熹、文徵明、王阳明等诸多名家的作品，在文风的熏染下，整个古村呈现出“古香古色、古风犹存，古箴古训、寓意深刻”的特色。

地理位置

➜ 山西省晋城市沁水县。

气候特点

➜ 温带季风气候，四季分明，冬长夏短，雨热同季，适宜春秋季旅游。

开放时间

➜ 全天开放。

门票

➜ 免费。

交通

➜ 晋城站—西文兴村

207路（柳氏民居方向）：文峰社区南上车—柳氏民居站下车，乘坐29站。

景点品鉴

➜ **魁星楼：**修建于清朝嘉庆时期，为祈求文运而建造，是古村中最高的建筑。在券门上有两块石刻很有特色，内涵丰富，分别是南侧的“光照艺林”、北侧的“三台五左抱”。

➜ **司马第：**一座四合院建筑，由前后两院连接组成的大型宅院，原是古村中一位官员的住所。在宅院的大门上悬挂有“司马第”的匾额，大门的两侧各有坐卧的石狮，进入大门就是一座雕刻精美的影壁，上面的雕刻图案丰富，各种雕刻技艺精湛。进入院中，两侧是对称的厢房，后院的大门上悬挂有“河东世泽”的匾额，似乎在诉说着主人家昔日的辉煌。

➜ **牌坊街：**古村中最为宽阔的街道，也就是主街，街道东西走向，贯穿整个古村，因有两座牌坊伫立在街道上而得名“牌坊街”。古时候的牌坊街是古村中最为繁华的街道，这里的商铺民居高低错落地分布在街道的两侧，南来北往的商客在此穿梭。如今两侧的民居早已斑驳，两座牌坊在历经风雨的冲刷后也有些风化松动，牌坊下的石狮虽然保存得相当完好，但已失去昔日的光彩。

夏门村
古村堡垒

古镇概述

在灵石县有一座秦王岭，据说是李世民进军关中驻扎军队的地方，在这里还发生了对唐王朝生死攸关的决定性战役——雀鼠谷大战。古时候的战火硝烟早已烟消云散，只能依稀可见的少许古战场遗迹，如今随着山势的起伏分布着密密麻麻的民居建筑，这里就是夏门村。

关于夏门村的来历，没有准确的记载，当地人说这里是夏禹的开山之处，后来人们为了纪念大禹就将名称改为夏门村。古村真正的发展开始于明朝万历年间，当时灵石县中四大家族之一的梁氏开始在古村中兴建古堡，断断续续到清朝光绪年间，历时 300 多年。凭借着古堡的建造，夏门村的规模不断扩大，成为一处宏大的古堡建筑群。

建造完成后的古堡依山傍水，地势开阔，峻岭峭壁为屏障，滚滚汾水为险要，古堡的风格不仅有着北方建筑的雄浑，也夹杂着南方水乡的秀丽玲珑，有着别样的韵味。

如今古堡中保存较为完好的建筑中有 60 多座民居院落、祠堂家庙 10 处、店铺 5 处、私塾 3 处、牌坊 5 处以及其他各种建筑多处，这些形式多样的建筑布局严谨、构造新颖，有着高超的建造工艺和较高的艺术水准。整座古堡建筑群雄伟质朴，在实用的基础上发挥创造，力求功能和美观的结合，浑厚中透着灵巧，极具建造的奇趣。这些民居建筑不仅可以作为居住之所，亦可作为景致欣赏，与南方的锦绣园林相比另有一番韵味，是北方汉民族堡式民居建筑群中一颗璀璨的明珠。

地理位置

➜ 山西省晋中市灵石县。

气候特点

➜ 温带大陆性气候，春季有风沙，夏季炎热，秋季最适宜旅游。

开放时间

➜ 全天开放。

门票

➜ 免费。

交通

➜ 灵石东站—夏门村

灵石 7 路换乘灵石一段纯，全程 43 站。

灵石 7 路（火车站方向）：灵石东站上车—李家沟站下车，乘坐 15 站。

灵石一段纯（下峪村方向）：小河北路站上车—厦门村委下车，乘坐 28 站。

景点品鉴

➜ **百尺楼：**一座修建于清朝乾隆年间的民居楼，由当时的夏门村村民梁枢所建，因楼高 49 米，故取名“百尺楼”。百尺楼长 15 米，宽 4 米，位于磐石上，两侧有峻岭峭壁和滚滚的汾河，地势非常险要。楼阁分为四层，下部是砖石结构建造，呈三孔窑和四孔窑，顶层的云厅为砖木结构。整座百尺楼巍峨高峻，在群山的环抱下如玉柱耸立在河水之畔。要是登高望远，远处壮阔的画面尽收眼底，要是在春季还能欣赏到夏门村著名的景色——“夏门春晓”。

➜ **关帝庙：**古村中保存较为完好的古建筑，修建于清朝道光年间，位于古堡建筑群的入口处，是一座两层的庙宇。关帝庙规模不是很大，有 700 多平方米，第一层是砖拱结构，第二层是砖木结构，如今这座历经百年沧桑的古建筑已经有些损坏，那斑驳墙体有的已经开裂。

窦庄村
夫人城

古镇概述

窦庄村又名“夫人城”，在我国的众多古镇名村中，似乎是古代唯一一座以女性的名字来命名的古村，之所以有这样的名称是因为其特殊的历史背景。明朝末年，天下大乱，各地豪强蜂拥而起，相互之间你争我抢，流寇、土匪肆意侵扰村庄，为了自保，很多村镇都兴开始兴建古城、古堡。在这样的背景下，明末张献忠手下的流寇侵扰窦庄村，但是三次进攻都在窦氏儿媳张氏的组织抵抗下失败，古村得以保存，于是村民就称古村为“夫人城”。

如此具有传奇色彩的历史让人惊叹，而整座古村的建筑也让人惊讶无比。古村的古堡建造始于明代中期大理寺正卿张五典告老还乡后，而古村的建造始于元朝，历经元明清三代。如今漫步在古村中仍可见到古村昔日的规模和构造。

古村三面环水、仅有西面紧依青山，外形为正方形，边长为500米，内部的古建筑众多，类型丰富，有城墙、民宅、庙宇、楼阁、祠堂、书房、校场以及大量的碑刻等。行走在古村中，不得不提古堡，这座规模较大的古堡是明代中后期晋东南地区著名的大型古堡建筑群，被认为是“乡村城堡建筑的代表作”“开启了乡村城堡建筑的先河”“研究明清时期北方民居建筑的最具典型代表作”“研究当地社会生活、经济发展、民俗民风的重要物证”。

古堡的整体布局呈“卍”形，城墙高12米、宽1.5米、全长2000米，由条石筑底，青砖垒砌，形成砖包土的构造，非常坚固，只是历经百年之后，如今仅存500多米。城墙上建有门楼，四角耸立有角楼，现存的南门高近10米，拱门的门额上有“南门”的字样，城楼上有炮台，城外还有护城河，从中可见古时候古堡的严密。

地理位置

→ 山西省晋城市沁水县。

气候特点

→ 四季分明，冬长夏短，雨热同季，最适宜春秋季旅游。

开放时间

→ 全天开放。

门票

→ 免费。

交通

→ 晋城站—窦庄村

106路换乘端氏—赵树理故居，全程14站。

106路（端氏汽车站方向）：皇城新区上车—端氏汽车站下车，乘坐4站。

端氏—赵树理故居（赵树理故居方向）：端氏站上车—窦庄站下车，乘坐10站。

景点品鉴

→ **窦氏宅院：**又称“尚书府”，是古村中规模较大的一座建筑群。宅院由上下两个部分组成，其中上院是朝东的棋盘六院，院落的门楼巍峨，高9米，宽5米，上面有尚书府的篆刻字样，周围有各种砖雕装饰。下院是三进的院落，门楼是八字形的四柱三门式的构造，其中在门楼前还有一块刻有“圣旨”的竖匾。整个建筑古朴典雅，有着官宦人家的风范。

→ **古松堂：**被认为是我国现存的非常罕见的一处吏治类古建筑。古松堂位于古村的北部，由公堂和监狱两部分组成，公堂有大厅和厢房，两侧有走廊连接，非常宽阔。大厅是古代的审判庭，两侧有审议厅，大厅宽敞明朗，充满威严。在大厅不远处有一处拱形的窑洞，由砖石构造，这就是当时的监狱，里面有大小不同的牢房用来关押犯人。

西湾村
特色民居汇集

古镇概述

地理位置

→ 山西省吕梁市临县。

气候特点

→ 温带大陆性气候，四季分明，9月份最适宜前旅游。

开放时间

→ 全天开放。

门票

→ 免费，小景点收取门票。

交通

→ 吕梁站—西湾村

可从吕梁站乘坐火车到柳林南站，然后再打车即可。也可以直接从吕梁站打车到目的地。

在黄河古镇碛口不远处坐落着一座古老的村庄——西湾村。这是一座有着 300 多年历史的古村庄，以独具特色的民居建筑闻名于世。

300 多年前，居住在黄河边上的陈氏家族中的陈师范借助黄河的水运逐渐发达起来，成为当地有名的富商。富裕起来后的陈氏开始兴建村落，也就是西湾村。村落背依石山，紧邻湫水，经过几百年的不断发展，古村的规模不断扩大，逐渐成为一座有着几十座宅院的城堡式古村。

关于古村的建造和布局，一位来自美国大学的教授曾这样赞誉道：“西湾民居不仅仅是山西当地人民几百年遗留下来的宝贵文化遗产，也是人类历史上对人居环境所创下的杰出典范。它体现了人与山地的完美和谐，最终创造出具有独特风格的‘立体交融式’的乡土建筑。”

因地处山岭之中，古村的主要建筑大多分布在两座石山中间，这些层层叠叠的民居建筑错落地分布在坡度为 30° 的山坡上，一层层向上延伸，整体布局不仅严谨合理，而且还很有讲究。

整个村落的民居宅院长 250 米，宽 120 米，按照金、木、水、火、土五行分布的街道将古村落中 30 多座古建筑联系在一起，使古村俨然成为一座防御严密的古堡。以天、地、人为含义的 3 座城门位于古堡的南边，这也是古村唯一的出口。

古村中的街道建造过程中因地形的限制，呈现出向上发展的模式，借助空间发展道路，这也是古村村民智慧的创造。街道的两侧有拱门洞，门洞上建有阁楼、人行道、排水等功能设施，使街道原本的功能更加多样灵活。

民居是古村的一大特色，是典型的晋西吕梁风格——一座院落被石台分为前后两部分。而在院落中，正房、廊房、亭台、碾房、磨房等各种生活设施都是不可或缺的。正房是窑洞，两侧的厢房是砖木结构的建筑，其中以阁楼式的建筑居多，磨房、碾房和柴房多位于一层，上面是后辈的住房。在建筑上多有砖雕和木雕，如今保留的建筑很多都是古时候官宦富商的民居，因此各种雕饰较多。

西湾村民居

景点品鉴

➜ 陈氏宗祠： 当地陈氏的宗祠，是一座砖木结构的宅院。宗祠在古村中有着举足轻重的地位，建造很是豪华，气派的大门、灰白的墙体、飞檐翘角的阁楼都是宗祠地位的象征。宗祠内部供奉着陈氏先祖的牌位，每年春节，陈氏族人都会来到宗祠祭拜。

➜ 陈宅： 陈师范本人的宅院，虽然宅院坐落在一个很普通的街道中，但是宅院的建筑、造型和装饰都是古村民居建筑中最为精美的一座。宅院的建造秉承着“藏富不露”的特点，外门是简单的两扇木板，进入内院才真正看到宅院的精华，二道门上的砖雕图案栩栩如生，两侧的石狮有着生动的姿态，之后就是居住的内院了。

娘子关镇
天下第九关

古镇概述

娘子关镇位于河北和山西的交界处，也是山西省的东大门，因为险要的地势和优越的地理位置，历代都是兵家必争之地，因此修建的娘子关也成为长城上重要的关隘，有着“天下第九关”的美誉。

古镇的历史可以追溯到隋朝时娘子关开通商道，此后古镇成为各地商客汇聚的交通要道。历经近千年的时光，如今的娘子关镇由大口村、小口村和娘子关村三部分组成。三座紧密相连的古村从上到下依次分布在绵河的岸边，潺潺不息的绵河水孕育着两岸茂密的树林，杂草芦苇丛生，将古镇点缀得犹如江南水乡一般。

依山而建的古村中保留了大量的石头垒砌的民居建筑，这些建筑有的已经有着百年以上的历史。一条明清时期的老街穿村而过，两侧伫立的民居建筑保持着古风古韵，青石板上的坑洼似乎在默默诉说着古村久远的历史。因财力不同而形成大小不一的民居建筑，高低错落，村中几个大姓族群原是古时候的商贾、守将的后代。

娘子关镇的水资源非常丰富，流经古村的清澈溪水成为村民生活中重要的部分，妇女们在溪边洗衣洗菜、孩子们在水边嬉戏玩耍，几架古朴的玲珑小桥在溪水上横跨，整个古村形成“人在水上走，水在屋下流”的格局。因为水源充沛，古村中磨盘的使用极为广泛，利用水能使各种磨盘日夜不停地转动，这也成为村民生活来源的一部分。

地理位置

➔ 山西省阳泉市平定县。

气候特点

➔ 温带季风气候，四季分明，冬夏长，春秋短，最适宜在秋季前往旅游。

开放时间

➔ 09：00—17：00

门票

➔ 56 元。

交通

➔ 阳泉站—娘子关镇

25 路换乘游 2 路，全程 40 站。

25 路（口腔医院（天成巷）方向）：火车站上车—宏苑一区站下车，乘坐 9 站。

游 2 路（平阳湖景区方向）：宏苑一区上车—娘子关关城站下车，乘坐 31 站。

景点品鉴

➔ **娘子关：** 长城上有名的关隘，有着“万里长城第九关”的称号，关隘原名为“苇泽关”，后来因唐朝的平阳公主曾率兵驻守于此，当时平阳公主的军队人称“娘子军”，故而得名。如今的娘子关是明朝嘉靖年间修建，有 650 米长的城墙和南、东关门，其中东关门为外城门，雄伟坚固，门额上有“直隶娘子关”的字样；南城门是内城门，门楼上悬有“天下第九关”匾额。整个关隘雄浑大气，有着“一夫当关万夫莫开”的气势。关隘上景点众多，有天寨、老君洞、妒女祠、烽火台、点将台、洗脸盆、避暑楼等十多处景点。

➔ **娘子关瀑布：** 古镇中有名的景致，又称“飞泉”，瀑布宽 6.5 米，落差 40 米，因位于娘子关而得名，是我国“十大水帘洞”之一。瀑布由山谷中多股的泉水汇聚而成，最后经断崖倾泻而下，几十米的汹涌水流好似一条白练悬空，极为壮观。历代的名人雅士来到娘子关都会来欣赏这条壮美的瀑布，秀美的水色与雄浑的军事关隘是娘子关最优美的景色。

民风民俗

➔ **娘子关镇社火：** 每年正月十六，娘子关的村民们都会自发地带上长矛、大刀、剑等道具上街，响锣鼓起社火，开始上演着古战场的故事。

➔ **放河灯：** 这是流传了很久的习俗，每年农历的六月初六，村民们会在晚上成群结队地将河灯置于水中，传说这个日子是河神的节日，村民们会在这一天祈求河神庇护。

➔ **上水石：** 上水石又称“吸水石”，一种能够吸水的神奇石头，可用于制作盆景或是假山材料。

师家沟
三晋第一村

古镇概述

山西多大院，闻名遐迩的有乔家大院、王家大院、常家庄园等，都是规模宏大的私人宅院，在山西省汾西县的群山环绕中，师家沟也有一座可与乔家大院、王家大院相媲美、能够名扬三晋的民居建筑群。虽没有乔家堡的显赫名高，不过稍显低调的师家沟早在清朝时就有“天下第一村”的称誉。

“北观乔家堡，南游师家沟”这句话形象地写出了师家沟丰富的底蕴。古村坐落在群山之中，所处的地形形似展翅的凤凰，大院就处于凤凰的心脏位置，四周地势南高北低，南面的河水经古村而过，藏风蓄水的地势将古村营造成一块宝地。

师家沟的形成和发展与师氏家族密不可分。从师家始祖师文炳定居师家沟开始，古村的规模不断扩大，在康熙至乾隆时期，由于晋商的不断发展，师氏家族的财富也不断增加。和其他的晋商一样，发达起来的师氏家族开始买田置地、大兴土木、兴建宅院，整个宅院的建造历经 200 多年，终于成为占地面积广阔的名门豪宅。

清朝中后期，师氏家族的后人师鸣凤和当时的名臣曾国藩以及众多名流官宦交往密切，师家沟也随之扬名，后来逐渐被人们称为“三晋第一村”。

地理位置

➔ 山西省临汾市汾西县。

气候特点

➔ 温带季风气候，四季分明，适宜在春秋季旅游。

开放时间

➔ 全天开放。

门票

➔ 免费。

交通

➔ 临汾站—师家沟

从临汾站乘坐火车到霍州东站，再从霍州东站打车到目的地。也可以直接从临汾站打车到目的地。

景点品鉴

➔ **师家大院：**大院始建于清朝乾隆三十四年，建造历时 80 多年，总占地规模达 10 多万平方米。整座大院有院落 31 座，以二三四进院落为主，分别设有正房、客厅、偏房等，每个部分走廊和门洞相连，形成“走进一家院便串全村门”的整体格局，这样的建造不仅能够借助山势将整个建筑建造得浑然一体，有着独特的建筑风格，而且还能保持家族的团结和睦，充分展现师氏家族在宗法制下的封建家族的风貌。除主体的建筑之外，大院内还有酒坊、醋坊、染坊、油坊、当铺、药店等，整个宅院犹如一座设备完善的古城。

➔ **雕刻：**师家大院的雕刻异常丰富，数量之多、图案之丰富、雕刻之精美都令人叹为观止。如今保存的各种木雕、砖雕、石雕有上百处，分布在门楼、门额、窗棂等上面的雕刻精致，艺术精湛，保存在门楼和槎廊上的花草、人物等木雕图案都是我国木雕艺术的珍品。悬挂在门额上的木砖刻匾额，书法技艺高超，神韵非凡，是难得的书法艺术精品。

➔ **苏三监狱：**因《苏三起解》《玉堂春》而闻名，是国内现存唯一一座明代形制的监狱，建于明朝洪武年间，已有 600 多年的历史。监狱共有 20 多间牢房，分普通牢房与死囚牢房。每间仅有 4 平方米，不见天日。监狱中陈列着明代律法与刑具。

皇城相府
东方古堡

在巍巍绵延的太行山脉深处，静静悠悠的沁河之畔，静立着一座享誉全国的历史名城巨府、国家5A级景区——皇城相府，犹如一颗闪耀着熠熠光芒的明珠。

皇城相府，光听名字就有一种富贵气，既是皇城又是相府，可见其辉煌的历史。府邸本是清朝文渊阁大学士、康熙皇帝的老师陈廷敬的故居。整个故居是一座由众多高大巍然、建造精美的建筑组合而成的建筑群落。

依山傍水、鳞次栉比的皇城相府是官式宅院，风格肃穆庄严，有着威严的气派。宅院的布局也很巧妙，是一个头朝北方的“龟”形建筑，巧妙的布局使之轮廓鲜明，昂起的双眼仿佛在注视着什么，正因如此，皇城相府也被称为“龟城”。

之所以叫皇城，不仅因为它是帝师故居，更和康熙皇帝的两次驾临有关。证据就是位于外城中道庄西门外的御书楼，俗称皇阁楼，是陈廷敬的三子为了感恩皇帝对其家族的恩宠而特意建造的。“春归乔木浓荫茂，秋到黄花晚节香”，遒劲有力的“午亭山村”四个大字是康熙皇帝亲临此地时赐给陈廷敬的御宝，更代表了皇帝的天威和相府巨大的荣耀。

“冢宰总宪”“五世承恩”“一门衍泽”，石牌坊上刻尽了陈氏一门的光荣与辉煌，成为陈氏家族光宗耀祖、无限恩荣的标志。“德积一门九进士，恩荣三世六翰林”，在200多年里，陈氏尊崇科举，诞生了众多的进士举人、名人雅士。著名的“点翰堂”里记录着陈家第六位翰林在康熙帝的钦点下诞生。陈家的一片赤胆忠心照射出北方第一文化巨族的无限荣光。

古镇概述

地理位置

➜ 山西省晋城市阳城县。

气候特点

➜ 温带季风气候，四季分明，一般适宜夏秋季前往旅游。

开放时间

➜ 夏08：00—18：00
冬08：00—17：00

门票

➜ 旺季（4.1日—10.31日）120元
淡季（11.1日—次年3.31日）100元

交通

➜ 晋城站—皇城相府
可从晋城站打车至皇城相府，也可以从晋城站换乘多次公交到皇城相府。

漫步在皇城相府，满眼都是厚重的历史底蕴，那一砖一瓦都带着岁月的气息。当人们穿梭于相府之中，就像穿越时光来到了清朝，既能感受到当时陈氏家族的大富大贵，又不禁为这样一座宏伟的建筑群落拍手叫绝，这里真是一座让人心生敬佩的“东方古堡”啊！

御书楼

景点品鉴

家宰第：即“大学士第”，府邸修建于公元1700年，是一座坐北朝南的民居四合院。走进大门就是一座八字影壁，两侧的厢房有走廊相连，进入二门就是宽敞的方形庭院。院中正北的厅堂中悬挂着“点翰堂”的匾额，这是康熙帝为陈氏一门同时出现三位进士而亲自题写的匾额。再往里走就是内宅，西侧是通往花园的通道，之后就是小姐苑。

止园：相府里最大的一个花园，山石、林木、花草、池塘、亭台楼阁一应俱全，堪与南方园林相媲美，也是过去文人墨客饮酒作诗、怡养性情之地。站在园中，亭台楼阁，凭栏远望；小桥流水，春意盎然，在走廊的拐角处蓦然回首，如同置身于清幽静雅的山水画中。

河山楼：皇城相府的标志性建筑，名称取自于“河山为固”之意。楼阁的建造有着特殊的历史背景，明朝末年，当地抵御流寇侵扰建造了这座高30多米的七层楼阁，不仅可以御敌，还可以容纳避难。在历经400多年的沧桑后，这座巍峨壮观的楼阁依然屹立不倒，成为当地的象征。山河楼也叫作风月楼，在平静时期此处是登高观景的好去处，举目四望，各处风景尽收眼底。

家宰第

河山楼

住宿

明朝特色客栈
地址：润城镇中庄村
电话：13935645803
标间：99元左右

途窝假日酒店
地址：北留镇郭峪村东峪口2号
电话：（0356）4858858
标间：175元左右

贵宾楼
地址：皇城村内
电话：（0356）4858600
标间：300元左右

特色美食

在哪吃

贾晋阳饸饹馆

一家典型的山西餐馆，里面不仅有饸饹等各种面食，还有很受欢迎的铜火锅，人均消费在27元左右。

电话：15135616999
营业时间：09：00—21：30
地址：皇城相府古文化街53号

代县
威震三晋

古镇概述

地理位置
→ 山西省忻州市。

气候特点
→ 温带大陆性气候，气候较为温和，最佳旅游时间为每年的夏季。

开放时间
→ 全天开放，个别景点另有开放时间。

门票
→ 边靖楼 15 元；阿育王塔 20 元；文庙 15 元；雁门关 90 元。

交通
→ 忻州站—代县
可从忻州站乘坐火车到代县站。

住宿
→ **代县五峰酒店**
地址：代县 108 国道西关牌楼旁
电话：（0350）5238333
标间：258 元左右
→ **开普顿快捷酒店**
地址：代县大南街信用联社对面
电话：（0350）8107777
标间：129 左右

如果在我国寻找一座拥有历史上如李牧、郭子仪、薛仁贵、杨家将等诸多军事名家的古代城池，那么代县一定是不能缺少的。代县在春秋时期称为“代国”，西汉以后直至金都称“雁门关”，元代以后称“代州”，民国时改为“代县”。历史上代县古城地处恒山和五台山之间，巍巍的雁门关屹立中间，北方是茫茫的蒙古高原，南部是富庶的盆地，以险要的地理位置和坚关固守闻名于世，历代都有名将驻守于此，刘邦、隋炀帝、李自成都曾在此困守，可见其在历史上的重要地位。

明朝初年，代县不断遭受到北方少数民族的侵扰，朝廷在代县一带加强防御，建造加固长城，不断扩大军事设施，兴建了一大批规模宏大的古建筑。著名的长城关隘雁门关扼守险要、连接长城；巍峨的边靖楼犹如方印镇压三关；规模宏大的文庙散发着缕缕的文运，气盖三晋；著名的杨家将祠堂诉说着忠武；西域风格的阿育王塔展示着中外的文化交融，各个功能不同的古建筑都在讲述着代县这座历史古城的辉煌。

作为边塞古城，这里当然少不了刀光剑影，在代县这座古城中有史书记载的大小战争就达 1700 余次，其数量之多、规模之大，实在罕见。在这金戈铁马之中，不乏名人雅士的身影以及传颂千古的名章佳句。从南朝的鲍照开始，到唐代的陈子昂、李白、王昌龄，北宋的政治家范仲淹等众多名家都曾来到代县，一览这里的雄浑壮阔，留下不朽的篇章。

景点品鉴

→ **边靖楼：**代县的标志性建筑，又称谯楼、鼓楼，始建于明朝洪武初年，明朝中期被火焚毁后重建，之后不断加固修缮。边靖楼通高 40 米，是砖木结构的巨型建筑。整座边靖楼由券洞台基和三层四檐歇山顶楼身两部分组成，其中台基高 13.3 米，楼身高 26.7 米。楼阁的建造宏伟中透着精巧，梁架结构合理，连接严密。在楼的南面有两块匾额，一是“声闻四达”匾，由雍正皇帝题写；二是“雁门第一楼”匾，由道光皇帝所书。最著名的匾额是北面由雍正所写的“威镇三关”的匾额。

→ **文庙：**一座金碧辉煌、宏丽巍峨的古典祭祀建筑群，始建于唐代，元代时重修。庙宇坐北朝南，分为

山西

前中后三院，其中前院有戟门、泮池、棂星门；中院是主要的建筑大成殿；后院为崇圣祠。整座院落内还有忠义祠、文昌阁、明伦堂、节孝祠等建筑。

➜ **雁门关：**在古代有着“天下九塞，雁门为首”的说法，可见雁门关的重要地位。雁门关地势险要，历代都是军事驻守的重地，如今的雁门关是明朝洪武七年开始修建的关隘。清代以后，由于北方的少数民族侵扰减少，雁门关的作用逐渐降低，关隘也逐渐变得荒芜，如今仅存东门、西门、小北门三个门洞以及其他的零星建筑。

边靖楼

雁门关

山东
Shandong

山东古称“鲁”，因位于太行山以东而得名。山东的历史悠久，文化源远流长，是我国儒家文化的发源地。山东诞生过许多著名的历史人物，在我国历史上占据着极其重要的地位。

深厚的历史底蕴为山东辉煌灿烂的古镇文化增色不少，这里的古镇数量虽不是很多，但都规模宏大，有着丰富的文物古迹。由于独特的地理位置，历史上的山东多次遭受战争的毁坏，大量的古镇、古城、古村在战火中遭到毁坏，如今保留下来的古镇多是规模较大的古城或是后来重建的。

古朴厚重是山东古镇的特色，悠久的历史、深厚的文化积淀和错落的古建筑让一个个古镇古韵悠悠。虽不是江南民居的清素淡雅，却也有着别样的古镇风貌，让人走进其中就能感受到历史的厚重。

南阳镇

运河古镇

古镇概述

地理位置

➜ 山东省济宁市微山县。

气候特点

➜ 温带季风气候，四季分明，春秋季适宜旅游。

开放时间

➜ 全天开放。

门票

➜ 不收门票，往返船票 50 元

交通

➜ 济宁站—南阳镇

可从济宁站打车至南阳镇，全程约 48 千米，大约需要 110 元。

在秀美的微山湖畔有一个小型的湖泊 —— 南山湖，而南阳镇就坐落在南山湖中，这种“岛在水中、河在岛上、镇在湖内”的独特奇观就是对南阳镇自然环境的最好描述。古镇地理位置优越，不仅是京杭大运河上最具特色的古镇，而且紧靠着山东地区三大城市群，周围还有儒家圣地曲阜、牡丹之乡菏泽等，可谓是条件优越。

南阳镇的历史和运河的建造密不可分，从元朝这里建造南阳闸开始，至今已有近 800 年的历史。明朝初年这里成为繁华的商埠，凭借大运河的便利水运，南阳镇成为各种物资、商人、商船的中转站，繁盛的时候甚至还被称作是“小苏州”。

凭借着便利的水陆交通，发达

起来的南阳镇大兴土木，不仅使当地的民居建筑规模逐渐扩大，而且皇粮殿、火神庙、魁星楼、文公祠等各种建筑也依次完工，南下江南的皇帝也多次在此停歇，留下诸多的文物古迹。

作为京杭大运河上的四大名镇之一，南阳镇的地理环境很是独特，下辖的村庄犹如一朵朵荷花散落在湖水中，相互之间的来往必须乘坐小船，这样河湖串联、水路交错的古镇环境在我国的古镇中也独属一份。

古镇的街巷多以青石板铺就，都显得很窄小，小街两旁的商店一家挨着一家，有着浓郁的商业气息。小街尚存的古老房子已不再是店铺，当地老人说这都是明清时的建筑。南阳小巷曲曲折折，民居建筑也并不很规整，不过任何一条小巷都会通向古运河。如果在小巷迷失了方向，只要问运河在什么方位就行了。

在南阳镇，当地的夜市又称早市，因湖上鱼鲜交易的需要而形成，一般从半夜后开始。一直持续到近中午，原来单一的鱼市逐渐发展到售卖各种货物，当然鱼的交易还是相当红火。这里没有拥堵的人流，没有喧嚣，呈现的是一种原生态的静谧和安详，让人可以放心而惬意地乘坐小船四处游玩，领略一番秀美的水乡景色。

状元楼

山东

景点品鉴

不沾地旗杆：清康熙年间，当地的马姓族人有两人分别考中文武举人，就竖立两根旗杆以示纪念，旗杆立在四块石头筑成的石基上，因此当地人称“不沾地旗杆”。后来皇帝南巡经过此地，赏赐建造了滚龙门槛，因是皇家之物，所以此后不论大小官员来此都要行礼。如今，这两根旗杆仍保留在石基上。

大禹庙：因南阳镇地处湖水之中，为防止湖水泛滥淹没村庄，古镇的人民就建造大禹庙以祭祀，祈求大禹的保护。大禹庙的建造年代已无法准确判定，庙宇的规模不是很大，古时候每逢节日这里都很热闹，人们纷纷来祭拜。

御宴房：康熙皇帝南巡时在南阳镇停留，这座低矮土屋就是御膳房。如今看来这座古时候皇帝专属的御膳房，灰色的木门搭配着青砖土墙显得格外简陋。

南阳十六景：月河揽胜、邢庄观漕、老街商行、杰阁跨河、古寺福佑、御宴怀古、忠孝坊影、荷塘飞渡、湖里渔家、长桥卧波、皇帝踏岸、荷塘月色、水上鱼跃、漕河柳岸、鱼塘夕照、南店佛阁。

新城镇
渔阳故里

相传在春秋时期，当时的齐桓公爱好游猎，经常建造高台，圈围草地，后来就形成了两座县城。到了元朝初年，驻扎在当地的军队建造高台并筑城，人们就将城池称为“新城”，后来不断演变发展成为乡镇。

新城镇不仅有着悠久的历史，还有着优美的自然风景，其中马踏湖的风景最为秀丽，为古老的城镇增色不少。历史悠久的新城镇拥有众多的名胜古迹，如今这里保存着四世宫保坊、忠勤祠、王渔洋故居、齐桓公戏马台、北极庙、钟楼、新城文庙和常平仓等历史名胜遗迹。

人杰地灵的新城镇拥有着深厚的人文底蕴。明清时期，这里主要是有沈、王、徐、耿、伊、傅六大家族，各个家族中出现过不少进士举人、文人雅士。据记载，仅王氏一族历史上就出现过进士 31 人，举人 46 人，出来做官的有 112 人，保留下著作的有 50 多人，可谓是人才荟萃。最为著名的要数康熙年间的刑部尚书王士，一生清廉公正，留有多种著述，被誉为“一代诗宗”“文坛领袖”。

古镇概述

地理位置

➔ 山东省淄博市桓台县。

气候特点

➔ 温带季风气候，气候温和，一年四季都适宜旅游。

开放时间

➔ 全天开放。

门票

➔ 免费，小景点收取门票。

交通

➔ 淄博站—新城镇

162 路换乘桓台 622 路，全程 38 站。

162 路（后孙方向）：淄博火车站上车—王家店站下车，乘坐 32 站。

桓台 622 路（辛庄方向）：王家店路口站上车—新城镇政府站下车，乘坐 6 站。

景点品鉴

➔ **忠勤祠：**王氏家族的宗祠，始建于明朝万历年间，后来重修为王士纪念馆。纪念馆南北长 88 米，东西宽 43 米，堂内有 8 根合抱的圆柱支撑，内壁上还有 85 块碑文石碣，都是历代书法名家的刻字。此外，纪念馆内还有王士著述的诗文手稿、1 座四面碑和 9 座石碑。

➔ **齐桓公戏马台：**相传为春秋时期齐桓公养马的地方，如今戏马台南北宽 104 米，东西长 135 米，比之明清时期几乎缩小了一半。戏马台南缓北陡，古时候还曾是当地县衙的所在地，原先还建有桓景庙，后来被毁坏。

忠勤祠

四世宫保牌坊

➜ 耿家大院：是明朝父子进士耿鸣世、耿庭柏的故居。清朝中期以后，耿家成为新城镇最具实力的家族，镇内店铺众多，其家族居住的院落也成为古镇中最大的院落，在当地有“新城王半朝，不如耿家一根毛”的说法，可见家族之盛。如今大院仍存在四套院落，共有房间60间，还保留有“三世宫保”牌坊。

➜ 四世宫保牌坊：是王氏后代子孙为纪念明代兵部尚书王象乾及其父、祖父、曾祖父所立的牌坊，其中牌坊上的“四世宫保”还是著名的书法家董其昌所题写。牌坊是宫殿体的样式，用砖石建造，两侧有8座威武的石狮，牌坊上雕刻着各种瑞兽花草，栩栩如生。整座牌坊造型细腻、雕饰精美，集古代建筑、雕刻、书法艺术于一体，为国家级重点保护文物，有“华夏第一砖坊”的美誉。

朱家峪
齐鲁第一古村

古镇概述

地理位置

➜ 山东省章丘市官庄镇。

气候特点

➜ 温带季风气候，四季分明，雨热同季，春秋季适宜旅游。

开放时间

➜ 08：00—18：00

门票

➜ 10元

交通

➜ 章丘站—朱家峪

章丘9路（台头东站方向）：火车站上车—朱家峪站下车，乘坐22站。

在山东的古镇中，朱家峪算得上是比较有名的一个，有着“齐鲁第一古村，江北聚落标本”的美誉，是国家 4A 级景区。明朝洪武初年，河北枣强的朱氏家族迁居于此，至今已有 600 多年的历史。朱家峪原称为城角峪，后改为富山峪，由于迁居于此的朱氏家族是国姓，就将古村改为朱家峪。

历经几百年之后，朱家峪依然保存着古时候的风貌。整个村落呈梯形分布，高低错落，呈现出自然姿态。古村周围青山起伏，村中的溪水静静流淌，如画的景色、悠久的历史让朱家峪这座古村有着别样的魅力。如今在古村中保存有祠庙、楼阁、石桥、古道、古泉等大小景点 80 多处，被誉为“齐鲁第一古村，江北聚落标本”。

独特的自然环境、深厚的历史底蕴自然吸引着众多世人的目光，多位文人墨客来到朱家峪吟诗作赋，留下墨宝。还有很多影视剧在此取景拍摄，像著名的《闯关东》《黑白往事》等都曾在此地拍摄，这些也充分展示着朱家峪浓郁的古村古韵。

人杰地灵、注重文教的朱家峪一直都是人才辈出，在 600 多年的历史里出现了不少进士举人。清末民初，这里新建了十七座学校，其中的山阴小学至今仍在。以朱家峪面积之小，这种密度着实罕见。1932 年，这里还兴建了女子学校，这是我国农村建造比较早的女子学校，极具意义。

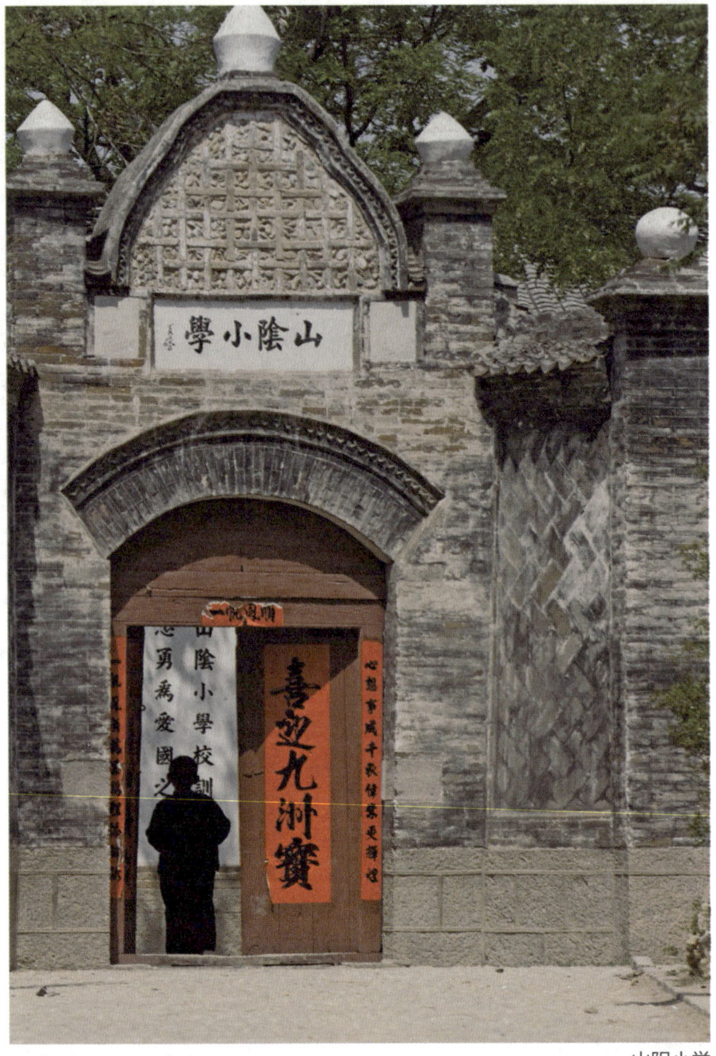

山阴小学

如今的朱家峪古朴自然，随着旅游业的开发，街道两边有很多小商店，售卖着各种小巧的商品。零零落落的游人和玩闹的小孩子在街道上穿梭，整个古村呈现一派祥和的画面。

景点品鉴

➜ **朱氏家祠：**始建于清朝光绪初年，民国时期重修，是朱氏家族祭祖之地。祠堂有内外两院，堂前原有 4 棵高大的树木，如今只存一株百年的桧柏。内院是家祠的主体建筑，由青石砖构造，各种祭祀的建筑应有尽有。每年的新年第一天，朱氏后人就会聚集在家祠内祭拜祖先，祈求护佑。

➜ **关帝小庙：**古村中一座不大的关帝庙，建于清朝嘉庆年间。古庙坐北朝南，四面墙壁中一面紧靠古村的北墙，其余三面是由青石砖垒砌。在古庙内有关帝的塑像，正对着大门，威风凛凛。

➜ **文昌阁：**也称“危阁连云”，在古村中文昌阁可谓是历经岁月，自清朝道光十八年建成后一直保存完好，从未被修复，可见其坚固。上下两层的文昌阁上有阁楼，下有阁洞，由青石砖建造，屋脊上大型的砖雕二龙戏珠精美非常，被认为是“清代砖雕精美之作”。

聊城
江北一都会

古镇概述

地理位置

➜ 山东省聊城市。

气候特点

➜ 温带季风气候，四季分明，适宜春秋季旅游。

开放时间

➜ 个别景点另有开放时间。

门票

➜ 免费，个别景点收取门票。

交通

➜ 可以坐火车前往聊城，然后乘坐公交或自驾到达各景点。

➜ 济南站—聊城

从济南站乘坐火车，即可到达聊城站。

聊城位于山东省西部的鲁西平原，华北、华中、华东三大区域的交界处，也是山东省的西大门，因城内古时有聊河而得名。聊城境内不仅有波澜壮阔的京杭大运河穿城而过，还有东昌湖环抱古城，是一座名副其实的北方水城，素有“中国北方的威尼斯”之称。

聊城这座屹立在北方的水城，历史悠久，其建城史可追溯到六七千年前的龙山文化时期，到了夏商周时期已经成为一座手工业和农业相对发展较快的城市，而最辉煌的阶段则是明清时期，因便利的水陆交通成为沿岸九大商都之一，400多年来繁荣不衰，有“江北一都会”之称。

漫步在古城中，随处可见历史的遗迹，随时可感受到古文化的魅力。其中，位于聊城旧城腹地的光岳楼，又称“余木楼”“东昌楼”，是我国十大名楼之一，始建于明洪武七年（公元1374年），因其是宋元建筑风格向明清建筑过渡的木构楼阁的代表作，所以在我国建筑历史上具有不可替代的重要作用，“虽黄鹤、岳阳亦当拜望”。

这座聊城古文明的典型代表筑于高台之上，四层高木质楼阁飞檐翘角、装饰精美、雕刻精细，远远望去，既雄伟壮观又恢宏大气。这座巍峨的楼阁还颇受帝王将相、文人名士的欢迎，他们登临此楼一览胜景，并赋诗作词加以吟诵赞美，留下了众多诗文、词文。此外，楼内保存的众多名人题刻、匾联尤为珍贵。

东昌湖有着“南有西湖，北有东昌”的美誉，水波荡漾、晶莹澄澈，秀美的湖光水色与聊城古城区的古朴风韵交相辉映，共同打造出一个独具湖城风貌的江北水城。灵气十足的聊城自古以来就人才辈出，传说中的伏羲、仓颉，战国孙膑，三国曹植，南宋岳飞等众多的名士英雄，皆出自聊城。

住宿

➜ **聊城半日闲美宿**

地址：古楼城墙路39号

电话：15666735776

标间：382元左右

➜ **花筑·聊城半日闲湖景民宿**

地址：古楼南城墙路光岳府E5—2号

电话：17661832575

标间：378元左右

景点品鉴

➜ **海源阁：** 位于聊城光岳楼南的杨氏宅院内，始建于清道光二十年（公元1804年），为清代四大藏书楼之一，也是聊城文风昌盛的标志。阁楼内部藏书种类之丰多达4000余种，藏书数量之多竟达22万余册，其中更不乏众多宋元时期的珍本，是杨氏四代人的心血，享有“四经四史斋”“琅嬛之府、群玉之山”

光岳楼

等众多美誉。

➜ **光岳楼：** 也称“余木楼”，是聊城的象征，始建于明朝洪武七年(公元 1374 年)，是我国现存明代楼阁中最大的一座。建筑上呈现由宋元向明清过渡的风格。光岳楼由楼基和主楼两部分组成，总高 33 米。楼基为砖石砌成的方形高台，主楼为四层的木结构，四面斗拱飞檐，有回廊勾连。楼内匾、联、题、刻琳琅满目，内容丰富，意义隽永。

➜ **景阳冈：** 家喻户晓的武松打虎就发生在这里，如今已成为聊城重要的旅游景点，有众多的景观景色。

➜ **东昌湖：** 聊城最为秀美的景色，不仅是秀美的水色，也有代表深厚历史的聊城古城，历史上的《水浒传》《聊斋志异》《金瓶梅》《老残游记》等名著都对东昌湖有描述记载。

东昌湖

特色美食

吃什么

➜ **板托豆腐：** 当地的传统名吃，因古时候的摊主经常把做好的豆腐放在特制的长板上，故取名板托豆腐。板托豆腐口感细腻、味道香甜，具有丰富的营养，便于人体消化吸收，是方便可口的美食。

➜ **武大郎烧饼：** 当地的名吃，开始称为“炊饼”，后来被称为“武大郎烧饼”，因名著《水浒传》而全国闻名。武大郎烧饼色泽金黄，口感酥脆，喷香可口，在聊城的很多街边小店都能吃到。

➜ **八批果子：** 聊城中有名的传统小吃，是一种油炸椭圆形的小吃，外观金黄、口感酥脆，在聊城路边的点心店里都能找到这种小吃。

➜ **驴肉：** 驴肉加工在当地已有 300 多年的历史，当地人招待客人时有“无驴肉不成宴”之说，众多的驴肉美食中以驴肉火烧最为出名，其中用高唐地区的驴肉制作的火烧味道最好，最受当地人喜爱。

在哪吃

潘佳驴肉

聊城中评价很高的一家餐馆，以山东菜为特色，而且还有各种小吃，如饼卷驴肉、南瓜粥等，价格不贵，人均消费 62 元左右。

电话：（0635）3957936

营业时间：07：30—22：00

地址：金城东路天齐庙商场北门旁

台儿庄
天下第一庄

古镇概述

地理位置

➜ 山东省枣庄市台儿庄区。

气候特点

➜ 温带季风气候，四季变化明显，适宜春秋季旅游。

开放时间

➜ 全天开放。

门票

➜160 元。

交通

➜ 枣庄站—台儿庄古城

B10 路（台儿庄古城方向）：京沪高铁枣庄站上车—台儿庄古城站下车，乘坐 17 站。

山东

台儿庄，位于山东省枣庄市，历史上的台儿庄形成于汉朝，发展于元代，繁盛于明清。有记载这样形容台儿庄的繁荣富庶：“商贾云集，船舶迤逦。入夜，一河渔火，歌声十里，夜不罢市。”乾隆皇帝第四次南巡至此，看到此情此景，便称赞这里为“江北水乡”，更御笔亲书“天下第一庄”。

台儿庄经历了繁盛，也经历了战争，很多人知道台儿庄是因为那场著名的台儿庄大战。1938 年春，在当时方圆不足2平方千米的台儿庄小城内，李宗仁将军指挥的国民党军队与日军浴血奋战，最终以惨痛的代价赢得了台儿庄大捷。当时“满街瓦砾、沙土，所有房屋，无不壁穿顶破，箱柜惨败……”在侵略者残酷的炮火中，古城台儿庄化为焦土。为了再现昔日的辉煌，重建成为人们的梦想。

在经历多年的重建后，昔日的商号、店铺如雨后春笋林立起来，河道中舟楫如梭，百舸争流，街巷丝竹声不绝于耳，“水旱码头”又神话般地崛起。

在这里，各色古韵尽现在眼前：斑驳的石阶水门、粗犷的纤夫村落、弯弯曲曲的月河街……玲珑小巧的民居建筑、厚重恢宏的城门楼……无不体现着台儿庄多彩的文化。这里还有巍峨的泰山、儒学圣地孔庙、香火旺盛的关帝庙、高大宽敞的基督教教堂……展示着台儿庄融汇百家的开放胸襟。喜庆欢快的渔灯秧歌、声音震天的运河花鼓、歌声悠扬的运河号子……无一不表现出台儿庄丰富多彩的运河文化。

有人说“台儿庄因战而名”，那么古老的台儿庄则“因河而兴”。在广阔的微山湖东口，台儿庄运河蜿蜒曲折一路流向东方，经过平坦的鲁南大地，与大运河相会，这段婉转静幽的河流被人们称为“最后一段活着的运河”。

台儿庄不仅是梦乡、水乡，更是人文气息浓厚的文化之乡。在非物质文化博览园，有着令人目不暇接的各种手工艺品，如图案好看的油纸伞、惟妙惟肖的泥塑等，还有着各种花样百出的杂耍，精彩纷呈，博得游人热烈的掌声。台儿庄古城还重建了以往的“四百”，即百庙、百馆、百业、百艺。这些传统的文化无不展现出台儿庄这座古城悠久的历史文化气息。

依偎在运河母亲的怀里，台儿庄古城经历了岁月的沧桑和炮火的洗礼，然而，那深厚的文化底蕴和独特的水乡古城风貌却始终如一，波光潋滟的运河载着台儿庄人的热情与勤劳，宛如一个恬静含笑的少女，悄然而立，迎接四方宾客……

➔ 台儿庄大酒店
地址：台儿庄区台儿庄兴中路110号
电话：（0632）6628266
标间：120元

➔ 枣庄风雅颂客栈
地址：古城大衙门中段66—2号
电话：（0632）6857788
标间：268元左右

唯美的台儿庄夜景

景点品鉴

➔ 步云廊桥： 古桥修建于明朝末年，是一座横跨运河的廊桥，因建造者为当地的官员，于是就取“步步高升”的寓意取名“步云廊桥”。如今的廊桥是当代重建的，在这里不仅能够欣赏秀美的运河风光，也能带来步步高升的运气。

➔ 参将署： 古称“大衙门”，始建于清康熙中期，是当时三品参将的行署，主管运河的修筑和漕运的安全，如今是台儿庄古城重建博物馆。

➔ 台儿庄大战纪念馆： 为纪念台儿庄大战而建立的展馆，内部通过展列、图片、影视、全景等方式展示着那场惊心动魄的战争。整个建筑气势宏伟，其中展览馆展示着当时作战双方的资料以及文物，书画馆展示着参战将士的书信，影视馆集中播放当年拍摄的纪录片和各种视频，全画馆是目前唯一一个以抗战为内容的全景画馆，形象的画面让人身临其境。

➔ 大河行舟： 一条长约 110 米、宽 60 米的船形街道，因形似扬帆起航的巨船，寓意“大河行舟，一帆风顺”。在这条船形街上还塑造和绘制了许多小船，中间的那艘按照乾隆南巡时的龙舟样貌刻画。船上还有可以举办各种演出的后乐亭，经常上演着当地的戏剧节目。这样造型新颖、功能齐全的船形街在台儿庄这座古城中可谓是奇特。

➔ 台儿庄古城： 中国第一座、世界第三座纪念第二次世界大战的古城，古城内水系发达，水道遍布全城，水上舟楫往来不断，俨然一座东方水城。古城内各种建筑汇聚，建筑风格多样，70 多座庙宇坐落在古城中，凭借着便利的运河水运，形成了南北交融的古城文化。如今的台儿庄古城是国家 5A 级景区，丰富的运河文化、齐鲁文化和战争文化在这里汇聚交融，成为齐鲁大地上一颗明珠。

步云廊桥

参将署

台儿庄古城

特色美食

吃什么

历史悠久、地处运河中转站的台儿庄是众多文化的交流孕育地，南来北往的客商带来了丰富多彩的饮食文化，也孕育出众多的传统美食，以面食为主。

➜ **清真糁汤：**台儿庄当地一种用鸡汤和麦仁一起熬制的风味美食。糁汤味道清淡，口感香浓，一般在当地作为早餐食用，不仅口感好，而且营养丰富。

➜ **煎饼：**家喻户晓的山东小吃，在台儿庄也随处可见，不仅可以作为早餐食用，还可以作为餐桌上的主食，配上咸菜、辣椒和青菜，也是一种很不错的风味美食。

在哪吃

台儿庄一绝运河鱼馆

比较像农家乐的一家餐馆，味道好、分量足，环境干净。招牌菜：运河鲤鱼、辣子鸡。人均消费 51 元左右。

电话：15562218780

营业时间：10：00—22：00

地址：箭道路台儿庄古城内美食街杨威桥下路东 16 号

蓬莱
人间仙境

古镇概述

地理位置

➜ 山东省蓬莱市。

气候特点

➜ 温带季风气候，全年气候温和，四季分明，夏季是蓬莱旅游的最佳季节。

开放时间

➜ 全天开放，小景点另有开放时间。

门票

➜ 个别小景点收取门票。

交通

➜ 蓬莱市站—蓬莱阁景区

蓬莱 7 路（新汽车站方向）：火车站上车—蓬莱阁东站下车，乘坐 27 站。

蓬莱，这座坐落在胶东半岛北端的历史文化名城，因西汉武帝东巡访仙，望见海中仙山蓬莱而筑城，并以之为名。有“八仙过海”的神话传说和秦始皇汉武帝访仙求药的历史故事，还有“海市蜃楼”的奇观，令它名扬天下，有着“人间仙境”的美誉。

相传，古时仙人们居住在东海之上的“蓬莱、方丈、瀛洲”三座仙山上，那里的楼阁殿宇金雕玉砌，装饰更是金碧辉煌，华丽壮美，令

住宿

➔7 天连锁酒店

地址：蓬莱市登州路 53 号

电话：（0535）3355999

标间：80 元左右

➔ 如家快捷酒店

地址：蓬莱市海港路 80 号，海洋极地对面

电话：（0535）3464766

标间：110 元左右

人长生不老的灵丹妙药应有尽有，吸引着秦始皇、汉武帝等帝王。这些虚无缥缈的神话和流传至今的历史故事，为三仙山抹上了一层神秘的色彩，令人对其充满向往。

今日，坐落在黄海之滨的三仙山，虽没有仙人与仙丹，却是一处休闲娱乐、度假观光的好去处，山清水秀石奇的自然风光，古典雅致的园林建筑，还有设施齐全的娱乐设施，集古典与现代于一体，汇游览与观赏于一身。

历史上的蓬莱不仅是著名的求仙胜地，也是北方重要的海港，早在春秋时期，蓬莱就是当时齐国的重要港口。后来，蓬莱逐渐成为沟通朝鲜半岛和日本诸岛的港口，成为“海上丝绸之路”的出发港。

如今的蓬莱虽不再是帝王将相寻仙求药的向往之地，然而优美的山光水色和厚重的历史文化积淀使这个依山傍海的“山海名邦”依旧魅力无限，成为游人争相游览的胜地。

景点品鉴

➔ 蓬莱阁：一座因盛传求仙而名扬天下的楼阁，我国四大名楼之一，那仙境般的美丽风景，神秘动人的神话传说，使它超脱于俗世之外成为神仙住所般的人间仙境。蓬莱阁坐落在蓬莱市西北的山崖上，蓬莱阁的主体建筑建于北宋嘉祐六年（公元 1061 年），后在明清时期进行扩建，使其更具规模。15 米高的蓬莱阁位于丹崖山巅，巍然屹立，挺拔俊秀，坐北朝南的楼阁以明廊环绕，可登高远眺，是观赏“海市蜃楼”奇异景观的最佳处所。

➔ 戚继光故里：戚继光府邸以民族英雄戚继光的人生经历为背景建造，建造有横槊堂、止止堂、孟诸书屋、悠憩堂等展厅。在府邸附近有两座牌坊，位于牌坊里街东西两端，东为“母子节孝”坊，西为“父子总督”坊。

➔ 蓬莱水城：建于明洪武九年（公元1376 年），原为宋代边防水寨“刀鱼寨”旧址。后为了抵御倭寇，就依据地势建筑城墙，将海水引入城

蓬莱阁

山东

戚继光故里牌坊

购物

➜ 作为旅游城市，蓬莱的各种旅游纪念品众多，尤以海产类饰品为主，例如贝雕工艺品、珍珠项链、奇石等。抽纱刺绣品是一种刺绣工艺，具有中西结合的特点，图案风格多样，制作手法多样，是精美的饰品，要是看到合适的刺绣品，可以买来做装饰和纪念，如帽子、围巾等。

➜ 众多的纪念品当然需要在物美价廉的地方选购，其中最多、最丰富的当属登州古市一条街和蓬莱中华奇石馆。登州古市一条街上商贾云集、各种商品琳琅满目，早在 20 年前就已经是当地著名的旅游购物集中地。蓬莱中华奇石馆主要销售各种奇石、古玩以及一些旅游饰品。

内，用来操练水师。整个蓬莱水城有南北两个城门，北门与海水相连，主要供船舶出入，南门与陆地相连，供人及马车出行。严密的海上防御体系使水城进可攻、退可守，也可控制附近的海域，保卫沿海人民的生命及财产安全，在我国的海港建筑史上具有举足轻重的地位。

➜ **三仙山：** 蓬莱阁附近的私家园林，被认为是“既有北方皇家园林之雄，又有南方私家园林之秀，集中国古典园林之大成，展示出一幅人与自然和谐、天人合一的美妙绝伦的画卷”，有“神话仙境，蓬莱再现”的美誉。

民风民俗

➜ **蓬莱阁庙会：** 庙会在蓬莱已经有 100 多年的历史，是当地最为传统的民俗盛会，在每年的正月十六举行，来自周边的群众纷纷前来烧香拜佛，观光游玩。“龙腾丹崖”是庙会的重头戏，来自不同县区的队伍表演着龙、狮、旱船、毛驴、腰鼓队、自由滑稽秧歌等民间艺术节目，精彩纷呈、各具特色。

许多庙会节目还与当地的民间传说相联系，一些生动的故事代代相传，为庙会增添了迷人的色彩和韵味。庙会还成了当地百姓的一种民间节日，人们穿新衣服，接待亲朋好友，以丰盛的饭菜款待来宾。

特色美食

吃什么

➜ **蓬莱小面：** 蓬莱当地人最爱吃的早餐，在大街上随处可见，每天早上在面摊上随时可以听见“老板，来碗小面”的吆喝，来到蓬莱一定要尝一尝。

➜ **八仙宴：** 根据当地著名的八仙过海的传说制作的美味，拼盘仿照八仙过海使用的宝物样式制作而成，不仅外形新颖别致，具观赏性，而且味道鲜美，是当地宴请宾客的特色菜肴。

➜ **咸鱼饼子：** 在当地有一定的历史，是渔民流传下来的一种特色美食。出海的渔民为了节约时间，就将海鱼晾干、烤熟，然后和玉米面饼子混合一起食用，看似简单，味道却香脆、咸嫩。这样简单的咸鱼饼子在当地卖得很火，很多来旅游的人都会尝一尝。

在哪吃

戚继光故里兵器烧烤街

被认为是世界上第一条将兵器制作成餐具和炊具的美食街，两侧的各种美食餐馆众多，其中最为瞩目的当属兵器烧烤。

地址：蓬莱市钟楼西路戚继光故里

蔡记咸鱼饼子

蓬莱一家老字号海鲜馆，外观看起来有些简陋，但生意非常火爆，各种菜肴的味道很适中，价格也比较合理。当地的特色小吃咸鱼饼子非常正宗，10 元 1 份。这里位置优越，不仅可遥望蓬莱阁，距离三仙山、八仙过海也比较近。人均消费 75 元左右。

电话：（0535）5615103

营业时间：09：00—20：00

地址：蓬莱阁街道抹直口村碑北 60 米路西

鼎盛食府

蓬莱当地比较好的一家火锅店，海鲜是这里的特色，不过价格略微有些贵，味道都很不错，算是品尝美食比较不错的地方。人均消费 100 元左右。

电话：（0535）5890333

营业时间：09：30—21：00

地址：蓬莱黄海路 35 号，在茂源花园南边

曲阜

圣人故里

“千年礼乐归东鲁，万古衣冠拜素王”，历史悠久的山东曲阜因孔子而名扬天下，备受推崇，成为受世人尊崇的世界三大圣城之一，有“东方耶路撒冷”之称。

曲阜位于山东省的东南部，是周朝时期鲁国的国都，中国古代伟大的思想家、教育家、儒家创始人孔子的诞生地。曲阜有着深厚的文化积淀和悠久的历史渊源，是闻名全球的儒学文化的发源地，拥有孔庙、孔府、孔林、石门山国家森林公园和六艺城等景点。

古镇概述

地理位置

➜ 山东省曲阜市。

气候特点

➜ 温带季风气候，光照充足，四季分明，夏秋季是游览曲阜的最佳时间。

开放时间

➜ 小景点开放时间不同。

门票

➜ 三孔联票 150 元。

交通

➜ 曲阜东站—曲阜三孔景区

曲阜 K01 路（汽车站方向）：曲阜东站西广场上车—孔庙南门站下车，乘坐 20 站。

其他景点可选择乘坐曲阜市内公交或高铁到达。

购物

➜ 作为历史底蕴深厚且文化气息浓郁的曲阜，所拥有的特产极为丰富，尤以和文化有关的手工艺品为最，在这里碑帖、楷雕和尼山砚合称“曲阜三宝”，极为著名，此外还有孔府糕点。想要购物，最佳的去处有阙里步行街和五马祠商业街，这是曲阜主要的商业购物圈，各种商品极多。

景点品鉴

➜ 孔庙：坐落在阜城中心，是我国历代封建王朝祭祀孔子的地方，气势雄伟，规模庞大，同北京的故宫、河北承德的避暑山庄并称为我国的三大古建筑群。该建筑主要仿造帝王宫殿规制，呈前后九制院落，贯穿于南北中轴线上，金碧辉煌的宫殿建筑布局规整，结构严谨，恢宏大气。这些古建筑处处包含着特殊的思想文化内涵，庙的中门、坊、殿、堂的题名及匾额的题名皆彰显着儒家风范。孔庙的香火每日不断，在香火缭绕中更显庄严肃穆。

➜ 孔林：孔子及其家族的专用墓地，也是目前世界上面积最大、延时最久的氏族墓葬群。郭沫若曾说：“这是一个很好的自然博物馆，也是孔氏家族的一部编年史。”时至今日，孔家的香火依然繁盛，林内的坟墓也有增无减，凡孔家后人都有资格在此安葬。在众多墓碑中，孔子的墓以红墙围绕，墓前置有香炉和用泰山封禅石垒就的供桌及两座碑刻。“断碑深树里，无路可寻看”，在万木垂荫下，石仪成群，碑石如林，各个时代的名人题记遍布整个孔林。

➜ 孔府：始建于宋代，与孔庙相毗邻，经过历朝历代的扩建，规模十分宏大。既是历代孔子嫡系长子、长孙的府第，也是一处官衙与府第合一的典型封建贵族庄园，更是我国现存古建筑中规模最宏大、最豪华的封建官僚贵族府第，素有“天下第一家”之称。整个庄园占地约 12 万平方米，有厅、堂、楼、轩等各式建筑 463 处，分为中、东、西三路布局，九进院落，仅次于明、清皇帝宫室。此外，园内还有内宅，前上房、前堂楼、后堂楼、花园等。在这古木参天、雅致庄重的府邸中，处处弥漫着浓郁的儒家文化的气息。

住宿

➜ 阙里宾舍
地址：曲阜市阙里街 1 号
电话：（0537）4866400
标间：260 元左右

➜ 铭座杏坛宾馆
地址：曲阜市大同路 56 号，临近春秋路
电话：（0537）3197888
标间：360 元左右

特色美食

吃什么

➜ 孔府宴：曲阜最为著名的桌席，分为寿宴、花宴、喜庆宴等多种类型，具有不同的菜式，品种很是丰富。想品尝孔府宴，阙里宾舍是最好的，这里是专门做孔府宴的，人均消费在 350 元左右。

➜ 孔府糕点：曲阜源远流长、世代相传的一种独具风味的糕点，至今已有几百年的历史。糕点的类型品种极为丰富，口感相当美味，来到这里一定要品尝一番。

➜ 一品寿桃：曲阜特色的美味小吃，其外形如仙桃，上面覆盖红色寿字，外观极为优美，色彩艳丽，口感沙甜爽口。

在哪吃

天翔鲜鱼馆	阙里宾舍	鼓楼南街
曲阜有名的做鱼的餐馆，鱼类美食很多，味道也非常不错，人均消费 50 元左右。 **电话：**（0537）4492040 **营业时间：**11：00—14：00 17：30—21：00 **地址：**曲阜市大同路环保大酒店南侧	曲阜一家四星级酒店，孔府宴是其招牌，地理位置极为优越，右临孔庙，后依孔府。到酒店吃饭需要预约。 **电话：**（0537）4866400 **营业时间：**11：00—14：00 17：00—20：30 **地址：**曲阜市阙里街 1 号孔府正大门对面	曲阜美食的集中地，这里有很多餐馆，也是售卖各种特产的地方，是曲阜非常繁华的地方，很多美食都能够在这里品尝到。

河南
Henan

河南位于我国中东部、黄河中下游地区，因历史上大部分区域都位于黄河以南，故得名河南。历史源远流长的河南古称中原、豫州、中州，简称“豫”，是中华民族和中华文明的重要发源地之一。历史上曾先后有 20 多个朝代建都或迁都于河南，古都数量众多，为我国古都最密集的省份之一。四大发明中的指南针、造纸术和火药这三大发明均出自河南，河南境内文物古迹众多，文化积淀深厚古老。

悠久的历史、辉煌的文明不仅在河南境内留下无数的古都古城，张店村、临沣村、紫荆关镇、朱仙镇、赊店镇、冢头镇等众多的古村镇也是中原地区古老文明的见证。漫步在这些古村镇中，军事防御建筑、古民居、陵墓建筑、宗教建筑、桥梁建筑、祭祀建筑等应有尽有，恢宏大气、古朴典雅、庄严肃穆等都是它们的气质。置身其中，可以感受河南文化的博大精深。

荆紫关镇

一脚踏三省

古镇概述

地理位置

➜ 河南省南阳市淅川县。

气候特点

➜ 亚热带季风气候，气候温和湿润，四季都适宜旅游。

开放时间

➜ 全天开放。

门票

➜ 免费。

交通

➜ 南阳汽车站—荆紫关镇

从南阳市汽车站坐车到达淅川县，再转乘通往荆紫关镇的班车即可。

荆紫关镇不仅名字美，所处的地理位置更是特别，它位于南阳市的西南方，鄂、豫、陕三省的交界处，是一座脚踏三省的千年古镇。为了纪念其特殊性，人们专门在白浪街的街心修建了一座亭子，亭子下立有三面锥形的界石，西、东南、东北三面分别刻有陕、鄂和豫，并各归其管辖。该界石被称为“三省石”，是“鸡鸣闻三省”之地。

荆紫关镇历史悠久，约形成于唐代，明清时期发展到顶峰，“三大公司、八大帮会、十大骡马店和二十四大商号”便是对当时繁荣景象的精准概括。漫步在古镇内，街道两旁 700 余处明清时期的古建筑整齐排列，高高的墙头、灰白的墙壁、黑亮的门窗，非常具有特色。丹江河岸分布的吊脚楼，别有一番风情。置身其中，就像来到了明清时代的古老城镇，处处洋溢着古老的气息。

荆紫关镇中最有名的白浪街是不得不去的，在这条街上可以体验三省文化，逛三省店铺，品尝三省名吃，享受三省交汇处最独特的景与情。

景点品鉴

平浪宫：始建于清代，取“风平浪静”之意而得名。平浪宫占地面积为460平方米，内部纯木结构的建筑按照中轴对称分布，大门楼、中宫、后宫、钟楼、鼓楼以及其他配房等22间房舍保存完好，它们皆为我国传统的硬山顶式建筑。

玉皇宫：又名“禹王宫”，是为治水有功的禹王所建，坐落在荆紫关古街道东侧。现在遗存的建筑只剩下前宫、中宫和后宫三大部分，为典型的清代建筑风格。

法海禅寺：原名“莲花寺”，始建于公元677年，唐代西峰禅师为其创始人。绿树掩映中的千年古刹，环境清幽，宁谧安详，规模宏大的寺院建筑依旧保存完好，硬山式砖木结构的建筑错落有致。此外，在寺院周围还分布着神秘的八龙泉，精美绝伦的溶洞群，悬崖绝壁上的千佛洞、万佛洞等，多处胜景令人目不暇接。

山陕会馆：始建于清道光年间，是由山西和陕西商人集资兴建的。坐东向西的会馆面积庞大，占地约4000平方米，会馆内戏楼、钟楼、春秋阁、卷棚一应俱全，可见这里昔日的繁华。

> **购物**
>
> 荆紫关镇有很多具有当地特色的艺术品，这里的红军鞋以龙须草和稻草为材料编制而成，还有各种手工艺品可以送给亲朋好友以作纪念。

山陕会馆

河南

张店村
张良故里

古镇概述

张店村位于河南省郏县李口乡，是群山环绕之下的一个普通村落，南临马鞍山，东依紫云山，北望汝河。这里山清水秀，景色宜人，是“汉初三杰”之一张良的故里，故又有“张相村”之称。

张店村历史悠久，村民大多都姓张，以张良后人自居。张良为西汉杰出的政治家、军事家，是辅佐刘邦成就大业的重要人物，被誉为一代帝师，后世尊他为“谋圣”。村内还留有众多张良的遗迹，留侯祠内还供奉有张良的塑像，村内出土的石碑上还记载着诸葛亮来此拜谒留侯祠时写下的铭文。

文化底蕴丰厚的张店村在明清时期亦十分辉煌，有众多进士都是从这里走出去的，受敕封的人就达60多人。明朝时期的张乐舜官拜提督，清朝时的张朗、张崇等皆为五品以上官员。

明清时期，来自张店村的官员们大都在故乡建有自己的府第，当地人称其为“官宅”。这些官宅至今依旧保存完整，共计有296间，走在张店村的大街上，处处可见这些古老的建筑。其中尤以东官宅、西酉盛、北义和、花门楼等最具代表性，造型虽不同，但都是大气庄重、恢宏壮丽的宅院。各种砖雕、木雕精巧玲珑，工艺精湛，展示出古代建筑艺术的精髓，令人叹为观止。

地理位置

➔ 河南省平顶山市郏县。

气候特点

➔ 温带季风气候，夏季高温多雨，冬季寒冷，可选择春秋季前往旅行。

开放时间

➔ 全天开放。

门票

➔ 免费。

交通

➔ 郑州东站—张店村

从郑州东站乘坐火车或客车到达郏县，再从郏县转乘公交去目的地。

景点品鉴

➔ **明代提督府：** 明代九门提督张乐舜的官宅，位于村中的东西大街上，原为规模宏大的五进院落，有110间房屋，颇有气势。后多有损坏，如今只遗存下二三进院的主体建筑。

➔ **张崇官宅：** 一座坐北朝南的木质结构楼房，建筑多为二三层的楼房，一楼多由当地盛产的红石砌筑，二楼及其以上为青石修建。其中，最令人称奇的便是每层楼的窗户皆不同，一楼窗户为整块石头雕刻而成，二楼是拱形小窗，三楼为方形窗户，风格独特。

➔ **张氏祠堂：** 张氏祠堂为当地最具代表性的建筑之一，相传该祠堂是在原留侯祠的基础上修建的，建筑结构严谨，装饰华丽精巧。祠堂的大殿前还有两棵郁郁葱葱的古柏，厢房、耳房分布于主殿两侧，基本保留着建筑的原貌。

赊店镇
因赊旗扬名

古镇概述

地理位置

→ 河南省南阳市社旗县。

气候特点

→ 亚热带季风气候，气候温和，四季分明，四季都可前往旅游。

开放时间

→ 08：00—18：00

门票

→ 个别景点会收取门票，山陕会馆 40 元。

交通

→ 南阳站—赊店镇
南阳—社（社旗旗汽车站方向）：工贸口上车—建设路赊店路口站下车，乘坐 24 站。

赊店镇位于河南省的西南部，坐落在伏牛山下，潘河、赵河交汇于此，水陆交通便利，为社旗县的政治、经济、文化中心。

赊店镇历史悠久，其名字也颇有来源。据记载，汉光武帝刘秀为推翻王莽新朝便招贤纳士，兴兵伐莽。他们于当时宛东一个小镇的酒馆前共商大事，酒喝三巡之后大计基本已定，但帅旗还没有，此时刘秀向外一望，正好看见绘有一个大大“刘”字的酒馆旗子迎风飘扬，便赊酒旗为帅旗，兴兵南阳，后平定河北，定都洛阳。称帝后，刘秀念酒馆老板赊旗之功，便封该酒馆为赊旗店，该镇为赊店镇，并沿用至今。

清朝时水运盛行，赊店镇因便利的水陆交通，曾一度繁华无比，为当时河南省四大名镇之一。古镇的码头上南来北往的商船络绎不绝，深夜时河面上依旧灯光闪烁，如繁星点点。古镇的大街小巷皆是来往的商人，众多的商业贸易也在这里进行，商业的繁荣使这里兴旺发达，物阜民丰，同时也遗留下众多的文物古迹，记录着古镇辉煌的历史。

景点品鉴

→ **广盛镖局：**镖局是我国古代特有的一种保护财务或人身安全的机构，在古镇瓷器街北端也坐落着一座历史遗留下来的镖局，为出生于官宦武术世家的戴二闾于清嘉庆六年（公元 1801 年）修建的。

一走进镖局，首先映入眼帘的就是宏伟壮观的门楼，还有那挺直的旗杆，旗杆上高悬着标有“广盛镖”三个大字的镖旗。镖局内部非常宽敞，会客厅、签押房、仓房、居室、练武场等建筑应有尽有，向世人展示了古代镖局的全貌。

→ **福建会馆：**坐西向东的福建会馆始建于嘉庆元年（公元 1796 年），现坐落于古镇的瓷器街上，为一座古色古香的一进二层楼庭院式建筑。整个建筑的设计十分考究，“日”字形的布局寓意着“日日高升”，并集茶楼、饭庄、客房与娱乐为一体。如今，这些建筑依旧保存完好，严谨的结构、科学的设计、精致的装饰，处处彰显着古建筑的艺术精华。

→ **姜家大院：**一座修建于清雍正年间（公元 1723 年）的一进四院落式的建筑，为山西商人姜祖荫所建，坐落在社旗县的老街上。整座大院恢宏壮观，占地面积达 1000 平方米，院落内 198 间房屋错落有致，处处彰显着历史的遗韵。

→ **火神庙：**为供奉火神而建立的庙宇，始建于道光元年（公元 1821 年），为省级重点文物保护单位。这座坐北朝南的木结构建筑，高有 10 米，横跨 7 米，檐角飞挑，顶覆灰色筒子瓦，龙、凤、麒麟等众多祥瑞雕刻，生动逼真，整座庙宇古朴大气又庄严肃穆。

广盛镖局

朱仙镇
木版年画的源头

古镇概述

地理位置

➜ 河南省开封市祥符区。

气候特点

➜ 温带季风气候，春季多风，夏季多雨，夏秋季旅游最为合适。

开放时间

➜ 全天开放。

门票

➜ 免费。

交通

➜ 开封站—朱仙镇

开封—平顶山（平顶山长途汽车站方向）：开封汽车站上车—启封庄院下车，乘坐 15 站。

朱仙镇，闻名遐迩的中原古镇，位于“八朝古都”开封市祥符区。历史悠久的朱仙镇自唐宋以来就是重要的水陆交通要塞，也是著名的军事重地和商业重镇。明清时期，朱仙镇是开封内外水路交通的唯一通道，商贾云集，南北贸易繁盛，与广东的佛山镇、江西的景德镇、湖北的汉口镇并称为全国四大名镇。

朱仙镇是历史文化名镇，人文景观很多，相传是战国时魏国的勇士朱亥的故里，因朱亥居住在仙人庄，所以叫朱仙镇。朱亥原本是一名屠夫，因为英勇过人，被信陵君聘为食客，后来在诸多的战争中屡立战功，为信陵君所器重，成为历史上著名的人物。

这座历史文化名镇中星罗棋布地散落着众多历史遗留下来的文物古迹，记录着朱仙镇悠久辉煌的历史。南北走向的贾鲁河缓慢地流动着，这条昔日重要的运粮河虽已不复往日河上舟楫如梭的繁华景象，却依旧在古镇居民的生活中扮演着不可或缺的角色。

使朱仙镇这座千年古镇真正名扬天下的却是木版年画。朱仙镇的木版年画举世闻名且历史源远流长，有“中国木版年画源头”之称。鲁迅先生曾说过：“朱仙镇木刻年画朴实，不染脂粉，人物没有媚态，色彩浓重，很有乡土味，具有北方木刻年画的独有特色。”朱仙镇的年画内容多取自著名的历史人物，例如张飞、关羽、秦琼、岳飞等。这些人物画像几乎都是威武雄壮，方正的国字脸，浓墨的重眉，怒目圆睁，展现着浩然正气。

伫立在朱仙镇的街头，望着昔日繁华的千年古镇，随着贾鲁河的干涸而日渐萧条，但古镇那珍贵的历史文化却永葆生机，它总会留给人们以沉思，让人们用心去品读……

住宿

➜ 开封宾之苑快捷宾馆

地址：朱仙镇政府大街东段

电话：（0371）26758666

标间：108 元左右

➜ 锦江之星

地址：西大街 99 号

电话：（0371）25996666

标间：120 元左右

➜ 开封怡家精品酒店

地址：中山路中段县后街 13 号

电话：（0371）25615555

标间：150 元左右

景点品鉴

➜ 木版年画博物馆：一座规模宏大的北方明清四合院式的建筑，占地面积达 8000 平方米，古色古香的建筑错落有致。馆内将木版画的发展历程、制作工艺，还有各种木版画精品进行了展示，让大家对朱仙镇的木版画有一个全面的认识。

➜ 清真寺：始建于北宋初年，距今已有 1000 多年，据说当年驻扎于此的岳飞曾在院内槐树下乘凉，于是人们便称那槐树为“相思槐”。寺内还有一块明朝时期的阿拉伯文碑，上面记载着当时清真寺穆斯林朝拜真主的盛况，也是目前河南省保存最为完整的阿拉伯文碑。

➜ 岳飞庙：始建于明朝中期，有着 600 多年的历史，后经几次修葺，最终形成规模宏大的古建筑群。岳飞庙主要由东西两个院落组成，主要的建筑集中在西院，东院是岳飞庙的碑林。大殿的主架为木质结构，飞檐挑角，青砖砌墙，民族英雄岳飞的塑像就端坐于大殿之中。

木版年画

岳飞庙

临沣寨
碧水红墙

古镇概述

地理位置

➜ 河南省平顶山市郏县。

气候特点

➜ 温带季风气候，四季分明，春秋季最适合旅游。

开放时间

➜ 全天开放。

门票

➜ 免费。

交通

➜ 郑州东站—临沣寨

从郑州东站乘坐火车或客车到达郏县，再从郏县转乘公交至目的地。

临沣寨坐落在平顶山市辽阔肥沃的冲积平原上，微波粼粼的北汝河相环绕，土肥水美，古朴清幽，为中原地区较为少见的古代村落，曾被评为“河南最美村落”。

平面呈椭圆形的古村落，始建于明末，在清同治元年（公元1862年）又重新对它进行了修建，众多明清时期的古建筑依旧保存完好。一来到古村，首先便可看到高达6米多的红色条石砌筑的寨墙将村子围了起来，斑斑伤痕都是沧

古建筑一角

桑历史的印迹。村子四周有西“临沣”、东“溥滨”和南大门共三个大门守护着村落。走进古村内，保存完整的明清四合院、祠堂、寺庙、古桥、古树应有尽有，传承着古村悠久的历史文明，素有“中原第一红石古寨”的美誉。

古村延续了传统的建筑格局，与山西民居风格一脉相承，具有较高的艺术价值。古朴的村寨风景秀丽，环境优美，为典型的“农舍、河流、麦田、池塘、树林”乡村风貌，淳朴的村民在这里安居乐业。

景点品鉴

➔ 朱家大院： 朱家大院因朱氏三兄弟而分为三部分，老大朱紫贵的为一进三的四合院，建于道光十五年，面积广阔，占地面积 1322 平方米，内部建筑均为木质结构的二层楼房；老二朱振南的宅子建于道光十一年，高高耸起的檐角，精心设计的细节，处处彰显着院子的严谨恢宏；老三朱紫峰的院子建于清道光二十九年，颇有气势，这就是汝河南岸第一府——朱镇府。巍峨的门楼，精致的砖雕、木雕、石雕随处可见，墙上的壁画虽已斑驳陆离，却依旧能够想象出这里昔日的繁华。

➔ 临沣寨门： 临沣寨共有东、西、南三个寨门，是按照八卦方位设置的，因西北方向的大门临沣溪，故而得名“临沣”。村寨大门外还设计有精巧的排水暗道和两道坚固的防洪闸门，用来保护村子的安全，是古代先人智慧的结晶。

冢头镇
因冢成镇

古镇概述

地理位置
→ 河南省平顶山市郏县。

气候特点
→ 温带季风气候，四季分明，夏季炎热，冬季寒冷，春秋季适合旅行。

开放时间
→ 全天开放。

门票
→ 免费。

交通
→ 郑州东站—冢头镇
从郑州东站乘坐火车或客车到达郏县，再从郏县乘坐公交至目的地。

冢头镇是一座历史悠久的古老城镇，始建于汉朝，距今已有2000多年的历史。相传西汉时期汉文帝刘恒对母亲薄姬娘娘极其孝顺，她死后文帝就尊其遗命，将她的灵柩埋葬在这里。同时，还围绕墓地建造了看墓院，并派兵士驻守此地，随着每年皇亲国戚和达官贵族来此祭拜之需，集市随之兴起，居民也逐渐增多，村镇随之形成，冢头镇也因此而来。

源远流长的冢头镇内，保存完好的明清古建筑群面积有3万余平方米。其中最具代表性的便是西寨村大街，这里汇集着整个古镇2000多年来历史浓缩的精华，沉淀着最纯粹浓厚的古文化。漫步于这条数百米长的街道，处处都是青砖黛瓦、飞檐翘角的古建筑，还有各色各样的店铺掩藏其间。穿梭于这些古建筑之间，仿若穿越时空来到了繁华热闹的古代集市中，一砖一瓦都是历史的诉说。此外，纪信冢、薄姬冢、蓝河七孔石桥、柿园古战场等众多古迹，都记录着古镇辉煌的历史。

此外，冢头镇还浸满了茶文化的韵味，来源于“万里茶道”的冢头镇茶文化古老醇厚，书写着古镇的风骨。至今，在古镇内留存有20多家茶馆，散发着茶文化的余韵，怪不得这里被誉为“茶文化的活化石”。

景点品鉴

→ **薄姬冢：** 西汉文帝之母薄姬娘娘的衣冠疑冢，坐落在冢头镇北部的蓝河之畔，为县级文物保护单位。整个陵墓面积较大，原西起冢头镇，东至长桥镇大李楼村，占地约1080平方米。后因遭受自然损害和盗墓破坏，多数疑冢已不复存在，现仅存有大李楼村中的遗址两处。

→ **蓝河七孔石桥：** 为明嘉靖年间当地知县陈王绶所建的一座石桥，位于冢头镇西寨村。石砌而成的古桥坚固异常，历经风雨稳固如昔，桥两侧是由十八根石柱组成的护栏，由红石条连接而成。桥的七孔上雕刻有精美的图案，其中最中间的一孔顶覆避水珠，栩栩如生的龙头正好口衔避水珠，身驮桥体。在石桥旁边还有当地人为纪念陈王绶而建的桥碑和一座清官碑，至今保存完好。

→ **石佛寺：** 全木结构的寺庙，为全国二十四大寺之一，建造之初为五进院落，庙宇内关帝庙、佛爷殿、祖师殿、老君殿等排列有序，大殿内供奉着各色塑像，栩栩如生。整个建筑飞檐翘角，琉璃瓦覆顶，古朴典雅、庄严恢宏。

陕西
Shanxi

陕西地处我国西北内陆腹地，古时候是炎帝故里及黄帝的葬地，是中华文明的重要发祥地之一。历史悠久的陕西自古是帝王建都之地，在我国历史上，九个大一统王朝中有五个建都西安，这里所拥有的名胜古迹数不胜数。

陕西的古镇数量众多，民居建筑以四合院为主，规模宏大，保存较为完好，是我国传统民居建筑中的瑰宝。由于陕西处于多民族交界地，历史上战争频发，为了保家护村，很多古镇古村都建有高大的围墙，形成具有军事防御功能的城堡。正是这些城堡式的民居村落，才能够让古镇古村在历史的变迁中得以保存，成为现今人们了解、欣赏的景观之一。

黄沙遍地，黄土漫天，黄河滔滔，独特的西北风光造就了独特的西北建筑风格。从陕西省现存的古镇建筑来看，它们有一种明显不同于江南古镇建筑明丽柔美、精致小巧的风格，说大气也好，厚重也罢，总之恰恰与黄沙、黄土、黄河培育出来的西北豪情两相映衬、各自生辉。无论是民居、祠堂、陵阙，还是牌坊、寺庙、庄园，陕西古镇的确有其自成一派的天然风貌与内在精魄，令你一踏入古镇便沉醉不已，不由地猜想先民们是如何发挥勤劳与智慧才达到这天人合一的完美境界。

党家村

古民居活化石

古镇概述

地理位置：

→陕西省韩城市西庄镇。

气候特点：

→温带季风气候，四季分明，气候温和，四季都适宜旅游。

开放时间：

→07：30—18：30

门票：

→60 元。

交通：

→西安站—党家村

从西安站乘坐火车到韩城站，再从韩城站乘坐公交至目的地。

党家村，当地人俗称“党圪崂”，位于陕西省韩城市东北方向，是我国北方保存最完好的明清村寨建筑之一，被称为“东方人类民居活化石”。

党家村的历史发轫于元朝末年，至今已有近 700 多年的历史。党家村的先祖避荒逃难于此，直至明朝初年，其家族中出现举人，才开始真正规划建村。再经过与当地的大家族贾氏联姻之后，党家村才开始走向兴盛，成为当地规模较大的村落。党家村的民居建筑以四合院为主，是当时民居建筑的代表。规划整齐、规模庞大的四合院群落让党家村这个商业发达、经济兴盛的地方，有着“小北京”的称号。

党家村的建筑非常有特色，犹如船形，各种设施齐全，如今还保存的古代题字和生活用品，真实地展现着古时党家村的生活文化风貌。走进党家村，就好像走进古老的民居博物馆，这里有蜿蜒狭窄的街道、高大精美的牌坊、古朴大方的民居、庄严肃穆的祠堂、风格独特的节孝碑以及古香古色的四合院，他们代表着昔日古村的辉煌和荣耀。还有那些造型精美的木雕、石雕、砖雕，高超的建造技艺以及谆谆的家训，让人们在欣赏感叹古人的智慧之余，又深切感受到中国传统的儒家人文思想。

漫步在党家村悠长的老街上，看着巍峨耸立的节孝碑，走过高低错落的古民居、沧桑肃穆的祠堂……仿佛置身先古的时光岁月，不同的是行人多为身着现代衣装的村民和四面八方的游客。

景点品鉴

文星阁

文星阁：党家村中最高的古建筑，有着600多年的历史，是党家村祈求文运的祭祀建筑。为了保证浓厚的文运，文星阁在每次的重建、修缮过程中都会加高，最终成为党家村最高的建筑。阁楼内供奉有孔子及其弟子的牌位，分布在不同的层次，顶层上供奉的是文曲星的塑像。

节孝碑：党家村砖雕的精华，也是集大成者。整个碑体近5米高，通体墨青色，由青石雕琢而成。石碑的顶端是三龙捧圣旨的图案，中间有“皇清”的字样。在石碑两侧的宽面还雕着若隐若现的花纹，充满灵动之感。高大挺立的碑楼伫立在六七米高的青石基座上，飞檐上雕有吉祥富贵的五脊六兽，之下是雕琢精细的斗拱，仿木的砖雕构造。在石碑的横额上雕琢着祥瑞奇兽以及“巾帼芳型”四个大字，横额下还雕刻有精美的图画用以装点。

四合院：党家村的四合院是主要的民居建筑，俗称“一颗印”，一般是包括厅堂、厢房和门房的独立院落。整个院落布局精妙，厅堂可做首，厢房视为臂，门房可看作双足，整齐合理。高大宽敞的厅房有着专门的作用，一般是祭祀设宴、婚丧嫁娶、宴请宾客的场所，一层建筑的前檐多为歇檐，可避风避雨；门房和厢房按照辈分长幼的顺序分配起居室。

四合院内部

米脂
美人之县

古镇概述

地理位置：

➔陕西省榆林市。

气候特点：

➔温带季风气候，气候干燥，冬长夏短，四季分明，春秋季适宜旅游。

开放时间：

➔08：00—18：00

门票：

➔李自成行宫 20 元。

交通：

➔榆林站—米脂

从榆林站乘坐火车可到达米脂站。

米脂又称“银州”，位于陕西省榆林市中东部，紧靠着无定河，古时“以地有米脂水，沃壤宜粟，米汁淅之如脂”而得名，素有“美人县”“文化之乡”“小戏之乡”等美誉。

米脂的老城年代悠久，从北宋时期就开始修建，距今已有 800 余年。老城至今保存着北、西和东部 3 条街道，古色古香的街道两侧分布着饱经沧桑的民居和店铺，历经百年依然保持着原有的格局，依稀可见古时繁盛的样貌，行走其中，古韵悠悠。

老城内保留有众多的文物古迹，如元代窑洞遗址、明清时期的窑洞四合院，还有洪氏庄园、姜氏庄园、常氏庄园等乡村民居，此外还有毛泽东和周恩来居住过的大型窑洞庄园。

米脂被称为“美人之县”，历史上最出名的美人要数四大美女之一的貂蝉了。此外米脂还有其他著名的人物，有西夏的奠基人李继迁、闯王李自成、民主人士李鼎铭和杜斌丞，以及抗日名将杜聿明等，这些历史上有名的人物都是米脂的骄傲。

被誉为“文化之乡”的米脂有着规模庞大的窑洞建筑群，被认为是“中华居住文化”的独特奇迹。此外，米脂还有极为丰富的民俗文化，如米脂秧歌、米脂唢呐、米脂民歌、米脂剪纸、铁水打花等，更增添了米脂别样的风情。

景点品鉴

➔**姜氏庄园：**被评选为“我国最大的城堡式窑洞庄园”“我国最美的十大民居建筑”，被专家和游客称赞是“西部民居第一宅”。姜氏庄园修建于清朝中后期，由当地的大地主姜耀祖修建而成。庄园地理位置险要，前有幽深的沟壑，后倚高耸的大山，布局森严，寨墙、井楼、炮台应有尽有，为防范外敌做足了准备。门是庄园内很有特点的事物，形成了“门外套门，门内有门”的结构格局。每扇门的门楣上都悬挂有匾额，上面的主题内容各不相同，有着“求工于一笔之内，寄情于点画之间”的赞誉。此外，梁枋、门窗等处雕刻精美，内容无不是富含平安吉祥、诗书传家的故事。

➔**万佛洞：**陕西地区非常少见的大型摩崖石窟。佛洞因建造年代久远，无法确定修建年代。万佛洞长约 192 米，共由 27 处石窟组成，其中以伽蓝护法殿窟最大。伽蓝护法殿窟高 4.7 米、宽 9 米、深 12 米。殿中有方形的石柱支撑，石柱上的造像最为精美。每个石柱的正面和侧面都有 19 层的雕像，其中正面每层有 7 尊，侧面每层有 10 尊，全殿共有 6411 尊雕像，可谓规模庞大。

➔**李自成行宫：**米脂著名的景观，是李自成建立大顺国之后修建的。行宫依山就势而建，按照起伏不定的山势从下至上依次修建有梅花亭、捧圣楼、二天门，以及规模宏大的玉皇阁直至山顶。在山顶平坦的区域还建有启祥殿和兆庆宫，建筑宏伟壮观，堂皇富丽，在构思精妙的布局之下显得造型别致。

李自成行宫

榆林

塞上明珠

古镇概述

地理位置：

➜ 陕西省榆林市。

气候特点：

➜ 四季分明，气候干燥，适宜春秋季游览。

开放时间：

➜ 各个景点开放时间不同。

门票：

➜ 不同景点收取门票。

交通：

➜ 市区内有公交和旅游专线可供选择，其中 11 路公交经过红石峡、镇北台和桃林山庄。

➜ 西安站—榆林

从西安站乘坐火车可到达榆林站。

在绵延万里的长城脚下，有一连山带水的古城——榆林。榆林又称“驼城”，是著名的沙漠古城，被誉为“塞上明珠”，1986 年被命名为“中国历史文化名城”。

榆林的建造有其特殊的地理和历史原因。榆林地处黄土高原和内蒙古草原的交界处，也是我国农耕区和游牧区的结合部。在我国漫长的历史中成为抵抗北方游牧民族南侵的第一站，同时也是万里长城上一个极其重要的军事重镇。

榆林地势险要，依山傍水，东有驼峰，南临榆水，西靠榆溪，北连红石峡。古城真正大规模建造开始于明朝初年，据《榆林府志》记载，当时的榆林“城座不过百矩”，为了抵御北方蒙古军队的大规模入侵，朝廷开始兴建榆林城。历史上的榆林经历过三次大规模的扩建。

陕西

第一次是在明成化二十二年，古城开始向北部发展，一直延至今上帝庙一带，如今称为“北城”；第二次为弘治年间，当时的巡抚将南部的城墙扩展至凯歌楼，俗称“中城”；第三次在正德年间，当时的掌管者将古城推至阳河畔，形成关外城，被称为“南城”。

此后的几百年里，榆林又经过多次拓建和修缮，规模愈加完善，城墙愈加坚固。如今看到的榆林规模庞大，气势磅礴，有着军事重镇的规整和高大，每一座建筑和环节都体现着军事保护的作用。

古老而独特的榆林孕育着不一样的西部风貌。在榆林现存的明清建筑中，“北台南塔中古城，六楼骑街天下名”是榆林古城的重要标志。榆林，这个终年与黄沙、战争相伴的边塞之城，书写了一部鲜血斑斓的边塞史，是中国古代历史上充满悲壮和艰苦的一段。漫游榆林古城，蓦然回望，金戈铁马入梦来……

住宿

➜ 汉庭酒店

地址：榆林市榆阳区东沙银沙路28号

电话：（0912）6662221

标间：120元左右

➜ 银杏国际酒店

地址：榆林市开发区明珠大道北

电话：（0912）3518666

标间：280元左右

景点品鉴

➜ 镇北台：又称“北台”，被誉为“万里长城第一台”，是明代长城遗址中现存规模最大、最为雄伟的建筑，有长城“三大奇观之一”的美誉。方形的镇北台高30多米，共分为4层，全部用青石砖堆砌而成。在台外还有一个2米多高由砖石砌就而成的多扣，这实际上是专用的瞭望塔。第一层是当时驻守的将军和士兵居住的房屋，如今只留下厚重的基座。台下还有一个方形的小城，被称为“贡城”，是双方官员交涉的场所。

➜ 凌霄塔：又称“南塔”，也称“文笔塔”，原是建于明朝中期的榆阳寺中伫立的佛塔，后来寺庙被毁坏，只剩下孤零零的凌霄塔得以保存。佛塔高43米，共有13层，是一种八角的楼阁形建筑。佛塔立于周长近40米的基座上，全部由砖石堆砌而成，有着精美的砖雕刻画，楼阁飞檐斗拱，每层八角都挂有风铃。巍峨的佛塔精美绝伦，站在顶上可以俯瞰整个榆林古城。

➜ 红石峡：因砂石都是红色砂岩，故得名红石峡。峡谷的两侧岩壁上平坦如洗，非常陡峭，岩壁上遍布着石窟。千百年来，红石峡名震边塞，不少来到榆林的文人墨客都会来到此处欣赏美景，吟诗作赋，若有名章佳句就会镌刻在石壁上，由后人品鉴。如今的红石峡已成为人们喜爱的游览胜地。

➜ 香炉寺：寺庙位于香炉峰峰顶，山下就是滚滚的黄河，西北面有狭窄的山路和古城相通。因山峰前有直径5米、高20多米的巨石形似一尊高足香炉，故而得寺名。傍晚随着夕阳的映照形成了佳县八景之一的“香炉晚照”景象。香炉寺地势险峻，置身其上，低头俯瞰，滔滔的黄河水汹涌澎湃，有天阔地远的意境。

镇北台

特色美食

吃什么

➔ **佳县马蹄酥：** 是榆林下辖佳县古时候的名贵糕点，因形似马蹄而得名。马蹄酥用面粉、蜂蜜、特制油和白糖等为原料制成，外观褐黄色，有着明显的纹路和层次，口感酥脆，味道绵甜，很是美味，加上能够长时间保存，深受当地人们的喜爱。

➔ **拼三鲜：** 陕北地区美食中的一道名菜，是以猪肉、羊肉和鸡肉为主料，伴以水木耳、水黄花、海带丝、韭黄、菠菜等制作而成，是到榆林一定要品尝的美食。传说这道菜还是乾隆到访榆林时被赞誉的名菜，后来还成为宫廷招待使臣的菜肴。

➔ **清涧煎饼：** 当地一种独特的风味小吃，用荞麦制作而成，据说早在元代时期就有了。煎饼味道独特，拌上香辣的调料味道更好。

在哪吃

肤施路小吃街

街上的特色饭馆很多，有各种当地的特色美食，想要品尝榆林的美食一定要来。

电话：（0912）3234888

营业时间：10：00—22：00

地址：榆林市新建南路 129 号

古城风味楼

在这里能够品尝到真正的榆林风味小吃，各种风味小吃非常齐全，味道非常不错，价格亲民，是品尝美食的首选。

电话：（0912）3234888

营业时间：10：00—22：00

地址：榆林市新建南路 123 号

青木川
世外桃源

古镇概述

地理位置：

➔ 陕西省汉中市宁强县。

气候特点：

➔ 亚热带季风气候，气候温和湿润，适宜春、夏季旅游。

开放时间：

➔ 全天

门票：

➔ 个别景点收取门票。

交通：

➔ 汉中站—青木川

可从汉中站乘坐火车至宁强南站或阳平关站，再转乘公交即可。

提起青木川可能很多人不知道，要是看过电视剧《一代枭雄》的人应该对其印象深刻，该剧以此地的人物和历史作为创作、拍摄背景。青木川位于陕甘川交界地带的汉中市宁强县，古时候叫作“草场坝”“回龙场”“永宁里”。后来因为此地有一棵高大的青木树，于是更名为青木川。独特的地理环境孕育着这里优美的风景，有着“一脚踏三省，鸡鸣三省惊”的美誉，被评为国家4A级旅游景区。

青木川发端于明朝中叶，之后经过数百年的发展，在民国时期达到鼎盛。这里是少数民族和汉族混合居住区，不同民族在这里和谐相处，犹如世外桃源。古时候的青木川地处南下四川的咽喉，商贸云集，人流、车流不断。

如今在青木川保存较为完好的古建筑有近300座，这些建造古朴、风格独特的民居建筑在历经沧桑岁月后显得古香古色，成为当地著名的旅游文化资源。这些各具特色的建筑包括魏辅唐的宅院、辅友社、辅仁中学、回龙阁观景台和船形屋等，类型丰富，构造新颖独特。

作为国家4A级景区，青木川不仅有着深厚的人文底蕴，自然景色也是不遑多让。这里的自然资源极为丰富，地上的植被覆盖率高，种类众多，其中还有不少珍品。在这茂密森林里也生活着众多的珍稀动物，被誉为“天然的动植物基因库”。

青木川，听其名字就知道是个风景优美的地方隐藏在西北苍茫的黄土高原之上，远离尘嚣。如今，慕魏氏之名而来的游人络绎不绝，青木川也像被打开的宝藏，展现出它那绚丽的光彩。

回龙阁观景台

景点品鉴

魏氏宅院： 古镇中保存最为完好的宅院，是青木川近代最为著名的人物——魏辅唐的私人宅院。宅院外形如同北京的四合院，青砖黑瓦的宅院在潺潺金溪河的映衬下却有着江南水乡民居的古朴韵味。宅院由毗邻的老院子和新院子两套天井院子组成，分别建于1929年和1932年，中西合璧，高大气派。

➜ **回龙场老街：** 青木川的主要街道，大部分建筑都集中在这里。古街修建于明朝初年，是当地的重要景观之一，有着“平盘端凳，雕窗扇门，院落集中，四水倒淌”的美誉。

魏氏宅院

回龙场老街

甘肃

Gansu

甘肃位于青藏高原脚下、黄河的上游，地域辽阔，是中华民族和华夏文明的重要发祥地之一，传说这里是中华民族的人文始祖伏羲、女娲和黄帝的诞生地，积淀着 8000 年的历史文化。古时候的甘肃是丝绸之路的必经之地，连接着中原和西域，多种文化在这里交融、汇聚，孕育着光辉灿烂的文明。

甘肃深居西北内陆，属温带大陆性气候，冬季寒冷漫长，夏季短促炎热，恶劣的自然环境让甘肃自古就人烟稀少，加上境内地形复杂，山脉纵横交错，海拔相差悬殊，山地、高原、平川、河谷、沙漠、戈壁交错分布，这些都给人们生活生产带来了不便，又因这里是多民族聚居地，战争频发，很多古时候所建的古迹很难长久地保存下来。在经年不断风沙的侵蚀下，能保存下来的大多是有一定规模的军事建筑以及年代较近的古镇、古城等。这些建筑经过自然条件的侵蚀以及战争的洗礼，充满历史的沧桑，有着古朴、苍凉的气息。

武威

马踏飞燕故里

古镇概述

地理位置：

➜ 甘肃省武威市。

气候特点：

温带大陆性气候，四季分明，夏季多雨气候湿润，7—11 月是最佳的旅游时节。

开放时间：

➜08：00—18：00

门票：

➜ 多个景点均收取门票费，并且价格不等。

交通：

➜ 兰州站—武威市

可从兰州站乘坐火车到武威站。

武威古称“凉州”“雍州”，位于河西走廊东端，甘肃省的中部，是丝绸之路通往西域的东大门，且四周分别与东银川、西会宁、南兰州这些省会城市相邻，往北又通敦煌，所以自古便是“通一线于广漠，控五郡之咽喉”的西北重镇。

西汉时期，汉武帝派骠骑将军霍去病出陇右与匈奴作战，大败匈奴并将河西走廊纳入了西汉王朝的版图之中，汉武帝为表彰帝国军队的“武功军威”而得名“武威”。武威作为“人烟扑地桑柘稠”的富庶之地，丝绸之路上的重镇要塞，曾是“五凉古都”“西夏陪都”，同时是中国旅游标志“马踏飞燕”的故里。

马踏飞燕又名马超龙雀、铜奔马、凌云奔马等，1969 年出土于甘肃省武威市的雷台汉墓，现收藏于甘肃省的博物馆中，是中国旅游的标志。马踏飞燕是东汉时期的青铜器，头颅高昂，三足腾空，头顶的鬃毛和马尾向后飘扬，右后足踏一只回首惊视的飞鸟，整匹马曲线流畅、肌肉饱满，四肢充满了力量，远远望去仿佛还能感受到它动作之矫健、速度之快、气势之凛冽。这一艺术形象不同于传统的天马造型，它将速度与力学平衡完美统一，堪称极品，是东汉时期雕塑艺术的经典之作。

悠久的历史在武威境内留下了浩繁的文物古迹，整个城市充斥着古老的文化遗韵，莲花山、百塔寺、雷台汉墓、天梯山石窟、鸠摩罗什寺等各具风采，还有天祝三峡国家森林公园、马牙雪山等自然风光等待着大家去探索发现。

景点品鉴

➔ 天梯山石窟：也称“凉州石窟”，又称“大佛窟”，位于武威市城南中路乡灯山村黄羊河畔，创建于东晋十六国时期，在我国石窟艺术发展史上占据着重要地位，为我国石窟的源头，被称为“中国石窟的鼻祖”。经过历代的开凿，石窟规模宏大，佛像众多，壁画精美，汇集了北魏、隋、唐以及其后各个朝代的众多作品。

➔ 百塔寺：又称“白塔寺”，占地面积达 18 万多平方米，气势宏伟。寺庙周围建有围墙，八座峰墩威风凛凛地挺立其上，内部的上百座佛塔星罗棋布，蔚为壮观。藏语中称百塔寺为夏珠巴第寺，与莲花寺、金塔寺、海藏寺并称为“藏传佛教凉州四部寺”。

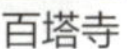

百塔寺

➔ 雷台汉墓：据相关史书记载，雷台汉墓为“守张掖长张君之墓”，历史悠久，规模宏大，出土的金、银、铜、玉、骨、石、铁、陶器等文物共计 231 件，皆为珍贵的历史文物，尤其是出土的铜奔马，被称为“马超龙雀”，堪称青铜艺术之极品。

➔ 鸠摩罗什寺：坐落在武威市凉州区北大街大什字北侧，是东晋太祖为安顿入内地弘扬佛法的西域高僧鸠摩罗什大师而建，并以其名字来命名寺院。1600 多年来该寺庙历经风雨沧桑，依旧屹立不倒，古老的建筑错落有致，缭绕的青烟终年不断，彰显着寺庙昔日辉煌的盛景。

雷台汉墓

民风民俗

→ **凉州舞狮：** 凉州舞狮历史悠久，在唐代时就已盛行，主要是为了祝捷之用。舞狮的种类主要有两人合扮的“太狮”和一人独扮的“少狮”，舞狮者也多由出身武术世家的青年男子扮演，技艺娴熟，精彩绝伦。

→ **四坝攻鼓子：** 当地特有的一种鼓，与腰鼓、太平鼓等皆不同，攻鼓子既有北方的浑厚，也有南方的灵秀。表演队伍一般 20 人左右，他们身穿白扣的黑衣，看起来十分英武，表演时雄壮豪放，具有明显的西部特色。

特色美食

吃什么

武威的美食具有明显的地方特色，且种类繁多，主要有凉州“三套车”、浆水面、凉面、米汤油撒子、面皮子、沙米粉、满族饽饽等，尤其是满族饽饽以花样众多而出名，各种样式令人眼花缭乱。当地的面皮十分劲道，有嚼劲，香辣可口，令人回味。

青城镇
黄河千年古镇

古镇概述

青城镇位于榆中县的最北端，坐落在黄河岸畔，是古丝绸之路上的水旱码头和商贸中心，承担着南北贸易集散地的重责。唐代之后成为历朝历代的边塞军事重镇，随着水烟的兴盛，更多的交易都在这里进行，一时之间无比的繁华热闹。

说起青城镇就不得不提狄青，这位骁勇善战的宋代将军为防止西夏的入侵，在唐朝旧城的基础上筑起了一座新城，依黄河天险而居，易守难攻，成为守护边防的重要依靠。因向东西方向延伸的新城较为狭长，故被称为“一条城”，后人们为了纪念狄青就改名为“青城”。

因其地利之便，青城镇自古人文荟萃、商贾众多，他们在这里进行商业交易的同时也建造会馆，并留下无数多种建筑风格结合的古建筑。古镇内现留存有 50 余座古民居，其中大多为清代建筑，它们既有北京四合院的格局，又有山西大院的风貌，是青城镇宝贵的建筑艺术遗迹。

青城镇历史悠久，这里曾经水烟生产非常发达，有着长达 200 多年的繁荣盛期。其间，雕梁画栋的建筑一幢幢拔地而起，文人墨客、风流名士也层出不穷，一时之间富饶繁盛的青城镇名声大噪。与此同时，教育也发展起来，六德书院、青城书院相继建立，培养出众多人才。“风雅青城，仁义之乡”是世人对它的称赞。

地理位置：
→ 甘肃省兰州市榆中县。

气候特点：
→ 温带大陆性气候，四季分明，春季是最佳旅游季节。

开放时间：
→ 全天。

门票：
→35 元。

交通：
→ 兰州站—青城镇
可从兰州站乘坐火车至皋兰站，再转乘公交，或直接从兰州站乘坐公交也可到达青城镇。

民风民俗

→ **罗家大院：** 为青城镇四大水烟坊之一的“永顺成”老板罗希周于 1927 年所建，也是电视剧《老柿子树》取景之处。大院属于典型的明清时期的四合院建筑风格，造型古朴精致，布局严谨合理，充满了古典气息。

→ **高氏祠堂：** 始建于清乾隆四十四年（公元 1779 年），现坐落在古镇中的主街道旁，为省级文物保护单位。一进三楹的祠堂由山门、过廊和大殿组成，整体布局也十分考究，呈方形八卦之状，内有对称分布的四合小院如四宝聚珠，东西两侧的厢房和耳房排列有序，大殿内供奉着高氏先祖的牌位。整个建筑构思巧妙、造型精致、装饰华美、工艺精湛，在森森古柏的掩映之下显得凝重大气又古朴典雅。

➜ **百亩荷塘：**“接天莲叶无穷碧，映日荷花别样红”，在青城镇的建亭村就有一处这样的盛景，碧叶连天，荷红点点，微风吹来，阵阵清香扑面而来。荷塘中养殖着各种鱼类，每逢节假日，会有无数的垂钓爱好者来此垂钓。

大靖城
小北京

古镇概述

大靖镇在历史上曾名噪一时，被誉为甘肃省四大名镇之一，古丝绸之路从此经过，东来西去的客商驼队很多都在这里停歇。随着中外贸易的发展，大靖城渐渐成了一个大型的商品离散地，许多人来此定居或者经商，繁荣的场景处处可见。

相传在汉武帝时期，大靖城的商品活动就十分活跃。到了唐代，朝廷已经在这里置县设郡，明清以后又不断扩建，建立城郭，加强了军事防御。明朝万历年间，甘肃巡抚田乐和总兵达云等人合兵，在此地大败阿赤兔，收复了被其夺走的失地，并将这座城池命名为“大靖城”。

随着城池的不断扩建，大靖城变得更加稳定，商业贸易更加繁荣。当时陕西省和山西省的商业已经开始崛起，很多商人经常路过大靖城，因此对这里很熟悉，一度还有“要想挣银子，走一趟大靖土门子”的说法，甚至有些文人还给古镇起名为“峻极天市”，意为大靖城已经富贵到了极点。据说当时白天的大靖城车水马龙，人来人往，热闹非常，而到了晚上，霓彩闪烁，异彩纷呈。

现在的大靖城中还保留着很多古代建筑，如财神阁、马庙会馆、青山寺、马家祠堂等，同时还有大靖城峡水库灌区以及被誉为“中华之最”的景电二期引黄灌区，令人赞叹不已。古城百姓淳朴善良，热情好客，至今保留着许多当地的传统民俗，尤其是每年正月初六开始为期两个星期的“闹社火”，充分展现了甘肃古镇的精神风貌。

地理位置：

➜ 甘肃省武威市古浪县。

气候特点：

➜ 温带大陆性气候，昼夜温差大，最适宜春秋季旅游。

开放时间：

➜ 全天开放。

门票：

➜ 免费。

交通：

➜ 兰州站—大靖镇

大靖—兰州（大靖新镇汽车方向）：兰州客运中心上车—大靖新镇汽车站下车，乘坐 9 站。

景点品鉴

➜ **大靖营长城：**明朝初期朱元璋为了稳固边防，便在此建立大靖营，营前后有两座长城，即旧边和新边，共同防御外敌。如今的新边还有 1 米多宽的土墙和一座 10 米多高的烽火台保留，昔日的大靖营早已不复存在。

➜ **财神阁：**又名“鼓楼”，坐落在古城的中央位置，其分成上下三层，由 16 根通柱构建，高 21 米，周长有 30 多米，蔚为壮观。底层由砖石修筑，设有一座十字拱门，美观大方，二三层曾经建有木楼，四周设置 2 米宽的绕廊，三楼有座阁门，内部供奉着财神雕像。

➜ **青山寺：**建造于南北朝时期，历史悠久，然而后来被毁。直到 1990 年才重新在古寺的原址上修建，寺中只有一座大雄宝殿和厢房、斋房两处院落，规模较小。尽管如此，青山寺的历史和文化积淀依旧是国内许多大寺庙无法企及的，此外它还充满了汉藏蒙民族宗教文化的特色，更是令人赞叹。

敦煌
塞北名城

古镇概述

地理位置：
➔ 甘肃省敦煌市。

气候特点：
➔ 温带大陆性气候，光照充足，春秋季适宜旅游。

开放时间：
➔ 06：00—19：00

门票：
➔ 敦煌古城：35 元；莫高窟：200 元；月牙泉：120 元；鸣沙山：120 元（各景点门票价格不同）

交通：
➔ 兰州站—敦煌
可从兰州站乘坐火车到达敦煌。

悠久且传奇的历史、丰富且多彩的名胜古迹都让敦煌闻名遐迩，成为耳熟能详的旅游胜地。敦煌古称“沙洲”，位于甘肃、青海、新疆三省的交汇处，三面环山，一面连接茫茫戈壁，是古丝绸之路的交通要道和边关重镇，自古以来便是兵家必争之地。古老的敦煌在5000 年的漫长历史中，历经沧桑，孕育出璀璨的古文化。那沧桑的历史遗迹、精美的塑像壁画、苍凉的玉门关、神奇的沙鸣山月牙泉，使这座古城愈加的耀眼迷人。

据考证，敦煌的建造开始于西汉元鼎六年，当时是汉武帝时期，在多次击败匈奴之后，将广阔的河西之地纳入汉朝的版图，中原王朝开始经营统治西域，大力经营该地，敦煌的历史开启了新篇章。之后的中原王朝都曾在敦煌设立机构统治，一直延续至今。

经过实测考证，敦煌的城墙南北长 1100 多米，东西宽 700 多米，如今保留的城墙四角的角墩高有 16 米，可见古城的城墙建筑坚固程度。在建筑风格上，敦煌古城具有鲜明的西域建筑的风格，耸立的南、东、西城门上有着巍巍的城楼，古城内被命名为敦煌、高昌、甘州、兴庆和汴梁的五条街道连通整个古城，在这些街道的两侧坐落着店铺、民居、寺庙等建筑。

购物
➔ 敦煌商业步行街、沙洲市场等都是购物者的首选，在这里你可买到皮薄肉厚的敦煌瓜、用沙洲之泉酿出的敦煌酒、造工精细的敦煌彩塑、色彩艳丽的夜光杯等。

虽然如今的敦煌已经是残垣断壁，却依然不改其恢宏大气的古城风貌。同时在古城周围分布着众多的奇特景观，如莫高窟、鸣沙山、月牙泉、九层楼、三危山、玉门关等都是知名的旅游景点。

景点品鉴

➔ **莫高窟：**俗称“千佛洞”，始建于十六国的前秦时期，历史悠久，它的建造也颇有神话色彩。据传僧人乐尊从这里经过，忽见金光四射，仿佛万千神佛现世，于是就在岩壁上开凿了第一个洞窟。之后在此建洞修禅的法良法师，从“沙漠的高处”取意称其为“漠高窟”，后世将其改名为“莫高窟”，并一直沿用至今。莫高窟现存有洞窟约 735、泥质彩塑造 2415 尊。这些洞窟面积从 200 多平方米到不足 1 平方米都有，形制也各有不同，每个洞窟都是建筑、彩塑、绘画相结合的综合性艺术殿堂。

➔ **月牙泉：**处于鸣沙山的怀抱之中，因形似一弯明月而得名。月牙泉，古称“沙井”，俗名“药泉”，位于敦煌市西南 5000 米处。月牙泉南北长近 100 米，东西宽约 25 米，泉水东深西浅，最深处约 5 米，有

“沙漠第一泉”之称。月牙泉自汉朝起即为“敦煌八景”之一，得名“月泉晓澈”。铁背鱼、五色沙和七星草堪称“月牙泉三宝”。相传铁背鱼和七星草专医疑难杂症，一起食用可长生不老，因此，月牙泉也有“药泉”之称。

➜ **鸣沙山：** 延绵 40 千米，南北宽 20 千米，宛如两条沙臂张开围护着月牙泉。山体由细沙聚积而成，沙粒有红、黄、蓝、白、黑五种颜色，晶莹透亮，犹如用清水反复淘洗过的金沙一般。周围形态各异的山丘弯弯相连，组成沙链，犹如虬龙蜿蜒，直至天边。沙峰起伏，丘丘相接，似波涛汹涌，煞是壮观。鸣沙山的神奇在于一个“鸣”字。在人力或风力的推动下，含有石英晶体的沙粒在滑动过程中相互摩擦产生静电，静电在释放过程中发出响声，大量的响声汇聚，声势如雷，鸣沙山因此而得名。

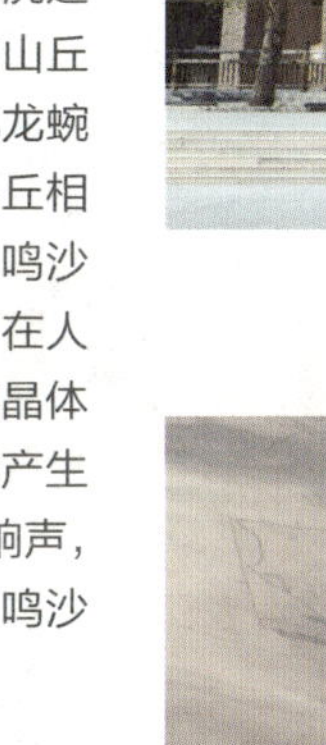

莫高窟

住宿

➜ **敦煌大盛假日酒店**

地址：党河东路 769 号

电话：（0937）8809900

标间：126 元左右

➜ **敦煌飞天大酒店**

地址：鸣山北路 15 号

电话：（0937）88538888

标间：230 元左右

月牙泉

特色美食

☺ 吃什么

➜ **敦煌酿皮子：** 是敦煌十分出名的小吃之一，有人说只要去敦煌，就得品尝酿皮子。用麦面制成的酿皮子润滑爽口，酸辣柔韧，再配上面筋，添点蒜汁、酱油、香醋等调料，令人回味无穷。

➜ **驴肉黄面：** 在敦煌可谓是家喻户晓，人尽皆知。黄面细长劲道，驴肉味美耐嚼，加上热汤，更是香气扑鼻。在敦煌一直流传着“天上的龙肉，地上的驴肉”这样的说法，可见当地人对驴肉的情有独钟。

➜ **敦煌臊子面：** 是西北地区常见的一道面食，备受大众喜爱。敦煌臊子面采用传统的手工麦面，并保留了很多口味独特的臊子制法，能够满足更多人的饮食口味。

在哪吃

敦煌叶记驴肉黄面	达记酱驴肉黄面馆	顺张黄面馆
以杏皮水、驴肉、黄面、杂酱黄面等为主要特色，此外自家熬制的杏皮水也别具风味。价格公道，人均消费 42 元左右。 电话：18793736789 营业时间：9：30—22：30 地址：沙州夜市商业街 22 号	在当地十分出名，特色菜有红烧驴蹄筋、驴肉黄面、驴肉、黄面、酱驴肉、炒驴板肠、杏皮水、驴板肠、酸辣驴皮、驴皮冻、虎皮辣子、西凉果啤、酸辣蘑菇青椒等。人均消费 65 元左右。 电话：（0937）8833986 营业时间：11：00—16：00 17：30—22：00 地址：西域路天段天润国际大酒店西侧	菜品多样，味道不错。主要特色如驴板肠、驴肉、黄面、驴肉春卷、驴肉黄面、驴蹄筋、酱驴肉、驴肉春卷、苜蓿、驴板肠、卤驴肉等。人均消费 65 元左右。 电话：（0937）8824910 营业时间：10：30—22：00 地址：敦煌市金山路缤河世纪家园 1 号楼

陇城镇
北方军事名镇

古镇概述

提起陇城镇时，人们最先想到的莫过于“街亭”。三国演义中的“马谡失街亭”的故事就发生在这里，所以千百年来这个地名和这个人名就一直连在一起。陇城镇位于甘肃省天水市秦安县境内，此处河谷开阔，南北两侧山峰对峙，攻守兼备，可谓是一处重要的战略要地。当时马谡街亭失守对于诸葛亮的北伐计划影响极大，因此诸葛亮才不得不挥泪斩马谡。但是陇城镇的文化并非只有一个街亭。

陇城镇从汉武帝时期设置凉州时成为其刺史治所的所在地，即古时的“龙城”，两晋到隋唐时期，一直是北方重要的军事名镇。现在的陇城镇建于宋朝正隆年间，又称“八卦城”，因为城市布局与伏羲绘制的八卦图十分相似，其占地面积约 14 万平方米，规模巨大，可惜后来被洪水毁掉了一半，只剩下半城。现在保存下的古建筑多位于城内古街上，在 200 多米长的街道两边分布着 50 多间旧商铺，它们代表着陇城镇的古代建筑精华，同样也承载着古城百年的历史变迁。

地理位置：
➔甘肃省天水市秦安县。

气候特点：
➔温带大陆性气候，日照时间长，春秋季最适宜旅游。

开放时间：
➔全天开放。

门票：
➔免费。

交通：
➔兰州西站—陇城镇
可从兰州西站乘坐火车到达秦安，或从兰州汽车东站乘坐客车到达秦安，再从秦安打车到目的地。

景点品鉴

➔ **三国街亭古战场遗址：**三国时期著名的战略要地，俗称“汉街城”，当年马谡就是在此处失守后被诸葛亮斩首。据说当时诸葛亮正在筹划北伐，参军马谡主动请求驻守街亭，阻击南山的魏兵，可惜由于自己刚愎自用导致街亭失落，诸葛亮不得不依照军令挥泪斩马谡。

➔ **女娲洞：**位于古镇外的风沟，地处悬崖峭壁，洞口外侧十分宽大，往里约 10 米处，洞身紧缩，变得窄小，只能容一个人进入。女娲洞邻近的还有一个郑家洞，两洞相通，但是其中空气稀薄，洞深未知，所以至今没有人进入更深的地方。

➔ **女娲庙：**坐落在古镇的南门，有一块“娲皇故里”的石碑矗立在庙门外，大殿内部有许多古今名人的题刻作品，例如“娲皇宫”“炼石补天”“开天辟地”等，这些匾额也是具有很高艺术审美价值的书法品。殿中供奉着女娲雕像，许多神话传说中的场景均可在此得以表现。

➔ **西番寺：**又名“无忧寺”，建于秦朝初期。据说秦始皇统一六国后，同时也平定了占据陇城的阿育王。为了纪念这件事，便在陇城镇的积麦崖凿洞，建造了这座寺庙，寓意着天下一统，以后可以高枕无忧了。到了唐朝时期，随着佛教的兴盛，无忧寺便更名为“西番寺”，并且一直沿用到现在。如今人们所见的西番寺并非唐代的古寺，而是后人按照清朝光绪年间的旧格局重新建立的。这座寺庙每年三月十九都有大型的庙会，场面宏大，十分热闹。

张掖

塞上江南

古镇概述

地理位置：

➜ 甘肃省张掖市。

气候特点：

➜ 温带大陆性气候，气候干燥，每年 6—9 月是最佳旅游时间。

开放时间：

➜ 各个景点开放时间不同。

门票：

➜ 每个景点收取门票不同。

马蹄寺：73 元

丹霞地貌：75 元

大佛寺：40 元

交通：

➜ 兰州西站—张掖

可从兰州西站乘坐火车到达张掖西，也可从兰州客运中心乘坐客车到达张掖。

曾有诗曰“不望祁连山顶雪，错把张掖当江南”。这座坐落在甘肃省西北部、河西走廊中段的古老城市，既是古河西四郡之一，也是古丝绸之路上的重镇，以“张国臂掖，以通西域”而得名。

悠久的历史、独特的地理位置形成了张掖多民族汇聚交融的文化色彩，这里孕育着众多的名胜古迹。古老的马蹄寺、巍巍的大佛寺、骏马飞驰的军马场等都是张掖深厚历史的杰作。看着这样多彩的文化，大自然似乎对其非常厚爱，在那山谷中诞生色彩斑斓的丹霞地貌，连绵起伏的祁连山脉和茫茫无涯的戈壁风光都在这片土地上汇集，让这里既有南国的风情，又有塞上的英姿。

景点品鉴

➜ **马蹄寺：**又称“普光寺”，据说建于东晋十六国时期，距今已有 1600 多年的历史。相传天马饮水，将蹄印留于此处，因而才有了马蹄寺一名。现在天马蹄印已经被作为镇寺之宝保存在寺庙之中。如今的马蹄寺主要由岩壁石窟和庙宇殿堂组成。穿过三间门洞，走进寺庙内，大雄宝殿、站佛殿、观音殿、药师殿等殿堂依次展开，这些古老的建筑据说都是从连年的战争中保留下来的文物，可谓是饱受沧桑。马蹄寺最引以为豪的便是石窟艺术，在历史上与敦煌的莫高窟、安西的榆林窟合称为“河西佛教圣地的三大艺术宝窟”。寺内石窟规模宏大，总共包括了 7 个小石窟群，绵延 30 多千米，令人叹为观止。然而每个小窟群中，又含有大小不同、数目不等的石窟，总计 70 余窟，像洞府天国一般。其中三十三天石窟、马蹄印石窟、藏佛殿石窟、胜果寺、千佛洞石窟等备受瞩目，艺术价值极高。

➜ **丹霞地貌：**地处祁连山脉北麓，约在 200 万年前的前侏罗纪时期形成，由于自然的风雨侵蚀使这里的

住宿

➔ 如家快捷酒店

地址：张掖民主西街 28 号中广大楼，在大佛寺广场店附近

电话：（0936）8588123

标间：120 元

➔ 张掖鼎和国际大酒店

地址：县府南街 212 号

电话：（0936）8512999

标间：280 左右

马蹄寺

红色沙砾岩形成了千姿百态的奇峰怪石。放眼望去，层层叠叠、连绵起伏的群山仿佛用染料涂抹上了一层鲜艳的色彩，像火山喷发时的炽烈焰火，又似山岸身披色彩明丽的霓裳，展现出“色如渥丹，灿若明霞”的绝妙风采。

➔ 大佛寺：张掖的标志性建筑，位于张掖市区，又名“土佛寺”，始建于西夏崇宗永安元年，因寺内有国内最大的室内卧佛涅槃像而得名。佛寺是西北内陆久负盛名的佛教寺院，素有“塞上名刹，佛国胜境”的美誉。寺内的卧佛身长 35 米，形体庞大，佛像惟妙惟肖，很是生动。在寺庙附近还有隋代的万寿木塔、明代的弥陀千佛塔、钟鼓楼以及名扬西北的清代山西会馆等建筑。

特色美食

吃什么

➔ 西北大菜：当地宴席上最为常见的一道菜肴，肥腻的肉片下是象征吉祥的肉丸和豆腐丸，点缀着青菜。这道菜肴正如其名字般有着西北粗犷的风格。

➔ 搓鱼子：一种一寸长，中间粗，两头尖尖的小鱼形面段，一般凉拌或热炒制作成的小吃。口感滑软韧性，不过肠胃不好的人不容易消化，在吃的时候最好要份原汤，味道更好。

➔ 卤肉炒炮：回族的一种汤面，因面条形似炮仗而得名。面条很硬很滑，味道很辣，因此吃到嘴里有种吃炮仗的感觉。

➔ 鱼儿粉：一种地道的夏令风味小吃，用精细的大豆粉制作成小鱼的外形，再搭配一些小菜，味道可口，既能充饥，又能止渴。

在哪吃

孙记炒炮

一家在张掖很有特色的面馆，以卤肉和炒炮为特色，味道、口感很好，价格也实惠，人均消费 40 元左右。

电话：（0936）8211608

营业时间：11：00—21：00

地址：张掖市甘州区县府街与西大街 113 号

甘州特色风味美食市场

位于鼓楼附近的美食广场，里面有很多特色美食，是来张掖品尝美食一定要去的地方。

地址：张掖市甘州区民主东街 376 号

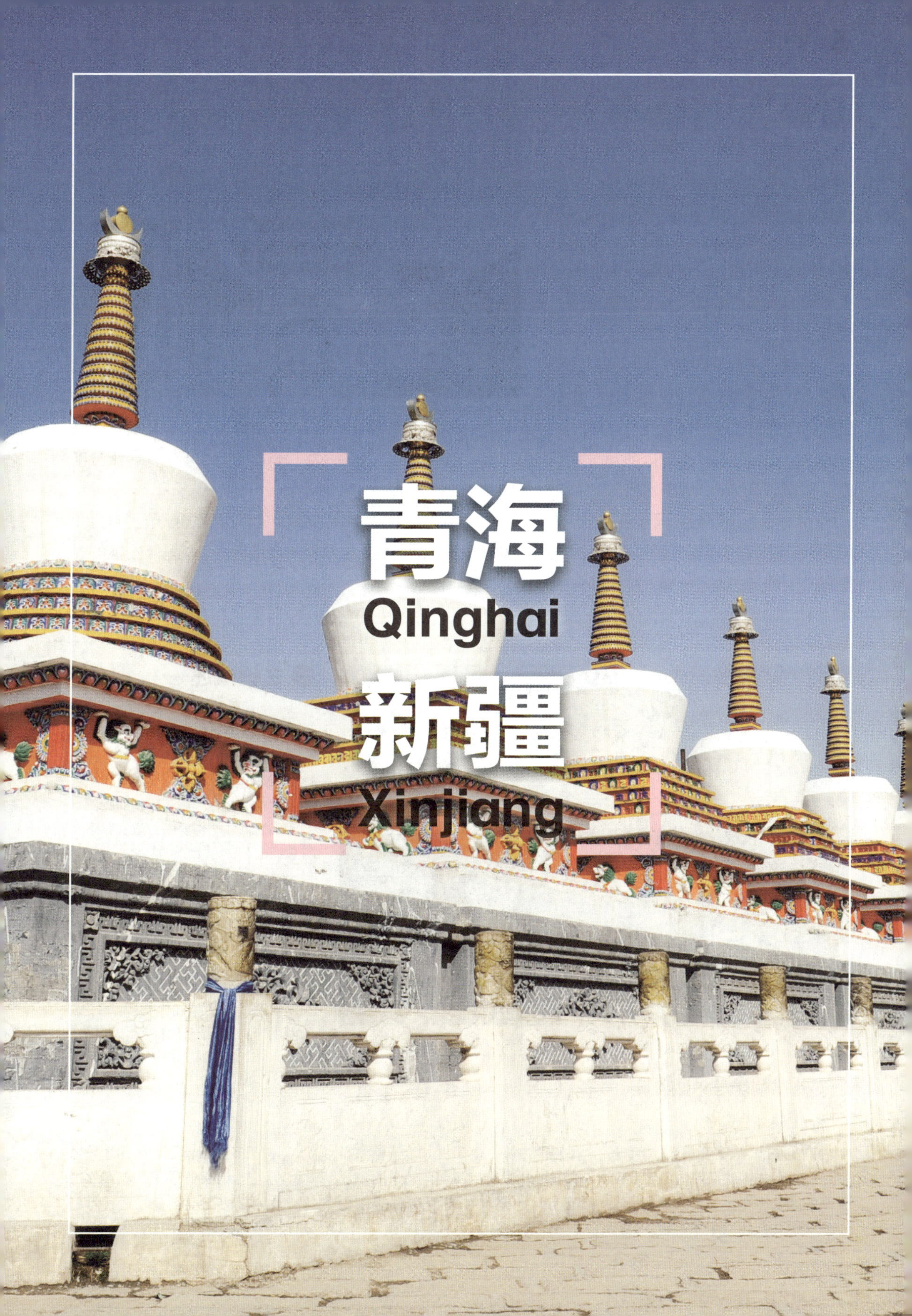

青海
Qinghai
新疆
Xinjiang

青海位于青藏高原的东北部，境内山脉高耸，地形多样，河流纵横，湖泊棋布，是长江、黄河、澜沧江的发源地，被誉为“三江源”“江河源头”“中华水塔”。青海的地形是由盆地、高山和河谷相间分布的高原，它是“世界屋脊”青藏高原的一部分。青海属于高原大陆性气候，冬季严寒而漫长，夏季凉爽而短促。

新疆位于我国西北边陲、亚欧大陆的腹地，是沟通中亚的重要通道，也是历史上古丝绸之路的重要通道。现在是第二座“亚欧大陆桥”的必经之地，战略位置十分重要。新疆在地形上山脉与盆地相间排列，盆地与高山环抱，被喻称“三山夹两盆”。新疆的地下水资源十分丰富，被誉为天然的“地下水库”。

青海和新疆都是我国众多少数民族的居住地，独特的自然环境和多样的民族风情赋予了青海和新疆独特的历史风貌。因地处遥远的高原和边陲，二者的历史、发展和中原地区大不相同，古镇的类型以及生活方式也不一样，产生的古镇景致也有着不同韵味。

贵德古城

高原小江南

古镇概述

地理位置

➜ 青海省海南州贵德县。

气候特点

➜ 温带大陆性气候，地处高原，光照时间长，辐射强，适宜秋季旅游。

开放时间

➜ 小景点开放时间不同。

门票

➜ 玉皇阁 60 元。

交通

➜ 西宁站—贵德古城

从西宁站乘坐公交到达南川西路客运站，再从南川西路客运站乘坐客车即可到达贵德。

说到古城，或许多数人会想到江南美丽如画的凤凰古城和商贾云集的西北平遥。而在青藏高原上也有历史久远的原生态古城，那就是贵德古城。贵德古城位于青海省东部，北邻滚滚黄河，是青海省乃至西北地区保存最为完整的古城之一。

位于多民族聚居地区的贵德古城，历史上深受周围王朝和民族的影响，中原王朝、鲜卑、吐蕃等都曾在这里留下历史的印记。如今古城境内还保存着诸多的历史遗迹，如“马家窑”“卡约”文化遗址、古堡、民居等，这些都是贵德古老历史和深厚文化的见证。

贵德古城始建于明朝初期，距今已有 600 多年的历史。历史上的贵德古城经历过多次的修缮，最近的一次是在民国时期，当时的古城高大巍峨，外形似方形，四座城门巍然耸立。后为拓宽古城内外道路，将古城的南门和城楼拆毁，如今只有东、西、北三面保存完好。

贵德古城中现存的古建筑大多修建于清朝中期，多是宗教建筑，类型多样，充斥着浓郁的中原文化色彩。每一座建筑都是精心之作，有着各自不同的韵味。保留的碑刻、壁画都有着很高的历史文物价值和艺术价值。在众多的建筑中，文庙和玉皇阁无疑是最为精美的建筑之一。

景点品鉴

➜ 玉皇阁：初名“万寿观”，始建于明朝中后期，历史上的玉皇阁曾多次遭受毁坏、重修，饱经沧桑。玉皇阁坐北朝南，高约 26 米，伫立在三层土砌的高台上，十分雄伟。在通往阁楼顶层有 32 道阶梯且每层的阁楼都有木梯相连。阁楼可分为三部分，自下而上依次是人、地、天，寓意天地人三位合一，阴阳相成。每一层都有着不同的作用，一层供奉着皇帝、名臣武将的牌位，还有“山河一览”的木制匾额；二层供奉的是后土皇祇的彩绘木雕；三层供奉的是玉皇大帝镀金精致木雕。整个阁楼飞檐斗拱，雕梁画栋，建造得极为宏大。站在顶端可俯瞰整个古城，领略古城的全貌，所有的建筑规则整齐。驻足远眺，贵德优美的自然风光尽收眼底。因此，玉皇阁在贵德“古八景”中有“仙阁插云”的美誉。

玉皇阁

周边景点

➜ 贵德国家地质公园：丹霞地貌产生的奇特景观，山峰突兀林立，因山体色彩呈七种颜色，故又称七彩峰。景区内有女娲峡、千佛峡、通天峡等，都是世界上罕见的自然奇观，来到贵德古城不容错过。（门票 100 元）

➜ 尕让红教寺：贵德当地著名的藏传寺庙，距今已有 1000 多年的历史。寺庙坐落在多丹护法神山的山腰，山上至今还保存有几处莲花生大师修行的山洞。历史上很多大成就者都在此修行，是学习修密法的道场。

➔ 文庙：又称“孔庙”，是祭祀孔子及其七十二弟子的祠庙，几乎是每座古城中必备的建筑。贵德古城的文庙建于清朝早期，被毁后在光绪年间得到重建，是目前青海省保存最为完整的一座。四柱三楼式的牌坊位于文庙的门前，上面雕刻着“腾蛟起凤”四个镏金大字。字体苍劲有力，神采飞扬，寓意贵德文风昌盛，人杰地灵，是人才辈出之地。庙正中的大成殿宏大端正，雄伟壮观，殿内的梁柱笔直粗壮，层叠的梁枋紧密有致。大殿中间耸立着寓意“太平万象”的三尊巨大的青狮白象，寄托着古人对美好生活的追求。

文庙

特色美食

吃什么

贵德是众多民族杂居的小城。这里不仅有藏餐、清真馆，还有撒拉族和回族同胞开设的餐馆，各民族的美食都能在这里找到。贵德比较著名的美食是手抓肉、狗浇尿饼子、地皮菜、黄河鱼等。

在哪吃

梨乡楼饭店

在贵德当地评价比较高的一家川菜馆，川菜的味道中带有一些西北菜的味道，味道不错，店内也能做贵德西北菜，人均消费 70 元左右。

电话：15309741590
营业时间：09：00—23：00
地址：101 省道伊清苑美食城对面

喜庆农家风情园

贵德古城西部一家很有风情的农家院，院内有几棵上百年的老梨树，很多食客坐在花棚架下用餐。这里的美食以西北风味为主，最拿手的有手抓肉、狗浇尿饼，极有特色，人均消费 80 元左右。

电话：13897047732
营业时间：一年四季 24 小时都在营业
地址：贵德县河西镇下马家村委会北侧 20 米

禾木村
中国第一村

古镇概述

地理位置

➜ 新疆维吾尔自治区阿勒泰地区布尔津县。

气候特点

➜ 温带大陆性气候，6 月和 9 月是最佳的旅游月份。

开放时间

➜ 全天开放。

门票

➜ 60 元，村落维护费 20 元。

小贴士：

➜ 图瓦人禁忌：图瓦人崇拜水和火，所以不要在河水里洗澡、洗衣服以及倒垃圾。也不要往火里扔脏东西，更不能吐痰。

在优美的喀纳斯湖畔坐落着一个优美的古村落——禾木村，这里有着优美的自然风光和古朴原始的民居建筑，有着近 500 年的历史，被誉为“中国第一村”。

被群山环绕的禾木村有着优美的自然风景，茂密的林木、清澈的小溪、原始的木屋以及窄窄的木桥都是值得拍摄的风景。置身于禾木村就像来到了隐秘的世外桃源。碧蓝的天空上漂浮的朵朵白云、远处的雪山巍峨壮观、四季景色不同的林木花草仿佛绘就了一幅斑斓的油画。古意盎然的小木屋点缀在油画上，更添些许生气。小木屋是图瓦人居住的地方，由粗大的原木堆砌而成，看似简陋却坚固异常，也成为当地著名的景观之一。

窄窄的禾木桥是当地的特色景观。简陋的构造、古朴的造型让其在饱经冲击中坚固异常。冰冷清冽的河水犹如白玉般温润而纯洁，两岸的绿色植被被水气滋润得青翠欲滴，郁郁葱葱。跨过禾木桥，满眼

秋季的禾木村

交通

➜ 在喀纳斯可以乘坐区间车、骑马或是徒步到达禾木。其中徒步是最佳的方式，有中国十大徒步路线之一——“贾登峪—禾木线路”。

的白桦林，温暖的阳光穿过林间缝隙的情景最具诗情画意。

秋季的禾木桥是最美的，色彩铺洒，绚丽斑斓，所有的色彩似乎都集中在这里。站在周围低矮的山坡上可俯瞰村落和河流的全景。远可观温煦的日光、皑皑的雪峰，近可览村落自然原始的风貌，是拍摄村落各色美景的绝佳取景地。

当清晨的阳光越过山顶，金色的光线铺洒，茂密的白桦林被染成金黄色。穿过蒙蒙的水气，温煦的阳光斜照下来，静谧的山村开始苏醒，变得灵动起来。随着太阳的升起，围栏上的枝条的影子也逐渐被拉长。炊烟袅袅升起，新的一天就要开始了，简陋棚里的牛马也开始躁动起来，相互嬉戏玩耍，等待着主人的到来。当夕阳西下，山坡上的白桦树经过夕阳余晖的映照，安详、静美。村子里的人们围着温暖的火炕，吃着精心准备的晚餐，偶有孩子围着嬉戏，带来欢声笑语。

在群山的怀抱中，禾木村静静地依偎着，散落的牛马在山坡上随意地吃着草，低矮的小木屋掩映在林木之间。蓝天白云掩映下的小河从村子旁缓缓流过，凝结的淡淡水气在树林中如云雾般流动，好像一条轻柔的白丝带，在天地之间飘荡。

禾木村的美无与伦比，如油画般的白桦树一簇簇地环抱着它，静静流淌的禾木河孕育着它。来到这里的人都说禾木是彩色的，绚丽的时光仿佛定格于此，在这里你可以感觉到一种不敢妄动的静美。

禾木建筑

特色美食

吃什么

➜ **烤馕：**新疆当地最为常见的食品，根据原料不同口味也各不相同，其中白馕是最基础的，其他的烤馕都是在其基础上产生的。

➜ **禾木羊肉：**由于禾木当地的牛羊都是自然放牧的，因此肉质鲜嫩，味道鲜美，在当地的任何一家餐馆都能品尝到具有禾木当地味道的羊肉。

➜ **卡瓦斯：**喀纳斯地区特制的啤酒，以玉米、大麦和花蜜为部分原料制成，味道酸甜，冰镇后的味道更加爽口，一定要尝一尝。

在哪吃

乡村快餐

土火锅味道极好，分量非常足，价格不贵，性价比极高。

电话：15909067898
营业时间：6：00—23：45
地址：布尔津县禾木乡 335 号

白哈巴村
西北第一村

古镇概述

地理位置

➔ 新疆维吾尔自治区阿勒泰地区哈巴河县。

气候特点

➔ 温带大陆性气候，海拔高，日照丰富，温差较大，8—10 月是最好的旅游时间。

开放时间

➔ 全天开放。

门票

➔ 50 元。

交通

➔ 阿勒泰火车站—白哈巴村

从阿勒泰站到白哈巴村约 250 千米，可选择自驾游。

在我国与哈萨克斯坦的边界上静卧着一个明珠般璀璨的乡村——白哈巴村。优越的地理位置和独特的自然风景让这里成为闻名四方的村落，被誉为“西北第一村”“西北第一哨”“中国最美的八个小镇”。这座有着几百年历史的古村近些年来吸引着众多游人的目光，成为西北地区有名的旅游古村。

白哈巴村是一个少数民族居住的村落，主要是图瓦人的居住地。远离喧嚣的地理环境和独特的民族风情孕育着白哈巴村原汁原味的村容村貌。村落建在一个低矮的山谷之中，有两条小溪在旁边静静流过，木质构造的民居建筑坐落在溪水旁边平坦的高地上。白哈巴村附近的林木茂盛，多是松树和桦树，密密簇簇，只要从高处俯瞰就会发现，整个村落好像隐藏在山林里一样，安静祥和。

古村的风貌保存得很好，建筑都是用原木构造而成的小木楞屋，古朴而不简陋。木楞屋的外形看似不大，但是功能齐全。顶部的“人”字形构造可防雨雪，顶棚和屋顶之间的缝隙可以当作储藏室，放置物品。虽然地处北疆，冬季寒冷，但是在屋内铺有厚厚的花毡，还升有火光旺盛的火炉。在白哈巴村，商品好像并不是很丰富，屋内的装饰多是牧民自己制作的手工艺品，很有民族特色，犹如一个图瓦人的生活工艺品陈列馆。在主屋旁边就是牲口圈，里面养育着或多或少的牛羊。每日早晨，当牛羊出栏走向那漫山遍野的青色，新的一天便开始了。这里没有汽车的鸣笛声，也没有漫天的雾霾，有的是如画风景。

白哈巴村一年四季都是美的，且四季景色迥异，每个季节都有自己独特的风景，景观非常丰富。初春之时，万物复苏，满山的林木开始吐出嫩芽。盛夏之时，多彩的山花和青翠的松林一起铺出一幅五彩斑斓的油画。最美的是秋季，此时的山村犹如一个缤纷多彩的世界，红色、黄色、绿色、褐色，层林尽染，仿佛装满各种颜料的调色板，再加上阿尔泰山上皑皑雪峰的映衬，这样一幅完美的油画就毫无保留地展示在天地之间。冬季大雪纷飞之时，满山银装素裹，晶莹剔透，宛若童话世界，更显村庄的安详和静谧。

这样绝美的古村景色吸引人们前往，如今越来越多的人前来领略这里的自然风光和独特的民族风情。需要注意的是，由于白哈巴村地处边陲，需要办理边境证以及购买门票等，而且还需要注意当地人的禁忌。

小木楞屋

白哈巴村秋景

图瓦村
西北传奇

古镇概述

地理位置

➜ 新疆维吾尔自治区阿勒泰地区布尔津县。

气候特点

➜ 温带大陆性气候，昼夜温差大，6—9 月是最佳的旅游时间。

开放时间

➜ 全天开放。

门票

➜ 包含在喀纳斯景区门票内。

交通

➜ 在喀纳斯湖景区乘坐区间车可以到达。

图瓦村位于喀纳斯湖湖畔的河谷地带，古村的历史可谓是源远流长。早在隋唐时期这里被称为“都播”，元朝以后称为“图瓦”，据说这里的先民是成吉思汗远征时留下的残弱士兵。

交相辉映的图瓦村与喀纳斯湖，一刚一柔，浑然天成，一同绘就了优美的自然景观和独具特色的民族风情。图瓦村面积不大，只有 1 平方千米，由于距离喀纳斯湖很近，所以成为喀纳斯景区的主要集中地，很多游人在这里住宿。村落景色优美，著名的元朝宰相耶律楚材还为其作诗“谁知西域逢佳景，始信东君不世情，圆沼方池三百所，澄澄春水一池平”。由此可见村落景色之盛。

小木屋

关于图瓦人的来源，由于历史间隔时间长且复杂，已经无法确定，据说是来源于更远的北方。图瓦人勇敢、善于骑马射箭，同时还能歌善舞，有着独特的民俗习惯。600多年来，当地一直保持着村落的原貌，不大的村落并没有在岁月的冲刷下消失或是改变原样，这不能不说是一个奇迹。生活习俗上，这里既有蒙古族的传统，也有着汉族的春节和元宵节，民俗文化丰富多彩。语言上，这里主要说哈萨克语，不过很多年轻人都会说汉语。这里的居民除了游牧时住在蒙古包，平时都居住在搭建的简陋小木屋里。

图瓦村的四季景色都非常优美。温煦的光线穿过薄薄的水雾，反射在小木屋尖尖的屋顶上，一片金黄。几棵散布的松树，挺拔笔直，似乎是小屋的护卫。点缀在松树之间的白桦树，在青松的映衬下，其雪白的枝干很是耀眼。远处雪白的友谊峰在蓝天的映照下好似晶莹的白玉。受冷暖气流共同作用的山下，气候温暖湿润，茂密的林木在此生长繁盛。金秋时节的山林犹如被颜料涂抹一般，层林尽染，绚丽多彩，原始的自然生态风光尽收眼底。

有人说，图瓦村就是一位睡美人，沉睡的面容上带着安详，那白蒙蒙的霜露就似一层洁白的衣纱。潺潺的喀纳斯河流水仿佛在演奏着一首美妙的轻音乐。散落在山坡上的牛羊，古朴简陋的木屋、色彩斑斓的山林，还有那飘香的奶酒，让静谧的小村透着一种暖暖的幸福。

图瓦村秋色

景点品鉴

敖包节：“敖包”是蒙古语译音，意为用木、石、土垒成的堆。敖包节是当地图瓦人祭祀祝福的节日，每年的6月8日是当地举行敖包的节日。活动是在一座有着40多年历史的敖包里举行，彩色的经幡上印有经文，悬挂在敖包的顶端随风舞动。活动开始后，当地的图瓦人就将石头放入敖包中，随着人群的增多，开始围绕着敖包形成走圈。当喇嘛来的时候，人们将牛奶、酒、羊肉等食物放在位置前面，然后听经祈福。之后人们开始围绕着敖包大声祈福，声势非常壮观。

湖北
Hubei
楚天极目

湖北位于长江中游，洞庭湖以北，故而得名湖北，简称“鄂”。湖北东、西、北三面被群山环绕，中部是土肥水美的江汉平原，呈现南部有缺口的不完整盆地状。湖北境内湖泊众多，水网密布，素有“千湖之省”的称号。

历史悠久的湖北，文化积淀深厚，境内文物古迹众多，古村、古镇是其中最重要的组成部分，既记录着湖北辉煌的过去，也承接着古老的建筑艺术和文化传统。这里较为有特色的便是程集镇、羊楼洞村、上津镇、大余湾、谋道等，它们大多保存完好，充满了古风遗韵。

由于湖北地区多山多水，所以大多数古村镇或依山而建，或临水而立，或静卧平原。其建筑特色也与其地形地势相符合。这些建筑不仅是简单的住所，还蕴含着浓郁的当地文化。当地的少数民族将其建筑特色与汉族建筑风格相结合，创造出独一无二的建筑奇观，令人叹为观止。

七里坪
将军的摇篮

古镇概述

地理位置

➜ 湖北省黄冈市红安县。

气候特点

➜ 亚热带季风气候，气候温和湿润，阳光充足，可选择春、夏、秋季前往游玩。

开放时间

➜ 全天开放。

门票

➜ 免费。

交通

➜ 黄冈站—七里坪

从黄冈站乘坐公交到达东华客运站，再从东华客运站乘坐客车至桃花或付桥，再换乘公交或打车至目的地。

七里坪位于大别山南麓鄂豫两省的交界处，是历史悠久的文化名镇，自元代起，因优越的地理位置和便利的交通条件而逐渐发展成为集镇，并为武汉供应重要的农副产品。自古这里繁荣昌盛，明清时期便有“小汉口”之称和“拖不完的七里坪”之说。

作为红安县的第一大镇，七里坪在中国近代史上有着重要的意义。这里是黄麻起义的策源地、鄂豫皖苏维埃红色政权基地、中国工农红军红四方面军的诞生地、红二十五军和二十八军的重建地，来到镇上随处可见红军留下的革命遗迹，见证着那段激荡岁月的历史。七里坪镇还是有名的“将军的摇篮”。徐深吉、郑位三、韩先楚、秦基伟等 143 位共和国的将军都从这里走出，刘伯承、邓小平、徐向前等老一辈的无产阶级革命家也在这里留下了足迹。

七里坪中最主要的街道是长胜街，这条由青石板铺就的街道已有几百年的历史，蜿蜒曲折 1000 多米。街道两旁皆是明清时期的古建筑，为典型的徽派建筑。砖木结构的房屋青砖黛瓦、高高的马头墙、翘起的檐角、各种花鸟动物的装饰，书写着中国古建筑的艺术之美。苏维埃银行、郑位三故居、红军饭堂、中西药局、列宁市杨、殷街旧址等众多的革命遗址也分布在这条街上。

七里坪文物古迹众多，自然风景更是美不胜收。风光秀丽的天台山森林公园、惊险刺激的对天河探险漂流、碧波荡漾的香山湖、环境优美的周家生态农业旅游示范园等，让你领略七里坪镇无限的美景。

景点品鉴

➔ 长胜街：是由花岗石条砌成的主街，原名“正街”。全长 400 米，宽约 7 米，南北有城门楼。街道两边房屋为清一色的青砖黑瓦、木格窗户、木板门扇，每间房屋山墙或隔火墙有龙蛇鸟兽造型装饰。

➔ 双城塔：又名“大圣寺塔”“地藏王塔”，耸立于柳林河畔的双城旧址之上，为国家重点文物保护单位。砖砌仿木结构的古塔，高有 35.4 米，六角十三层，由下向上呈递减趋势，仿若收拢的巨伞。比例匀称的古塔由牡丹、莲花、双钱等花纹装饰，使其显得愈加精巧玲珑。还有榫卯相接的斗拱、门窗、神龛、勾栏等，合缝严实，技艺精湛。古塔内部有供盘旋而上的阶梯，登上古塔，可放眼四野，远近美景尽收眼底。

➔ 天台山：青峰连绵、古木葱葱、溪水潺潺的天台山，景色秀丽宜人，环境清幽雅致。主峰天台山高有 817 米，四周均是峭崖陡壁，险峻异常，而峰顶却较为开阔，仿若平台。这里只有一条开凿于北宋元祐七年（公元 1092 年）的石阶可用于攀登。沿途有坐忘台、抚琴处、了心关、披云峰等十景，风光旖旎，让人心驰神往。

➔ 对天河：对天河是天台山内的一条 5.8 千米长的河流，蜿蜒于崇山峻岭之间，143 米的落差使河水奔流湍急，其间夹杂着险滩奇石，是进行漂流活动的最佳去处。坐上皮艇，顺流而下，还可欣赏沿岸迷人的丛林风光。

长胜街

湖北

特色美食

吃什么

当地拥有许多传统风味的美食和小吃，种类丰富，历史悠久。红安鸳鸯元宝、珍珠花菜、绿豆粑、煨葫芦、永河皮子、臭皮子等都是这里的美食，味道鲜美，口味绝佳。

程集镇
荆楚文化古韵长

古镇概述

程集镇这座名不见经传的小镇，坐落在湖北省荆州市监利县西部，江陵、监利和石首三地的交界处，“一声鸡鸣闻三县”说的便是它。程集镇占据着重要的地理位置，既守护着监利西部的大门，水路上更是通往西部黔蜀和北部汉口的重要枢纽。

这座古镇历史悠久，文化底蕴深厚。春秋战国时期楚王便在这里修建了离宫荆台，华丽精美。南宋嘉定年间，一位程姓商人在这里始建商铺带动城镇发展，便有了最初的“程家集”。后来由于便利的水路交通，商埠码头远近闻名并不断发展壮大，逐渐形成了较大的集镇。古街上的民居宋时便已存在，发展于元代，鼎盛于明清时期。

作为湖北地区保存较为完好的古镇之一，程集镇内古迹众多。走进古镇内，踏上蜿蜒的古街，凹凸不平的青石板铺就的道路已被岁月打磨得光滑圆润，泛着古朴的苍青色。街道两旁整齐地排列着古老的民居建筑，其间夹杂着各色各样的店铺，有茶馆、酒馆、药房、打铁铺等，它们依旧保存完好，在细碎的阳光下变得愈加沧桑古朴，充满了岁月的痕迹。

整个古镇不管是街道还是建筑的布局与规划设计都与当地的地形以及地理特征相吻合，具有浓郁的地域特色，体现了自然条件和商业发展对城镇的影响。程集镇独特的人文景观和古镇风韵吸引了众多的影视作品前来拍摄，金庸的武侠作品《连城诀》中也多次提到“程家集”。今日的程集镇已然成为人们旅游观光的好去处。

地理位置

➜ 湖北省荆州市监利县。

气候特点

➜ 亚热带季风气候，气候温和，光照充足，春秋季是最佳的旅游时节。

开放时间

➜ 全天开放。

门票

➜ 免费。

交通

➜ 荆州站—程集镇

可从荆州站打车至程集镇，全程约 81 千米，大约需要 200 元。

景点品鉴

➜ **程集老街：**呈东西走向的老街长 1000 多米，约有 110 栋明清时期的商铺分布在宽不过 4 米的街道两旁。这些古建筑大部分保存完好，展现了明清时期的历史风貌。形若鲫鱼背的古街道上，高高的马头式山墙、顶覆小青瓦、装饰精美的民居建筑排列整齐。

➜ **文昌古宫佛庙：**当地最具代表性的一处景观。文昌古宫历史悠久，建筑规模宏大，装饰华美精致，庙宇内缭绕的香火终年不断，是一处享誉海内外的盛景。

上津镇
杨柳依依隐古风

古镇概述

上津镇位于十堰市郧西县西北部，群山环绕下的它呈椭圆形盆地状，北依秦岭，南临汉水，占据着重要的地理位置。上津镇历史悠久，春秋时期属于晋国，战国时属于秦国，三国时曹魏在这里首建平阳县。因古时上津三面临秦一面接楚，所以有“朝秦暮楚”之说。

上津镇内保存下来的古城较为完好，始建于明朝永乐元年（公元 1403 年），面积为 8 万平方米，高 6.8 米，5 个城门守护着古城。依山傍水的古城城基有 6.12 米厚，气势宏伟、厚重坚固，城四周遍植垂柳，绿荫夹道，故又被称为“柳州城”。城池外的金钱河水是汉江最大的支流，穿城而过蜿蜒不绝，水面上不时泛起的点点涟漪转瞬即逝，千百年来默默无语地奔流不息。

这座古老的城镇在岁月的长河中历经风霜和战争的洗礼，处处都是历史遗留下的痕迹。斑驳的城墙、破败的建筑、古老的街道，无言地诉说着古镇的烽火岁月。如今的古镇，在繁华的俗世中，既不张扬也不喧闹，静守自己的一份气韵与坚持，令人钦佩。

地理位置

➔ 湖北省十堰市郧西县。

气候特点

➔ 亚热带季风气候，气候温和湿润，夏无酷暑，冬无严寒，四季皆适宜旅游。

开放时间

➔ 全天开放。

门票

➔ 免费。

交通

➔ 十堰站—上津镇

可从十堰高铁东客运站乘坐客车至郧西，再从郧西打车至目的地。

景点品鉴

➔ **山陕馆：**又叫“陕西会馆”或“西秦会馆”，是古代驻地上津的众多会馆中的一座，坐落在古城东北方向的山腰处。如今的山陕馆是古代众多会馆中遗留下来的唯一一座，也是当地保存最为完整的一座会馆。青砖砌就，古朴大方，结构严谨，独具特色。会馆内部各建筑分工明确，兼备吃住、游玩和仓储、集会的功能于一体，是古代劳动人民智慧的结晶。

➔ **古戏楼：**为一栋尖顶、层次感极强的古代剧院，相传有重大祭祀活动、庆典或重大节日时，秦楚两地的戏班都会来此地登台演出，双方相互竞演，各展所长，场面非常热闹。

➔ **天主堂：**位于古城内的中心位置，坐落在古街西侧的民居四合院中，始建于清朝末年，是一座集中西方建筑艺术于一体的教堂。该建筑为尖圆顶且高低错落，楼顶四周建有钟楼。楼内还设有经堂，每逢周末，便会有虔诚的信徒们聚集于此，诵经祷告。

羊楼洞

古韵茶香

羊楼洞兴盛于明嘉靖初年，有着800多年的悠久历史，素有“中国绿茶源头”“砖茶之都”的称号，也是古代最早制作绿茶的地方之一。

“松峰入羊楼，茶香绕凤丘，古韵珠洞晓，月旁石人瘦。”从这首古诗中不难看出，作为茶马古道的源头之一，羊楼洞的兴起与茶叶

古镇概述

地理位置

➔ 湖北省赤壁市羊楼洞镇。

气候特点

➔ 亚热带季风气候，气候温和，四季分明，四季皆适宜旅游。

开放时间

➔ 全天开放。

门票

➔ 免费。

交通

➔ 赤壁北站—羊楼洞

赤壁1路换乘赤壁2路，再换乘赤壁27路，全程45站。

赤壁1路（蒲纺工业园方向）：赤壁北站上车—会议中心站下车，乘坐6站。

赤壁2路（凤凰山方向）：会议中心站上车—凤凰山站下车，乘坐19站。

赤壁27路（羊楼洞方向）：凤凰山站上车—羊楼洞站下车，乘坐20站。

息息相关。鼎盛时期的羊楼洞拥有人口 4 万余人，茶庄遍地皆是，多达 200 余家，5 条主街道纵横交错，各色商铺鳞次栉比，被誉为“小汉口”，可见当时这里的繁荣盛况。

如今的羊楼洞再也没有昔日的繁华，悠悠青石板铺就的古街道依旧存在，街道两旁的明清建筑保存完好。只是那砖木的建筑已不再光鲜亮丽，条条的皱纹、斑驳的裂痕都是岁月的记忆。夜幕下的它们古老而宁静，悠远而柔美，书写着古村的风韵。在通往镇外的青石板路上有一条寸余深的车痕印记，据说是曾经运送茶叶的“鸡公车”遗留下的。这条深深的印迹，诉说着古村昔日历史的辉煌，以及茶叶交易的盛况，让我们更深切地体会到古村的风貌。

在明清古街的西边，雄伟挺拔的松峰山云雾缭绕，此山之所以闻名，是因为山上有唐太和年间种植的两棵茶树，茶叶成熟的季节清香四溢。如果用松峰山北麓的观音泉来泡茶叶，茶水清香扑鼻，沁人心脾。松峰山下还伫立着一座千年古刹——将军庙，古树环绕，环境清幽，晨钟暮鼓，肃穆庄重，为古村增添了几分禅意。

羊楼洞是欧亚万里茶路的源头之一

景点品鉴

➜ 雷家大屋：雷氏家族是羊楼洞的大家族，雷家遗留下的雷家大屋是当地最大的建筑。该建筑原为四进的院落，现还遗存有三进，每进并排有 3 个天井，规模庞大。四五十间房屋保存完好，颇有一种“独屋成村”的气势。

➜ 观音泉：为蒲圻四十八名泉之一，位于松峰山北麓，相传是由观音菩萨在这里埋下一个净瓶而形成的。顺着山势蜿蜒而下的泉水晶莹澄澈，甘甜爽口。泉水中含有多种矿物质，是历代羊楼洞村人泡茶的水源。顺着泉水沿山路而上，会遇到一处落差有五六米的瀑布，飞流直下的泉水注入深潭，溅起层层水花，在阳光的照耀下仿若颗颗珍珠，无比美丽。

➜ 将军寺：将军寺始建于唐朝，位于赤壁羊楼洞内。从唐朝到如今，将军寺有过兴旺，也有过颓败，原有的三重巍峨大殿如今已经荡然无存。新建的将军寺于羊楼洞北山村内，与原址相距约 500 米，占地面集有 1000 多千米，与观音泉、陆水湖遥相辉映。寺内设有大雄宝殿、天王殿、将军殿和说法堂等。

谋道
楚天名镇

古镇概述

谋道，古称“磨刀溪”，地处鄂西南边陲地区，利川市的西北部。“东据荆楚，西控巴蜀”，由于地理位置优越，所以自古便为兵家商贾争夺之地。谋道历史悠久，晋代时为南浦县，至今已有1700多年的历史，古镇内文物古迹繁多，文化积淀深厚。

据相关史书记载，古代时谋道为巴国南鄙，是巴人繁衍生活的地方，有“蛮夷地”之称，故历代统治者便称他们为“土夷”“土蛮”等。在漫长的岁月长河中，土生土长的土家族逐渐形成了自己独特的民族文化，从民俗到服饰、饮食等都别具特色，具有浓郁的土家风情。这里的人们热情好客、淳朴善良，这里的山水秀丽、雄奇，充满了灵性。来到这里就像来到了世外桃源，令人心旷神怡。

谋道面积约340平方千米，以物产丰富而扬名天下，盛产黄连、茶叶、支罗米、五信子、黄花等，是有名的“黄连之乡”“水杉之乡”“黄花之乡”。谋道秀丽的景色更是令人流连忘返，这里有我国南方最大的高山草场——齐岳山、有“中国最美的小地方”之誉的苏马荡、充满传奇色彩的女儿寨、雄奇险秀的都亭山等，众多景观将谋道装扮得多姿多彩。

地理位置

→ 湖北省恩施土家族苗族自治州利川市。

气候特点

亚热带季风气候，又兼备典型的山地气候，冬暖夏凉，四季分明，春秋两季是最佳的旅游时节。

开放时间

→ 全天开放。

门票

→ 个别景区收取门票。

交通

→ 利川站—谋道

可从利川站打车至谋道，全程约38千米，大约需要110元。

景点品鉴

→ **齐岳山：** 位于利川市的西北部，群山连绵不绝，平均海拔有1400米以上，主峰高约1911.5米。山上风光秀丽，巍峨的青山、碧绿的草地、清澈的溪水、成群的牛马，保持着最为原始、最为自然的风貌。齐岳山蜿蜒125千米，是一条横亘在荆楚、巴蜀之间的屏障，被誉为“万里城墙”。

→ **苏马荡：** 地处长江南岸，四周环绕着莽莽林海、美丽如画的齐岳山和雄奇壮丽的磁洞沟峡谷，被誉为“中国最美的小地方”。苏马荡内隐藏着麒麟峰、乌龟山、罗汉山、蛇山等众多景致，水红树、红豆杉等各种稀有的植物郁郁葱葱，尤其是到了五月份，红杜鹃、紫杜鹃、白杜鹃争奇斗艳，如诗如画的景致，令人心驰神往。

→ **水杉王：** 在谋道的街头耸立着一棵高达35米的水杉，胸径2.4米，冠幅有22米，是迄今为止世界上最大、最粗的水杉树，树龄已有500多年，是名副其实的“天下第一杉”。

大余湾
徽派老宅

古镇概述

地理位置

→ 湖北省武汉市黄陂区。

气候特点

→ 亚热带季风气候，四季分明，阳光充足，春秋季适合旅游。

开放时间

→ 08：00—17：00

门票

→ 60 元。

交通

→ 汉口站—大余湾

292 路换乘 P6 路（王家河街甘家四湾），全程 31 站。

292 路（钓台道黄陂客运中心方向）：汉口火车站上车—钓台道黄陂客运中心站下车，乘坐 2 站。P6 路（王家河街甘家四湾）（王家河街甘家四湾方向）：钓台道黄陂客运中心站上车—王家河街甘家四湾站下车，乘坐 29 站。

坐落在木兰山脚下的大余湾，位于武汉市黄陂区，处于滠水之畔，风光秀丽，自然纯朴，属于著名的“木兰八景”之一，也是中国历史文化名村。景区内的油菜种植面积很大，开花之际，景色迷人。

大余湾依山傍水，山是木兰山，层峦叠嶂，树木葱葱；水是滠水河，蜿蜿蜒蜒，清澈淙淙。大余湾就隐匿在这青山绿水中，逍遥惬意。

大余湾有着独特的地势环境，四周有绵延起伏的山冈环绕，前有双鱼形的水陆连接，好似一幅太极图。大余湾得木兰山之灵气，钟灵毓秀，人才辈出。据村谱记载，宋代曾有一门三太守，五代四尚书出自该村。这些也加深了大余湾的历史底蕴，成为当地重要的文化景观之一。

在春日晴朗的天气走进大余湾，是欣赏美景的最好时机，沿着

木兰山

街道漫步在古镇，两侧的民居建筑高低错落，有着徽派建筑典型的白墙灰瓦，棱角飞檐。大余湾的布局很有特色，保存的明清建筑秩序分明，错落有序。民居建筑的格局一般都是门前有流水潺潺，屋后有青山作屏，大院小院相依相绕。这些建筑非常精巧细腻，细节之处彰显典雅。如今的大余湾还居住着百来户人家，几十条小巷蜿蜒相通，户与户挨得很近，有的就隔着门房。遗留下的石磨、池塘和古井中，依稀可见旧时“流水穿村过，过溪搭桥梁，出门到田间，观鱼清水塘”的田园风光。

木兰山的灵气不仅带给大余湾秀丽的风光景色，也孕育了大余湾的人文气息。据村谱记载，大余湾曾有“一门三太守，五代四尚书”的辉煌历史。这里盛行读书之风，村民奉教育为至上，勤劳聪慧，耕读传家。明清之后人才辈出，进士秀才层出不穷，名流专家数不胜数。从大余湾走出的杰出人物主要有铁路专家余传典、教育家余家菊等。漫步大余湾，处处都能让人感受到崇文重教、世代重文的家风。

在巍巍的木兰山下，静静的滠水河畔，大余湾景色秀丽，民风淳朴，古建筑坐落其中，姿态悠然稳重。要是节假日携家带口来这里呼吸新鲜空气，嗅一下泥土的气息、油菜花的芳香，一定会心旷神怡。

住宿

➔当地大余湾村缺乏专业的旅馆，晚上可以借住在农家，只需支付一些费用，还会提供热水。在民家小院还可以品尝到萝卜干煨排骨汤、白菜炒豆丝、锅巴米汤稀饭等具有农家风味的特色菜。

景点品鉴

➔ **有余亭：**位于村子的中央，始建于明代，原建筑已在太平天国年间遭到破坏，现在看到的是 20 世纪 90 年代重新修建的。“有余亭”之名取自“年年有余”之意，重建后的有余亭保留着原有的样貌，只是建造得更为华丽。屋顶上雕刻着代表吉祥的鸟兽，高大的石墙环绕，屋内保存有许多精致的木雕，气派堂皇，亭子上悬挂着“高门望族有余庆，明月清风无尽藏”的对联，古朴精致。

➔ **百子堂：**是当地绅士余文生于清乾隆年间修建的，“百子堂”之名寄托着主人希望后代子孙枝繁叶茂、绵绵不绝之意。前宅后院结构的百子堂面积宏大，内部房屋林立，鼎盛之期达 100 多间。这些建筑造型古朴、装饰精美、门额楹联众多，凝聚了古代建筑艺术之精华。百子堂内的花园也是全村中最大的，景致优美。

➔ **余氏宗族博物馆：**是大余湾的后人为了保存家族历史而建，浓缩了大余湾千余年的人文历史。博物馆内主要分为四个展厅，以图文画面的形式介绍了大余湾的历史渊源、发展脉络和村民风俗，展示了大余湾深厚的文化底蕴和辉煌的历史。在这里，游人还可以纵观大余湾的全貌，领略大余湾的风采。

鱼木寨

土家城堡

古镇概述

鱼木寨为土家族山寨，位于鄂渝交界处，始建于明洪武年间，迄今已有 600 多年的历史。山寨占地面积 6 平方千米，有 500 多家土家居民在这里居住，是国内保存最为完好的土家城堡。因古堡位于大兴乡群上中一处的顶部，四面皆为绝壁，所以便出现了悬崖上的古寨这一奇景。

高踞于山巅之上的鱼木寨远看形若一柄渔鼓，三面都是深涧幽谷，地势险要异常，只有一面可与外界相连，且还有寨门防守。山寨的寨门高有两层，且只能容一人通过，另外三座寨门与之一起拱守鱼木寨。此外，在山寨周围的险要之处还设有关卡，筑有寨墙，使整个大寨牢不可破。三阳关是山寨东北方向的要道之一，又被称为“手扒岩”，凿有 30 多级石蹬、石把手可供攀登，陡峭险峻，登之令人胆战心惊。古时候寨中的人抬轿子或运东西都是从这里通过，其过程之惊险难以想象。

正是由于严密的防守，使鱼木寨与世隔绝，所以寨民们能够在这里安详自在地生活。山寨内的古建筑、栈道、雄关、古墓等遗迹都保存完好，村民们也保持着古老的生活习惯与传统，再加上清新自然的田园风光和美丽动人的风景，使之享有“世外桃源”的美誉。寨中至今保存有古墓30余座，林立的石碑记载着鱼木寨的相关历史与文化，精彩绝伦的青石雕拥有极高的艺术价值，还有藏书兵洞、铸币穴洞、织布和榨油的机房洞等，众多的古老文物与遗址，令人啧啧称奇。

景点品鉴

➜ 亮梯子：陡峭狭窄的亮梯子始建于明代，修筑于寨东的悬崖绝壁之上，是寨子通往山下的道路之一。堪称天险的亮梯子共有28级，每级皆是由1.5米长、0.4米宽的长石板砌成，石板的一头嵌入崖壁中，一头悬空。走在其上，抬头是巍巍高山，低头是万丈悬崖，既惊险又刺激。

➜ 古碑林：鱼木寨中古碑数量众多，这些古碑样式繁多，雕刻精湛，石碑上各种花鸟、人物图案生动形象，大多数图案中还隐藏着动人的民间故事和神话传说。其中“双寿居”为最具代表性的石碑，几百名工匠在整块石雕上雕琢出6部戏剧故事中的500多个人物造像，还留下了无数近代书法名家的真迹，是集马派雕刻艺术之大成的作品。

➜ 三阳关：三阳关最初是在绝壁上凿出梯子，需手脚并用方可上下，也称“手扒岩”，后来又插入长条石柱，才有了如今的“之”字形凌空栈道。墙高5米，宽4米，两边是悬崖，参天古木围绕，十分壮观。

地理位置

➜ 湖北省恩施土家族苗族自治州。

气候特点

➜ 亚热带季风气候，多雨多雾，要想避开雨季，最好选择在4—5月出行。

开放时间

➜ 全天开放。

门票

➜ 15元。

交通

➜ 利川站—鱼木寨

可从利川站打车至鱼木寨，全程约59千米，大约需要180元。

湖南

Hunan

湖南地处长江中游的南部，大部分地区在洞庭湖以南，故得名“湖南”，因省内有湘江穿境而过而简称“湘”。古代有“秋风万里芙蓉国”的诗句来描述遍植木芙蓉的湖南，毛泽东也曾称赞这种盛景“芙蓉国里尽朝晖”，故而湖南又有“芙蓉国”的称号。

湖南是一个多山水的省，东、西、南三面群山环绕，仿若马蹄状，境内 5 千米以上的河流达 5300 多条，湖泊更是不可胜数。奇山秀水将湖南装扮得旖旎多姿，再加上丰富多彩的少数民族文化，更是风情无限。

悠久的历史造就了湖南深厚的人文底蕴，凤凰古城、芙蓉镇、里耶镇、靖港镇、德夯苗寨、张英古村等众多的古村镇历经风雨而不改容颜，就像一颗颗耀眼的明珠点缀在湖南辽阔的土地上。这些古村古镇或古朴，或秀美，或雄奇，有的坐落在碧水之畔，有的掩藏于丛林深处，有的耸立于瀑布之上……这些古镇古村以大自然为背景，在青山绿水间描绘着秀丽的画卷。

凤凰古城

湘西明珠

古镇概述

地理位置

➜ 湖南省湘西土家族苗族自治州凤凰县。

气候特点

➜ 亚热带季风气候，四季分明，温暖湿润，5—10 月是最佳的旅游时节。

开放时间

➜ 全天。

门票

➜ 套票 148 元。（包含沈从文故居、熊希龄故居、杨家祠堂、东门城楼、沱江泛舟、万寿宫、古城墙、主题博物馆、虹桥等）

凤凰古城，这个闻名遐迩的古城备受世人关注，被誉为“中国最美丽的小城”，也是我国著名的历史文化名城。凤凰古城位于湖南省湘西土家族苗族自治州的西南部，连接东西、贯通南北，是个四方之地，地理位置优越。古城与景色秀丽的梵净山相毗邻，有沱江婉转流过，景色优美，被誉为“湘西明珠”。

凤凰古城自然资源和人文资源都极为丰富，青山绿水，风光旖旎，生态环境极为优美，被认为是“天然的氧吧”。在这里“幽、奇、秀、峻”汇聚，奇幻多变的奇梁洞、景色秀丽的屯粮山、飞瀑流纱的瀑布……千姿百态，引人入胜。这些风景名胜装点凤凰古城，犹如绿色的花环给古城增添了无穷的魅力。

漫步凤凰古城，细品小城，凤凰古城独特的美会让你感觉坠入如诗如画的人间仙境一般，当然前提是没有拥挤的人群。沱江是凤凰古城的母亲河，她犹如张开双臂的母亲环绕着古城，世世代代为古城提供源源不断的乳汁。可以乘坐乌篷船漫游沱江，听听艄公别有风味的号子，欣赏远处岸边高低错落的吊脚楼。顺着江水而下，各处悠然而立的景致徐徐展现在眼前。

沱江依偎着山城，清澈的江水缓缓流过，每日江中游船往来不断，临江而立的吊脚楼形态各异。当清晨炊烟升起时，江面上的薄雾还未散去，整个古城一派静美。日暮四合时，凤凰古城开始变得迷离起来，两岸吊脚楼的灯光映照着沱江波光粼粼的水面，愈发显得五彩斑斓，流水随着街上酒吧里的乐声一起舞动，分外美丽。如果说白天凤凰古城如一位淳朴、美丽的苗族少女，那么夜色下的凤凰古城就是一个多情、大方的湘西姑娘。

秀美的山川河水自然带来了充足的灵韵，这里的人也是秀美的。在凤凰古城的历史上，许多名动一时的人物出生在这里，如清末抗英名将郑国鸿、民国总理熊希龄、著名文学家沈从文以及画家黄永玉等，都曾在这片土地上绽放着他们的光彩。

风雨沧桑三百年，凤凰古城如今古韵犹存，悠悠碧水蜿蜒而去，古朴雅致的吊脚楼临江而立，行走在光滑的石板路上的苗家人，唱着苗歌小曲儿，悠闲自在，清浅的沱江映着美景，整个古城宛如一幅充满诗意的山水画，令人向往。

交通

➜ 长沙站—凤凰古城

可从长沙站乘坐地铁或公交到长沙汽车西站，再从长沙汽车西站乘坐客车至凤凰。

凤凰古城街景

景点品鉴

➜ 沈从文故居： 沈从文故居位于古城中营街的一条小巷子里，院落是一个前后两进的四合院，属于典型的湘西院落，有正房、厢房、前室共十多间。在这里，沈从文先生开始了他传奇的一生，这里的一砖一瓦也再现了《边城》湘西特有的风情。

➜ 虹桥： 虹桥又名“风雨楼”，是凤凰古城中最著名的景观，始建于明洪武初年，横跨于沱江之上。登上虹桥，沱江就在脚下滚滚流淌，远近处古城的景色尽收眼底，是欣赏美景的好地方。走进楼阁内，可以坐在那盘根错节的古树做成的桌椅旁喝茶，也可以观赏王羲之、康

湖南

住宿

➜ 湘西凤凰吉木客栈

地址：凤凰县岩脑坡 6 号

电话：13407436545

标间：50 元左右

➜ 凤凰客随己便客栈

地址：凤凰古城老营哨 87 号

电话：（0743）3224273

标间：100 元左右

➜ 泰隆酒店

地址：凤凰虹桥路兴隆市场粮食局里 101 号

电话：（0743）2279989

标间：245 元左右

购物

➜ 在凤凰古城中各种各样的旅游商店、街边摊十分多，民族工艺一条街是购物的好去处。主要可以购买一些具有当地特色的手工艺品，苗族姑娘们亲手编织的花带、造型精美的苗族银饰、古老传统的凤凰蜡染等。如果要是购买特产的话，糯米酒、姜糖、湘西板栗都是不错的选择。

沈从文故居

有为、于右任等名家的作品。

➜ 沱江吊脚楼： 沿着沱江两岸所建的吊脚楼是西南地区一种古老的建筑，自唐宋时就已出现，元代之后规模不断扩大，逐渐形成今日的规模。凤凰的吊脚楼具有明显的苗家建筑特色，雕梁画栋，斗拱飞檐，是凤凰一道独特的风景线。

➜ 沱江跳岩： 这是一座修建于唐朝的古道桥梁，也是古城中最受欢迎的风景之一，两排横跨江上的跳岩并排而立。踏上一个挨着一个的石墩，听着脚下哗哗的流水声前行，既刺激又兴奋。

➜ 朝阳宫： 也称为“陈家祠堂”，位于古城北西侧，修建于民国时期，是一座典型的江南四合院式建筑，保存完整，古色古香。

➜ 万名塔： 位于沱江沙湾北岸，为六方、七级，每层六个檐角，精致美丽，悬挂的铜质风铃，在风中清脆悦耳。古典精巧、秀丽挺拔的古塔，宛若亭亭玉立的少女屹立于江畔，向世人展示着动人的风姿。

万名塔

民风民俗

"四月八"：是苗族每年的农历四月初八都会举行的传统民俗活动，那一天是他们的祭祖节、英雄节、联欢节。大家齐聚一方唱歌跳舞，还有上刀梯、钻火圈等活动，场面盛大，热闹非凡。

"六月六"：苗族人能歌善舞，这一天也是传统意义上的歌节，周边的青年男女们都会盛装打扮齐赴歌场。大家以歌相交、相识，甚至喜结良缘，所以这一天也可以说是苗族青年男女们的定情会。

特色美食

吃什么

血粑鸭：来到凤凰古城一定要吃血粑鸭，它是当地最具有特色的一道菜，主要由鸭血、鸭肉和糯米制作而成，并添加一些香料，出锅后色泽金黄，味道鲜美，唇齿留香。

凤凰凉粉：是当地一道历史悠久的有名小吃，自古以来就很受当地人的喜欢，味道可口，营养丰富，助于消暑。

凤凰腊肉：它是以当地的土猪为原料，用金桂腌渍，以秋松木熏制而成的，原生态的猪肉品质优良，且经久耐放不易变质，味道还清醇浓郁，风味独特。

在哪吃

万木斋

当地比较有名的一家饭店，口碑也不错，较为拿手的特色菜有血粑鸭、米豆腐汤、酸菜鱼、干锅腊肉、剁椒鱼头等，分量足，价格实惠，人均消费55元左右。

电话：（0743）3221589　13574356653
营业时间：09：00—22：30
地址：凤凰县虹桥中路116号

大使饭店

顾名思义，因其曾经接待过德国驻华大使而闻名，在当地十分有名，主要菜品有香草鸡、回锅肉、血粑鸭、沱江小虾、猕猴桃酒等。人均消费45元左右。

电话：（0743）3223340
营业时间：10：00—22：00
地址：凤凰县虹桥中路118号

里耶
探秘秦国的活化石

古镇概述

"里耶"，土家语是"开拓这片土地"的意思。古城位于湖南省龙山县，是湖南通往南北的交通要道，历史上还是中原地区通达西南地区的要道之一。里耶以秀丽的风景、深厚的人文景观闻名天下，与芙蓉镇、浦市、茶峒并称为"湘西四大古镇"。

依山傍水的里耶景色非常优美，浅浅的酉水在古镇前潺潺而过，绵延的八面山好似巍峨的屏障护佑着古镇。流水清澈，山峰翠绿，山水环绕的里耶可谓是无限风光在此处。古人就有诗赞誉里耶的美景："得闲结伴升登临，小住禅房万籁清。最是绿荫深浅处，子规恰放两三声。"静谧优雅的里耶古镇就这样在山静林幽之中默默隐匿了千年。

里耶的举世瞩目源于一次考古发现。2002 年 6 月，里耶古城遗址得到发现，3.6 万余枚记录秦国各个方面的秦简得以出土，这一次被誉为"21 世纪以来中国最重大的考古新发现"，使得里耶的历史开启了新的篇章。这里有保存相当完整且结构奇特的古城墙、封存三万多枚秦简牍的"中华第一井"，有规模宏大的古墓群，更有被誉为"中国第五大博物馆"的里耶秦简博物馆……踏上这片土地，抚摸着 2000 年历史的城池、砖瓦，仿佛能让人穿越时空，回到曾经金戈铁马、悲欢离合的岁月。

走进老城，青石板铺成的大街小巷交错纵横，贯通四方，原本粗粝的石板被打磨得光滑无比。街道两侧高低错落的民居古朴沧桑，散发着历经风雨之后的厚重和悠远。古城上的民居大多是挑水屋檐式的，古拙的板壁上留着宽铺台，既能家居又利经商。说起经商，里耶自古就是商业重镇，如今大街上大大小小的商铺鳞次栉比，那些颇有特色的商铺招牌在风中飘荡，用各色的锦布写就，古色古香，十分雅致。

作为土家族的集聚地，里耶是土家族的文化发源地之一，有着古老而独特的民间文化。这些民间文化历史源远流长，内容丰富多彩，其中有些民间工艺传承千年之久，是重要的非物质文化遗产。此外，这里还走出了著名的教育家瞿方书、教授张名艺、作家胡楚卿，还有爱国人士李同发等。

虽然没有凤凰古城的浪漫旖旎，但是当里耶渐渐掀开那遮盖的幕帘，一颗熠熠生辉的明珠便展现在眼前，散发着明亮而独特的光彩。

地理位置

➔ 湖南省土家族苗族自治州龙山县。

气候特点

➔ 亚热带季风气候，气候温和，一年四季皆适宜旅行。

开放时间

➔ 09：00—17：00

门票

➔ 100 元。

交通

➔ 长沙站—里耶

可从长沙站乘坐地铁或公交到达长沙汽车西站，再从长沙汽车西站乘坐客车至里耶。

古老的建筑

景点品鉴

古城墙： 里耶的古城墙历史悠久，据考证修筑于楚、秦时期，最初是作为军事城堡而存在，城墙外还有既宽且深的护城河守护着城池，非常坚固。如今，大卵石修筑的北城墙和西城墙还保存得相当完好，依旧巍然屹立。

中华第一井： 因从该井内发现了三万多枚秦简犊且井内部结构十分奇特而被誉为“中华第一井”。此井深有 14.28 米，内部多用木板堆砌而成，并以榫卯结构相叠，技艺高超，结构严谨，在先秦时期的古井中十分罕见。

古墓群： 主要包括大阪西汉古墓群和麦茶战国古墓群，分别位于里耶镇大板村和麦茶村。古墓群规模宏大，出土的文物众多，铜器、陶器、玉璧、残铁器以及石饰件等数不胜数，都是珍贵的文物，对历史研究有着极为重要的价值。

河码头： 因里耶位于酉水之畔，来往贸易不断，码头便也应运而生。每天在酉水河上川流不息的船只，有上百只之多。每到夜晚，船上灯火、舟中渔火、岸上灯火交相辉映，犹如繁星点点，成为古城一道靓丽的风景线。

婆婆庙： 临水而建的婆婆庙是当地一处有名的母性崇拜祭祀圣地，是为纪念古时土家族一位名叫冲巴妮的女性而建。庙宇内的建筑精致典雅、雕塑栩栩如生、百年古木郁郁葱葱、环境清幽静谧，处处都是艺术的经典。

住宿

秦郡宾馆
地址：龙山县里耶镇天平丘路 6 号
电话：（0743）6615777
标间：98 元左右

秦都佳园宾馆
地址：龙山县里耶镇河街
电话：（0743）6613138
标间：120 元左右

里耶公馆
地址：龙山县里耶镇河街 28 栋
电话：（0743）6615088
标间：168 元左右

芙蓉镇
瀑布上的千年古镇

芙蓉镇，一个因谢晋执导，姜文、刘晓庆主演的电影《芙蓉镇》而得名的小镇，本名“王村”，坐落在湖南省湘西土家族苗族自治州永顺县境内，点缀在酉水之畔，境内有雄壮瑰丽的瀑布，被誉为“挂在瀑布上的千年古镇”。芙蓉镇上可连接四川、贵州，下可达洞庭湖，是重要的通商口岸，素有“楚蜀通津”“小南京”之称，为湘西“四大名镇”之一。

历经 2000 多年岁月的积淀，芙蓉镇如今已然成为融自然景色与古朴民族风情为一体的旅游胜地。古镇内外皆是景致，镇外青山绿水，镇内曲径通幽，吊脚木楼临水依依，青石板铺就的老街穿梭于古镇各处，这里散发着浓郁的土家族民族

古镇概述

地理位置
湖南省湘西土家族苗族自治州永顺县。

气候特点
亚热带季风气候，气候温和，四季分明，全年都适合旅游。

开放时间
08：00—18：00

门票
100 元。

交通
长沙站—芙蓉镇
可从长沙站乘坐地铁或公交到达长沙汽车西站，再从长沙汽车西站乘坐客车至芙蓉镇。

风情，让游人流连忘返，赞不绝口。著名的报人胡绩伟先生在游览芙蓉镇以后，作词赞道："武陵山秀水幽幽，三峡落溪州。悬崖壁峭绿油油，悠悠荡华舟。烹鲜鱼，戏灵猴，龙洞神仙游，芙蓉古镇吊脚楼，土家情意稠。"

而想要真正领略小镇的风土人情，莫过于游历那条青石板长街了。踏上石板路，可见大大小小的特色商铺鳞次栉比，高低错落的民居建筑绵延起伏。因为电影《芙蓉镇》的缘故，芙蓉镇名声大震，游客络绎不绝。穿梭其中，时常可以见到电影中的场景。

想要更多地了解芙蓉镇，最好在当地住上一宿，而且一定要住在紧靠河流的吊脚楼上。当夜晚降临时，江面上渔船点点，两岸灯光映照河水，非常绚丽。早上，当红日慢慢从弥漫薄雾的远山后升起，整个画面很是静美。对于游客众多的古镇来说，芙蓉镇确实算得上幽静，夜晚时，整个古镇除了哗哗的瀑布声，静得似乎能听到遥远山中不时传来的鸟鸣，静得能让人听到自己的心跳。

从五里长街远远望去，芙蓉镇就像一幅徐徐展开的水墨画卷，上面绘就了各色的景致，或浓墨挥洒，或轻松写意，就像古镇凌空的吊脚楼和那潺潺流淌的岁月，所有的悲欢离合都在此演绎。

住宿

➜ 九久客栈

地址：芙蓉镇商合街 10 号
电话：13467981004
标间：138 元左右

➜ 芙蓉土司别院

地址：听涛路 8 号（近大瀑布）
电话：15343238088
标间：240 元左右

景点品鉴

➜ 芙蓉镇大瀑布： 位于小镇的东侧，也被称为"王村瀑布"，是芙蓉镇最著名的景点之一。瀑布高约 60 米，宽约 40 米，水流如注，气势磅礴。每当天气晴朗的时候，瀑布溅起的水雾经过光线会映出一道彩虹，这便是被称为"雪浪飞虹"的美景。在瀑布下还有一条羊肠小道，游走其上好像在穿越水帘洞，薄薄的水流透过光线，很是雅致。

➜ 溪州铜柱： 伫立在小镇千余年的"溪州铜柱"，是记载土家族政治、军事、历史的国家重点文物。铜柱是中空的八面体构造而成，高约 4 米，据说有 2500 千克重，上面刻着南楚王与土司王的停战协议，是双方和平相处的见证。铜柱立在边境地带，和现在的界碑有相同的作用，也是目前我国保存完好的唯一一座铜柱界碑。

➜ 土司王行宫： 又叫"酉阳宫"，

芙蓉镇大瀑布

现存行宫多为明朝建筑，至今已有 400 多年的历史。行宫坐落在山崖之上，依托于半山腰，临水而建，建造工艺精湛，是自然景观和人文景观相协调的产物，有着“盆景”“山水芙蓉镇之魂”的美誉。

土司王行宫

景点品鉴

➜ 社巴节： 又名“调年会”“舍巴节”，是土家族人最具特色的传统节日之一，一般会在每年的正月举行，有个别地区的土家族人也会在三月或五月举行。社巴节虽为土家族中最重要的一个祭祀节日，但也包含有土家族男女爱情和婚姻方面的习俗。这一天土家人会聚集到一起参加祭祀活动，还会有毛古斯、打溜子、摆手舞、梯玛歌等表演活动，场面宏大。

➜ 土家牛头宴： 当地接待贵宾时举行的盛大宴会，又被称为“开大宴”，宴会上会用铁锅将整个煮好的牛头端上来，客人们用刀从牛头上切肉，大块吃肉，大口喝米酒，体验一番土家族的盛宴。

靖港镇
古时小汉口

古镇概述

地理位置

➜ 湖南省长沙市望城区。

气候特点

➜ 亚热带季风气候，四季分明，气候宜人，全年都适合去旅游。

开放时间

➜ 全天开放。

门票

➜ 80 元，学生半价。

交通

➜ 长沙站—靖港镇

可直接从长沙站打车至靖港镇，也可以从长沙站乘坐多趟公交至目的地。

在中国，交通无疑决定着一个地方的发展，古代中国尤其是这样。在古代，水运是很重要的交通方式，众多的古镇也因临近码头而兴盛，靖港镇就是最好的例证之一。靖港镇地处水系发达的湘江地带，水流充沛，依靠便利的水运优势成为优良的港口。古时的靖港镇是四周物资的集散地，南北的商客、东西的商品在此集聚分散，因而成为远近闻名的中转中心。来到靖港镇经常听到当地的来人说道：“船到靖港口，顺风也不走。”由此可见当时靖港镇的繁华和兴旺，因此有着“小汉口”的美名。

靖港镇年代久远，据传其名称来历和唐朝时著名的将领李靖有关。唐朝初年，李靖在平定江南之后，将军队驻扎在靖港一带，因李靖善政爱民，颇受人们爱戴，在其调任之后就将其驻扎的地方称为“靖港”来纪念他。

慢慢走近，靖港镇就安静地伫立在那，一切都显得那么自然，没有丝毫的突兀感。爬上一段阶梯就能看到一座白色的牌坊，牌楼上头雕刻有淡黄色的“靖港古镇”字样。三座牌楼依次错开，没有繁荣复杂的雕饰，也没有珍贵的材质，简简单单，仿佛是经历沧桑后的平淡真实。确实，随着水运功能的下降，古镇昔日繁华的景象已然消散，人烟大为减少，往来的船只零零散散，日渐萧条。

走进古镇，虽然不复往日的繁华样貌，但历史却遗留下了无数的古色古韵。沿着青石板路漫步在古镇，街道两旁高低错落的民居建筑古色古香，散发着历史的古韵。此外，还有布艺店、手工店等各色的店铺林立于街道两侧，商铺里琳琅满目的商品，让人目不暇接。古镇的大街小巷中，小贩的叫卖声此起彼伏，那悠扬的叫卖声格外悦耳，还有古镇中的特色小吃，散发着各种或甜蜜，或清香的味道，一切都是如此自然，颇有“鸟鸣山更幽”的意境，值得我们细细品味。

走在一个安静的古镇，步伐会不知不觉地放慢，心中的烦躁和杂乱思绪随着缓慢的脚步逐渐消散，开始想要去了解这里的点点滴滴。相对于都市里繁杂忙碌的生活，这里是安静和悠闲的港湾，难得一份的“半日闲”，弥足珍贵。

景点品鉴

➜ **靖港民俗博物馆：**靖港镇历史悠久，文化积淀深厚，民俗文化更是丰富多彩。靖港民俗博物馆主要分为花轿馆、千尊古神殿、珍藏馆三个部分，收藏有自五代唐朝到明清各个时期的民俗文物达上万件，婚嫁、祭祀以及日常生活中的物品应有尽有。

➜ **毛主席手迹展览馆：**这里是书法艺术的殿堂，毛泽东、周恩来、郭沫若、贺龙、朱德等先辈们的书法、绘画真迹都在这里陈列，不仅可以让你大饱眼福，更可以在字中感受到先辈们的人生魅力。

➜ **宏泰坊：**位于靖港镇保健街，其前身是一座建于清雍正十年的妓院，距今已有 300 多年的历史，现在的它已被修建成为一座青楼历史文化博物馆。

➜ **宁乡会馆：** 位于靖港镇保健街上，又名“八元堂”，是一座典型的晚清时期木质结构建筑，古朴典雅。走进馆内，里面的空间比较大，能容纳百余人，在后台还有古老的戏楼，今日依旧有当地人在这里唱地方戏，丰富人们的日常生活。

➜ **恐龙化石馆：** 可以了解远古时期的生物种类，三叶虫化石、珊瑚化石等数量众多，可以观赏贵州龙化石、恐龙蛋化石、南孺丰龙化石等。在这里还会展示地理变迁的相关科学知识，可以增长大家的见识。

➜ **陨石馆：** 位于古镇的保安街上，建筑面积宏大，有1000多平方米，展厅分为上下两层。走进馆内的一楼就能欣赏到被称为“天外来客”的各种陨石。二楼则是各种古代青花瓷器的天地，精致华美的瓷器散发着悠悠古韵。

特色美食

吃什么

靖港镇便利的水运优势、繁荣的商贸使古镇变得兴盛与发达，同时也使这里的饮食文化在接受外来文化的基础上形成自己独特的风格。靖港镇的烧饼是用陶缸烤出来的，而非像北方用铁铛烙饼，靖港烧饼的馅是包在内里的而非用饼卷起来，口感极佳，令人回味。来到靖港镇一定不要错过这里的特色小吃油砣，猪腰形的油砣香甜可口，很受甜食爱好者的欢迎。

浦市镇

五溪巨镇

古镇概述

说起湘西古镇，人们总会想起沈从文先生笔下的凤凰古城，悬挂于瀑布之上的芙蓉小镇，或是靖港古镇，相比之下，位列湘西四大名镇之首的浦市镇则要低调得多。坐落在沅水之畔的浦市镇，因便利的交通和重要的地理位置而成为历史上的军事重镇和商业名镇，素有“小南京”“三楚雄关”“五溪之巨镇”之称。

曾经“两岸之间，烟火万家，商贾辐辏，舟楫络绎，故一大都会也”“骚人墨客，工农商贾，莫不以时云集于此”的浦市镇，繁华昌盛，名镇天下。历经岁月沧桑的它褪去了昔日的繁华，千余年的岁月沉淀令它愈加地古老厚重，散发着悠悠古韵，让人想要不断地靠近并揭开那层神秘的面纱，一睹它美丽的容颜。

漫步在宁静安详的小镇内，脚踩着斑驳的青石板走走停停，街道两旁古老的民居错落有致，各色的商铺鳞次栉比，悠悠古街纵横交错，窄窄的弄巷蜿蜒不绝，处处都是历史的遗迹。还有寺庙建筑、古戏楼、各种会馆、货运码头等，仿佛在诉说着古镇昔日的繁华盛景。

这座位于湘西边陲的古老城镇，在历史的长河中散发着耀眼光辉，在今日依旧释放着无限的魅力，吸引着人们投向它的怀抱。

地理位置

➜ 湖南省湘西土家族苗族自治州泸溪县。

气候特点

➜ 亚热带季风气候，温暖湿润，全年都适宜旅游。

开放时间

➜ 全天开放。

门票

➜ 免费。

交通

➜ 长沙站—浦市镇

可从长沙站乘坐地铁或公交到达长沙汽车西站，再从长沙汽车西站乘坐客车至泸溪，再从泸溪打车至目的地。

景点品鉴

➜ **高山坪古驿道：** 由青石板铺就的古驿道修建于明洪武年间，长有10千米，宽度从1米至1.5米不等，从泸溪浦市延伸至高山坪段，是目前湖南省境内规模最大的古驿道，至今保存完好。

湖南

➜ **吉家大院：**砖木结构的吉家大院是浦市的代表性建筑，高有两层，由“三井三堂十二房”构成。大院内宽敞、明亮，青石板砌成的天井可用来通风排水，各种精致的窗雕、灯雕将房屋建筑装扮地精美典雅、古色古香。“清约家风”的门楣，书写着吉家的治家理念。

➜ **万寿宫：**又名“江西会馆豫章馆”，是古时候江西商人在这里留下的历史痕迹。整个建筑保存相对完好，厚重的石板地面光洁如玉，支撑建筑的基石和木柱雕筑精致华美，还有大殿后的古碑沧桑凝重，处处透着岁月的痕迹。

德夯苗寨

青山苗家

古镇概述

地理位置

➜ 湖南省吉首市凤凰县。

气候特点

➜ 亚热带季风气候，气候温和湿润，春季多雨，夏季适合旅行。

开放时间

➜ 全天开放。

门票

➜ 80元（包含景区内景点门票、民俗风情表演票，不含篝火晚会）。

交通

➜ 长沙站—德夯苗寨

可从长沙站乘坐火车到吉首站，再从吉首站乘坐公交至目的地。

古朴的苗寨建筑

德夯苗寨隐秘在奇险秀美之处，苗家语意为“美丽的峡谷”，是一个包含着优美的自然风光和浓郁的苗族风情的国家级重点风景名胜区。古代时曾有诗赞誉德夯苗寨的优美：“一人盘古到如今，佳境蓬莱何处寻？莫向仙神询去路，湘西德夯醉游人。”这里层峦叠嶂，河流纵横，依山而建的苗寨里洋溢着浓厚的苗族特色。

千百年来，在这块神奇的土地上一直生活着勤劳智慧的苗家人。苗寨清幽静雅，淙淙溪水穿寨而过，河流沿岸的古渡上停泊着几艘荡荡悠悠的小舟，标志性的吊脚楼分立在河流两岸。斑驳的石板路、石拱桥走街串巷，蜿蜒延伸，不时有浣洗的苗女在水边洗衣，溪边还有巨大斑驳的筒车，千百年来随着水流慢慢旋转，发出“咕咕噜噜”的声音，似乎在向游人讲述昔日的过往，正是在这样的一静一动中勾勒出苗寨一派田园诗情。

走进古寨，那些朴素的吊脚楼依偎着弯弯溪流，安静、淡然。古寨的生活是淳朴安宁的，时有袅袅的炊烟升起，带来淡淡的清香味。当艳红的太阳恋恋不舍地没入西边的草丛，古寨便开始热闹起来。当一堆堆篝火被点燃，浑厚的鼓点响起，人们的热情也好像被叫醒，热闹的篝火晚会开始了。几堆火旺的篝火，恍若来自天外的清脆鼓声，人们踏着鼓点尽情地展示着舞技，无论男女，不分老幼，都在炫耀着曼妙的舞姿。此时的人们早已忘记一天的劳累和所有的烦恼，尽情地在这片肥沃的土地上欢快地跳舞。

在德夯苗寨，古老的苗族文化和神奇秀丽的自然风光相互交融，古朴纯净，让人心驰神往，如世外桃源般吸引着游客。远离繁华浮躁的都市生活，在苗寨品一曲动人天籁，赏一方迷人风情，感受一番灵魂净化的畅快与安然。

景点品鉴

流沙瀑布

→ 天问台： 天问台是德夯苗寨有名的景观，被称为“一号观景台”。这里的景色非常壮观，山峰气势磅礴，山壁如斧削刀劈，幽深的壑谷中云气雾岚翻涌，要是向下望去，气流直扑人面。之所以称为天问台，是源于传说屈原当年就是在这里向天发问的。

→ 流沙瀑布： 德夯苗寨的流沙瀑布可以说是天下闻名，落差约 216 米，有中国之冠的说法。它离苗寨非常近，转个弯就到了。远远就能看见飞流直下的流沙瀑布，瀑布看似下坠凶猛，然落地时却很轻柔，好似白纱拂面，故而取名“流沙”。它也是德夯瀑布群中落差最大、景观最好看的瀑布。

→ 玉泉溪： 玉泉溪的溪水晶莹如玉，清澈透明，在德夯的山谷中蜿蜒了 2000 米。溪水两岸崖壁高耸，奇峰林立，古木遍野，修竹溢翠，身处其间，仿若在画中游。

→ 接龙桥： 有水的地方自然少不了桥的身影，在夯峡溪上就有一座如新月般的石拱桥横跨溪水两岸，将溪水两岸的苗寨连成一个整体。站在桥上，俯瞰桥下溪水潺潺，溪畔洗衣浣纱的少女清纯美丽，远眺清新自然的苗家田园美丽如画，让人心醉。

→ 骆驼峰： 在雷公洞的对岸，峰高达 300 余米，座座高低错落的山峰相连，由大自然的鬼斧神工打造出一幅昂首向北、气势磅礴的巨型“骆驼”，骆驼峰之名便也由此而来。

→ 矮寨公路奇观： 它是湘川公路上最险的关卡，从山麓到山顶 6 千米的山路上，弯弯曲曲共有 13 道弯，好像一条盘旋在青山上的玉带。在上面行车，时而有云雾缭绕，真可谓是一处人工建造的奇观。

民风民俗

→ 苗年： 因苗族所使用的“苗历”与汉民族所使用的“农历”不同，所以苗族有着自己的岁首，这也是苗族最盛大的节日，是新一年的开始。到了这一天，大家会准备丰盛的美食，还有祭祖、跳芦笙、串寨酒、吃团年饭、赛歌等各种丰富的活动。

→ 拦门对歌和拦门酒： 这是苗寨一种传统的欢迎仪式，也是苗家人迎客的最高礼节。当客人进门时就会被身着盛装的苗家姑娘扯一条绣花的花带挡在寨门前，随后一个个小伙子吹着唢呐，苗家姑娘会将特制的苞谷烧酒倒入大瓷碗中，然后举着酒碗、唱着苗家特有的歌曲，让客人饮完酒水，这时如果不对上一曲、喝上一大碗，是进不了寨门的。

➜ **跳鼓舞：**俗称“花鼓弄”，是一种历史悠久的传统舞蹈，主要是以鼓为主，但表现形式在各地多有不同。苗族姑娘在打鼓时就会配以许多舞蹈动作，舞姿时而优美，时而狂放。

跳鼓舞

张谷英村
天下第一村

古镇概述

在湖南岳阳县以东的渭洞笔架山下，滚滚流淌的江水畔静卧着淳朴宁谧、风景优美的张谷英村。村内建筑规模之大、技艺之精湛、艺术之高超，令人叹为观止，被誉为“天下第一村”“民间故宫”。

相传古村建于明朝洪武年间，是由迁移于此的江西人张谷英所创。这里群山环绕自成盆地，流水淙淙，环境清幽，景色宜人，途经此地的张谷英为其所吸引，便生出定居于此的念头。经过一番仔细的勘测，他便开始兴建家园，繁衍生息，张谷英村之名也由此而来。

这座村子已有600多年的历史，几经沧桑，但大致上依旧保持着村子的原貌。青山绿水间，一片片屋宇相连，蜿蜒的渭溪河穿村而过，47座各式各样的石桥横卧河上，宛若新月，“溪自阶下淌，门朝水中开”的格局浑然天成。沿溪而铺就的长廊下，青石板路无限延伸，可通往各个门户，也将纵横交错的巷口连接成一体。

张谷英村不仅风光秀丽，亦有着深厚的文化底蕴，村中的村民都以读书为荣，尊崇孔孟之道，并世世代代相传。这里曾有40多人都取得过功名，近年来的博士生、留学生数不胜数。此外，村民们不仅重文，也精通武术，很多人都练有一身好功夫。

地理位置

➜ 湖南省岳阳市岳阳县。

气候条件

➜ 亚热带季风气候，5—10月份是最佳旅游时节。

开放时间

➜ 07：30—18：00。

门票

➜ 50元。

交通

➜ 岳阳东站—张谷英村

从岳阳东站乘坐公交至岳阳长途汽车站，再从岳阳长途汽车站乘坐客车至筻口，再打车至目的地。

景点品鉴

➜ **当大门：**大门两侧的石鼓便是门当，在古代，门当越大寓意家族越兴旺，当大门便取意于此。这座建于明代万历年间的当大门，是整个村子的枢纽，走进门内，碧水潾潾，古屋林立，结构严谨，装饰精致。堂屋中供奉着张谷英的塑像，年节时的祭祀活动也在这里举行，古老的仪式是家族文化的传承。

➜ **百步三桥：**又名“张谷英桥”，始建于清朝嘉庆年间，横跨于渭溪河上，是当地最具特色的一景。依河而建的古桥共有九段，虽不足百步却随着蜿蜒曲折的河水不断变化。两次跨过渭溪河，站在桥上，桥下流水潺潺，河畔建筑林立，远远望去，仿若水墨古画，意境悠远。

重庆
Chongqing

重庆市地处我国西南部，是青藏高原到长江中下游平原地区的过渡地带。这里曾经孕育出许多古代文明，更有大大小小的古镇分布，它们成为重庆市重要的人文景观，也是古代巴蜀文化不可或缺的一部分。

凭借长江的水运交通，重庆自古以来商业贸易发达，沿江两岸建立的码头众多，以这些码头为据点不断向内陆延伸，便有了后来繁华一时的古镇。除此之外，在重要的军事隘口、河流上流等地也出现了许多富有民族特色的古村古镇。重庆的古镇特色鲜明，与自然和谐统一，建筑材料多以山石、竹子、林木等为主。古镇四周山水清幽，安闲自在，宁静和谐，令人流连忘返。

近些年随着长江三峡大坝的修建和汶川地震的影响，许多古镇都受到了不同程度的损坏，但是在当地政府和人民的努力下，大多数古镇得到了较好的修缮。如今的重庆古镇朴素典雅，受到了国内外游客的青睐。

涞滩镇
古城临高崖

涞滩镇位于重庆市合川区东北部，是我国首批历史文化名镇、我国十大古镇之一，也当选为首批“中国最美的村镇”。涞滩镇始建于清朝咸丰年间，古镇面积并不大，但是地势险要，三面悬崖峭壁，

古镇概述

地理位置

➔ 重庆市合川区。

气候特点

➔ 亚热带季风气候，冬暖夏热，春秋两季是最佳的旅游时节。

开放时间

➔ 全天开放。

门票

➔ 古镇大门免门票，二佛寺上、下殿共收费 30 元。

交通

➔ 重庆江北国际机场—涞滩镇

从重庆江北国际机场打车至涞滩镇，全程约 86 千米，大约需要 210 元。

特产

➔ 涞滩米酒：是以优质糯米、籼米为原料，经过特制所酿成的米酒，色泽晶莹，香味醇厚，味道甘甜。

有“一夫当关，万夫莫开”的气势。清朝末年，太平军起义，对清朝的统治产生了巨大的影响。为了防范当地的农民起义，当地官府就将古镇进行了大规模的加固和扩建，拥有了较为完备的军事防御体系，各项功能更加完善。

涞滩镇由上下两个部分组成，一高一低，相互护卫，相互照应。上场部分坐落在鹫峰山上，俯视渠江，气势巍峨。寨墙环绕，如同龙盘虎踞。在寨墙内，尚保留着大量明清时代的民居，蜿蜿蜒蜒、宽宽窄窄的青石板犹如细蛇藏匿在古寨中。如今，古镇保存的建筑多是木质建筑，木墙青瓦，古色古香。涞滩的下场位于渠江边，是古时码头集运之地，南北商贸发达，商贾往来不绝。

除了二佛寺、翁城，涞滩还有很多遗留下来的名胜古迹，此外还有优美的自然风景，如闻名遐迩的“涞滩八景”就是游览涞滩必去的景点之一。

景点品鉴

➜ 翁城：目前重庆地区唯一一座完好的军事防御性堡垒建筑，对研究涞滩的历史、军事有着很重要的价值。翁城面积并不大，是一个半径为 30 米的半圆形建筑，始建于清朝同治年间，专为军事防御而建，在内部建有四个藏兵洞，还有南北两道侧门相连，建筑构思巧妙，有瓮中捉鳖的意味。城门地势险要，建有石梯通往石墙上端。

➜ 文昌宫：位于小寨门旁，是涞滩镇一处著名的四合院。这里的建筑基本上建于清朝时期，颇具规模，整体布局比较严谨，达官显贵常常来此看戏，十分热闹，后来当成学堂使用，一直沿用到今天。

➜ 二佛寺：始建于唐代，在宋代时期开始兴盛。寺庙因地处古镇的上下两场，故名为“二佛寺”。上殿位于上场，坐落在鹫峰山顶，共有三个殿层，依照古时寺庙的规模来说，气势非常宏伟，宗教氛围浓厚。寺庙的建筑结构呈四合院格局，沿着中轴线分布，大雄宝殿是寺庙的正殿，主要的佛像都集中在这里，三尊泥塑金身佛像坐立在殿堂正中，泥塑的十八罗汉分立在两侧，色彩鲜艳，神态各异。下场只有二佛殿，全为摩崖造像区。殿内高 12.5 米的释迦牟尼佛像，依山而凿，高大威猛，被称为“蜀中第二佛”。42 龛石窟和 1700 余座佛像是国内规模最大的禅宗造像聚点，也是我国最大的禅宗道场之一。其中的 16 罗汉是 18 罗汉和 500 罗汉的始祖。寺内的禅宗六祖造像也是全国石刻中唯一一个全家合影塑像。寺庙内还有南宋时期的石刻，精湛的石刻艺术不仅是涞滩古镇深厚文化的体现，也是我国石刻艺术史中第三代艺术的代表之作。

二佛寺

双江镇
双江绕古城

古镇概述

地理位置
➔ 重庆市潼南区。
气候特点
➔ 亚热带季风气候，气候温和，适合春秋季旅游。
开放时间
➔ 全天。
门票
➔ 免费。
交通
➔ 重庆北站—双江镇
从重庆北站乘坐火车到达潼南站，再从潼南站转乘公交即可到达目的地。

双江镇依水而建，地处嘉陵江下游，因镇外有两条清澈的溪水环绕而得名双江。双江山清水秀、历史悠久，是重庆市十大历史名镇之一，也是我国第一批十大历史名镇之一。

双江镇始建于清朝初年，目的是为了逃避战乱，距今已有 400 多年的历史。古街老巷蜿蜒幽深、支脉纵横，如今现存有 9 条老街，将古镇分割成网状，形成了双江独具特色的风情样貌。街道都是由青石板铺就而成，两侧的民居建筑高低错落，古色古香，很有韵味。双江镇店铺里卖的都是人们常见的日用品和一些土特产，赶上旅游旺季，街道店铺人头攒动，吆喝叫卖声纷纷杂杂，异常热闹。

双江镇的建筑多是清代遗存的，具有鲜明的清代建筑风格。其中饱含韵味的四合院不仅有北京四合院的庄正，也有江南园林的雅致。院落的装点非常有心，许多雕饰精心雕琢，尖尖的檐角凌空高翘，天井中的花园四季繁花竞放，造型风格上有着川蜀古镇典型的特色，奇特精美。

双江镇上保留的建筑主要有禹王宫、源泰和大院、兴隆街大院、杨尚昆和杨闇公旧居等，类型丰富、风格多样，享有“清代一条街”“难得的清代民居建筑群”等美誉。

景点品鉴

➔ **四知堂：**一座大四合院，布局讲究，整体形成“四”字的格局。屋舍从中间的厅堂向两侧扩展，依次有内厢房和外厢房，沿中间厅堂左右对称，庄严气派。四知堂的名称源于东汉太守杨震的“夜拒贿金”典故，话说当时正值深夜，杨震正在夜读，此刻有人前来行贿且说：“夜深人静，只有你知，我知。”杨震则怒斥来人：“你知，我知，还有天知，地知。”足可见他的清正廉洁，四知堂从此传为佳话。

➔ **禹王宫古戏台：**这座古戏台宏伟壮观，古朴典雅，檐角飞翘，斗拱

杨尚昆故居

壁画依旧精巧美观，距今已有 200 多年的历史。

➔ **杨尚昆故居：** 原名“长滩子大院”，始建于清代同治年间，有近 150 年的历史，规模庞大，用材讲究，细节之处尽显精美细腻的雕刻。大院的建造风格也较为独特，是我国古代民居建筑的典范，曾得到我国古建筑学家梁思成的赞誉，“我国古代民居中不可多得的精品，可与北京什刹海媲美”。如今，在故居内有 400 多幅图片和上百件文物资料展示杨尚昆同志的生平事迹，成为当地重要的旅游景观。

龙兴镇
渝北文化名镇

古镇概述

地理位置

➔ 重庆市渝北区。

气候特点

➔ 亚热带季风气候，春秋季最适宜旅游。

开放时间

➔09：00—16：30

门票

➔ 20 元。（泉世界门票 100 元、峡谷观光票 35 元）

交通

➔ 重庆北站—龙兴镇

从重庆北站乘坐火车到达复盛站，再从复盛站转乘公交即可到达目的地。也可从重庆北站直接乘坐公交至目的地，不过需要换乘多次。

龙兴镇坐落在重庆市渝北区，自古以来就是西南地区著名的历史文化古镇。据说在元末明初的时候，这里就已经出现了小规模的集市，随着贸易交流日益频繁，清朝初期的龙兴镇兴旺发达，来往客商络绎不绝，从而设置了隆兴场。

关于龙兴镇的传说，比比皆是。话说当年，朱元璋所立的太子早逝，进而立长孙朱允炆，这位储君不仅改年号为“建文”，而且进行“削藩”，闹得他的多位皇叔沦为庶民，其中湘王朱柏自杀身亡。此时燕王朱棣以“清君侧”为名攻破南京，自立永乐帝，并派人四处捉拿出逃的建文帝朱允炆，朱允炆则乔装入川，辗转到前臣杜景贤的家里，后来一直隐居在此。后人为了纪念他，将当地的寺、桥、江分别命名为“龙藏寺”“回龙桥”“御临河”，曾经的“隆兴场”也因此改为“龙兴场”。

在百年的历史中，龙兴镇人才辈出，历史文化名流有 200 多位。其中清朝大名鼎鼎的“建威将军”雷应山曾因平定云南边境战乱，故而名垂青史；一代武术大师赵炳煊、刘泽举，名声显赫，威震巴渝。此外，还有原云南大学校长刘熙芳和罗道成、江维汉等教育界的名人，以及书画名家贺子辉，音乐家贺光明等。

龙兴镇不仅留下了历史人物的故事，同样保存着大量的古代建筑。古朴宁静的老街民房，香烟缭绕的祠堂寺庙，还有特色鲜明的农家古寨和新建的高楼大厦形成对比，又相互映衬，相得益彰。

景点品鉴

➔ **老街：** 历史悠久，整条街巷由青石铺成，做工精细，路面平整开阔。沿街两侧商铺鳞次栉比，古建筑的屋舍高耸，雕梁画栋，飞檐斗拱，青瓦白墙，古朴而又典雅，营造出一种清幽静谧的氛围。

➔ **龙兴博物馆：** 由农耕具、清雕花架子床和民俗工艺品展为主的三个展厅组成。其中 9 张雕花大床造型宽大，雕花精美，是难得一见的木雕艺术品；乡土工艺美术师姜凤鸣的三国水浒人物惟妙惟肖，独具特色的手法使得人物栩栩如生，充分显现了重庆民间工艺的高超水平；农耕工具和手工机具更多保留了农业文明的痕迹，再现了农业文化的源远流长和博大精深。

➔ **刘家大院：**位于龙兴镇老街，门面三间，庭院里留出一方小天井，四周门窗雕花繁密，精巧美观。由于庭院中阳光较少，所以给人一种幽静神秘的感觉。堂中匾额楹联上的字迹依旧可以看清，屋内的各种陈设保持了原貌，古色古香，古朴雅致。

老街

刘家大院

中山镇
旧日三合场

古镇概述

地理位置
➔ 重庆市江津区。

气候特点
➔ 亚热带季风气候，气候适宜，一年四季均可旅游。

开放时间
➔ 全天开放。

门票
➔ 免费。

交通
➔ 重庆北站—中山镇
从重庆北站乘坐火车到达珞璜南站，再从珞璜南站打车至目的地。

中山镇坐落在重庆市江津区南部，离市区96千米，古镇背山临水而建，四周青山耸立，绿水环绕，安静闲适。古镇在当地俗称“三合场”，或叫“龙洞场”，历史悠久，曾是渝、川、黔交界处的繁华码头，来往客商常常在此聚集，车水马龙，热闹非常。

这座古镇地势南高北低，森林面积达到10万平方千米，原始常绿乔木阔叶林和针叶林混生，缔造出美丽的自然景观，随着四季的变换，风光无限。中山古镇处于这样的环境中，显得更加古朴典雅，宁静温馨。

据说中山镇的历史可以追溯到南宋时期，当时的古镇称为“龙洞场”，明朝时设立清溪县，之后不断扩建，到了清朝光绪年间，将龙洞场、老场、马桑垭场合并称为“中山镇”，这就是人们也叫中山镇为“三合场”的原因。

中山镇中长1000多米的古街沿地势伸展，街道两边的商铺都是封闭式的建筑，众多卷棚连廊几乎遮蔽了天空，这样的建筑主要考虑到了川渝多雨的天气因素。此外吊脚楼也颇具建筑特色，通常分上下两层，上层住人，下面为商铺，十分实用。整座古镇青灰色的古楼建筑与青绿色的山水相衬，显得更加古朴雅观。

景点品鉴

➔ 山村古庄园：位于中山镇中，典雅古朴，充满了浓郁的历史文化氛围，成为古镇著名的旅游景点。中山镇的庄园众多，其中最出名的有龙塘庄园、白鹤林庄园、枣子坪庄园、朱家嘴庄园、斑竹林庄园等。

➔ 双峰塔：初名为“景德寺”，始建于唐朝末年，并且经过明清时期的多次修缮才得以保存至今，十分宝贵。这座寺庙隶属于佛教临济宗派，在川渝一带颇有影响力，如今的双峰寺地处中山镇外的白鹤村，复合式的四合院寺院中清幽宁静，香烟缭绕，常有钟声回荡在殿阁之间，余音不绝。

➔ 爱情天梯：位于中山古镇高滩村的深山里，是村民刘国江为自己的妻子修筑的一条上山的路，一共有6000多级台阶，从山脚沿着悬崖峭壁蜿蜒而上，令人惊叹。据说这位农民曾爱上了比自己年长10岁的寡妇，为了避开人们的闲言碎语，便移居深山，从那时起他就开始修筑“天梯”，直到白发染鬓才修成，这样用一生修一条路的行为来诠释爱情，令人感动不已。

➔ 明清商业老街：街道以青石铺设，有着相当悠久的历史。整条老街雨不湿鞋、日不能晒、冬暖夏凉，还保留了老茶馆、老酒馆、老药房等传统作坊。在这里曾经出现大量的帮派形式的行业群体，例如马帮、船帮、盐帮、米帮等，它们拥有大批的帮众，并且纪律严明，在自己的行业里兢兢业业。

明清商业老街

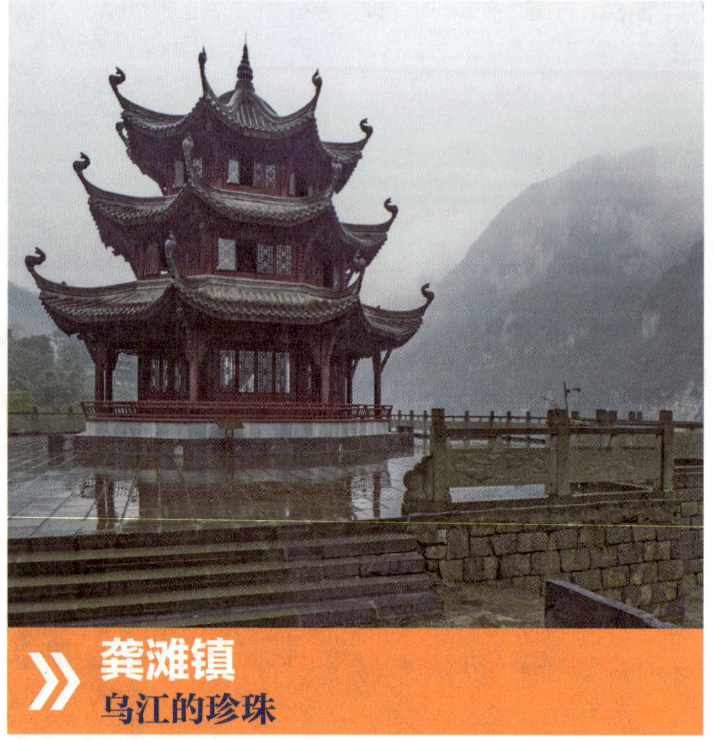

龚滩镇
乌江的珍珠

龚滩镇好似一颗被遗落在乌江绝壁上的珍珠，已有近2000年的历史。龚滩远离喧嚣俗世，藏在群山之中，石板路蜿蜒曲折，吊脚楼临江而立，安静闲适。从龚滩至万木段，乌江崖壁陡峭、奇林怪石、林木茂盛、水清碧幽，宛如一幅生动、瑰丽的山水画，被誉为“乌江画廊”。

明朝中期由于乌江东岸的山壁上岩石崩裂，落下的巨石把乌江隔断，成为险滩，龚滩镇因此成为“上下船只卸载过，运输换船货堆山”的物流中转站，南北的商客在此停船靠岸，辗转其他的道路。从此，龚滩镇商贾云集，商业繁荣，成为集镇。在1700多年里，龚滩镇享受着乌江带来的福利。2004年7月，随着乌江彭水电站项目获批，龚滩镇开始进行搬迁，渐渐淡出人们的视线。2008年10月，龚滩镇在原址下游复建成功，并开始接待游客。

古镇中石板路由二尺见方的青石板铺就而成，穿镇而过。千百年来，搬运工们手拿竹竿“三步两打杵”，年长日久就在粗粝的青石板上留下了深浅不一的“杵窝”，成为古镇特色景致。在街道两侧伫立着风格独特的封火墙、清幽静雅的四合院和古色古香的吊脚楼，独具地方特色，成为古镇不可或缺的景致。

古镇概述

地理位置

➜ 重庆市酉阳县。

气候特点

➜ 亚热带季风气候，气候温润，最适宜3—5月和9—11月旅游。

开放时间

➜07：30—18：00

门票

➜20元。

交通

➜ 重庆西站—龚滩镇

从重庆西站汽车站乘坐客车到达酉阳，再从酉阳汽车北站乘坐公交至目的地。

购物

➜ 藤编、根雕、奇石、花卉、刺绣等工艺品在当地十分出名，很受游客喜欢，可以在古镇的街市上购买到，留作纪念。

住宿

➜ **酉阳龚滩古镇细妹客栈**

地址：重庆龚滩镇纤夫路25号

电话：15330391175

标间：120元左右

➜ **龚滩古镇木叶客莊**

地址：重庆龚滩镇川祖庙旁

电话：（023）75702968

标间：100元左右

如今的龚滩镇是按照原有的面貌复制而成，不仅保留了古色古香的建筑、青墨如玉的石板，还有原汁原味的古镇风情。

景点品鉴

➜ **四合院：**建筑多是灰墙青瓦，古拙朴实。阳光照射着屋顶装饰用的琉璃瓦，熠熠生辉。凌空翘起的屋脊四角各有一根铁锥直刺长空。宅院里雕梁画栋，虽略显陈旧但颇具匠心，回廊栏杆间的雕花清晰可见。龚滩镇共有200多座四合院，每一扇门里都有一个独特的故事。

➜ **吊脚楼：**临江而立的吊脚楼依据山势攀岩起伏，倚着悬崖峭壁，错落有致，尽显精湛的建造工艺。吊脚楼看似简单古朴，但在细节之处则隐藏着建造者的精雕细刻。在这滚滚的乌江水和壁立千仞的山崖映衬下，吊脚楼更显清秀美观。

吊脚楼

➜ 鸳鸯楼：原是当地两家豪门大户连接的天井，由于距离较近，两家的孩子青梅竹马，暗生爱慕之心。但因当时龚滩种族观念根深蒂固，两家势如水火，相爱的两人无法相聚在一起，于是二人终生都未嫁娶。为了纪念两人忠贞而悲惨的爱情，当地人就把这栋楼命名为“鸳鸯楼”。

➜ 桥重桥：龚滩镇最负盛名的古桥，有“不知桥重桥，不是龚滩人”之说。桥重桥是由两座古桥重叠成的一座拱桥，建造形式独特，并置的两桥之间有几米的石板路连接，上下可通。

➜ 檐灯：是指挂在屋檐下的灯笼，在龚滩几盏灯代表着一家有几口人，除此之外还有一个特别浪漫的习俗：若是家中有待嫁女孩，那么灯上就会有一个独特的“莲藕”图案。

民风民俗

➜ 蛮王洞香会：通常在元宵节举行，人们会上山砍大叶女贞，并将其带回家然后用纸钱装点一番立在门前，再摆上香案，等到夜里人们便开始在这棵“摇钱树”前行跪拜礼，名为“送年”。

➜ 娘娘会：一般是农历三月二十日在龚滩“武圣宫”的左殿举行，场面红火，十分热闹。参加娘娘会的青年妇女居多，据说神话传说里的娘娘可以给她们带去孩子，所以人们又叫她为“送子娘娘”。

特色美食

吃什么

龚滩镇风味小吃多样，荞麦粑粑、五香豆腐干、罐罐海椒、香菌丸子、老腊肉炒山蕨巴、土家烧白、乌江野生鱼、鸡蛋宽面等，令人垂涎三尺，其中著名的要数酿豆腐、绿豆粉和油茶汤。

酿豆腐： 是龚滩镇的著名小吃，不仅味美，而且营养。酿豆腐好吃，做法自然不会简单，厨师需将肉剁成馅，然后将其加入切成三角状的豆腐，经过油煎后煮熟，黄灿灿的，漂亮而味鲜。

绿豆粉： 制作简单方便，口感清香，是待客的好食品，备受人们喜欢。

油茶汤： 包括油炸茶叶冲汤、油炸阴米和苞谷泡冲汤，这是龚滩古镇的一种特殊口味，很有地域色彩。

在哪吃

可以去古镇沿街的饭馆客栈，那里有各种小吃任你挑选。

龙潭镇
武陵山小南京

古镇概述

地理位置
重庆市酉阳县。

气候特点
亚热带季风气候，温暖湿润，适宜春、夏、秋季旅游。

开放时间
全天。

门票
免费。

交通
重庆西站—龙潭镇
从重庆西站汽车站乘坐客车到达酉阳，再从酉阳汽车北站打车至目的地。

龙潭镇位于重庆市东南方的武陵山，古镇身处山下两个形如“龙眼”的深潭之间，仿佛龙鼻一般，由此得名“龙潭镇”。这座古镇历史悠久，据说从三国时期刘备建立蜀汉政权后，便存在于此，距今已有1700多年了。

曾经土司统治着这里的一切，“蛮不出洞，汉不入境”的政策更使龙潭镇与外面的世界隔绝，直到清朝雍正时期禁令才被撤销，从此各处的商旅开始在此进行贸易交流。外来客商带来的食盐、布匹等日用百货和桐、茶、漆、朱砂、水银等当地特产的交易日益频繁，一个商贾云集的龙潭镇就此名扬四海。商业的带动促进了民族的融合，慢慢地在这个1.5平方千米的镇子上聚集了8万多人，繁华的景象可想而知，因此龙潭镇才有了“小南京”的美誉。

现在的龙潭镇依然保留着古老的民居建筑，这些砖木结构的屋舍特色鲜明、别具一格，通常见到的院落样式有“四合天井”“三柱四骑”“三柱六骑”等，其中“四合天井”大院规模较大，蔚为壮观。龙潭镇最具代表的建筑院落莫过于文昌宫、轩辕宫、禹王宫、万寿宫等，这些地方如今已经成为当地旅游的主要景点，看那高耸的大朝门古朴肃穆；敞亮的中堂宏伟气派；檐上彩绘令人眼花缭乱；屋内雕花的门窗上纹饰繁杂，古色古香，令人叹为观止。

沈从文、田汉、丁玲等作家的到访，使得龙潭镇名气大增，同样在他们的笔下，一个古老而多情的古镇慢慢出现在世人的眼前。那些动人的故事不知让多少人为之动容，这也是龙潭镇的魅力所在。

景点品鉴

万寿宫： 始建于清朝乾隆年间，重建于道光时期。据说原来的万寿宫在龙潭镇附近的梅树旁边，后来梅树被火所焚，其迁至了龙潭，关于这段历史，当地遗留的石刻碑文中都有明确记载。现在的万寿宫规模宏大，总建筑面积 2400 平方米，分成了上、中、下三厅，两座山门，一座面向酉水河，另一座面向龙潭老街，蔚为壮观。

万寿宫

刘仁故居： 位于酉阳土家族苗族自治县龙潭镇，是我国著名的爱国主义教育基地，我国著名的老一辈革命家刘仁出生在此。刘仁原名段永鹬，生于 1908 年 9 月，1927 年加入中国共产党，并在以后的国家建设中做出了杰出的贡献。

赵世炎故居： 也称作“赵家庄屋”，是共产党早期的无产阶级革命家、中国共产党组织创建者之一的赵世炎烈士的故居。这是一座清代砖木结构四合院式的建筑，院落中有 32 间房屋，清新雅致，诗书气息浓郁，中堂鎏金匾“琴鹤世家”和大门上邓小平留下的“赵世炎同志故居”都是难得的历史纪念。

赵世炎故居

重庆

偏岩镇

黑水滩河秘境

偏岩镇是重庆市北碚区的著名历史文化名镇，坐落在华莹山下，连接邻水、合川、渝北三地，地理位置优越，因此古时候这里客商云集，一片繁华。据史料记载，偏岩镇兴建于清朝康熙年间，被称作“接龙场”，后来经过乾隆时期的发展，加上当时政府的支持，偏岩镇逐步形成规模。300 多年来，偏岩镇保持着古老的建筑特色，同样与时俱进，现在老街区、古戏台、禹王庙、古客栈、古石桥、玉屏书院等建筑构成了偏岩镇诗韵古香的主体。古镇外小溪围绕，小桥横跨，镇中古树苍翠挺拔，生机盎然，风景迷人，因此重庆许多美术学校都将这里作为学生写生的地方。

除此之外，偏岩镇还是著名的“红镇”。在共产党早期活动中，偏岩镇作为一个重要的据点，与重庆、静观、华蓥山等地形成了巴渝红色革命根据地，为后来的农民起义奠定坚实的基础。曾有共产党员龙子仁、陶昌宜、黄有凡、李青林等人在偏岩镇从事革命工作。一个充满红色记忆的偏岩镇为世人保存了许多激动人心的往事。

2002 年 4 月，偏岩镇正式被命名为首批“重庆市历史文化名镇”。此后中央电视台、安徽电视台、重庆卫视等国内外媒体纷纷走进偏岩镇，这座古镇又重新焕发出百年以前的风采。

景点品鉴

➔ **武庙：**坐落在偏岩古镇东边，始建于清朝乾隆年间，其中最为宏伟的大殿占地近 400 平方米，蔚为壮观。殿内供奉着“武圣人”关羽的木刻雕像，身形魁梧，气宇轩昂，左右分别是关平和周仓，一黑一白形成鲜明的对比。此外还有张飞，甚至二郎神杨戬的雕像，手法细腻，惟妙惟肖。

➔ **九合栈：**位于偏岩镇老街区中部，是一座木质构造的楼阁建筑。这座楼阁共分成三层，高耸在街道旁，引人注目。楼内大厅、中堂层层深入，两侧设有扶梯，可以由此登上高层。无论门窗，还是楼梯扶栏等处，都有令人眼花缭乱的木雕装饰，

古镇概述

地理位置

➔ 重庆市北碚区。

气候特点

➔ 亚热带季风气候，四季鲜明，适宜春、夏季旅游。

开放时间

➔ 全天开放。

门票

➔ 免费。

交通

➔ 重庆江北国际机场—偏岩镇

轨道交通 10 号线换乘轨道交通 6 号线支线（国博线），再转乘 960 路公交，最后换乘 962 路公交，全程 40 站。

轨道交通 10 号线（王家庄方向）：江北机场 T2 航站楼上车—悦来地铁下车，乘坐 6 站。

轨道交通 6 号线支线（国博线）：悦来地铁站上车—红岩坪下车，乘坐 6 站。

960 路（台农园方向）：轨道红岩坪站上车—台农园站下车，乘坐 9 站。

962 路（偏岩古镇公交站方向）：台龙园公交枢纽站上车—偏岩古镇公交站下车，乘坐 19 站。

周边景点

➔ **塔坪寺：**始建于宋朝，历经 22 年时间建成，距今已有 800 多年的历史。寺院依山而建，约有 5000 平方米，蔚为壮观，寺中石坊、石表、石塔、铁塔耸立，造型优美，雕刻精美，并有古人留下的诗文楹联作为文化点缀，更加典雅庄严。

➔ **天府溶洞群：**位于偏岩镇不远处的天府镇，溶洞群全长有 10 千米，纵横南北，犹如一条游龙一般。在西南地区，天府溶洞群是嘉陵江流域最为特别的喀斯特地形，无论从溶洞的地质发育，还是洞中的奇幻景致，都堪称古溶洞中的典范。

黑水滩河

古镇老街

使古楼显得更加庄严、典雅。

➜ **黑水滩河：** 从偏岩镇旁缓缓流过，河水较浅，清澈见底。河两岸的黄桷树高大挺拔，树荫茂密，住在河边的人们常常在这里洗衣服，他们的生活简单而充实。

➜ **禹王庙：** 是一座专门祭祀禹王的庙宇建筑，其中供奉着禹王的牌位和雕像。禹王庙庄严而又古朴，青色的瓦顶，粉色的墙壁，以及纵向木穿斗大堂式的建筑风格都使得这座庙宇非同一般。每逢祭日，当地很多人都来此上香，拜祭禹王，场面十分热闹。

➜ **古镇老街：** 主街道开阔平整，几乎没有台阶，起伏变化全部按照地势升降。街道两侧商铺林立，硬山顶或悬山顶的传统建筑特色鲜明，整体的木质结构充满地域风情，门窗上的各式雕花图案精巧美观，商店里的草鞋、麻鞋、麻绳等旧事物难得一见。

➜ **古戏台：** 位于偏岩镇禹王庙前面，分成上下两层，上层为平台，宽敞开阔，供人唱戏表演时所用；下层则为暗层，是杂勤用地，也是供演员上台之前的准备场所。戏台四周的廊柱上依然保留着古戏文里的人物雕刻图案，精致美观，使人叹为观止。

宁厂镇

盐泉发源地

古镇概述

地理位置

➜ 重庆市巫溪县。

气候特点

➜ 亚热带季风气候，夏季炎热，春、秋季最适宜旅游。

开放时间

➜ 全天开放。

门票

➜ 免费。

交通

➜ 重庆北站—宁厂镇

从重庆北站乘坐火车到达万州，再从万州客运中心乘坐客车到达巫溪，然后直接从巫溪客运中心打车去目的地。

宁厂镇是我国著名的明清“十大盐都”之一，素有“上古盐都，巫巴故乡”之称，这里拥有着丰富的天然盐卤泉，从很久以前便开始制盐。据说先秦时期，宁厂镇就已经闻名遐迩，随着历史的推进，宁厂依靠盐资源的支持不断发展，同时受到朝廷的重视，开始被设置为监、州、县等行政单位，从而进一步加快了宁厂镇的发展。

盐泉的发现还有一个神秘的故事，相传以前的宁厂镇附近都是原始森林，人们以打猎为生，有一次一个名叫袁溪的青年进山打猎，突然发现山顶有宝光闪动，又有一只白鹿出现在面前。猎人本想捕捉白鹿，然而却被它逃脱，猎人一路追赶，结果发觉白鹿是在为他指路，因此在山麓找到了盐泉，后来命名为“白鹿盐泉”。

现在的古镇坐落在重庆市巫溪县境内，后溪河从镇前流过，峡谷幽深，两岸山势高耸，古镇街道临河而建，古称“七里半边街”。街道细长绵延，三面为板壁，一面是岩石，临街的房屋大多为吊脚楼，以竹木结构建造，十分精巧。特别是临河的吊脚楼，仿佛悬在空中一般，下面斜立木柱支撑在岩壁和房屋底部，承受着压力，虽然看似严重倾斜，但是却十分平稳，经久耐用，牢固可靠。楼下面后溪河潺潺流过，更显得幽静。古镇里屋舍林立，古色古香，制盐作坊中至今保留着古时候的遗迹和大量的史料，可以让人们更加深入地了解宁厂古镇。

景点品鉴

➜ 仙人洞： 坐落在宁厂镇西的二仙山上，闻名遐迩。二仙山巍巍高耸，好像宝塔一般，仙人洞藏匿在山腰处，这里风光秀丽，运气萦绕，宛若仙境。此外“烂柯”的故事更是引人入胜，话说当年入山砍柴的樵夫看到两位仙人对弈，棋局结束时，手里的斧柄已经朽了，回到家中一看，早已是人事皆非。

➜ 白鹿盐泉： 位于宁厂镇北部的宝源山，盐泉诞生于山麓的一处石洞，洞口处有一条石龙，泉水从这条龙的嘴里汩汩留出，形成自流井，令人惊叹不已。白鹿盐泉的神话故事充满了传奇色彩，这也为古泉增添了些许神秘。

➜ 吊脚楼： 是宁厂古镇内一景，这些楼房是竹木结构，临河而建，下面斜立木桩，柱上支撑木楼，貌似东侧西歪，有倒塌之险，实则牢固耐用，无倾覆之忧。

民居建筑——吊脚楼

松溉镇
山水留恋之地

古镇概述

松溉镇坐落在重庆永川区南部，靠近长江，因松子山和溉水而得名，这座古镇历史悠久，但是至今对于其建立的具体时间仍没有定论。“一品古镇，十里老街，百年风云，千载文脉，万里长江”是松溉镇最真实的写照。这里环境清幽宁静，民风淳朴，石板路在大街小巷之间蜿蜒，江风徐徐吹来，使人神清气爽。

松溉镇最出名的莫过于吊脚楼、四合院、穿斗屋组成的明清古建筑群，古色古香。此外还有罗家祠堂、陈家祠堂和清洁寺，以及陈鹏飞之墓、古县衙、陈公堰和长江温中坝等，别具特色，常使人流连忘返。这些景点特色鲜明，是松溉镇最精华的部分，它们充满了灵秀之气，饱含这座古镇的百年沧桑。游客来到松溉镇，置身于古楼、古院落中，自然会被这里的深厚历史文化所感染。

如今街子、观音阁等大多数古建筑仍保留完好，其中最有名的就是黄桷树街。这条古街周边的古代商铺、饭馆、酒楼等古色古香，令人神往。在这里，你能看到那些安逸闲适的古镇百姓，他们简单朴实、与世无争。许多国内外游客慕名前来，一睹古镇的风采，体验一下古镇生活。

地理位置

➜ 重庆市永川区。

气候特点

➜ 亚热带季风气候，气候温和，一年四季皆适宜旅游。

开放时间

➜ 全天开放。

门票

➜ 免费。

交通

➜ 重庆西站—松溉镇

从重庆西站乘坐火车到达永川东站，再从永川东站打车去目的地。

景点品鉴

➜ **陈鹏飞之墓：**又名“夫子坟”，位于永川区松溉镇旗山村，是我国南宋时期著名经学家陈鹏飞的坟墓。陈鹏飞，字少南，与苏轼、张子昭合称宋代“注经三杰”，后来遭到秦桧等奸臣的迫害，隐居到了松溉镇，并开馆教学，造福乡里，受到当地人的爱戴。

➜ **陈公堰：**又被称作“飞龙洞”，是明朝著名的水利工程，四周风景秀美，闻名遐迩。相传二郎神与观音菩萨打赌要把一群猪从天上赶到长江，菩萨怕长江堵塞出现洪灾，因此半夜学鸡叫，骗了二郎神。二郎神以为自己输了，气得一下从天上坐了下来，形成了“洞子潭”，他用鞭子抽打过的岩壁，变成了“二层岩”。

➜ **罗家祠堂：**始建于明朝初年，经历多次翻修扩建，才有了现在的规模和样式。祠堂山墙高耸，颇有威严。院落中的梁椽上雕刻纹饰繁杂，精巧美观，令人眼花缭乱。

塘河镇

消失的古文明

古镇概述

地理位置

➜ 重庆市江津区。

气候特点

➜ 亚热带季风气候，四季分明，最适宜春季旅游。

开放时间

➜ 全天开放。

门票

➜ 免费。

交通

➜ 重庆西站—塘河镇

从重庆西站乘坐火车到达珞璜南站，再从珞璜南站打车至目的地。

塘河镇建于明朝时期，在此之前的 2000 多年里已有人类在此居住，历史悠久，源远流长。因为地理优势，水陆交通便利，因此在明清之际大量客商云集于此，塘河镇逐渐蓬勃发展起来，清朝乾隆年间达到鼎盛时期，当时一派繁荣景象。

这座古镇堪称是一座古建筑博物馆，如今保留下来的古建筑面积约有 4 万平方米，蔚为壮观。整座古镇可大致分成三部分，即古街区、廷重祠、石龙门庄园。从布局上看，塘河镇建筑错落有致，十分讲究空间安排，疏密得当。沿古街巷两侧延伸的民居、商铺、古楼等依旧保存完好，依稀可以看到徽派建筑的风格，同样又带有当地建筑的许多特色。其中最受人关注的是塘河镇的雕刻，竹雕、木雕、石雕等，材料不限，浮雕、圆雕、透雕等手法多变。无论是建筑外部的檐、梁、椽、柱等结构上的纹饰，还是室内床、门、窗、桌上面的雕刻，都细腻精巧，造型美观，使人眼花缭乱。在古色古香的塘河镇还有许多历代名士的文化遗迹，例如千担崖汉墓群、天台寺等，以及近代陈独秀、于右任等人的题刻作品，都是古镇历史文化的象征。

随着旅游业的兴起，塘河镇也取得了长足的发展，凭借古镇的名气，吸引了无数的游客。与此同时，塘河镇的自然景观也得到了开发，古镇境内最为壮观的 16 挂瀑布，如同 16 条从天而降的白练悬挂在山间，令人赞叹不已。还有号称“桫椤王宫”的峡谷，2000 多株桫椤葱葱郁郁，可谓世间少有，使得塘河镇更富有大自然的气息。

景点品鉴

➜ 廷重祠：兴建于清朝光绪年间，总面积近 3000 平方米，其中建筑面积占到了 2/3，蔚为壮观。这座宫殿式的建筑气势恢宏，琉璃瓦色彩斑斓，封火墙高高耸起，无论圆穹式，还是重檐式，都精巧美观，令人赞叹不已。

➜ 千担岩汉墓群：是四川东部地区东汉崖墓的代表之一，坐落在塘河镇滚子坪东麓千担岩壁上面，密密排列成三层。整个墓葬群形成一个长方形，分布在绝壁上，180 米长，30 米高，共计 15 个墓室，墓室附近的崖壁上还有许多奔马的石画。

➜ 石龙门庄园：建造于清朝乾隆初期，占地面积达 2 万平方米，建筑面积将近一半，有房屋 520 余间，气势恢宏，蔚为壮观。其中从门口进入堂殿，一共要经过 9 重关，被称为“龙门阵”，庭院幽深，充满了神秘感。

➜ 龙门号：位于王爷街的对面，曾经是船帮会馆，现在保存较为完好。这是一处非常典型的徽派建筑，无论从马头山墙、斗拱、卷棚等结构，还是从一砖一瓦上的雕饰，都可以看出其悠久的历史和深厚的文化。

➜ 古街区：最早是由王、孙、陈三大户所建的街房形成街道原型，后经不断发展和扩建，形成了现在的规模。古街区沿地势升高，用青石建成阶梯形，从塘河镇的码头一直向镇中延伸，约 600 米长，6 米宽。两侧房屋分布较为紧促，鳞次栉比，这些房屋多采用穿斗结构，雕梁画栋，精巧美观。

古街区中的街道

西藏
Xizang

西藏自治区位于高原之上，这里气候干旱，日照时间较长，昼夜温差大，从而形成了独特的自然景观。生活在这片土地上的人们接受着大自然所给予的一切，并且在恶劣的环境下，创造出灿烂的文化。

西藏以其雄伟壮观、神奇瑰丽的自然风光闻名。它地域辽阔，地貌壮观、资源丰富。由于受地形、地貌和大气环流的影响，西藏的气候独特而且复杂多样。总体上具有西北严寒干燥、东南温暖湿润的特点。人们为了适应独特的自然条件，创造出丰富的民族文化。比如在饮食文化上，藏族有着自己独特的饮食结构和习惯，其中酥油、茶叶、糌粑、牛羊肉被称为西藏饮食的“四宝”，此外，还有青稞酒和各式奶制品。不同区域的藏民根据自然条件的不同，修建了各式的民居。在西藏，不仅有可随处迁居的帐篷，也有固定的土木结构房屋，还有以石为材、冬暖夏凉的碉房，以竹或木为建材的竹楼或木楼，甚至还有窑洞。

还有很多在佛教影响下拔地而起的寺庙，而以这些寺庙为中心逐渐建起来的乡镇成了西藏这片土地上最为常见的居民单位，充满了神秘的色彩。

江孜古城

英雄之城

古镇概述

地理位置

➜ 西藏自治区日喀则市。

气候特点

➜ 温带季风气候，气候温和，夏秋季最适宜旅游。

开放时间

➜ 全天开放。

门票

➜ 白居寺60元，宗山古堡10元。

交通

➜ 西藏日喀则和平机场—江孜古城

可从日喀则和平机场打车或自驾至目的地，全程约88千米。

江孜古城地处冈底斯山与喜马拉雅山之间，在藏语中有着“胜利顶峰，法王府顶”的称呼，是一座历史悠久的名城。江孜的历史大致开始于吐蕃王朝，当时诸阀混战，江孜一带被法王白阔赞所占据，开始营建城池。元朝时修建了著名的白居寺，逐渐兴盛，加之地处通往西南的要道上，故而商贾云集，物产富饶。如今江孜古城保留的名胜古迹众多，其中最为著名的莫过于白居寺、帕拉庄园和宗山古堡。

江孜古城还被称为“英雄城”。1904 年，江孜遭受英国军队的侵略，人们英勇地予以还击。此地至今还保留着威武的炮台，述说着江孜人民不屈的抗争精神，是中华民族抵抗列强侵略的重要组成部分。著名的电影《红河谷》就是在此地以当时发生的事件为原型拍摄的，真实地再现了当时的情形。如今的炮台布满斑驳锈迹，褐红色的岩石台基依然挺立，饱经百年的风霜，台基下鲜嫩的野草在夹缝中长出，展示着旺盛的生命力。厚重的历史、英勇的抗争故事，塑造了江孜这片神圣的土地。

白居寺在江孜古城的历史发展中占据重要的地位，几乎是城堡发展的源泉。白居寺位于江孜县城东北隅，始建于 15 世纪初，藏语称为“班廓德庆”，意为“吉祥轮乐寺”。白居寺又名“十万佛塔”，来源于白居寺的标志——菩提塔，白居寺就是因此佛塔才格外富有魅力。历史悠久、盛行农奴制的西藏至今保留着一些非常完好的奴隶主庄园，很有特色。帕拉庄园是目前西藏保存最完好的奴隶主庄园，其中的朗生院可谓是见证西藏农奴历史的实例。朗生在藏语中即为奴隶，这些地方低矮阴暗，杂乱犹如牲口圈，与贵族的豪华庄园形成鲜明对比。在过去的西藏，“宗”代表着一种行政单位，相当于县级，所以宗山古堡也代表着当地的县府。

景点品鉴

➜ 菩提塔：白居寺的象征，由上百间佛堂一层层堆砌起来组成，被认为是“塔中之塔”，在塔内有数十万计的佛像被雕琢、绘画在佛堂、佛龛和壁画上，场面非常震撼，故而得名十万佛塔。

➜ 帕拉庄园：全称“帕觉拉康”，位于江孜县城西南约 4 千米的班觉伦布村，是西藏旧时三大领主的贵族庄园，也是西藏目前保存的十二大庄园之一。庄园楼高十几米，有三层楼高，目前保存的完好房屋有 57 间，各种生活设施建筑配套完善，风格极具本地特色。

➜ 宗山古堡：白墙红顶，在苍茫浓郁的山色中显得异常耀眼鲜艳。因古堡位于叫作宗山的石山之上，所以取名为“宗山古堡”。远远望去，古堡宏大气派，非常壮观，实际上古堡还是一座宫殿式的寺院，如今还有不少人来此朝拜。

宗山古堡

民风民俗

江孜古城拥有非常独特的民族风情。其中，规模最大、最为隆重的习俗就是“达玛”。达玛在藏语中是射箭、射击的意思。据说达玛起始于公元 1408 年，距今已有 600 多年的历史。早期只是简单的赛马、射箭和骑箭三项，后来规模扩大，各种文体活动都开始参与进来，而且还诞生了贸易交流。如今每年 7 月 20 日举行的达玛都会有上万人参加，活动期间如篝火晚会、赛马、文艺表演等丰富多彩的文化民俗都将一一展现，场面非常壮观。

萨迦镇
第二敦煌

古镇概述

地理位置

➜ 西藏自治区日喀则市萨迦县。

气候特点

➜ 温带季风，气候干燥，适宜春季旅游。

开放时间

➜ 萨迦寺 09：00—18：00

门票

➜ 萨迦寺 45 元（藏族免费）。

交通

➜ 日喀则和平机场—萨迦镇

可从日喀则和平机场打车或自驾至目的地，全程约 193 千米。

萨迦镇是以萨迦寺为中心发展起来的古镇，从元朝开始，萨迦政权开始得到确立后，萨迦镇就慢慢以寺院向周边发展。所以萨迦寺便是萨迦镇的招牌，也是萨迦镇的历史根脉。萨迦寺建立于公元 1073 年，距今已经有 900 多年的历史。这座寺庙位于奔波山上，是这里最神圣的地方，萨迦派的信徒常常来此朝拜。

现在的萨迦寺确切来说是萨迦南寺，因为曾经的萨迦寺分成南北两座，不过如今只有南寺保存下来了。萨迦南寺始建于公元 1268 年，占地面积近 1.5 万平方米，规模宏大，蔚为壮观。这座寺庙的建造带有明显的汉族城池建筑的风格，城墙、城堡、垛口、角楼等军事防御设施十分齐备，并且还有护城河，仿佛一座城池。

除了古城所具备的防御工事，萨迦寺还有浓厚的宗教色彩。最明显的莫过于城墙的颜色，萨迦寺的城墙分成三种颜色，即紫红色、黑色、白色，它们分别代表着文殊菩萨、金刚护法神、观世音菩萨。萨迦寺还曾被誉为“第二敦煌”，一点也不为过。因为萨迦寺的元代壁画造诣相当高，现在去萨迦镇观光旅游的人一定会去萨迦寺观赏这些古老的壁画作品，同时萨迦派的许多传统文化的遗迹依然可以在寺院中看到。例如有关于医药、天文、地理、历算、文学等方面的书籍或保存完好的千年梵文贝叶经，以及有镇寺之宝美誉的“黑木匣子”等。

景点品鉴

➜ **门廊：** 由 4 根大柱支撑，这些柱子上雕饰繁多，十分精巧美观，莲花、宝轮、大鹏等图案都突出了宗教色彩。门廊用白色的帷幔装饰，又配以黑色的垂暮，显得更加朴素、圣洁而庄严。内门分成三间，两侧设有转经筒，此外还供奉有不动金刚、马头金刚的泥身塑像和四大天王彩塑，色彩艳丽，惟妙惟肖。

➜ **大经堂：** 占地面积超过 1500 平方米，内部有 40 根圆柱撑起殿顶，蔚为壮观。其中“四大名柱”最引人瞩目，它们分别是猛虎载、野牛牵、墨血柱、忽必烈柱。忽必烈柱是忽必烈赐给寺院的一件珍宝，这根柱子近 7 米高，直径在 1.2 米左右，十分气派。经堂中供奉释迦牟尼等 12 尊佛像，以及阿旺图多灵塔和迴 · 图多旺久灵塔，此外经架上还有大量珍贵的佛教经书。

➜ **佛塔群：** 位于德确颇章遗址南侧和西侧，分成了两个区，共计 115 座，其中“八相塔”最为著名。八相塔由聚莲塔、菩提塔、吉祥多门塔、神变塔、天降塔、和好塔、尊胜塔、涅槃塔 8 座宝塔构成，其记载了佛祖释迦牟尼佛一生中的 8 件大事，然而这些塔都受到不同程度的损坏，十分可惜。

佛塔群

民风民俗

萨迦寺的佛事活动很多，十分隆重。每年藏历五月都会举行祈雨节，这是从曾经的农事中衍生出来的节日，具有十分古老的历史渊源；七月时会举行夏季大法会，大会期间许多藏戏表演者将跳金刚神舞，充满神秘色彩；10 月 29 日至 11 月 23 日同样会举行冬季大法会。

日喀则

高原之城

古镇概述

地理位置

➔ 西藏自治区日喀则市。

气候特点

➔ 温带季风气候，日光充足，气候温和，6—11 月最适宜旅游。

开放时间

➔ 不同景点开放时间不同。

门票

➔ 扎什伦布寺 100 元，珠穆朗玛峰 180 元。

交通

➔ 日喀则和平机场—日喀则

可从日喀则和平机场打车或自驾至目的地，全程约 49 千米。

日喀则是西藏第二大城市，地处青藏高原的南部。在这里，有世界上最高的山峰珠穆朗玛峰，宏伟的山巅宫堡桑珠孜宗堡，以及扎什伦布寺。所以很多当地人都说，日喀则是最如意美好的地方。

日喀则建市距今已有600多年的历史，从古到今都是后藏重镇，藏语称日喀则为“溪卡孜”，意为“土地肥美的庄园”，是后藏曾经的政教中心，也是历代班禅的驻锡之地。

最初的日喀则被称作“年麦”或“年曲麦”，这里很早就有人居住，但一直都是荒凉之地。直到公元8世纪左右，吐蕃藏王赤松德赞邀请印度高僧入藏建立寺院，当高僧途径日喀则时，发觉这里与众不同，预言以后的青藏高原将有两个中心，一个是拉萨，而另一个则是“年麦”，就是后来的日喀则。

日喀则大体处于喜马拉雅山系中段与冈底斯—唐古拉山中段之间，南北地势较高，其间为藏南高原和雅鲁藏布江流域。因此日喀则地形复杂多样，基本上由高山、宽谷和湖盆组成，平均海拔在4000米以上。

美丽旖旎的自然风光孕育出独具特色的后藏生活，日喀则经过自然风霜的磨砺，变得更加神圣高洁。藏民世代居住在这里，保持着原始的农牧生活，与大自然和谐共荣。能歌善舞、真诚可爱的他们，与庄严圣洁的寺庙建筑一起成为雪域高原永不褪色的风景。

景点品鉴

珠穆朗玛峰： 位于喜马拉雅山脉中段，峰顶岩石面海拔高度达8848.86米，四周环绕着众多山峰，其中有数十座山峰的海拔在7000米以上，因此这里成为世界上规模宏大且异常壮观的高山群。山峰终年冰雪覆盖，云雾缭绕，大部分时间里都是狂风大作，雪花、冰雹从天而降。偶尔的晴朗天气里，万里无云，阳光直射雪山，在晶莹剔透的冰峰映照下，挺拔的山峰犹如金箔镶嵌，格外静美，仿佛头戴金色的王冠。

扎什伦布寺： 又被称为“吉祥须弥寺”，全名“扎什伦布白吉德钦曲唐结勒南巴杰瓦林”，藏语译作“吉祥须弥聚福殊胜诸方州”。寺院建在尼色日山上，宫墙像游龙随着山势的起伏绵延几千米，守护寺院的宁静。寺内建筑错落有致，紧密相连，分布有57间经堂，3600间房屋，气势恢宏，使人叹服。

桑珠孜宗堡： 桑珠孜宗堡是日喀则的地标式建筑，位于桑珠孜区的宗山上，有“日喀则小布达拉宫”之称，始建于1360年，距今已有600多年的历史。桑珠孜宗堡共有房屋300多间，建筑面积达1.2万平方米，是西藏城堡建筑中的代表作。桑珠孜宗堡在历史上是寺庙和政府的综合功能地，如今则为日喀则博物馆，可供游人参观游览。

扎什伦布寺

桑珠孜宗堡

民风民俗

购物

➜ 日喀则市南部的街市很多，除了各种日用品，还有藏族手工艺品等。可以到扎西吉彩购买各式的腰刀、手镯、项链等，这里是著名的金银器加工地，被誉为“西藏的手工艺之乡”。

➜ **江孜达玛节：**开始于1408年，距今已有600多年的历史，是为了纪念萨迦王朝时期江孜法王帕巴桑布而设。每年藏历4月10日至17日，江孜的藏族百姓便会组织骑射、藏戏、歌舞、物资交流等活动来庆祝节日，热闹非常。

➜ **日喀则珠峰旅游文化节：**一般在每年的9月底、10月初举行，是日喀则著名的节日。节日当天通常会有宗教戏、藏戏、后藏服饰表演等活动，很受欢迎。其中最出名的藏戏有《文成公主》《朗萨姑娘》《诺桑王子》。

特色美食

吃什么

➜ **朋必：**作为日喀则的小吃代表，深受广大游客喜爱。制作朋必时，先把豆子碾成沫，放入水中，等到沉淀完毕，取出底层部分做成粉丝，再从粉丝的汁液里提炼出朋必。如此精细的制作工序产生的美食，自然令人回味无穷。

➜ **火烧蕨麻猪：**为甘南草原的特产，闻名遐迩。甘南草原人常常用蕨麻饲养猪，等到蕨麻猪长成后，便可以宰杀，然后用泥巴裹在猪肉上，在火上烘烤即可。这道菜味道鲜美，肉质鲜嫩，常使人赞不绝口。

➜ **风干牛羊肉：**是西藏别具特色的一道美食，备受好评。藏族人每到年末时候，就会制作风干牛羊肉，趁着天气寒冷，他们把鲜肉割成条状挂起来，经过风干之后便可以食用。

在哪吃

松赞餐厅	丰盛藏式餐厅	牛头藏餐
这里的主要特色有烤羊排、土豆包子、糌粑、甜茶、什锦沙拉，牛舌不错，还有炸酸奶。人均消费45元左右。 电话：（0892）8832469 营业时间：09：00—22：00 地址：日喀则市喜格孜风情街19号	气氛很好，服务热情，是一家地地道道的藏式餐厅。酸奶非常好喝，可以品尝一下。人均消费98元左右。 电话：15726720000 营业时间：08：00—00：00 地址：日喀则市喜格孜步行街	环境很好，很有藏族味道。美食特色突出，例如炒饭、油炸排骨、人参果炒饭、水煮牛肉。人均消费60元左右。 电话：18798999699 营业时间：08：30—23：00 地址：日喀则市山东路藏隆广场商品房16号

昌珠镇

乃东佛光

古镇概述

昌珠镇位于拉萨市山南市，是一个宁静的藏族小镇，它的由来与松赞干布在此建立的昌珠寺相关。据说唐朝时松赞干布迎娶了文成公主，并为她建了昌珠寺，从此之后来往朝拜者渐渐变多，而且开始有人在此定居下来，形成了古镇。

昌珠寺坐落在山南雅砻河东岸，是一座格鲁派寺院，初建时规模较小，经过不断扩建和发展得到了壮大，而昌珠镇就是随着昌珠寺的兴盛而建成的。传说文成公主入藏之后，居住在布达拉宫，她曾用五行推算出妖魔罗刹女的臂膀在贡布日山西南，需要修建一座寺庙来镇压。而那里又有一处湖泊，湖中藏有五头蛟龙，而松赞干布经过施法化身大鹏将蛟龙收服，才得以在此建寺。这些带着浓郁神秘色彩的神话传说不胜枚举，它们早已经成为昌珠镇文化重要的组成部分。

这座寺庙中主要的建筑有寺门、措钦大殿等，措钦大殿为寺院中的核心建筑，又名“乃定当”。大殿内部宽敞明亮，蔚为壮观。昌珠寺的布局与拉萨市的大昭寺基本相同，寺庙中除了古建筑，还有许多佛像雕刻和壁画，精美无比，其中还有一件著名的珍珠唐卡，被视为镇寺之宝。唐卡2米长，1.2米宽，上面嵌有1颗钻石、1颗蓝宝石、2颗红宝石、29026颗珍珠等珍宝，令人眼花缭乱，叹为观止。

地理位置

➜ 西藏自治区山南市乃东区。

气候特点

➜ 高山气候，气候干燥，春季最适宜旅游。

开放时间

➜ 昌珠寺 09：00—16：00

➜ 雍布拉康 09：00—18：00

门票

➜ 昌珠寺70元，雍布拉康60元。

交通

➜ 日喀则站—昌珠镇

从日喀则站乘坐火车到达山南站，再从山南站打车至目的地。

购物

➜ 藏族手工艺品十分精美，沿镇的商铺中都有出售，例如转经筒、佛像、唐卡、石刻经板、石刻佛像、酥油灯座、投石器、木碗、藏刀、打火石、珠宝玉器等。

景点品鉴

➜ **措钦大殿：** 昌珠寺的核心殿堂，一层供奉着佛祖释迦牟尼、观世音菩萨及松赞干布的塑像，十分特别；二层是整座寺院里最古老的殿堂，被称作“乃定学”，里面供奉莲花生佛像。而被誉为镇寺之宝的珍珠唐卡则被盛放在主殿内，据说这件珍宝原来是西藏帕莫竹巴王朝时候（正是中原地区的元末明初之际）的乃东王后耗资制成的，举世无双。

➜ **雍布拉康：** 地处昌珠镇南部，雅砻河东面的扎西次仁山上。这是一处由碉楼式建筑和殿堂式建筑两部分组成的古建筑遗址，据说这些殿堂是由松赞干布所建，现在的殿内依旧供奉着松赞干布像，还有文成公主和赤尊公主的塑像，两位公主的服装皆为藏式。塑像造型优美，塑法浑厚朴素，是西藏最古老的建筑之一，属于黄教寺院。

四川
Sichuan

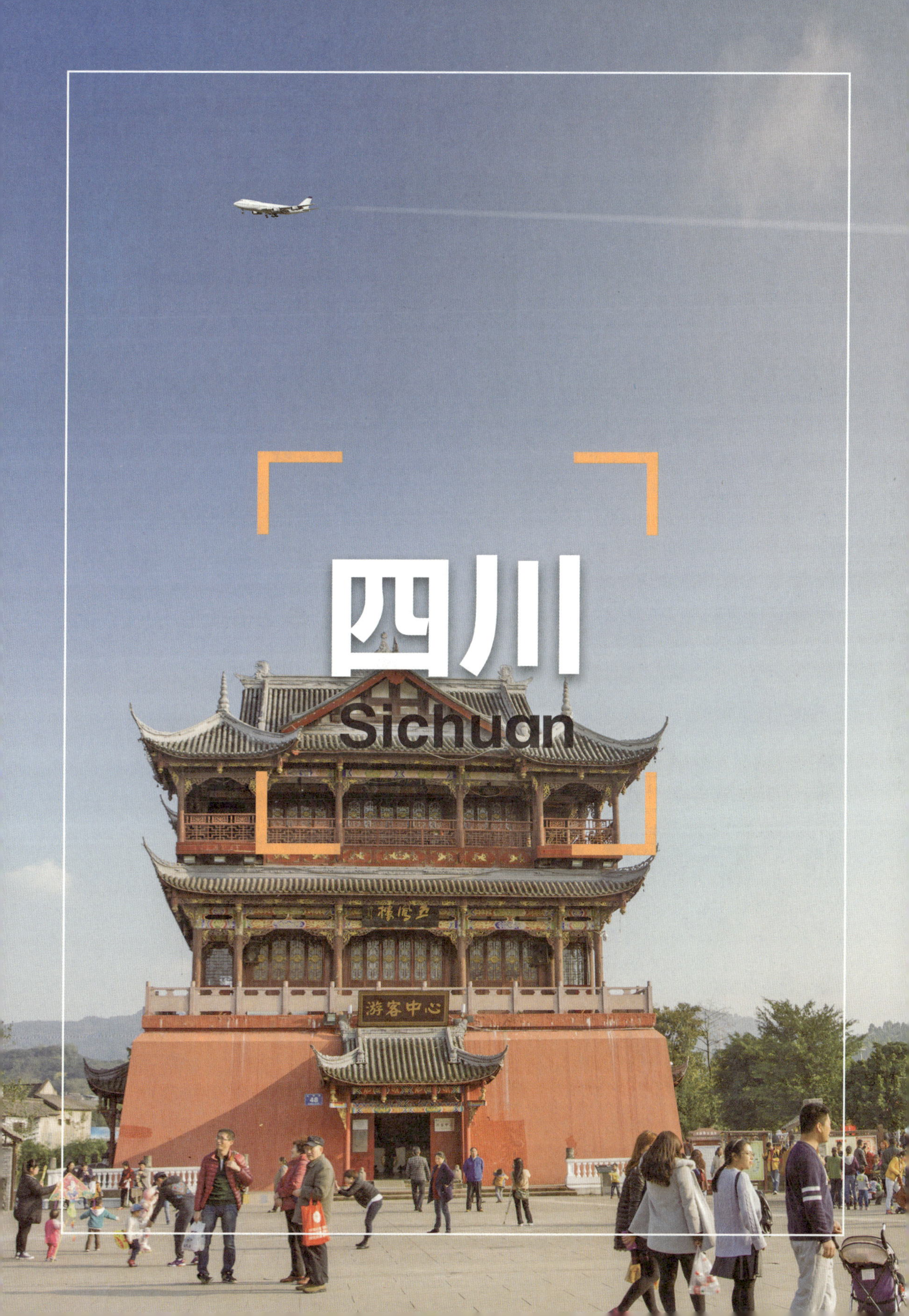

四川省自古以来就被称为“天府之国”，这里景色优美，仅从长江沿岸的山水说起，便可以堪称天下独绝。和我国南部其他省份一样，四川省也是一个多山多水的省份。这些山峰险峻高耸，绵延不绝，河流沿着山脉之间的峡谷滚滚东流，沿途自然风光秀丽，同样也充满了延续千年的古镇文明。

这些古镇大部分建于清朝以前，历史悠久，充满深厚的文化底蕴。它们分布相对集中在四川省的东部和南部地区，常位于大河大江两岸，或者高山深谷尽头，至今仍保持着原有的风貌。当地人朴实热情，传承着百年之前的古老技艺，那些古老的街巷、民居、祠堂、古寺等建筑集中展现了曾经的繁华和文明。

随着时代变迁，许多古镇慢慢变成了历史的记忆，它们将古老的人文色彩和周边的自然景观融合在一起，重新焕发出新的风采。在旅游业兴盛的当下，四川省的古镇渐渐得到世人的关注，并且逐渐走向世界。

平乐镇

一平二固三夹关

古镇概述

地理位置

→ 四川省邛崃市。

气候特点

→ 亚热带季风气候，气候温和，雨量充沛，最佳旅游时节为3—6月和9—11月。

开放时间

→ 全天开放。

门票

→ 免费。

交通

→ 成都西站—平乐镇

从成都西站乘坐火车到达邛崃站，再从邛崃站乘坐公交至目的地。

平乐镇是成都平原上有名的古镇，是“中国的历史文化名镇”，素有“一平二固三夹关”的美誉。平乐古称“平落”，建镇历史悠久，距今已有2000多年的历史，早在蜀王时就已形成聚落，西汉时成为当地闻名的集镇。历史上，由于平乐名称多次变更，直至20世纪90年代才正式确定为“平乐”。平乐古镇古朴的街道和原汁原味的川西民俗吸引了无数游客。

白沫江穿镇而过，犹如一条银白色的腰带。那斑驳的水车在溪水的冲击下缓缓地旋转，发出吱吱呀呀的声音，搅起的水流哗哗作响，更显得古镇宁静又安详。那座不知已经转动多久的水磨在历经沧桑之后显得有些疲惫，哗哗的溪流也不能带动其旋转。“逝者如斯夫，不舍昼夜”，古老的平乐镇在这份恬淡中回味着过往。

漫步古镇，悠悠古韵在身边流连，乐善桥的佳话不时传入耳中，在古树黄桷浓郁的苍翠铺洒下，清澈的河流缓缓流淌，带着一丝凉意。高低错落、古色古香的民居散发着历史的古韵，街巷中的叫卖声此起彼伏。曾经繁华的南丝绸之路的驿站虽没有了昔日的商贸云集，却也焕发出新的魅力。那精美典雅的民居建筑、丰富多彩的民俗艺术、清新脱俗的风光景色使得这个水乡古镇闻名四方。

景点品鉴

白沫江：是决定平乐镇兴盛的关键因素，凭借这条重要的水运通道，平乐镇成为川西南地区重要的商品交流中心，被称为“南方丝绸之路第一驿站”。随着交通的日益便利和白沫江水流量的下降，原本畅通的河流逐渐失去了昔日的辉煌，不再具有航运的功能。如今借助古镇旅游的开发，白沫江又重新焕发出新的生机。凭借滚滚的江水，于是有了水上漂流、坐船游览等诸多旅游项目，给古镇带来了新的发展。

白沫江

乐善桥：平乐镇最有名的桥，取“乐善好施”之意。桥梁是由村中的有钱人家集资修建，整个过程耗时十余年。乐善桥长约 120 米，高约 16.6 米，宽约 10 米，是四川目前现存最大的古代石拱桥。矗立在桥头的古榕树，俗名叫黄桷树，已有 1100 多年历史，亭亭如擎天华盖。十几棵高大参天的黄桷树沿河分布，经历了千年的风霜雨雪、四季更替，却依然苍劲挺拔、生机勃勃，在青翠竹林的映衬下非常高大，很是赏心悦目。树荫下开设的小茶馆里坐满了打牌、闲聊的人，生意甚是红火，很好地展示了四川人休闲享受的生活追求。

古镇老街：古镇上数十条老街交错纵横，蜿蜒曲折延伸至古镇的深处，两侧的房屋高低错落，全是木质构造。虽然很多民居都是现代仿建的，但是仍保持着古镇原有的样貌，与老式的建筑浑然一体，漫步其中完全分辨不出老旧。精雕细琢的图案遍布建筑各处，仔细欣赏，仿佛可以看到技工们娴熟的刀法。

古镇老街

安仁镇
中国博物馆之乡

古镇概述

地理位置

→四川省成都市大邑县。

气候特点

→亚热带季风气候，温暖湿润，降水充沛，一年四季都适宜旅游。

开放时间

→09：00—17：00

门票

→刘氏庄园 50 元，建川博物馆 100 元。刘文辉旧居陈列馆 20 元。

交通

→成都西站—安仁镇

从成都西站乘坐火车到达大邑站，再从大邑站乘坐公交至目的地。

安仁镇地处成都市的大邑县，是一个历史悠久的千年古镇。据说在唐朝初年就开始成为县府，后虽几经变迁，但都变化不大。如今地理位置优越的安仁仍保存着古老的街区和部分清代民居建筑，闻名遐迩。古朴雅致的建筑和悠悠的古韵，再加上安仁镇独特的博物馆群落，吸引了众多游人来此观赏。2009 年，安仁镇被中国博物馆学会正式授予“中国博物馆之乡”的称号，至此成为我国唯一一个以博物馆命名的古镇。

街道是古镇沧桑变化的脉络，也是古镇历史的凝聚之地。安仁镇的三条老街都修建于民国时期，分别是裕民街、红星街和树人街，是古镇的主要区域和集市集中地。古镇上的各种特色民居就集中在这三条老街上，书院、戏院、茶厅、纪念碑等构成了一幅生动的民国川西古镇风情画卷。

刘氏庄园是国内目前规模最大的近代地主庄园建筑群。走进大门，天井、鸦片烟库、后花园就一一展现在眼前，其中最具有特色和历史意味的当属收租院。收租院再现了旧时代地主压迫农民的真实场景，让人们更加深刻地了解历史。

时过境迁，如今的刘氏庄园被开辟为博物馆供游人参观，其中修建于 1932 年的老公馆是博物馆的主要展区。集中展现着当时大地主的家庭院落，包括序馆、雇工院、刘文彩生活现场、大型泥塑《收租院》四部分。新建成的公馆主要用来展示四川西部的民情风貌。

景点品鉴

→**收租院：**是当时农民和地主关系的真实反映，里面有根据真实故事精心创作的泥塑群像。1965 年，众多雕刻艺术家结合当时的实际现场构思了地主收租的全过程：交租、验租、风谷、过斗、算账、逼租、反抗。在这七个情景画中，共有 114 个按照真人比例大小制作的泥塑，人物形象生动，精致细腻，被誉为“西方雕塑技巧与中国民间传统泥塑的技巧相结合的顶峰之作”。

→**刘氏庄园：**是安仁镇的标志性建筑，这是一个家族建筑群，由当地的大地主刘文彩及其兄弟陆续修建的五座公馆和其家族的祖居祠堂构

收租院

成。庄园修建于清朝末期，规模庞大，占地面积达 7 万余平方米，历经多次扩建，耗时几十年建造而成。整个庄园被中间道路分隔形成南北两大建筑群，南北虽不对称，却相依相望。在建造风格上极尽奢华，雕梁画栋，高墙亭台，应有尽有。刘文彩公馆是庄园中规模最为宏大的一座，布局规整，庭院重重，有着中西合璧的建筑风格，是川蜀大地深宅大院建筑的代表之作。

➜ **"5.12"汶川大地震博物馆：** 是专门为纪念汶川大地震而建，博物馆外形方正宏大，庄严肃穆，有着极强的视觉震撼。展馆按照主题展厅、地震科普厅、缅怀区、临展厅和游客中心等区域集中展示了以地震灾难、救援、灾后重建为线索的图景画面。其中上千幅图片、上万种实物集中展示了汶川地震发生以及后续救援的场景。

➜ **建川博物馆：** 博物馆由樊建川先生投资修建，是国内目前建设规模和展示面积最大、民间资金投入最多、馆内藏品最为丰富的民间博物馆。整个博物馆按照四大主题分为 30 余座分馆，其中包括抗战系列、红色年代、汶川大地震和中国民俗等诸多内容。通过系列展览再现了我国从抗战胜利后历经的沧桑岁月，借助图片、实物、音频等形式直观详细地展示了近代中国社会的巨大变化。

建川博物馆

四川

老观镇
旧日旱码头

古镇概述

老观镇地处四川省阆中市境内，风景秀丽。古镇依山而建，曾经是著名的军商要地，有上千年的历史，至今保留的古街区约有 1500 平方米。街巷中楼阁屋舍耸立，环境清幽，引人入胜。

从南朝梁武帝时期开始在此设立白马义阳郡，到西魏恭帝时的奉国县，再到之后明清时期的"奉谷乡"和"重锦乡"，以及中华人民共和国成立后的"老观镇"，1500 多年以来，老观镇历经沧桑巨变。古时候，老观镇作为远近闻名的旱码头、军政要地被世人熟知，又因为其所处的地形十分像一只鹳，所以新旧场镇之间便形成了龙凤呈祥的景象。据史料记载，曾经的老观镇商品交易频繁，客商云集，一片繁荣。

在漫长的岁月里，古镇中留下了众多名胜古迹，受到了许多人的关注。老观镇古街平整宽阔，有1000多米长，两旁的古建筑房屋鳞次栉比排列。此外，古镇中的庙宇例如奉国寺遗址，特色突出，匠心独运，魁阁、牌坊高高耸立，颇有气势。古粮仓、古栅门都古朴自然，还有别具特色的红色文化，使得老观镇古今交融，异彩纷呈。

地理位置

➜ 四川省阆中市。

气候特点

➜ 亚热带季风气候，气候温和，适宜春秋季旅游。

开放时间

➜ 全天开放。

门票

➜ 免费。

交通

➜ 成都东站—老观镇

可从成都东站先乘坐火车到达阆中站，再从阆中站打车至目的地。

景点品鉴

➜ **清代古木仓：**作为清朝的古迹，至今已经有160多年的历史，其中依然保留着道光年间修建时刻的字样。据说原来的老观镇稻谷品质精良，常常进贡给朝廷，作为御用贡米食用。走进谷仓，里面保持着原样，各种巧妙的设计兼顾通风防鼠等多项功能，可见古代劳动人民的伟大智慧。

民风民俗

➜ **老观灯戏：**从古至今，老观镇传统文化中最不可或缺的部分——灯戏文化，它不仅是这座古镇的非物质遗产，也是当地人最大的自豪。1000多年间，老观镇灯戏不断发展，从当地向四周更广阔的地方延伸，在四川省苍溪、旺苍、广元、南充等市县的农村广受喜爱，进而形成“川北灯戏”特色。老观镇灯戏的剧目题材多来自民间生活故事，贴近百姓，通俗易通，唱腔曲牌有正调和花调之分，表演过程中丑、跩、笑等特征突出，从而博得众彩。

仙市镇
古盐道上的明珠

古镇概述

仙市镇拥有1400多年的历史，曾是釜溪河重要的码头之一，是自贡盐商的必经之路，素有“古盐道上的明珠”之美誉。随着时代的变迁，古镇逐渐销声匿迹，但是至今保留的传统建筑和宗教寺庙，都足以证明仙市镇曾经有过的辉煌历史。

古镇位于四川省自贡市，原名为“仙滩”，由釜溪河的滩口而得名。据说玉帝的女儿贪恋人间美景，便私自下凡，来到了釜溪河边的石滩上嬉戏，却忘了返回的时间。玉帝知道后，收了她的魂魄，将她的躯体留在这里，仙女的双脚放置在河滩上。从此以后来往的船只经过这片河滩时，纤夫都要喊起他们编的号子，呼唤仙女出现助他们过滩，这片石滩就被人们称作仙滩。后来建立的古镇便叫仙滩镇，也就是现在的仙市镇。

美丽的自然景观和丰富的人文景观是仙市镇最引人注目的地方。釜溪河缓缓流淌，两岸风光无限，常常使人流连忘返。古镇中陈家祠堂清幽静雅，充满名门宅院的气息；“五庙”现在只剩下南华宫和天上宫两座以及只残留一部分的江西庙，但殿阁高耸，气势依旧不减，飞檐屋顶上雕塑精致美观，令人赞叹；金桥寺佛音阵阵，常年香火旺盛，寺院殿宇中佛像矗立；素有“瑶池”美誉的“仙女峪”同样引人入胜，内藏摩崖石刻、石窟观音、月亮井等著名景点。

除此之外，作为运盐古道中的明珠，仙市镇还是一座商业繁华的古镇。由于优越的地理条件，釜溪河成为古时候仙市镇运盐的主要干

地理位置

➜ 四川省自贡市沿滩区。

气候特点

➜ 亚热带季风气候，夏季多雨炎热，最适宜春秋两季旅游。

开放时间

➜ 全天开放。

门票

➜ 免费。

交通

➜ 成都东站—仙市镇

可从成都东站先乘坐火车到达自贡站，再从自贡站打车至目的地。

道，通过水运，自贡的盐可以从仙市镇出邓关、入沱江进入重庆市，然后经长江运往更大的市场。曾经的盐商、船家、挑夫在仙市镇聚集，推动着古镇的发展，在古镇留下永远无法磨灭的痕迹。

景点品鉴

陈家祠堂： 坐落在新河街，原来是清朝著名的盐商陈氏家族的宅院，如今作为祠堂供游人观光欣赏。陈家祠堂内环境清幽，大门后过厅与小天井相连，步步深入内院，由石梯登入下一道过厅，可见大天井，四周屋舍林立，斗拱飞檐，精巧美观。天井中还有许多奇花异草，显得温馨宁静，时常引来蝴蝶、蜜蜂等，妙趣横生。

五庙： 指的是南华宫、天上宫、川主庙、湖广庙、江西庙，其中川主庙、湖广庙不幸被毁，江西庙也只留下了一部分，因此现在保存完好的只有南华宫和天上宫。五庙代表着盐商文化的一个辉煌时代，曾经来自不同地域的盐商汇聚于此，建立庙宇祈求平安，各种文化在商业繁荣的局面下渐渐相融。

黄龙溪

天府第一镇

黄龙溪古名“赤水”，是一座位于成都平原上、有着近2000年历史的古镇。古镇文物古迹众多、自然风光秀丽，是四川著名的风景名胜，有着“天府第一镇”的美誉。当清澈的符河与浑浊的鹿溪河相遇时，汹涌的河水相互碰撞形成了水流咆哮、清浊分明的景象，被称为是“黄龙骑清江”，这就是黄龙溪名称的来源。

黄龙溪地处平原，水势平缓，充满了灵动的色彩，极具生命力。在黄龙溪的两岸，一排排民居掩映在翠竹软柳之中，错落有致，古色古香，那叮咚的溪水好似风铃一般清脆。古时的黄龙溪是重要的交通要道，这里交通便利，商贾云集，也曾是诸葛亮屯兵的地方。如今的古景古色仍在，只是昔日两军厮杀的古战场变成了景色优美的休闲娱乐场所，没有了刀光剑影、鼓角争鸣，更多的是来自四面八方的游人。那缓缓流过的溪水还是千年前的样貌，那沿街的叫卖声依然透着浓浓的川味，让人听着倍感亲切。

历史悠久的黄龙溪有着众多的古迹：古民居、古寺庙、古街巷、古民俗、古战场遗址等，可谓数不胜数。走在其中，随处可见这些蕴藏历史遗韵的沧桑古物，也是黄龙溪的一大特色。古镇的街道大多不是很长，7条保存较好的老街纵横交错，沟通着古镇的里里外外。青石板铺就的街道在古镇中纵横交

古镇概述

地理位置

→ 四川省成都市双流区。

气候特点

→ 亚热带季风气候，气候温和，四季皆宜旅游。

开放时间

→ 全天开放。

门票

→ 免费。

交通

→ 成都站—黄龙溪

7号线外环导5号线，再换乘S18路快线，全程27站。

7号线外环（北站西二路方向）：火车北站上车—北站西二路站下车，乘坐1站。

5号线（回龙方向）：北站西二路站上车—回龙站下车，乘坐24站。

S18路快线（黄龙溪方向）：地铁回龙站上车—黄龙溪站下车，乘坐2站。

错，沿着街道可以到各处景点，欣赏古镇的无限美景。在岁月的冲刷之下，曾经粗粝的青石而今显得如此光滑油亮，不禁使人感慨岁月的力量。

景点品鉴

古龙寺：是黄龙溪当地著名的寺庙建筑，也是三座寺庙中最宏大的一座。寺庙殿前有一座千佛铁塔，左右各种植着一棵有着近 2000 年树龄的古榕树，笔直挺拔的树干、如华盖般的树冠，仿佛在述说着千年古树顽强的生命力。在北边榕树的一旁还有一座小庙，里面供奉着树仙，庙宇虽不大却很精致。两棵古树都与寺庙相连，茂密的枝干延伸缠绕，横跨在寺庙的上空，形成“庙骑树、树裹庙”的独特景致。

镇江寺：位于正街北部，也是一座千年的古寺，庙宇古朴沧桑，很有历史的厚重感。每逢节日，人们都会走进寺院敬香还愿。

吊脚楼：黄龙溪的很多民居是吊脚楼，其作为当地民居建筑的代表作，极具韵味。如今保存较好的吊脚楼有 70 多座，上下两层的布局让整个建筑更加合理，沿街的上楼可居住，下底可做商店。内部建造的栏杆、梁枋上雕刻精细，图案虽不是很多，却也代表着主人的品位。

吊脚楼

佛宝镇
梵音萦绕

古镇概述

地理位置

→ 四川省泸州市合江县。

气候特点

→ 亚热带季风气候，气候温润，夏秋季最适宜旅游。

开放时间

→ 全天开放。

门票

→ 10元。

交通

→ 成都东站—佛宝镇

从成都东站乘坐火车到达泸州站，再从泸州站打车至目的地。

佛宝镇又称“福宝古镇”，是四川省著名国家森林公园佛宝公园的入口门户。古镇历史悠久，已经有近1000年的历史，明末清初古镇才开始真正兴盛，“积众数百家，可为巨镇”，后来不断发展，逐渐成为远近闻名的经济、文化交流中心。由于古镇地形复杂，四面环山，交通非常不便，当地人生活艰难，于是后来兴建寺庙以此来聚拢人气。因为寺庙为佛宝，就把古镇取名为佛宝，逐渐演变成后来的佛宝镇。

佛宝镇的民居建筑是最具有特色的景致，著名的美学家王朝闻称其为“凝固的音乐”。依据山势的绵延起伏、高低错落，风格各异的吊脚楼沿着山势一排排向前，好像跳动的音符。佛宝镇最繁华、最热闹的街道是五条老街聚集的街巷，这里汇聚了古镇主要的建筑和商铺，还有回龙桥、三宫八庙、惜字亭等古建筑景观。其中的回龙街是佛宝镇保存最好的街道，也是古镇的精华所在。石板铺就的街道沿着地势高低变化，蜿蜒斗转，好似游龙盘旋，回龙街之名可谓形象。

街道宽窄不一，有的宽七八米，有的仅有一米多宽，青石板铺就的路面曲折伸展。每一块青石板都历经岁月的风雨，被打磨得浑体圆滑，充满岁月沧桑的质感。不时有撑伞的行人在街道上徐步而行，烟雨朦胧间呈现出一幅“天街小雨润如酥”的诗情画意。

佛宝镇许多百年老屋里至今尚有人居住，这些古旧的老屋大开院门，不论是邻里还是远道而来的游人，都可以进入参观。老街上清一色的民居错落有致，鳞次栉比，白墙红瓦，格外美观。远处河水缓缓流淌，四周奇山怪石，悬崖峭壁。这样一幅“一江两世界，隔江各重天”的如画美景真让人流连忘返。

景点品鉴

→ **回龙桥：** 是佛宝镇上目前保存的唯一一座石拱桥。古桥建于清朝道光年间，全长25米，桥面宽4米，桥身用大青石铺就而成，在桥的中央镌雕有一条龙和一把剑，似乎含有神秘的寓意。沿回龙桥而上，街道两旁大小不一的民居紧紧相邻，与青石板浑然一体。

→ **张爷庙：** 是张飞的祭祀场所，尽管张飞被封为桓侯，但在这里依然称他为张爷。张爷庙主体建筑是戏楼，庙中左右各有一个看戏的小楼。在文娱活动缺少的古代，看戏是人们主要的娱乐方式。而在张爷庙，《长坂坡》就是主要的戏剧节目。

民风民俗

除了看戏，佛宝镇还有着众多的民间艺术，如佛宝傩戏、打连枪、对山歌、耍花灯、演灯戏、舞狮子等。其中最著名的民间艺术是唢呐锣鼓演奏，悦耳的声音被著名美学家王朝闻誉为“难得的民间文化艺术珍宝”，独具佛宝特色。

傩戏

洛带镇
客家之舟

古镇概述

地理位置

➜ 四川省成都市龙泉驿区。

气候特点

➜ 亚热带季风气候，四季气温起伏不大，3—6 月和 9—11 月最适宜旅游。

开放时间

➜ 全天开放。

门票

➜ 免费。

交通

➜ 成都站—洛带镇

7 号线内环导 4 号线，再换乘 L024 路公交，全程 26 站。

7 号线内环（驷马桥方向）：火车北站上车—槐树店站下车，乘坐 8 站。

4 号线（西河方向）：槐树店站上车—西河站下车，乘坐 5 站。

L024 路（洛带客运中心站方向）：地铁西河站上车—洛带客运中心站下车，乘坐 13 站。

洛带镇地处“天府之国”成都的龙泉驿区，是一个拥有悠久历史和深厚人文底蕴的历史文化名镇，也是国家 4A 级旅游景区。因当地的居民多是客家人，所以有着“世界的洛带、永远的客家”“天下客家”“中国西部客家第一镇”等称号。

洛带镇历史悠久，早在汉朝时就已成形，三国蜀汉时期更是鼎盛，当时商贸繁盛、八方商客众多。据说洛带镇名称的来历和当时的后主刘禅有关。传说有一次刘禅在镇中游玩，不慎将自己的玉带落入井中，进而将古镇改名为“洛带”。明朝末年，天下大乱，整个蜀地几无人烟，后来为填充天府之国，实行了“湖广填四川”的措施，于是粤赣闽的客家人在朝廷“楚民实川之诏”的要求下迁居于此。经过几代人的努力，一个数万人的客家聚落就在洛带镇诞生了，此后人们安居乐业，和睦共处。

客家文化的结晶——土楼

由于“湖广填四川”造成众多两广等地区的人群迁居于此，因此诞生了众多的会馆。除了广东会馆、江西会馆，古镇还有湖广会馆、川北会馆等会馆建筑，由此可见当时洛带镇商业的繁盛。洛带镇的其他民居建筑主要分布在长约千米的老街上，和会馆建筑相比，民居建筑古朴温馨。纵横交错的古老街巷里，广州、江西、湖广、川北四大客家会馆伫立，带着洛带镇色彩鲜明的客家文化，是名副其实的“客家名镇、会馆之乡”。

300 年来，迁居而来的客家人一直保存着自己独有的文化特色。“宁卖祖宗田，不丢祖宗言”，对于“外来者”，语言是保存自己身份的唯一证明。正是这种对语言的守护，“客家方言”的生命力才能如此旺盛，一直流传下来。

景点品鉴

➔ 江西会馆： 原称“万寿宫”，位于洛带镇中街，修建于清朝乾隆年间。整个会馆是一个前后三殿的建筑，各个建筑功能齐全，戏台、厢房、大院坝等应有尽有。会馆虽没有广东会馆的规模宏大，却有着小巧玲珑的别致，曲径通幽的构造让每一部分都能够相互联系，形成一个协调统一的整体。此外，建筑的梁枋、门窗上都有着精美的雕刻，令人赏心悦目。

➔ 广东会馆： 位于古镇口不远的地方，是目前国内保存最为完好、面积最大的会馆之一。广东会馆修建于清朝乾隆前期，建筑布局上有山门、庭院和厢房构成，规模宏大，

江西会馆

气势巍峨，是会馆建筑的代表之作。建筑风格上有着皇家的恢宏气派，每一间建筑都是经过精心设计而建成的，相互之间由蜿蜒的回廊连接，高低错落的檐角围墙极具传统建筑的美感。通过这些规模庞大、雕琢细腻的会馆可以看出当时洛带经济的繁荣以及客家人的富庶。

➜ 金龙长城：又名“洛带长城”，绵延在洛带镇，是我国目前最大的仿真长城。长城全长 1680 米，在九泉山上绵延起伏，从金龙湖的大门一直延伸至巍峨的金龙寺，五座砖石堆砌的四方烽火台均匀地分布在长城上。在长城的起始端有一座高大的牌坊，上面雕刻有栩栩如生的飞龙，正中有“金龙长城”四个大字，字迹浑厚。

民风民俗

舞龙是洛带镇最悠久的风俗之一，尤以“刘家龙”最负盛名。之所以叫“刘家龙”，是因为舞龙者是在洛带镇居住长达 14 代共 300 多年的刘家后人。每当有隆重的节日，刘家龙就会翩翩起舞，此后成为了古镇不可缺少的民俗活动。传承 300 多年之久的刘家龙发源于我国最原始的舞龙技术，在保留着传统的程序和动作基础上创新而成，极具艺术价值。在舞龙时，舞龙者赤裸上身，手举木杖引导九节龙身上下翻腾，围观的群众可用水枪、木盆向巨龙泼洒清水，寓意祈雨、旺财、旺运，如今这项活动成为当地最吸引人的民俗活动。

昭化古城
巴蜀第一县

古镇概述

地理位置

➜ 四川省广元市昭化区。

气候特点

➜ 亚热带季风气候，气候温和，一年四季皆宜旅游。

开放时间

➜ 全天。

门票

➜ 旺季 58 元，淡季 40 元。

交通

➜ 成都东站—昭化古城

从成都东站乘坐火车到达广元站，再从广元站打车至目的地。

昭化古城位于四川省北部的广元市南部，是一座具有 2300 多年历史的古城。昭化古城在我国的建制历史上有着重要的地位，是我国建制活化石之城。据史书记载，战国时期秦国曾在此设立最早的县制，使之成为我国历史上最早的县治地之一。三国时期，刘备曾在此进入蜀地，驻兵建据，开启了三国鼎立之势，因此这里也有“蜀汉兴，隆中谋，葭萌起”的说法。后来古城改名为“汉寿”，寓意期许蜀汉能与天地日月同寿，得以永久。直到北宋初年，当时为了广收川蜀大地的民心，朝廷就把汉寿改为昭化，寓意宣示皇帝恩德，教化民众，并沿用至今。所以昭化古城是名副其实的“巴蜀第一县，蜀国第二都”。

这座古城曾是三国名城，也是迄今为止国内保存较好的一座古代县城和保存最好的一座三国时期的古城。古城在明朝正德年间建有四座城门，分别是东面的瞻凤门、西面的临清门、南面的临江门和北面的拱极门，如今仅存东、西、北三座古城门。

昭化古城山水环绕，独特的地理环境孕育了奇特的昭化古城。在群山和三江的作用下，形成了一个庞大的自然山水太极图，古城就位于山水太极的阳极鱼眼之处，因此有“天下第一山水太极”自然奇观之美誉。古城四周景色秀丽，群峦叠嶂，素有“秀丽如峨眉，静幽若青城”的美誉。

景点品鉴

桔柏渡：又称“桔柏津”，是古蜀道上的军事要道，地理位置非常重要，历代都是兵家必争之地，三国时期蜀国的北伐和魏国的南征都要经过此地。

八卦井：建于明代，井水甘甜可口，是古城内现存完整古井之一。为祈井水丰满，井壁井底皆为八卦状，故称“八卦井”。井边大小深浅不同的石坑是由于古时人们积年累月放置铜钱而形成的。

姜维井：位于昭化古城外牛头山古庙前，是当地人纪念蜀国名将姜维的遗址。据说当年姜维兵困于牛头山，水源断绝，夜里诸葛亮托梦让他凿井取水。反复多次，终于凿出了半池水供人马饮用，从此以后这口井一直保持着半池水，不满也不干。

瞻凤门：位于桔柏渡街西端，是昭化古城的标志性建筑之一。

天雄关：原名“天信关”，古称“葭萌”，是古代由成都通向京都西安途中的一个重要驿站。

翼山：位于古城西北，山形北陡南缓，山势独特优美，形如展翅，被认为是古城的灵气之源，登之可总揽古城之格局。

牛头山：壁立千仞，位于古城的西门外，山势陡峭，山上的植被茂密，郁郁青青，景色最为秀丽。

笔架山：因形似笔架得名，景色秀美，上面的毛坪夜月是最为著名的景色。

蒹葭亭：伫立在古街上，坊高 8.6 米，宽 6.8 米，气势雄伟。上刻有楹联“蜀道三国重镇，天下第一太极”和精美的图案，述说着昭化古城深厚的历史文化内涵。

蒹葭亭

四川

尧坝镇
小香港

古镇概述

地理位置
→ 四川省泸州市合江县。

气候特点
→ 亚热带季风气候，夏季多雨，最适宜春秋季旅游。

开放时间
→ 08：30—18：00

门票
→ 30 元。

交通
→ 成都东站—尧坝镇
从成都东站乘坐火车到达泸州站，再从泸州站打车或乘坐公交至目的地。

尧坝镇位于四川省泸州市，是合江县最早的六大古寨和八大古镇之一，历史悠久，文化底蕴深厚。据史料记载，北宋元丰年间，当时尧坝寨已经在合江县的六寨中高居首位，作为军事要寨，担当着重要的防御任务，同时也是川黔两省之间重要的驿站，故而有“川黔走廊”之称。到了南宋时期，随着商业的发展，合江县不断扩大，尧坝寨渐渐变成了大型的集市。明朝洪武时期，尧坝开始建镇，一时间商贾云集，贸易繁荣，达到了鼎盛，甚至得到了“小香港”的美誉。

自古以来，尧坝镇不仅商业发达，而且人才辈出。清朝嘉庆年间的武进士李跃龙，他所建的大鸿米店至今依旧矗立在尧坝镇中，借着黄健中执导的影片《大鸿米店》更是广为流传；反清斗士任大容在1915 年指挥护国军大败袁世凯的白洋兵，在当地也是妇孺皆知的大英雄；还有著名导演凌子风、美学奠基人王朝闻等著名的古今历史名人，都使这座古镇充满了人文气息。

现在的尧坝镇四周青山环绕，古木参天，河水清幽。古街上屋舍鳞次栉比，大约有 2000 间，随着山势起伏变化，富有层次感，令人赞叹不已。这些屋舍有民居，有商铺，以及茶馆、酒店、饭馆、旅舍等，应有尽有。其中进士牌坊、东岳庙、大鸿米店、兴顺号等景点都是游人常去的地方。

景点品鉴

→ **古街道：** 修建于明清时期，至今已有百年的历史。古街道从南向北呈“S”形不断延伸，全长1000多米，横宽近 5 米，行人车辆皆可通行。街道平展，主要用山区开凿出来的青石板和条石密铺而成，不仅坚固耐用，而且古朴美观。道路两侧的房屋建筑历来分成“周半场”和“李半场”，北边是周其宾的周氏家族，南边则为李跃龙的李氏家族，各有特色。

古街道

→ **大鸿米店：** 矗立在古镇老街中部，

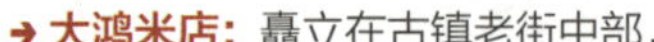

建筑面积近2000平方米，颇具规模。米店整体分成两层，全木质结构建造，内部宽敞明亮，门窗栏杆浮雕精致美观，古风浓郁，典雅气派，很有江南建筑的特色。这座米店由武进士李跃龙主持建造于清朝嘉庆年间，先后在影视作品《米》和《狂》中出现，受到了更多人的关注。

➔ 进士牌坊：是清朝时期留下来的古物，据说为嘉庆皇帝褒奖武进士李跃龙所立，至今已有200多年的历史。进士牌坊现位于尧坝古镇古街的两端，由石材雕刻而成，三重檐采用斗拱歇山顶，四根石柱高耸，三间面阔8.8米，高7.8米，气势不凡。石坊上匾额“营守府”“赐进士第”依旧清晰可见，楹联“对天仗以呈能，勇冠貔貅之队；戴宫花而焕彩，荣耀桑梓之邦”更是豪气万丈，字字铿锵。

➔ 凌子风旧居：位于尧坝镇，是著名导演凌子风的旧居。凌子风1917年生于北京，其祖籍就是四川尧坝镇，据说他的祖父曾是清朝的官员，家风严谨，书香门第，姐姐凌眉琳、姐夫国画大师李苦禅艺术造诣颇高，对他影响很深，所以早年的凌子风也是沿着画家的发展方向前进。中华人民共和国成立之后，他逐渐转入导演一行，从此佳作频出，《中华儿女》《李四光》《边城》《春桃》等更是家喻户晓。

东岳庙

➔ 东岳庙：位于古镇中央，兴建于明朝万历年间，距今已有400年的历史。这座古庙分成三级，高低落差近50米，从低到高依次为戏台、灵官殿、东皇殿，气势恢宏，蔚为壮观。戏台护栏雕刻精美，上面“群仙图”，下面古代战争图，令人眼花缭乱。灵官殿位于二层，主祀道教护法神和佛教弥勒菩萨；东皇殿位于最高处，供奉主神东岳大帝。

丹巴藏寨

歌舞之乡

古镇概述

地理位置

➔ 四川省甘孜州丹巴县。

气候特点

➔ 高山气候，年平均气温14.2℃，4—5月和9—10月最适宜旅游。

开放时间

➔ 全天开放。

门票

➔ 50元。

交通

➔ 成都东站—丹巴藏寨

从成都东站乘坐地铁到达茶店子车站，然后从茶店子车站乘坐客车到达丹巴客运站，再从丹巴客运车打车至目的地。

丹巴藏寨被评为“中国最美的六大古镇”之一，隐藏在连绵起伏的横断山脉深处，就像一个人迹罕至的世外桃源。这里有着秀丽迷人的风光、引人向往的美人山谷、恬静如画的乡土民居、独具特色的古石碉楼以及多姿多彩的民族风情。

丹巴县位于四川省甘孜藏族自治州东部，藏寨顾名思义就是当地藏族居民居住的村落，其中碉楼寨房是主要的民居建筑。丹巴的藏寨很有特色，举世闻名，这些藏寨主要分布在丹巴县下辖的甲居、聂呷和巴底等乡。这些民居建筑依着山势，高低错落，隐藏在大自然中，浑然一体，体现着古人天人合一的思想。到了丹巴，就会经常听到人们说起当地最具特色的景致——丹巴“三绝”：美女、碉楼群、甲居藏寨。

美人谷地处绵延起伏的群山中，丹巴美女就住在这里，她们优美端庄，充满着迷人的风情。碉楼群虽经历千年时光的冲刷，但这些高大的古堡依然顽强地伫立在原野之上，和这片土地一起经历岁月的沧桑，或许偏斜，或许残破。每当清晨，来到甲居藏寨，这里一片鸟语花香，薄薄的云雾在山间蔓延，清澈的溪流蜿蜒辗转，和远处的群山、近处的民居构成了一幅秀丽的画卷。

丹巴藏寨素有“歌舞之乡”的美誉，藏族以能歌善舞著称。在这里，歌曲舞蹈非常丰富，其中的丹巴锅庄、弓箭舞最为引人瞩目。每年十月民俗活动中的选美节，即风情节，最为精彩。那时“深藏”在美人谷的丹巴美女们争奇斗艳，向往来的游客展示着丹巴的绝代风情。

购物

➜ 到了丹巴藏寨，藏饰常常是年轻人的首选。此外用纯牛皮制成的藏鼓图案色彩艳丽，雕刻精美，有着“豆中营养之王”的雪山大豆营养丰富，丹巴蜂蜜十分香甜，都是不容错过的丹巴特色。

景点品鉴

➜ **碉楼：** 丹巴藏寨独具特色的建筑，遍布丹巴全县，其中以梭坡乡的碉楼最多且最具特点，素有“千碉之国”的美誉。碉楼是多边形的高大柱状建筑，一般都是用泥土和零碎的石块混合建成，外形笔直美观，和民居寨楼相依相连，十分坚固。在众多的古堡中，有的被用来做军事防御，有的借助高高的塔楼传递敌情，有的是为专门祈福而建，几乎每一个碉楼都有着不同的作用。

➜ **丹巴美人谷：** 美人谷举世闻名，各种传说层出不穷。相传丹巴美人是古西夏皇族后裔，据史书记载，当西夏灭亡之后，大批皇亲国戚、后宫嫔妃逃到南方的丹巴隐藏起来，因此演变成丹巴美人谷。虽然不知道这个记载的真假，不可否认的是，这里的女子别具风情，美名在外。

➜ **甲居藏寨：** “甲居”在藏语中是百户人家之意，甲居的藏寨数量多，种类齐全，很有看点。沿着绵延起伏的山势，藏寨从河岸的底层一直攀岩至群山的脚下，分散的碉楼好像撒落的珍珠点缀在绿树丛中。整个寨楼规模宏大，通高有15米左右，是石木结构的建筑，其中第二层以上是白色或原色的墙体构造。古寨的民俗活动非常丰富，每年的除夕前夕，寨民们都会用白泥巴制作成的染料在楼墙上绘出日月星辰的图样，这样的习俗不知有着什么样的寓意。只见整个村寨都是洁白的一片，充满着圣洁和神秘。

甲居藏寨

民风民俗

➜ **墨尔多庙会：** 又称为“墨尔多将军会”，是丹巴藏寨著名的盛会，一般在农历七月初十举行。据说丹巴县城外曾有一位勇敢的少年后来成为吐蕃的将军，并击退了巴尔布的入侵，后人为了纪念他，将格尔隆山改名为墨尔多山。

→ **嘉绒藏历年：** 和藏历年、汉族新年都不相同，这个节日一般在农历十一月十二日举行，村寨用白浆粉刷墙壁，远行者回家，大家共聚一堂。原本嘉绒藏历年是为了纪念英雄阿尼各尔东而设，后来不断传承了下来。

→ **燃灯节：** 是丹巴藏寨独有的节日，充满了地域风情。到了农历十月二十五日，寺庙里和村寨中常会点起酥油灯或清油灯，星星点点，如同在风中舞动的萤火虫，十分美丽。据说这个节日是为了祭祀燃灯古佛。

特色美食

吃什么

→ **冷锅鱼：** 特色突出，可以一锅两吃。鲜嫩的鱼端上桌便可以直接吃，也可以放入锅中，等吃完鱼后，鱼汤锅底也可以用来烫其他的菜。这样一来，鱼肉的味道就能长久地保存在锅中，使人们一直陶醉在鱼香之中。

→ **香猪腿：** 清香鲜美，而且营养丰富。丹巴藏民到了冬天杀猪之后，会把猪腿存放整个寒冬，此时的猪肉色香俱佳。吃的时候只需割下小块或小条肉，然后用炭火烘烤，不一会就会香气扑鼻。

→ **石巴子：** 即雪山鲢鱼，是生活在高海拔的淡水鱼，更是丹巴乃至整个青藏高原的特产。这种鱼柔嫩而且刺少，很适宜老人、孩子食用。此外石巴子无论怎么吃，都各有特色，是高原人难得的美食。

在哪吃

邛崃奶汤面	巴瓦藏餐	丑哥大排档
店面不大，但是味道不错，便宜实惠。主要特色有奶汤面、红油抄手、红烧牛肉面等。人均消费 15 元左右。 电话：（0836）2823690 营业时间：09：00—24：00 地址：甘孜州康定市康定西大街（近登巴客栈）	以酥油茶、藏家牛肉烤饼、鲜酸奶、青稞饼等藏族特色菜为主，充满藏族风情的餐厅，人均消费 77 元左右。 电话：18145005988 营业时间：07：00—23：00 地址：金珠镇新区 D 区贡巴路一段 14 号	最大的特色就是卤肘子、苦瓜炒蛋，此外还有其他菜品，可供游人品尝，价格公道，人均消费 43 元左右。 电话：13990499527 营业时间：09：00—10：30 地址：甘孜州丹巴县城区中心沙子坝团结街，临近步行街

四川

桃坪羌寨
神秘的东方古堡

古镇概述

地理位置

→ 四川省阿坝州理县。

气候特点

→ 温带季风气候，年平均气温 5.6℃—8.9℃，5—10 月最适宜旅游。

开放时间

→ 07：30—18：30。

门票

→ 60 元。

交通

→ 成都东站—桃坪羌寨

从成都东站乘坐地铁到达茶店子车站，然后从茶店子车站乘坐客车到达薛城，再从薛城打车至目的地。

桃坪羌寨位于四川省阿坝州的理县桃坪乡，保留着现今最完整的羌族建筑文化艺术，有羌族文化“活化石”之称，被专家称为“神秘的东方古堡”。羌寨历史悠久，据说在公元前就开始建寨，西汉时曾作为重要的县辖关隘和军事重地，有着2000多年的历史。古老的村寨有着淳朴的民风民俗，那锦绣精美的羌族刺绣、风格独特的民居建筑和能歌善舞的羌族姑娘，都展示着羌寨富有特色的民族风情。

夜景

桃坪羌寨高大的古墙格外引人注目，墙体坚固挺拔。石碉和民居是寨子中主要的建筑和景观，整个寨子布局非常奇特。以碉楼为中心，十几条古道形成纵横交错的道路网，8个出入口分布在四周，熟悉的人进出自如，在外人看来则是迷宫。这些军事防御的古堡不仅是珍贵的文物古迹，也是羌族人无与伦比的智慧光芒，更是一段抗争与生存的文明史。

除了壮观的地面景观，桃坪羌寨的地下构造同样令人惊奇。在地下的每一条通道下又深藏着水流不断的暗渠，暗渠连通每一栋碉楼，揭开上面的石板就是活水。这些水来自远处的雪山，高山积雪融化的水从暗渠流经古寨。暗渠并不仅仅运送水流，在战争的时候可以作为地道，运送士兵和粮食，还可以防御火灾，一举多得。古堡、碉楼、暗渠一起构成了羌寨空中、地上、地下三位一体的防御体系，可见羌寨的建造之独特。

羌族不仅创造了丰富的物质景观，而且文化生活也极为丰富，尤其以能歌善舞而闻名。羌寨有着众多的民歌和舞蹈，这些歌曲或低沉或高昂，或缠绵或粗犷，或是讲述劳动丰收的喜悦，或是男女之间互诉衷肠。在这里，无论是山川草木，还是虫鱼鸟兽，都可以写进歌里，正是这种简单放松的生活方式造就了羌族丰富的文化民俗。

景点品鉴

➔ 羌族民居： 在选择建造的地方挖出1—2米深的沟，然后把巨大的石块放入做成地基，再用黄泥做成糨糊，粘贴片石。在结构上，石墙是从上到下依次加厚，逐渐增大，这样整个建筑的重心就会落在内部，不会松散，从而有利于建筑的稳定。同时这样能够促使石块之间的相互摩擦、挤压，更加稳固安定。在内部的建筑结构上，层次分明，布局合理，主梁、椽子和黄刺等建造精细，对称合缝，风格上很有羌族的特色。

碉楼

➔ 碉楼： 是桃坪羌寨的标志性建筑，也是羌寨建筑文化的集中反映。碉楼上下有九层，高30米左右，整体呈金字塔形构造，如一把利剑倒插在高台上。碉楼的建造目的是为了防御，上部可以观察敌情，下部可以屯兵、储藏粮食，形成一个严密的防御体系。每当有敌情出现，就会在顶部点燃火把，传递警报信息，成为名副其实的烽火台。

阆中古城

春节发源地之一

古镇概述

地理位置

→四川省阆中市。

气候特点

→亚热带季风气候，气候温润，4—6 月最适宜旅游。

开放时间

→（5 月 1 日 至 10 月 7 日）08：00—18：30
（10 月 8 日至次年 4 月 30 日）08：00—18：00

门票

→120 元。

交通

→成都东站—阆中古城
从成都东站乘坐火车到达阆中站，再从阆中站打车或乘坐公交至目的地。

阆中古城位于四川省东北部，靠近嘉陵江，有着悠久的历史和风光秀丽的自然景色，是国家 5A 级旅游景区。阆中古城有着 2300 多年的历史，是我国春节的发源地，与云南丽江、山西平遥、安徽歙县并称为我国四大古城。

历史悠久的阆中不仅有着优美的自然景色，也有着深厚的文化底蕴。历史上不少名人雅士对其赞誉有加，如诗圣杜甫的“阆州城南天下稀”、苏轼的“阆苑千葩映玉寰，人间只有此花新”、陆游的“城中飞阁连危亭，处处轩窗对锦屏”等。古城中的“秦砖汉瓦魂，唐宋格局明清貌；京院苏园韵，渝川灵性巴阆风”这副楹联清晰地展示了阆中深厚的历史风韵。

阆中古城整齐干净、静雅别致，最吸引人的就是那些纵横交错的古巷，以及静立的民居和绿意浓浓的古树。古城中保留着众多院落，如张家大院、孔家大院、马家大院等，庄严而又典雅，各具特色。院内的亭台楼榭恬雅宁静，窗外偶有露出的素竹有着“林断山月竹隐墙”的意蕴，石头堆砌的假山犹如嶙峋奇峰，还有那裁剪齐整的花枝树木以及花缸中嬉戏的游鱼都是不可或缺的景致，仿佛是江南园林的再现。

景点品鉴

→**汉桓侯祠：**是传说中的张飞庙。祠庙始建于蜀汉末年，后来几经毁坏重建，是川蜀大地三国文化的璀璨明珠。如今的祠庙是一座建于明清时期的四合院，整个建筑布局规制整齐，呈对称分布，包括大门、牌坊、大殿等建筑，是一个完整的祭祀祠庙。大殿内有张飞及其战马的雕塑，威风凛凛，再现了张飞威武雄壮的将军本色。在雕塑两侧有《桓侯庙记》和《汉张桓侯祠》，上面分别记录着张飞的忠义和功绩。

→**巴巴寺：**原名“久照亭”，是伊斯兰教嘎德耶教门穆斯林的圣地。

汉桓侯祠

巴巴，即阿拉伯语“祖先”之意。巴巴寺建于康熙年间，距今已有300多年的历史。当时沙特阿拉伯麦加城穆斯林华哲·阿卜杜拉希在阆中传授伊斯兰教，去世后建造巴巴寺并安葬于此。大殿是寺庙的主要建筑，同时也是阿卜杜拉希的墓室。和传统墓室不同的是，墓棺悬于室内水井之上。大殿的顶部是苍穹式四脊攒尖的圆顶，四周门窗、梁枋、斗拱雕饰精美，有着独特的风格。

华光楼

➜ 华光楼： 被称作“阆苑第一楼”，是阆中现存楼阁中历史最久、规模最大的一个，是阆中标志性的建筑。历史上的华光楼多次被毁，现存的是明朝嘉靖时期被毁后重建的，而且地处唐朝时期著名的南楼旧址上。华光楼通高有36米，仅石砌的底座台基就有5米多高，可见其巍峨。底楼门楣上悬挂着一副“独秀三巴”的横匾，由郭沫若所写。临高楼俯观古城风光，美不胜收，《南楼》诗云：“三面江光抱城郭，四围山势锁烟霞。”

民风民俗

➜ 张飞巡城： 也是阆中古城的娱乐活动，活动围绕三国名将张飞巡城展开。张飞扮演者骑乘高头大马，身披铠甲，手执长矛，在喽啰兵的簇拥下，缓缓前进，一彪人马威风凛凛，着实可爱。

➜ 鹿鸣盛会： 充满了历史文化气息，是阆中古城著名的传统民俗活动。在这里，你可以看到古代学子是怎样参加科举考试的，甚至你也可以扮演考生体验一下百年前的盛事。也许可以高中状元，乘花轿、打马游街。

➜ 更夫巡城： 是阆中保存的重要文化娱乐活动。活动过程中，游客可以身临其境体验一下古代更夫的工作。“更夫”演员要换上明清服装，胸挂“竹梆”，手提铜锣、红灯笼和鼓槌。到晚上7点、9点、11点巡夜打更，真可谓是妙趣横生。

购物

➜ 阆中古城商铺林立，可以方便游客购物。其中保宁压酒历史悠久，闻名遐迩，备受赞誉；张飞牛肉味美可口，远销海内外；保宁醋贵为我国四大名醋之一，多次荣获国家级金奖等，都是来往游人的不错选择。

特色美食

吃什么

张飞牛肉： 作为阆中古城的美食代表，张飞牛肉是一道极富有文化底蕴的美食。据说当年刘备、关羽、张飞三人桃园结义之时，张飞拿出自制的牛肉与两位兄长品尝，两人一边吃着肉皮黑亮、内部鲜红的牛肉，一边连连称赞，从此张飞牛肉就流传了下来。

川北凉粉： 在阆中古城里随处可见，无论是街道两边的饭店里，还是路旁的面摊上都能品尝得到。除了传统的做法，这里的人们别出心裁，给凉粉原料中添加绿豆汁制成绿色的凉粉，同样味美可口。

阆中油馕馍馍： 历史悠久，据说从清朝初年流传到阆中古城之后就一直保留至今，成为当地人不可多得的美食。油馕馍馍制作比较简单，按照传统的制作工序很快就能完成。不仅好看，而且酥脆可口，备受好评。

在哪吃

春怡火锅	古阆古味
价格公道，菜量可观，服务质量好。菜品以千层肚、苕粉、牛肚、酥肉、牛肉、笋叶等最为突出。 电话：（0817）6222612 营业时间：08：00—24：00 地址：阆中市张飞路中华阆天城（近嘉陵江大桥一桥桥头）	阆中美食评价很高的一家餐厅，主打吊锅鱼、阆苑三绝、张飞牛肉、川北凉粉等家常菜，人均消费 54 元左右。 电话：15182920960 营业时间：11：00—21：00 地址：上华街 9 号华光楼洞口

李庄镇

长江第一古镇

古镇概述

李庄镇坐落在四川省宜宾市，面临长江，故而有“万里长江第一古镇”的美誉。这里地势平坦开阔，陆运和水运相结合，交通便利。在 1400 多年的历史之中，李庄镇从一座渔村变成了远近闻名的贸易集散地。远在汉朝时期，这里就被设置为驿站，此后千百年来不断发展，直到明清时期开始设镇，之后成为南溪区第一大镇。

李庄镇风景优美，环境宜人，江绕岷山，流通楚泽，峰排桂岭，秀流仙源的自然景观常常使人流连忘返，所以便有“东有江苏昆山的周庄，西有四川宜宾的李庄”的说法。镇中古街巷纵横，保存完好的明清古街有 18 条，均由条石铺成，平整宽阔。其中最著名的是席子街，曾是专门加工和买卖席子的古街，幽深宁静，还有羊街，即牲口交易场所等。街巷两旁古旧的房屋多为四合院建筑，例如张家祠堂、罗家祠堂、四姓大院民居、肖家院民居等，此外还有以慧光寺、玉佛寺、南华宫、文昌宫、东岳庙等为代表的“九宫十八庙”，令人赞叹不已。而最受人推崇的要数“古镇四绝”，即旋螺殿、魁星阁、百鹤窗、九龙碑。据说我国著名建筑学家梁思成先生对这四绝评价非常高，他认为此四物可以傲立于当时。

李庄镇的古建筑沿街而建，彼此相连，灰瓦青砖，显得古朴自然。茶馆、酒楼、商铺鳞次栉比，热闹非常，高耸的山墙和古老的木刻雕花门窗充满了川南的民族特色。院落幽深，温馨祥和，天井里各种盆栽花木，清香扑面，带有浓浓的生活味道。在李庄镇，游客还能欣赏到草龙、龙舟、秧歌、腰鼓、牛儿灯、川剧等多种民间表演。

地理位置

➜ 四川省宜宾市南溪区。

气候特点

➜ 亚热带季风气候，降雨充沛，四季都适宜旅游。

开放时间

➜ 09：00—18：00

门票

➜ 20 元。

交通

➜ 成都东站—李庄镇

从成都东站乘坐火车到达宜宾西站，再从宜宾西站打车或乘坐公交至目的地。

景点品鉴

➜ **张家祠：**是以张师德为代表的张氏族人集体出 660 两银子建于清朝道光年间的宗祠，可分为正祠和厅房上下两部分，整体由木结构建造，呈四合院样式。厅房部分共有 50 扇窗户，每扇窗上都雕刻着两只仙鹤和祥云，一起构成了“百鹤祥云”的景象。抗战期间，故宫博物院的许多珍宝都在李庄镇的张家祠里保存过，可谓是张家祠历史上的大事。

➜ **禹王宫：**又称为“慧光寺”，始建于道光年间。禹王宫面北而建，由大小不同的两个四合院构成，院内有山门、戏楼、正殿、后殿、魁星阁和厢房等古代建筑。山门上匾

四川

额赞誉大禹治水，石刻楹联笔法苍劲，皆出自李庄人张松睛；戏台保存得相当完好，台基雕刻无比精美；寺内九龙碑 2.7 米高，1.3 米宽，壁上九条龙栩栩如生，1 条居中，其他 8 条以它为中心对称分布，象征着天下九州一统。

罗城镇
隐匿的“船城”

古镇概述

罗城镇地处四川省犍为县，主要居住着汉、回两个民族。古镇建于明朝崇祯年间，距今 300 多年，因其位于古今交通要道，清朝时期被设置为驿站，又称“罗城铺”。据说明崇祯时，一位从远处来的秀才途径当时的罗城镇，看到此处的人们严重缺水，生活极不便利，于是对人们说：“罗城旱码头，衣冠不长久。要得水成河，罗城修成舟。舟在水中行，有舟必有水。”居民们一听，觉得很有道理，所以纷纷捐款修城，建成的古镇正如一艘大船行驶在高山之间，镇中的古街、房屋、戏楼、灵官庙、天灯石柱等建筑构成了船只上的所有结构，巧夺天工，令人惊叹不已。

古镇沿主街道南北延伸开去，将古镇大致分成了对称的两部分，其南北相距 2000 多米，东西方向则由两端向中间逐渐变宽，正如船头两端的造型。街道宽阔，两边保留下来的古建筑古香古色，除了民居商铺，戏楼、灵官庙等特色建筑更是充满了浓郁的文化气韵。沿街修建的荫廊又称作“船形街”，209 米长，9.5 米宽，像船篷一般。据说在澳大利亚有一座神秘的中国城就是模仿四川省罗城镇建成的，由此可见这座古镇的无限魅力。

罗城镇自古以来商业繁荣，来此做生意的商人很多，所以古镇被建成船形，也有相互忍让，相互扶持，同舟共济之意。“罗”是包罗万象，“城”是众志成城，所以罗城也是一座具有深厚文化寓意的古镇。

地理位置

➜ 四川省乐山市犍为县。

气候特点

➜ 亚热带季风气候，气候湿润，适宜春秋季旅游。

开放时间

➜ 全天开放。

门票

➜ 免费。

交通

➜ 成都东站—罗城镇

从成都东站乘坐火车到达犍为站，再从犍为站打车或乘坐公交至目的地。

景点品鉴

➜ **船形古街：** 古街始建于明代崇祯初年，长 209 米，最宽处有 9.5 米，因从高处俯瞰像是一只被放置在山顶的大船，故而取名为船形街。在古街上，石板铺就的街道是船底，两侧高低错落的民居建筑是船舷，在街道中部高高的戏楼是船舱。古时候这条老街是罗城镇的中心，两侧商铺林立，如今也是古镇重要的景致。

➜ **灵官庙：** 是船形街的船尾，始建于清朝乾隆年间，后来重修过两次。庙宇是两重式的建筑结构，分为前后两部分，前为正殿，后面是观音庙。这里还是举行各种祭祀活动的地方，特别是大旱之年，祈雨的活动非常隆重。

西来古镇
榕树下的古镇

古镇概述

地理位置

➜ 四川省成都市蒲江县。

气候特点

➜ 亚热带季风气候，气候温和，一年四季适宜旅游。

开放时间

➜ 全天开放。

门票

➜ 免费。

交通

➜ 成都西站—西来古镇

从成都西站乘坐火车到达西来站，再从西来站打车或乘坐公交至目的地。

在四川省成都市的浦江县坐落着一座有着1700多年历史的古镇，在这座不大的古镇上不仅有着保存较为完好的明清时期的川西民居，还有着让人惊叹的12棵苍劲的千年古榕树。古镇地理位置优越，不仅有临溪河穿镇而过，还有五座大小不一的低矮山丘环绕，多条道路在古镇中交叉而过，吸引了众多好奇的目光。

西来古镇早在北朝西魏恭帝二年（555年）就开始设县，取名“临溪河”，之后经历了西魏、北周、隋、唐、前蜀、后唐、后蜀、北宋9个朝代，历时517年。北宋神宗熙宁五年（1072年），临溪县降为临溪镇，到了明朝洪武年间，当地被纳入蒲江县至今。1700多年的历史赋予了古镇深厚浓郁的积淀，让漫步其中的我们深切地感受到历史在这座古镇中留下的印记。

古镇名称“西来”，据说这个名字的来历有两种说法，一种是古镇的布局在高处俯瞰形似一个书写整整齐齐的“西”字；还有一种是和当地的一句“先有关帝庙，后有西来场”的俗语有关。传说在康熙年间，一直温驯的临溪河突发洪水，将河段上游的关帝庙冲毁，内部的关帝木刻像被冲到临溪场西林寺的门前，寺庙的主持看到关帝庙被毁，就捐出田产重修了关帝庙。一般情况下，关帝庙都是坐北朝南的，而这里却是大门向西开，有不忘关帝从西而来的意思。又过了几十年，当地的知县认为当地的名称过多，容易混淆。后来就因关帝爷从西而来，与佛教教义中“佛法西来”的典故相似，就将古镇改名为西来。

坐落在天府之国的西来古镇是川西地区有名的古镇，所蕴含的川西民俗文化非常丰富。在青山溪水的环绕中，西来古镇构成一幅“小桥、流水、人家”的清新画景，散发着缕缕的历史韵味。

景点品鉴

➜ **文峰塔：** 古塔耸立在古镇老街的院坝上，于清朝道光年间建成，约20米高的六棱状塔身分为3层，每一层都是飞檐走角。在古塔的四周塔身上都雕刻有古典戏曲的雕塑，这些雕塑旁还配有用九曲篆文书写的诗文，这样奇特的装饰在古塔中很是罕见。在不高的文峰塔内还有一个报功堂，里面坐着一位神官，这里是记录功德的地方，神灵会根据功德决定寿命福祸。在古时候是普通大众祈祷的地方。

➜ **戏台：** 由两座木质结构构成的建筑，相传是古镇上钱、刘两大家相互攀比而建。古时候每到闲暇之余，戏台上就会进行戏曲对唱，非常热闹。

➜ **古榕树：** 在西来古镇，榕树是最为重要的景致，这里生长着12棵有着千年树龄的榕树，这些榕树经历千年的时间如今依然枝繁叶茂。在12棵榕树中最为奇特的是被称为“夫妻树”的榕树，两棵相距几米的榕树在往上生长的过程中交织缠绕，共同生长，“在天化作比翼鸟，在地成为连理枝”。于是，当地人就将这两棵树称为“夫妻树”。

文峰塔

古榕树

江西
Jiangxi

江西地处我国的东南部，自古以来就是鱼米之乡，物产极其富饶，加上历代人才辈出，文风昌盛，有“吴头楚尾，粤户闽庭”之称。

江西地形以丘陵山地为主，盆地、谷地广布，属于亚热带季风气候。省境东、西、南三面环山，中部丘陵和河谷平原交错分布，北部则为鄱阳湖湖积、冲积平原。优越的自然条件、悠久的历史和深厚的人文底蕴造就了江西省数量众多且规模宏大的古镇，在历经千百年的沧桑之后成为中华大地上不可多得的美景。

江西地区多低山丘陵和蜿蜒的河流，很多古镇都隐藏在幽静秀美的山谷中，或是伫立在缓缓流动的河水边。古镇中古色古香的各种建筑在展现历史古韵的同时与秀丽的自然风光浑然一体，交相辉映，使江西古镇呈现出与江南水乡、徽派民居不一样的特色。古镇中保存下来的建筑多是明清时期的，由于历史原因，这些古镇的建筑风格多样，不仅有风格鲜明的徽派建筑，也有风格独特的客家建筑，更有风格婉约的赣式建筑。

瑶里
锦绣茶乡

古镇概述

地理位置

→ 江西省景德镇市浮梁县。

气候特点

→ 夏、秋季雨水充足，景色秀丽，适宜旅游欣赏。

开放时间

→07：00—17：00

门票

→150元。

交通

→ 景德镇站—瑶里

可直接从景德镇站打车至瑶里景区，也可以从景德镇站乘坐多趟公交至目的地。

瑶里古称“窑里”，原是景德镇制瓷原料的产地之一，后来由于其他原因改名为瑶里。瑶里地理位置复杂，是一个多地经济、文化交汇的地方。四周有两湖、六山环聚，自然资源非常丰富，素有“瓷之源、茶之乡、林之海”的美誉。

地处丘陵地带的瑶里，低矮山峰林立，林木葱茏，森林覆盖率极高，有着非常适宜植物生长的自然环境。汪湖生态游览区和梅岭休闲度假区是瑶里自然景色最为优美的地方。这里群岚叠嶂、郁郁葱葱、景色壮观，是各种动植物生长、繁衍生息的乐园。还有潺潺的溪水、嶙峋的山石、苍劲的古木，也有鸟语花香。是一个风景多样、景色无穷的妙处，也是一处探寻幽境的绝佳之地。

瑶里因制瓷业得以繁盛，制瓷历史悠久，规模宏大。早在唐朝中叶，瑶里就开始发展制瓷业，随着瓷器的使用逐渐广泛，瑶里的制瓷业也开始走向兴盛，成为景德镇三大窑区之一。虽然瑶里的制瓷业发达，但是只是生产制瓷的原料，主要为景德镇提供充足的釉原料，民间就流传有“高岭土、瑶里釉”的谚语。此外，瑶里还零星生产着民用的简单瓷器，至今还保留有大量的制瓷遗存物。

瑶里的古建筑是典型的徽派建筑风格，明清建筑林立，古道蜿蜒逶迤，古色古香。明清商业街是瑶里最为繁华的街道，街道上店铺林立，上百幢保存完好的民居建筑分布在街道两旁，鳞次栉比，高低错落，古色古香。瑶里曾流传有民谣：“上街头，下街头，街长不见头；丝绸缎，糖醋油，店面八百九。”由此可见古时的瑶里规模宏大，商贸云集，人们生活富足。也让我们能够想象到瑶里“浮梁歙州，万国来求”的繁华盛景。

景点品鉴

➜ 狮冈胜览： 一幢中西合璧的徽派民居建筑，建于清朝末年，两堂八屋的建造格局，建筑精细，雕刻华美。在梁枋和门窗上随处可见画面精致的雕饰，题材内容多是古代的传说故事和名著，有着深厚的民俗文化内涵和极高的艺术价值。

➜ 明清商业街： 古镇中最为繁华的地方，长1000多米的街道分为上、中、下三段，如今在街道的两侧依然耸立着高低错落的民居建筑。

➜ 程氏宗祠： 又称“惇睦堂”，古镇中最为显著的古建筑。宗祠直面瑶河，背倚狮山，始建于明朝中期，清朝道光年间重修。当地宗祠的建筑风格有别于其他祠堂，三个部分的朝向各不相同。古祠堂中砖雕、木雕和石雕最为精美，各种内容极为丰富，画面栩栩如生，雕刻手法精湛，是难得的精品。

➜ 陈毅旧居： 原是古镇中的敬义堂，由于抗战时陈毅元帅曾在此指导改编新四军而成为故居，如今已成为瑶里红色文化的重要组成部分。

➜ 张氏宗祠： 古镇中张氏的宗祠，始建于唐朝时期，由于在元代末年被战火焚毁，至明朝初年重建而成。祠堂是两井三堂的建筑，气势恢宏，内部细节之处有着精美的雕刻。

➜ 敦叙堂： 瑶里第一大姓吴氏的祠堂，规模宏大，非常有气势。祠堂中有数十根圆木支撑着大堂，古色古香的圆木上挂有楹联。

敦叙堂

上清镇
道教发源地

古镇概述

地理位置

➔ 江西省贵溪市。

气候特点

➔ 亚热带季风气候，四季分明，气候宜人，夏秋季节适宜旅游。

开放时间

➔ 全天开放。

门票

➔ 免费。小景区收费不同。

交通

➔ 南昌站—上清镇

从南昌站乘坐公交到达南昌长途汽车站，再从南昌长途汽车站乘坐客车到达贵溪，而后再乘坐公交或打车至目的地。

位于龙虎山的上清镇因是道教的发源地而闻名，1900 多年里，张天师的 63 代后人都在此繁衍生息，是道教的二十九大福地之一。在著名的四大名著《水浒传》中，开篇放走妖魔的故事就是发生在这里。上清镇的规模并不是很大，地处著名道教名山——龙虎山的山麓。西接龙虎山镇，南北是树木茂密的林场，两侧多山地丘陵，泸溪河从古镇的东面缓缓流向西北，是古镇重要的水路运输通道。

作为一座有着千年历史的古镇，而且是龙虎山道教的发源地，上清镇有着众多的名胜古迹和古色古香的民居建筑。在古镇上有一条长 2000 多米的街道，这里是古镇中保留精华最为集中的地方。在街道两侧伫立着高低错落的民居建筑，主要有长庆坊、天师府、留侯家庙、天主教堂等，众多建筑风格各异的古老建筑构成一条充满古韵的街道。

在古镇的东侧主要集中了有关道教的建筑，道教主要的道观上清宫、东岳宫等建筑都集中在这里，每逢节日很多信众都会来此上香祭拜，加上远来龙虎山的游人非常热闹。在古镇的东北面还有一座象山书院，这是南宋时期的著名书院，由此也可以看出古镇深厚的人文底蕴。

在龙虎山“道法自然”秀丽风光的映衬下，上清镇这个和道教密不可分的古镇散发着历经岁月的悠悠古韵，幽幽地横卧在苍茫的龙虎山下，格外静美。

景点品鉴

➔ **上清宫：** 最早的上清宫始建于东汉时期，是道教张天师举办各种重大活动的地方，也是祭祀太上老君的地方。如今的上清宫是后来重建的，主要有福地门、下马亭、午朝门、钟楼、玉门殿等建筑，虽然已经没有昔日的辉煌，却也古韵悠悠。

➔ **悬棺遗址：** 遗址位于仙水岩的绝壁上，这样独特的悬挂玉棺的现象被认为是世界的一大奇观。这样神秘的崖墓悬棺有着 2600 多年的历史，据说是古越人所葬之处。崖墓悬棺被认为是千古之谜，至今无法解释古越人为什么将棺材悬挂在巍巍的山崖上，在当时落后的条件下是用怎样的工具将巨大的悬棺放置？

➔ **天师府：** 这是龙虎山最为著名的建筑。由于天师府是历代天师居住的地方，所以历史上形成了庞大的建筑规模，如今天师府仅保存有 500 多间房屋。走近天师府，巍峨的大门很是气派，上面撰写着“嗣汉天师府”的大字，两侧还悬挂有明代著名书法家董其昌的“麒麟殿上神仙客，龙虎山中宰相家”楹联，两尊汉白玉麒麟坐像栩栩如生。在天师府内宫殿堂观古朴壮丽，古木森森，整个府邸显得典雅幽静。天师府的建筑布局是按照八卦的格式布局，其中始建于清朝同治年间的三省堂是建筑群落的中心，也是全府的主体建筑，有“自古南国无双地，而今西江第一家”的美誉。

天师府

渼陂村
庐陵文化第一村

古镇概述

位于井冈山下的渼陂村是一个有着千年历史的古村落，在这里不仅有着众多的明清建筑，还有着深厚的书院文化、祠堂文化以及红色革命文化。

渼陂村的历史起源于南宋时期，当时的祖先从陕西西安带领族人南下建立村落，因思念故土，就将原来居住的村落名字“渼陂”定为现在的村落名字。在渼陂村 800 多年的历史中，村落的族人已经传承了 30 多代，但村中的建筑大多保持着古村原有的样貌。

在渼陂村不大的面积上分布着 360 多幢明清古建筑、20 多座古祠堂和庙宇、4 座书院和牌楼以及 1 座巍峨的古楼。这些历经风雨的古建筑如今看来斑驳沧桑，从那些古朴的雕刻上可以看出昔日的精美和辉煌。在古村中保留有 28 处水塘，这些水塘按照 28 星宿的位置排列，令人惊奇。水塘之间有水道相连，不同的水塘之间可以相互调节水量，这样古村中四季活水不断。

渼陂村如今保存的古建筑有着明显的儒商文化特色，古时候的渼陂村民以儒行商，不仅推崇文教、注重科举、兴建书院，而且在兴建房屋建筑时都注重对儒家思想的诠释，民居建筑中也有着体现儒家思想的楹联、格言警句等。这些不仅能够起到教育后人的作用，还能体现主人家深厚的文化修养，可谓是一举两得。

渼陂村还是一个有着深厚红色文化的古村，1930 年，毛泽东和朱德带领红军驻扎在渼陂村，并召开了著名的“二七”会议。这里还曾是赣西南苏维埃政府和江西省苏维埃政府所在地，如今古村中依然保存着许多红色革命遗址。

地理位置

➜ 江西省吉安市青原区。

气候特点

➜ 亚热带季风气候，四季分明，适宜春秋季旅游。

开放时间

➜ 08：30—17：00

门票

➜ 60 元。

交通

➜ 南昌站—渼陂村

从南昌站乘坐火车到达吉安站，再从吉安站打车或乘坐公交至目的地。

景点品鉴

陂头古街：这条长约600米的街道是古村历史上最为繁华的地方，街道两侧分布着100多家店铺。这条“S”形的街道宽约4米，用青石板铺就而成，两侧装点着鹅卵石，两侧的房屋是由砖木构造，每家每户的门前都有几级台阶，大门的两侧悬挂着有各种寓意的楹联。

永慕堂：渼陂村中梁氏的宗祠，建筑占地面积有1200多平方米，在祠堂内有37根石柱支撑着厅堂。这些褐红色的石柱上都篆刻有楹联，最为惊奇的是这些对联的上下两字组成“永慕”，故而得名“永慕堂”。

连理樟：古村中一棵有着600年以上树龄的樟树，因树枝分叉形成紧密相连、相依相偎的形态，被当地人称为“夫妻树”，关于古树的传说故事在当地有很多，每一个都寄许着美好的寓意。

白鹭村
古韵舞翩翩

古镇概述

位于赣县北部的白鹭村有着800多年的历史，至今保存着大量明清时期的民居建筑，是江南地区保存最为完好的客家民居建筑群，被认为是“中国十大古村”之一。

白鹭村是历史上客家人南迁的第一站，从南宋时期开始成形后一直都是客家人的聚居地，有着深厚的客家文化。古村沿着鹭溪分布，依山傍水，呈现出“丰”字形。古村的先民们有着经商的传统，富裕之后的村民就开始兴建家园，众多恢宏的建筑拔地而起。这些建筑在徽派建筑风格的基础上因地制宜，形成了适宜当地人生活的民居建筑。如今在古村中仍保留着6万多平方米的古建筑群和近70座巍峨精美的门楼。这些建筑多是砖木混合结构，而且非常重视雕刻装饰，在大门、梁枋、门窗格扇等处都有精美的雕饰，栩栩如生。

古老的历史和独特的文化让白鹭村有着与众不同的特色，拥有不少“第一”和“唯一”的美誉。这里有着我国历史上第一座以女性命名的女士祠、有江南第一座村级民俗博物馆、有全国兴建的第一座希望小学、有除故宫外唯一一块遗留民间的金砖，由此可见古村深厚的历史文化底蕴。

地理位置

- 江西省赣州市赣县。

气候特点

- 亚热带季风气候，气候温和，四季都适宜旅游。

开放时间

- 8：30—17：00

门票

- 免费。

交通

- 南昌西站—白鹭村

从南昌西站乘坐火车到达兴国西站，再从兴国西站打车至目的地。

景点品鉴

王太夫人祠：修建于清朝道光年间，是一座非常少见的以女性姓氏命名的祠堂。王太夫人是当时嘉兴知府的生母，被朝廷册封为大慕人，一生乐善好施，被当地人称颂，因此备受爱戴，在其逝世后当地人建立祠堂以作纪念。祠堂有前后二进，两侧各有厢房，天井的两侧是通墙，正厅和前天井的西侧是仓库、厨房等配套建筑。其中的观音厅是三开间的建筑，为子女和眷属居住的地方，还供奉有观音的塑像，此外祠堂还有义仓和私塾。

恢烈公祠：古村中最大的连体建筑，规模宏大，被誉为“山沟里的大观园”。建筑是清朝乾隆年间修建，前后三幢，长约百米，宽40多米。前幢为葆中堂，后幢为友益堂，面积最大的友益堂不仅拥有厅堂还有花园假山，大堂内还有一块据说是除故宫外唯一一块金砖，院中还有两株雌雄的罗汉松，距今已有300多年的历史。

洪宇堂：古村中钟氏家族的祠堂分祠，祠堂前有举行各种仪式活动的空地，门廊是木质结构的，由两根粗大的木柱支撑着梁枋。整座门楼恢宏大气，是古村中不可多得的古建筑。

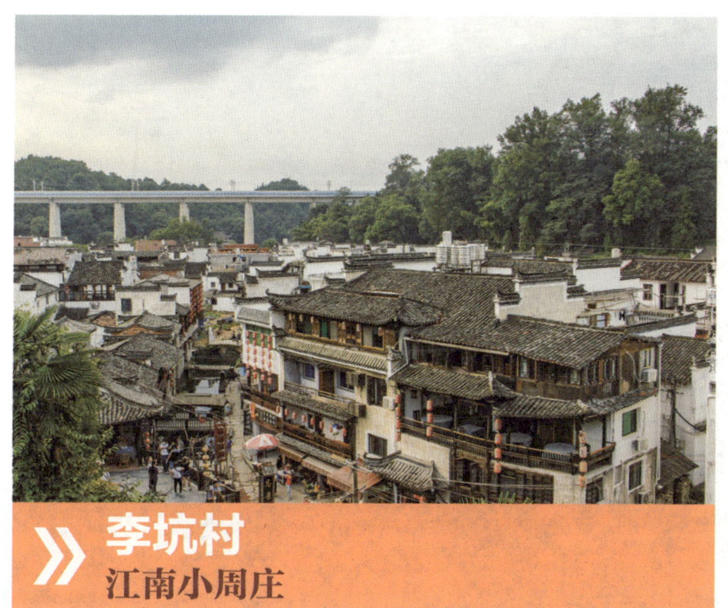

李坑村

江南小周庄

古镇概述

地理位置

➔ 江西省上饶市婺源县。

气候特点

➔ 亚热带季风气候，气候温和，四季分明，适宜春秋季旅游。

开放时间

➔ 07：30—17：30

门票

➔ 60 元。

交通

➔ 婺源站—李坑村

从婺源站打车至目的地，全程约 14 千米，大约需要 34 元。

位于婺源县的李坑村是一个以李姓村民为主居住的村落，古村历史悠久，据记载在北宋祥符年间就已建村，距今已有 1000 多年的历史。村落地处四面环山的山坳中，两条小溪在村中汇聚成河蜿蜒流过，自然景色极为秀丽优美。在小河的两岸伫立着高低错落的徽派民居建筑，小巧玲珑的石拱桥和木桥横架在清澈的河水上，临水的民居前几乎都有一条通向河边的石板路，人们用河水洗衣、洗菜，河流成为古村生活中不可缺少的部分。秀美的山水风光、小桥流水人家的古村风貌让李坑这个古韵悠悠的古村有着“江南小周庄”的美称。

如今在古村中约有 120 家住户，700 多人。古村虽然小巧，历史上却也人才辈出，有着深厚的文化底蕴，其中最为出名的是在当地史志上有记载的南宋时期的武状元李知诚。李坑村在历史上不仅产生了众多的名人雅士，也孕育了丰富多彩的民俗文化，其中最为有名且盛行的要数傩舞。傩舞是在当地很流行的一种传统舞蹈，原是一种古老的祭祀仪式，后来逐渐演变成在重大节日里举行的舞蹈活动。傩舞是舞蹈者面带各种夸张的面具舞动肢体演绎各种传统的节目，动作粗犷，是一种民间自娱自乐的活动。

除了傩舞，在李坑村还有一项重要的民俗活动，那就是每年只在中秋举行的舞龙活动。每年的中秋，当地的村民就会自发组织舞龙，舞龙者举着用各种彩纸制作而成的巨大长龙从古村的村头开始走街串巷进入每家每户。当舞龙的队伍进入时，主人要放鞭炮或烟花以示庆祝，场面非常热闹，有时会一直持续到夜间。

民居建筑

李坑村

景点品鉴

双龙戏珠：古村中有两条溪水穿村而过，几座古桥横架在溪水上，其中通济桥是最为古老的桥梁。虽然古桥已经破旧不堪，但是它和溪水组成的景色却被当地人称为“双龙戏珠”，蜿蜒的两条溪水被看作是两条横竖相交的苍龙，倒映在水中的古桥则是争夺的明珠。

铜绿坊：李坑古村中被认为是最具有徽派风格的建筑，这座有着350多年历史的建筑，如今虽然有些沧桑却更显悠悠的古韵。

申明亭：始建于明朝洪武初年的凉亭，原是读法、明理、剖决争讼小事、辅弼刑治的地方。凉亭上的“明”字是“目”字旁，是故意之为，用来提醒人们睁大双眼、明辨是非。一般在亭上书写善人善事、恶人恶事，以示惩劝，相当于我国古代的一种调解制度。

申明亭

特色美食

吃什么

➔ **炙肉**：李坑当地非常有名的风味菜肴，属于当地特制品，据说开始于唐朝时期。烹制好的五花肉外观焦黄略红，肉质外脆内松，味道十分香浓。

➔ **花菇石鸡**：采用产于黄山的花菇和当地的石鸡一同蒸煮，不仅味道美味，酥嫩爽口，而且营养丰富，是在李坑旅游必不可少的美味。

➔ **糯米酒**：李坑的糯米酒最具有当地特色，味道醇厚香甜，具有乡土本色的美味。

在哪吃

光明茶楼

地理位置优越，在二楼可以俯瞰古村中不少的景致，食宿皆可。这里有李坑当地很多的特色菜，味道尚可，不过价格略高。茶楼上有很多名人来过，有不少的名人合影。人均消费 67 元左右。

电话：（0793）7370999

营业时间：08：00—21：00

地址：李坑村 888 号

卢家洲
三宝古村

江西

古镇概述

卢家洲有着悠久的历史，早在唐朝时期，江西历史上的第一个状元在吉州去世。到了明朝时期，他的后人为了逃避战乱就将家族搬迁至吉州的泸水和禾水的交汇处繁衍生息，后来逐渐演变成村落，因地处河水之畔，所以古称“卢家洲”。

卢家洲因玉祠、斜塔和罗汉松“三宝”在当地闻名，凭借优越的地理位置、钟灵毓秀的自然风景和深厚的历史文化底蕴成为我国古镇古村中重要的一员，有着“卢陵之乡”的美誉。

历史悠久的卢家洲如今保存的古建筑众多，古老的民居就有 100 多处，其中大多数都是明清时期遗留下来的。各种建筑类型多样，有祠堂、书院、庙宇和古民居等。这些硬山式的建筑有着鲜明的江南民居建筑的风格，巍峨耸立的防火墙不仅能防火防盗，也能抵御兵匪灾祸，一层层翘起的马头墙在天空的映衬下格外俊秀。

地理位置

➔ 江西省吉安市吉州区。

气候特点

➔ 亚热带季风气候，四季分明，适宜春秋季旅游。

开放时间

➔ 全天开放。

门票

➔ 免费。

交通

➔ 南昌站—卢家洲

从南昌站乘坐火车到达吉安站，再从吉安站打车或乘坐公交至目的地。

景点品鉴

➔ **卢氏玉祠**：玉祠被人认为是我国祠堂建筑的代表之作，这座建于清朝嘉庆年间的祠堂坐北朝南，是歇山顶式的建筑。祠堂拥有各种门 8 座，各个部分的建筑都是用汉白玉制作而成，其中最长的汉白玉石阶比故宫里面的还要长，是全国最长的，这样逾越礼制的使用在等级森严的古代可谓罕见。

➔ **斜塔**：古塔位于古村中泸水和禾水的交汇口，因地基下沉导致古塔向北倾斜而称斜塔。古塔是明代时期当地为预防洪水而建的镇水建筑，六面五层的塔身由砖垒砌成实心，通高 21.3 米，在静幽的古老山村中显得巍峨俊秀，是古村中不可多得的宝物。

➔ **罗汉松：** 有着 1500 多年树龄的罗汉松是古村中最为鲜明的标志，古树有 28 米高，围径 5.2 米，耸立在古村西边的古老码头上，古时候这棵挺拔的树木是游船辨认古村位置的灯塔。

思溪延村
儒商第一村

古镇概述

地理位置

➔ 江西省上饶市婺源县。

气候特点

➔ 气候温和、四季分明，每年的 3 月是最佳的旅游季节。

开放时间

➔ 07：00—18：00

门票

➔ 60 元。

交通

➔ 婺源站—思溪延村

从婺源站打车至目的地，全程约 19 千米，大约需要 49 元。

在婺源的西北有一个拥有近千年历史的古村——思溪延村，这是由思溪村和延村组成的古老村落。思溪村是始建于南宋时期的俞姓古村，因村落位于溪水的旁边，又以“俞”水相依，故取名“思溪”。与思溪村紧邻的延村原称“延川”，因村落面前有缓缓流过的清溪，寓意子孙绵延百世，故取名延川，后来改为延村。“北有乔家大院，南有思溪延村”“儒商第一村”，这些都是对思溪延村的赞誉，古色古香的古村风貌是婺源一道美丽的风景线。此外，思溪延村还被称为“雨巷”的原型地，诗人戴望舒就是在思溪延村的古巷中写下这首著名的朦胧诗。

古村保存的古建筑

古村背山面水，两侧是绵延起伏的俊秀峰林，蜿蜒的清溪河在古村中缓缓流过，草木茂盛，绿意盎然。在一片青山碧水中，古村伴着秀丽的自然风光，展示着古朴自然的古村风貌，在山水的点缀下如诗如画。如今在这座有着千年历史的古村中仍保存着 30 多幢明清时期的民居建筑，这些有着鲜明徽派建筑风格的民居、亭阁、祠堂诉说着古村悠久的历史和繁华的过往。在古村的入口有一座斑驳的廊桥，古桥建立在船形的石墩上，古时候的村民们就是从这条古桥上进出村庄，如今这条老廊桥成为人们休憩的场所。

在延村保存有 50 多幢较为完整的清代时期的古民居，规模庞大的建筑群被认为是“清代商宅群”。清代时期，由于徽商的昌盛，大部分商人发家致富，于是就在家乡买田建房，形成了如今延村保存较好的民居建筑。保存较好的古代民居建筑不仅吸引了众多天南地北的游人，也是众多影视剧拍摄的取景地，其中 20 世纪 80 年代的《聊斋》就是在思溪延村拍摄的。

景点品鉴

➜ 敬序堂： 建造于清朝雍正年间，建筑面积600多平方米，共有庭院、正厅、后堂、花厅等多个部分，是古村中最有名气的民居建筑。这里是著名电视剧《聊斋》的拍摄地，同时也是《青花》的拍摄地，著名演员赵雅芝、斯琴高娃都曾来过这里。

➜ 聪听堂： 建造于清朝乾隆年间，是思溪延村中的书香门第金氏家族的宅院。聪听堂为两进三开间，门额上还悬挂着乾隆年间桐城派领袖、大儒姚鼎题写的匾额。聪听堂的大门是水磨清砖的门面，在门头上还有精美的砖雕。虽然宅院已经保存了近 500 年，但是依然古色古香，是当地著名的古建筑。

➜ 余庆堂： 是当地的茶商金文谏修建于清朝乾隆年间的宅院，整个宅院中最为特殊的当属厅堂的门面。门面以“商”字为形建造，极其符合主人的身份，其中门罩和门楼组成“商”字的上端，由青石建造的门坊是字中“口”部分，两侧的青砖则是“门”，整个建造极其生动，极富特色。

➜ 明训书院： 位于村庄后部，环境幽静。室内布置十分典雅，书卷气很浓。它与明训堂等连为一体，是一座三连幢的古宅，被称为是思溪延村的“乔家大院”。

明训书院

江西

安义 四最之美

古镇概述

地理位置

➜ 江西省南昌市。

气候特点

➜ 气候宜人，环境优美，一年四季都适宜旅游。

开放时间

➜ 夏：08：30—17：30
冬：08：30—17：00

门票

➜ 80 元。

交通

➜ 南昌站—安义古村群景区
22 路转乘 181 路，全程 8 站。
22 路（红谷滩配套中心方向）：火车站上车—坛子口立交东站下车，乘坐 2 站。
181 路（安义古村群方向）：坛子口立交东站上车—安义古村群站下车，乘坐 6 站。

安义坐落于南昌市郊，是一个由三个古村组成的千年古村群落。京台、罗田、水南三个古村呈三角鼎立之势，相扶相依。长寿大道、祈福大道和丰禄大道三条大道相互连接，构成一幅古村群落图。在这里不仅有着深厚的历史文化积淀，还有着明清时期的民居建筑，被认为是“最具神秘色彩、最有田园风光、最有古郡风韵、最有乡村风貌”的古村落，有南昌“后花园”的美称。

距今有 1400 多年历史的京台村是刘、李两大姓的聚居地。据说刘姓氏族是在初唐年间迁居至此，并以西汉学者刘向的后裔自居。而李氏家族来到这里就晚了很多，是明朝初年因受朝廷的授封而迁居于此。安详的京台村在历史上少有波折，远离战乱，因此很多民居古建都得以保存下来，如戏台、门楼、古屋等。

罗田村也有着悠久的历史，距今已有 1200 多年，村中的居民多是黄姓，是在五代早期为躲避战乱迁居于此。罗田虽然起步较晚，但却很兴盛，古语有“小小安义县，大大罗田黄”，可见当时罗田在当地规模之宏大。因当年的罗田是百姓去万寿宫朝拜的必经之路，所以此地成为重要的商业中转站。如今的罗田依然保存着较为完好的民居建筑，诉说着昔日的辉煌。在一条由麻石铺就的街道两侧林立着鳞次栉比的店铺，摆满了琳琅满目的商品。古朴的民居在时光的冲刷下显得斑驳，昔日精美的砖雕、木雕也显得黯然无光。著名的建筑世大夫第还是原来的模样，三重进的结构中显得宅院深幽静雅。

距罗田 400 多米远的水南村，是黄氏后裔的居住地，日渐庞大的罗田不能容下更多的居民，就开辟了新的分支。如今的水南村保存较为完好，众多装饰精美、布局考究的民居建筑依然有着昔日鼎盛时期的样貌，各种雕刻图案栩栩如生。距今有着近 200 年历史的承启堂是雕刻最为集中的地方。在其天井两侧的窗户和花门上雕刻有 100 只精美的蝙蝠，形态各异的蝙蝠形象逼真。“蝠”同“福”，这样的“百蝠图”寄许着对美好生活的愿望。走进安义，漫步在蜿蜿蜒蜒的石板古道上，昔日古村中繁华的场景好似过眼烟云，在老街古巷中弥漫。当繁华褪尽，古韵犹存的安义成为古民居的艺术宝库，一派田园古村的沁人风貌。

景点品鉴

➜ **思石门坊：**构成宗祠的部分，历经多次修缮和重建。门坊由石条仿照木质结构雕琢而成，形状为菱形的四柱三门的建筑结构。虽然外形上看起来古朴简约，但在梁枋上还有精美的雕刻图案装饰。

➜ **四十八天井古屋：**京台村规模最大的建筑，由 48 个宅院连接而成，可谓规模宏大。古屋依照长幼、尊卑的顺序排列，等级分明，对各自的居住地点、活动区域都有着严格的规定和划分。

➜ 魁星阁： 原名“青云楼”，建造于明朝正德年间的两层四方形的塔形楼阁，原是佛堂和僧房，后来改成私塾，被毁坏后在原址上重建为游仙居。

➜ 世大夫第： 古村群中最具代表性的古屋，修建于清朝乾隆年间，历时 38 年完成，占地 5500 平方米，有 48 座天井，37 对厢房，108 处起居室。在士大夫第中，木雕、石雕和砖雕是一大建筑特色，后堂木窗雕有“百福图”，100 只栩栩如生的蝙蝠形态各异，生动形象。正厅为启绪堂，门楣上竖立着刻有鲤鱼跳龙门、状元打马逛街、丹凤朝阳图案的官帽状三层石雕。

世大夫第

燕坊村
近郊田园

古镇概述

在滚滚的赣江西岸的台地上，坐落着一座有着 800 多年历史的古村——燕坊村。虽然距离繁华的吉安市只有 15 千米，但是这古色古香的村落却祥和静谧，一如其在 800 多年历史中一样低调，或许正是由于这样的从容淡雅，才能在历史的长河中保存至今。

燕坊村的历史可以上溯至南宋时期，到了明清时期才真正开始发展。村中以鄢姓居多，但不是同血缘的聚族而居，在鄢氏迁居不久就有外姓族人开始在古村中居住。最终形成了鄢、饶、王三姓共同居住、共建家园的局面。

整个村庄坐落在台地上，背山面水，自然环境优越。在漫长的历史中，燕坊村民凭借自己的智慧和勤劳将古村建造得颇具规模，如今通过保存的古建筑依稀可见昔日的辉煌。在古村中保存的古建筑很多是明清时期的，宋元时期的已经很

地理位置

➜ 江西省吉安市。

气候特点

亚热带季风气候，气候温和，雨量充沛，非常适宜在秋季旅游。

开放时间

➜ 全天开放。

门票

➜ 40 元。

少见到，这些古建筑中有明清时期的建筑 160 多处。古朴的建筑历经岁月沧桑，掩映在古村繁盛的林木中，有着“林在村中，村在林中”的现象。

在古村上百处的民居中，其形制多为天井院的形式，这样在潮湿的天气里也能进行更好地采光和通风。这样的建造形式独属于当地，相当罕见。除了民居的形式，在结构上，燕坊村的民居建筑分为单体和联组的两部分，其中单体的数量较少，有大夫第和司马第。联组的数量较多，且规模较大，有资政第、20 栋大院等。在联组的建筑中，很多都有规模较大的照壁，上面雕刻着精美的砖雕图案，是古村中重要的文物古迹。

门楣和牌坊是古村最为重视的两个建筑，其中门楣被认为是整个家族的脸面，因此燕坊村的门楣建造得极为精致。古村中的门楣装饰豪华，内容丰富，有传说故事、花鸟鱼虫，还有书法楹联等，这些丰富多彩、雕刻精美的门楣展示着古村深厚的文化内涵。牌坊是古村中一大特色，如今保存较为完好的牌坊有 19 座，每一座都非常精美，自成一体。牌坊上很多都精雕细刻，展示着精湛的工艺。

交通

➜ 南昌站—燕坊村

从南昌站乘坐火车到达吉安站，再从吉安站打车或乘坐公交至目的地。

景点品鉴

➜ **三槐第：** 即为王氏宗祠，是燕坊规模最大的祠堂。祠堂是三进三开间的建筑，因正门上有“三槐第”的名字而得名，祠堂前有池塘，可以蓄水，在池塘前有一座长 22 米、宽 5 米的照壁，上面刻有寓意吉祥的雕刻图案。

葛源镇

红军之乡

古镇概述

在江西东北部的群山环绕中，隐藏着一座古朴的村落——葛源镇，这座因葛而出名的古镇落四面环山，块块农田分布在周围，在群山中显得静幽小巧。古镇起源于隋末唐初，最先定居于此的冯、苏二姓开启了古镇的历史，随后有郑、叶、金等姓氏的村民迁居至此，古镇的规模不断壮大。进入北宋时期，葛源村开始真正走向繁荣，形成了集镇，周围村落的物资在此聚集形成集市。直至清朝时期，由于封闭的地势，葛源镇一直保持着原有的样貌。

一条溪水从这里发育，蜿蜒流淌，形成了古镇名称的来源。古镇隐藏在茂密的山林中，原本保存下来的古民居如今很多都被崭新的民居所代替，只留下一条条街巷在历经风雨之后依然散发着悠悠的古韵。

葛在古镇的历史发展中占据着重要的地位，这个被誉为“粮食中第 6 谷”的药食两用植物有“南葛北参”的美誉。早在古镇建立的时候，村民就把葛磨成粉，后来葛粉成为朝廷的贡品。如今这些葛粉被加工成各种食用、药用的产品，对古镇的经济有着不小的推动作用。

古镇还有一段极其特殊的历史，这座深藏在群山之中的古镇还是中国革命的六大根据地之一。这里曾是中共闽浙赣省委省政府的所在地，拥有齐全的党政军组织机构。这里还发生过激烈的战斗，在这座拥有 6 万多人的县城里就有 2 万多人英勇牺牲，可见古镇为祖国做出的贡献，在古镇中随处可见当时遗留下来的痕迹。

葛源镇不仅有着秀美的自然风景、古朴的村容风貌，也有着深厚的红色文化，是我国古镇中一颗耀眼的明珠。

地理位置

➜ 江西省上饶市横峰县。

气候特点

➜ 亚热带季风气候，气候温暖，光照充足，适宜春秋季去旅游。

开放时间

➜ 全天开放。

门票

➜ 免费。

交通

➜ 南昌西站—葛源镇

从南昌西站乘坐火车到达上饶站，再从上饶站打车至目的地。

景点品鉴

➔ 中共闽浙赣省委旧址： 原是葛源镇中一座民居，由土木结构建造，后来成为中共闽浙赣地区的省委所在地，如今在房屋内还保存着方志敏当初居住的卧室。

➔ 中国工农红军学校第五分校旧址： 原是古镇中杨氏的宗祠，转变成学校之后有门厅、用房以及两边各 3 间教室，后来又兴建一座陈列室。学校于 1932 年定名，之前已经运用 3 年，成为共和国最早的军队学校之一。

➔ 列宁公园： 由方志敏于 1931 年创建，可以说是中国共产党第一座属于自己的公园。公园位于古镇的葛溪水畔，如今也成为当地重要的红色旅游资源。

汪口村
千烟之地

古镇概述

地理位置

➔ 江西省上饶市婺源县。

气候特点

➔ 气候温和，四季分明，夏秋季是最佳的旅游季节。

开放时间

➔ 08：00—17：30

门票

➔ 60 元。

交通

➔ 婺源站—汪口村

从婺源站打车至目的地，全程约 22 千米，大约需要 59 元。

在婺源东江湾的西部坐落着一座拥有 1100 多年历史的古村——汪口村，这座始建于北宋时期的古村在历史上有着“千烟之地”的称誉。汪口原称“永川”，是古村建造者——北宋朝议大夫俞杲，期望后世子孙能够如水绵长的寓意。

古村地处青山环抱、绿水伴流之中，自然景色极其优美，古人曾有诗赞誉：“鸟语鸡鸣传境外，水光山色入阁中。”清澈如许的河水因古村对面向山的阻挡拐了个大弯从古村的三面逶迤而过，使古老的村庄形成了“山——水——市——居”的村落整体形态。

古时候的汪口村是徽州路经婺源到达江西饶州的交通要道，再加上这里是水路要地，各种货物在此中转，因此明清时期的汪口商贸发达，店铺林立，有着繁华的村貌。如今在历经百年之后，古村依然保存大致的样貌。由青石板铺就的长 670 米的官路正街如过去一样贯通古村，两侧还保存有 66 幢古商铺建筑。若是俯瞰古村，18 条古巷和 60 多条弄堂将古村连接成一个整体，265 幢古建筑依然保存得较为完好，这些古建筑中有古色古香的“一经堂”“懋德堂”“大夫第”和“养书屋”等。此外，古村中还有清代著名经学家音韵学家江永设计的“平渡堰”曲尺碣遗址。

作为徽商的重要源地，汪口村奉行“亦儒亦商”的风习，村中历来重视教育，从北宋时期建造以后，这里就兴建有“存舆斋书院”“四宜轩”“心远书屋”“岩筑山房”“养源书屋”“国民小学”等诸多教育场所。崇文重教的汪口古村历史上人才辈出，小小的古村中历代中进士有 14 人，七品以上官员有 36 人，学士 10 人，留下经卷 33 卷，在当地有着“书乡”的美誉。

人杰地灵的汪口村孕育出丰富多彩的民俗文化，每当重大节日都会举办各种隆重的祭祀和娱乐活动。一年内有近 40 天都是在举行各种全村范围的活动，包括祭祖、祭神、唱戏等，那独特的徽州语音听起来格外的抑扬顿挫。

景点品鉴

→ **一经堂：** 厅堂是由其主人俞念曾修建于清乾隆初年，占地面积 150 平方米，为三间两厢式格局。相比起俞氏宗祠的精美木雕，一经堂拥有精美的砖雕、石雕和木雕，虽然数量不多，但是都异常精美。

→ **平渡堰：** 当地重要的水利设施，是由清代著名经学家、音韵学家江永设计建造。平渡堰南北长 120 米，宽 15 米，在不设闸门的情况下解决了蓄水、通舟、缓水势的问题，促进了古村商业码头的发展。如今在经过 200 多年的水流冲刷后依然稳固如昔。

→ **养源书屋：** 修建于清朝光绪年间，是古时候村中读书的地方，占地 120 平方米，主要包括课堂、塾师室和厨房等，由此可见古村对教育的重视。

→ **俞氏宗祠：** 修建于清朝乾隆年间，是一座三进两四合院的建筑，以中轴歇山式为建造形式，木板卷棚做顶，青石板铺地，面积为 1116 平方米，包括花园和书院。整个宗祠中以各种木雕最为精美，在梁枋、斗拱、屋檐等处都有木雕图案，各种雕琢工艺相互交叉，手法极为精湛。

俞氏宗祠

景德镇

瓷器之乡

古镇概述

地理位置

→ 江西省景德镇市。

气候特点

→ 亚热带季风气候，温和湿润，四季分明，适宜在春秋季去旅游。

开放时间

→ 全天开放，个别景点有具体的开放时间。

门票

→ 免费，小景点收取门票。

交通

→ 景德镇北站—景德镇
可从景德镇北站乘坐公交或打车至目的地。

景德镇又名“瓷都”，位于江西省的东北部，皖、浙、赣三省的交界处，也是三省的重要交通枢纽之一，是享誉全球的陶瓷生产地。景德镇与广东佛山、湖北汉口和河南朱仙镇并称为全国“四大名镇”。

景德镇是一座历史悠久的古城，春秋时期为楚国的疆域，秦汉时分别属于九江郡和豫章郡下辖县，在唐朝时因位于昌江之南，所以又叫“昌南镇”，直至宋真宗年间皇帝以其年号为名设置景德镇开始，并一直沿用至今。景德镇烧制瓷器的历史可追至东汉时期，至今已有1800多年的历史，自元代始就是官窑所在地。这里的瓷器不仅品种多样、造型精致、色彩明丽，而且风格独特，可以说是以“白如玉，明如镜，薄如纸，声如磬”享誉全球，并流传海外。景德镇最具代表性的是“青花、玲珑、粉彩、色釉”四大传统名瓷，也是我国传统工艺品中的珍品。

瓷器是景德镇的代表，在我国乃至世界上都有着极其重要的地位，作为一座古城，景德镇也拥有众多珍贵的古建筑。这些古建筑很多有着徽派建筑的风格，和其瓷器一样精美，具有很高的艺术价值。

景点品鉴

➜ **祥集弄民宅：** 景德镇保存较为完好的明代时期的街道，内部分布着众多明朝时期的民居住宅。这些民居住宅共有10多幢，历经百年的风雨侵蚀，如今依然完好无损，是全国范围内极其少见的明代建筑群。民居建筑拥有精美的石雕，纹饰丰富多样，与清雅古朴的民居搭配显得富丽堂皇。

➜ **景德镇陶瓷历史博物馆：** 坐落在枫树山风景区内部，是展示景德镇陶瓷历史发展的陈列馆。内部不仅有着丰富精美的陶瓷器，还有着古色古香的明清时期古建筑。

➜ **景德镇御窑厂：** 元明清时期专门为宫廷生产御用瓷器的地方，是目前我国烧造时间最长、规模最大，生产瓷器最为精美的官办瓷厂。在我国很多的博物馆里都有景德镇御窑厂里生产出来的瓷器，这些精美的瓷器是我国瓷器的代表，如今的景德镇御窑厂是我国的重点保护文物。

➜ **龙珠阁：** 位于景德镇的珠山山顶，原是唐代的聚珠亭，宋代时期修缮后改称中立亭，明朝时多次更换名称，到了清朝雍正时期改为文昌阁，民国时期重建后称为龙珠阁。1987年在原址上重建了一座具有明朝建筑风格的重檐宫廷建筑，高34.5米的阁楼有6层，如今是景德镇的标志性建筑。

➜ **浮梁古县衙：** 江南地区如今保存的唯一一座较为完整的清代时期的县衙，建于清朝道光年间，距今已有170多年的历史，有“中国第一县衙”“江南第一衙”的称号。古县衙坐北朝南，如今仍是原有的样貌，照壁、头门、仪门、衙院、大堂、二堂及三堂沿着中轴线分布，整个建筑风格展现出官府的威严和气派。

购物

➜ 在景德镇购物，瓷器自然是最佳的选择，这里有着众多造型精美、工艺精湛的瓷器。可以选择在雕塑瓷厂创意市集、中国陶瓷城和古街上购买，类型丰富多样。

景德镇陶瓷历史博物馆

住宿

➜ 如家快捷酒店
地址：景德镇迎宾大道中国陶瓷城香港路1号
电话：15079856560
标间：120元左右

➜ 景德镇陶茗居城市民宿
地址：景德镇茶具城东门5楼507号
电话：（0789）8275088
标间：450元左右

景德镇御窑厂

特色美食

吃什么

景德镇的风味美食以面点居多，以辣味为特色，口味浑厚，色重油浓。其中冷粉、饺子粑、碱水粑是三大主要的特色。

➜ **冷粉：**被认为是景德镇的美食一绝，和其他地方的冷粉相比，景德镇的冷粉相对较粗，味道独特、制作简单、物美价廉，深受当地人的欢迎。

➜ **饺子粑：**景德镇独有的美味，原来只有在清明节才可以吃，如今几乎成为景德镇的早餐，因外形形似饺子故得名。饺子粑和饺子的区别在于饺子粑是用大米磨成的粉制作而成，口感更加软糯，味道更好。

➜ **碱水粑：**景德镇最具特色的美食，据说已经有几百年的历史。它是用大米磨成的浆经过猛火蒸熟，食用时配上腊肉和大蒜拌炒，味道非常好。

在哪吃

毛仔特色小吃

当地有名的老字号，冷粉和碱水粑味道非常好，人均消费不高，一般在 44 元左右。

电话：（0798）8284777
营业时间：10：00—01：30
地址：景德镇胜利路 136 号

回家吃饭

美食排行榜第一的餐厅，主打小炒黄牛肉、招牌奶茶冰粉、红烧肉、儿时酱油拌饭等菜品，非常热闹，最好早点到。人均消费 72 元左右。

电话：（0789）8209000
营业时间：11：00—14：00　17：00—20：30
地址：浙江路大江新城六号楼

石邮村
傩文化之乡

古镇概述

石邮村是一个以吴姓为主的村落群体，坐落在一座群山中的缓坡上，南北依山，东西两侧地势开阔，中间有数条小溪自东向西蜿蜒流过最终汇入盱江。关于石邮村的来历，据当地的《吴氏族谱》记载，吴姓始祖是四川阆州人，在南宋绍兴五年，其中的一支外迁至石邮，距今已有 800 多年的历史。悠久的历史、深厚的人文赋予了古村古色古香的古朴韵味。

略显封闭的石邮村至今保存着很多古建筑，多是明清时期遗留下来的，这些建筑中具有一个很鲜明的特点，就是每座房屋内都有一个被称为“月宫”的建筑。因为建筑的屋檐和厅屋的屋檐相距很近，仅流出一个缝隙形成一个月牙般的空白，因此被称为“月宫”。由于古村中有着悠久且丰富的傩文化，因此古村中保存有傩神庙、福主殿、水君宫和桐树殿等祭祀宗教建筑，悠悠古韵中仿佛在诉说着古村深厚的历史文化。

虽然已经进入现代社会，但是在古村中依然保持着传统的头人制度。所谓的头人制度源自于清朝乾隆年间，是古时候掌管着关于傩舞主要事务的人，一般都是由吴姓村人担任，具有很高的威望。

地理位置
➜ 江西省抚州市南丰县。

气候特点
➜ 亚热带季风气候，气候湿润，四季分明，适宜春秋季旅游。

开放时间
➜ 全天开放。

门票
➜ 免费。

景点品鉴

➜ **傩神庙：** 古村中举办傩舞的主要场所，是祭祀开始和结束的地方，庙宇内供奉有参圣像。庙宇约为清朝时期建造，规模不是很大的庙宇历经风雨之后如今显得古朴沧桑，有着悠悠的古韵。每年的正月初一，当地人都会到傩神庙内敬拜上香，祈求全家平安健康。

交通

➜ 南昌西站—石邮

从南昌西站乘坐火车到达南丰站，再从南丰站打车至目的地。

民风民俗

➜ **傩舞：** 每年的正月初一到正月十七凌晨是举行傩舞的固定时间，从初一的起傩开始到十七凌晨的圆傩最后一个环节结束。整个傩舞分为起傩、跳傩、搜傩和圆傩四个部分，持续时间长、内容丰富、参与广泛，是当地非常有特色的民俗活动。在起傩之后，傩舞的队伍开始在村庄四处巡回，这就是跳傩。周围的人群都会赶到石邮村迎接傩班，各种鞭炮、锣鼓、火铳一起响起迎接队伍，场面极其隆重。搜傩是整个傩舞仪式中最为重要的一道，由开山、钟馗、大神三面具主持，在正月十六的晚上举行。圆傩是最后一个仪式，在傩神庙举行，内容包括报饭单、送神、判筊、回殿、祭师、傩神安座，仪式庄重，最初要求不允许女子观看，如今成为古村中人人均可参与的活动。

富田镇
文天祥故里

古镇概述

关于富田，在当地有着一首很有名的顺口溜："匡家匡娘娘，文家出了个文丞相，王家有座大祠堂。"这里就包含着古村中最为著名的三个特色：作为匡家娘娘祠的崇孝堂、著名历史人物文天祥的故乡、王家的大祠堂诚敬堂，由此可见富田镇的历史底蕴深厚。

富田镇的历史源远流长，据说可以上溯到三国时期，直到宋代富田镇才真正成形，如今在古镇中还保存着宋元明清时期的建筑。这座有着1800多年历史的古镇，因其悠久的历史，又是庐陵文化重要发祥地以及浓郁的红色文化，而成为我国的4A级旅游景区，有着"中国历史文化名镇"的称号。

富田镇的整体布局很是奇特，按照北斗星的方位布局匡、王、文三个村落，如今在古镇中有保存完好的古街道、错落有致的民居建筑以及道教佛教的观堂寺庙。道家文化、佛教文化以及从外传进的天主教、基督教共同孕育了富田镇独特的文化特色。

除了古村悠久的古韵，富田镇还有着浓郁的红色文化。这里曾是中央苏区的革命活动中心，现在还保存有赣西南特委第一次党代会旧址、中国工农红军学校旧址、红军医院、红军教导营等旧址群，毛泽东、朱德、邓小平等众多革命家都曾在这里战斗过。如今在富田镇的墙壁上还能看到1700多条标语，这些话语生动地展示着当时的历史情况。

富田镇不仅有着深厚的历史文化，也有着优美的自然风景。这里山清水秀，风光旖旎，美丽的富水河犹如一条银色的水链被放置在群山之中，连接着各个秀美的景点。峰峦密布的安仁山因其群峰耸立而显巍峨；树木茂密的九寸岭层峦叠嶂，葱葱郁郁；因形似飞马而称天马峰的山峰俊秀非常；蜿蜒的古樟河沿着村庄逶迤而过；静静的白云湖水色秀丽，两岸风光旖旎……

地理位置

➜ 江西省吉安市青原区。

气候特点

➜ 亚热带季风气候，四季分明，气候温和，适宜春秋季旅游。

开放时间

➜ 08：30—17：30

门票

➜ 70元。

交通

➜ 南昌站—富田镇

从南昌站乘坐火车到达吉安站，再从吉安站打车或乘坐公交至目的地。

古老悠久的历史、浓郁的红色文化以及秀美的自然风景让富田镇成为我国 4A 级旅游景区，古色、红色、绿色旅游资源交相辉映。

景点品鉴

富田古街： 长约 1500 米的古街由王家古街和匡家古街组成，连接着古码头和诚敬堂，街道上古民居和古商铺众多，四面还有四座明清时期的古庙相互串联。在古街的两侧如今还保留着众多的红色标语，从这里可以看出当时战斗的激烈。

诚敬堂： 王家大祠，祠堂建造于明朝中期，长 82.3 米，宽 44.3 米，建筑总面积 3645.89 平方米，是目前江南地区面积最大的古祠堂，有着“江南第一祠”的美誉。祠堂坐东朝西，构造奇特，布局呈“丁”字形，而对面照壁呈现“人”字形，据说包含着“人丁兴旺”的寓意。由两根立柱支撑的门楼顶端是喜鹊聚巢阁，在门楼之后的祠堂犹如一座缩小的城堡，加上大门和 6 座侧门通向祠堂的内部，之后形成门廊、前厅、天井、正厅和后厅五个层次，阶梯纵深的布局寓意着步步高升的含义。整座祠堂中木质构件繁复，没有一颗铁钉，让人不得不感叹古人的智慧。

文天祥陵园： 富田镇是文天祥的故乡，为纪念这一伟大历史人物，当地兴建了陵园，分为服务区、纪念区和陵墓区三部分。陵墓区是整个陵园的主体，有陵墓和“仁至义尽”牌坊，在这里展示着文天祥的生平历史。

崇孝堂： 又称“匡氏娘娘庙”，修建于明朝成化年间，是一座三厅两院式的建筑，也是当地最长的祠堂。主要由照壁、聚星池、孱亭、厢房、朝楼、享堂等部分组成，体现着皇家的气派。古时候的崇孝堂在富田镇有着重要的地位，凡是家有喜事都会在堂内举行庆祝活动，后来这里还曾是江西省行动委员会、苏维埃政府所在地。

民风民俗

朝禾原拜： 原是古镇王家一族举行的活动，目的是庆祝丰收、渴求平安，后来逐渐成为古镇中不断传承的民俗活动。每年夏至前后，王家族人就会牵头组织村民举办活动，全族 12 岁以上的男丁都要参加，一般举行 2 天。活动的第一天，人们先在诚敬堂内用餐，然后点燃鞭炮，抬着菩萨到天马山朝拜，队伍按照一定的顺序排列。到达天马山后请道士念经，之后沿原路返回，中途鞭炮齐鸣，最后将菩萨放好，标志着活动的结束。

妆撵： 富田镇中匡家独有的活动，古时候古村中的喜事都是用这种活动来庆祝。这个活动很有特殊性，表演者犹如木偶一般表演着各种民间传说故事，深受当地人欢迎。每次举办活动，四周的村民都会来此观看，非常热闹。

特色美食

吃什么

富田镇不仅有着秀丽的景色，还拥有众多的美食小吃，走在大街上随处可见许多富含当地特色的美味。主要有全副銮驾、泥鳅钻豆腐、炒牛杂、牛血豆腐、土鸡炖汤、蒸米粉肉和冬萝卜排骨汤等。

全副銮驾： 当地非常有名的美食，食材以鸡肉为主。选用当地的土鸡，通过焖制后酥烂，用鸡肉拼成銮驾状，然后用熟猪油、干红椒等辅料一起红焖。烹饪好的全副銮驾味道极其香浓，外观红亮，口感酥嫩，是到当地旅游不能错过的美食。

泥鳅钻豆腐： 当地很有特色的一道美食，美食的制作很有特色，将洗净吐净杂物的鲜活泥鳅倒入嫩白豆腐内，让它们乱钻，等把豆腐钻出若干小眼，再下油锅炖煮，并加上花椒、葱花、味精、生姜末、酱油等佐料。这道美食味道纯正，虽然其他地方也能品尝到，不过当地的味道更好。

流坑
千古第一村

古镇概述

地理位置

➜ 江西省抚州市乐安县。

气候特点

➜ 亚热带季风气候，气候湿润，四季分明，春秋季适宜旅游。

开放时间

➜ 全天。

门票

➜ 60 元。

交通

➜ 南昌西站—流坑

从南昌西站乘坐火车到达抚州站，再从抚州站打车至目的地。

位于江西省乐安县的流坑历史悠久，景色秀丽，独特的地势环境孕育了流坑“千古第一村”的美名。流坑的历史，一开始即为董氏所写。据说家世悠远的流坑董氏祖先是西汉时广川著名的大儒董仲舒，所以自豪的董氏人至今自称是广川董氏。唐朝末年战乱频繁，为了躲避战乱，董氏先人迁居流坑，经过几代人的不断努力，家族终于在明清时期走向繁盛，成为当地首屈一指的大家族。

流坑古村的建筑极具特色，由明朝万历年间时任南京刑部侍郎董燧亲自设计规划而成。整个村落的布局依山傍水，根据古村三面环水、地势平坦的特点形成了以龙湖为中心的东、西两部分格局。为了能够让吴江的水流经古村，带来源源不断的灵气，董燧便派人挖掘了龙湖，引入吴江水，成为村民们洗衣、嬉戏的好去处。高低错落的民居沿着街巷形成南北走向的格局，长长短短的街巷纵横交错，形成了七横一纵、状如棋盘的格局。

地势封闭的流坑在岁月的流逝中依然保存了较好的民居建筑，200多处建筑中涵盖了民居、牌坊、宗祠、古寺庙、古桥等众多建筑景观。民居均为砖木建造的楼房，有着清一色的青砖灰瓦，凌空昂起的马头墙，清新质朴。虽然整体风格较为简洁，但是在内部的细节之处体现着流坑深厚的文化内涵，工艺精湛的木雕、砖雕、石雕及彩画使人叹为观止。

历史悠久的流坑，董氏崇文重教，推崇科举，家族因此而壮大，是古代家族发展兴盛的范例和典型。在宋代流坑就有“一门五进士，两朝四尚书、文武两状元，秀才若繁星”和“欧（欧阳修）董（流坑董氏）名乡”的美称。明代旅行家徐霞客就曾称赞流坑：“其处纵横捭阖，是为万家之市，而董氏为巨姓，有五桂枋焉。”这里的“五桂坊”是流坑董氏鼎盛时期为表彰董氏家族五人同中进士而兴建的纪念牌坊。在科举艰难的古代，这样的壮举可谓罕见。

漫步在流坑，满眼的孤寂沧桑，昔日昌盛的古村在岁月的冲刷下变得残破不堪。那曾经辉煌的民居建筑、多彩的民俗文化、名人辈出的书院逐渐没落，原本的古韵古风也消散殆尽，让人唏嘘不已。

景点品鉴

➜ **理学名家宅：**修建于明朝时期的古建筑，原是当时刑部郎中董燧的宅院，建筑是砖木结构建造，因门楣上有“理学名家”而得名。匾额由明朝著名的理学名家曾同亨题写，是非常珍贵的文物。

➜ **翰林楼：**古村中两层砖木结构的8米高楼阁，是为纪念古村历史上出现的翰林而建的。楼阁坐西向东，呈正方形，前后两门相对，形成通道。原本恢宏的古建筑饱经历史的沧桑，有些已残破不堪。

➜ **状元楼：**古村中较为古老的建筑之一，始建于南宋时期，是为纪念古村中诞生的状元董德元而建。阁楼是两层的砖木结构，其中在阁楼的上层还有神阁，门楣上悬挂着朱熹题写的匾额，两侧悬挂有楹联。

董氏宗祠：修建于明朝嘉靖年间的董氏宗祠曾是流坑古建筑的代表，只是在 1927 年军阀混战时被毁坏，如今只保留着巍然屹立的 5 根 8 米多高的花岗岩石柱。残垣断壁的董氏宗祠，有人戏称为流坑的“圆明园”。

董氏宗祠

理坑

理学渊源

古镇概述

在秀美的婺源县中坐落着一座千年的古村落——理坑。这座始建于北宋末年的古村因村民喜好读书，历史上崇尚“读朱子之节，服朱子之教，秉朱子之礼”而被历代文人称为“理学渊源”，素有“山中邹鲁”的美誉。村落中有山溪流淌，因山溪在当地被称为“坑”，加上古村中深厚的理学渊源，因此古村就被称为“理坑”。

理坑地处婺源县东北的群岭环绕之中，仅有一条蜿蜒的小道连接着古村和外面的世界，因此古老的理坑在历史的变迁中保存得比较完好。虽然小巧的理坑没有纵横交错的街道，但是四周的山水景色却是浑然天成，和谐共存。加上古朴简

蜿蜒的溪水

地理位置

➜ 江西省上饶市婺源县。

气候特点

➜ 亚热带季风气候，温暖湿润，四季分明，适宜春秋季旅游。

开放时间

➜ 07：00—18：30

门票

➜ 60 元。

交通

➜ 婺源站—理坑村

从婺源站打车至目的地，全程约 45 千米，大约需要 139 元。

陋的水上小桥、高低错落的民居建筑，不管是谁来到这里都会感叹这里山清水秀，是一块宜居宝地。

走进古村，最吸引人的要数那条蜿蜒的溪水和灰墙黛瓦的民居建筑，因理坑和黟县仅有一山相隔，所以理坑的民居建筑以徽派建筑风格为主。理坑的徽派建筑以明清时期居多，其数量之多、形式之丰富令人惊讶。这里有崇祯年间广州知府余自怡兴建的“官厅”，明代天启年间吏部尚书余懋衡的“天官上卿”，清代顺治年间司马余维枢的“司马第”，清代道光年间茶商余显辉的“诒裕堂”，花园式的“云溪别墅”和园林式的建筑“花厅”等，这些古建筑在历经沧桑之后显得古韵悠悠，昔日建筑上的斑驳雕刻如今看来依然精美。如此众多布局合理、构造细腻的古建筑被认为是“生态文明的绿宝石”“建筑艺术的博览园”。

作为“理学渊源”，历史上的理坑是一座古风十足的儒雅之地，这里人杰地灵、人才辈出。虽然兴建历史短暂，但是历史上有记载的名人雅士众多。自北宋以后，理坑历史上仅进士就有 16 人，七品以上官员 36 人，文人学士 92 人，留下了 333 部 582 卷著作。

走在理坑中，这里充满着安详恬静的画面，或许是深藏群山的缘故，这里少有外来的喧嚣。要是想体验一番古村的优雅静谧，理坑是不错的选择。

景点品鉴

➜ **民居建筑群：**是古村的一大看点，这些建于明清时期的徽派建筑在历史的酝酿中显得古色古香，有着悠悠的古韵。在青山绿水的掩映下，古朴的民居建筑群虽没有了昔日的恢宏大气，却有着别样的韵味。这些保存至今的古建筑多是官宦之家的庭院。古村历史上官宦人家众多，因此民居建筑规模宏大，建造风格端庄肃穆，这也体现了古村深厚的历史文化。

➜ **司马第：**是一座三进三天井的府第，始建于清朝顺治年间司马余维枢的宅子，距今已有 300 多年的历史。上堂有横梁，两端月牙雕刻，两边拱坟，一边有马、鹤、鹿图案，意寓福禄寿；另外一边是双麒麟图案，意寓吉祥。府第高大气派，雕纹精美。砖雕上还雕刻着《孙子兵法》。

民居建筑群

被绿色环绕的村落

民风民俗

抬阁：理坑当地有儿童表演的娱乐节目，数名身穿彩色古装的儿童站立在四方形的高台上扮演各种戏剧人物，四人或八人抬着高台走街串巷很是热闹。一般高台有三五米高，四五名儿童在高台上演绎各种戏剧，两边锣鼓喧天，还有手拿各种古代兵器的扮演者护卫，这样的戏剧活动很受当地人的喜欢。

特色美食

吃什么

地处婺源的理坑，这里汇聚着众多的美食，有着很多当地特产制作的美食，如荷包红鲤鱼、清蒸草鱼头、糊豆腐和南瓜花塞肉等。

在哪吃

婺源第一楼

一家古色古香的饭店，主打婺源粉蒸肉、特色猪脚、腊肉炒野菜、特色一楼鸭、糯米子糕等菜品，人均消费 83 元左右。

电话：13879393458

营业时间：10：00—21：00

地址：朱熹大道华星广场向南 50 米

溪边饭店

理坑中一家很简单的餐馆，当地的特色美食丰富，味道非常纯正，备受好评，人均消费不高。

电话：13958031931

营业时间：10：00—21：00

地址：理坑风景区近门口溪边

贾家村
古朴荣国府

古镇概述

贾家村是一座始建于北宋时期，有着千年历史的古村庄，距离高安市区有 28 千米。历史上的贾家村在明清时期达到繁荣，逐渐成为一个有着 5000 多人口的大村庄，而且古村中形成了 60 多条古巷道，如今在古村中仍保留有 300 多幢明清时期的民居。古韵悠悠的村庄，加上优美自然的田园风光、波光粼粼的芦泉湖和幽静清秀的温泉山庄，让贾家村有着“现实版的荣国府”的美誉。

历史悠久的古村孕育着众多的文化，其中最为重要的要数宗祠文化和书院文化。在古村保存的 300 多幢古建筑主要分为官厅、祠堂、客厅、大堂、书院、民居和雨亭等几类，其中祠堂和书院是古村历史上重要的建筑。如今在古村中有四座书院得以保存，主要有文昌书院、鹤鹿书院、明月轩书院以及皖月轩书院。这些年代久远的书院虽没有了昔日朗朗的读书声，如今却依旧古韵悠悠，走进其中依然能够感受到书院宁静素雅的韵味。

贾家村不仅有着深厚的儒家文化，还有着深厚的佛教、道教文化，这里有着众多的佛寺和道观。七级浮塔、先农庙、土地庙、景贤寺以及万寿宫等众多的佛教道教建筑，十分壮观。因此，贾家村也成为一个汇聚儒家、佛教和道教于一体的古村。

地理位置

➔ 江西省高安市新街镇。

气候特点

➔ 亚热带季风气候，四季分明，适宜春秋季旅游。

开放时间

➔ 全天开放。

门票

➔ 免费。

交通

➔ 南昌西站—贾家村

从南昌西站乘坐火车到达樟树东站，再从樟树东站打车至目的地。

景点品鉴

➔ **贾氏宗祠：**一座四进式的穿堂建筑，建筑呈对称分布，共有昼锦堂、拜亭、寝宫和观音堂四个部分。中轴线上的建筑依次纵深，两侧的庭院和廊坊沿着中轴线对称分布。二进的拜亭中斧刃砖铺就的地面非常奇特，呈八卦图形，充满神秘感；三进是寝宫，这里供奉着贾氏祖先的牌位；四进就是观音堂，这里供奉着观音的塑像。在祠堂内部的建造上，随处可见精美的雕刻，精湛的雕刻工艺也说明贾氏族人对宗族祠堂的重视。

➔ **怡爱堂：**贾家村中历史最为久远的民居建筑，建筑风格上不仅有着明代建筑的特点，而且还保留着元代时期的特色，始建于元末明初时期。建筑的布局造型很是独特，其中二穿枋是月梁式的造型，在甬门附近还保留有神龛，这些古朴的建筑历经岁月的侵蚀显得古色古香。

➔ **赐福堂：**古村中官厅建筑的代表，建于清朝初年，是古村中非常重要的建筑。赐福堂的建筑风格重视内部大于外部，这种建筑理念在古村的众多建筑中显得非常独特。在建筑上处处展示着精湛的石雕、砖雕和木雕技艺，在天井处有福、禄、寿、喜构成的圆形字样，都是由砖石雕刻而成。封火墙上翘角的建筑用木雕和石雕建筑而成，图案精细，画面生动。

乐平
古戏台博物馆

古镇概述

作为赣剧的发源地，乐平保留着大量的古戏台，这些最早建造于明朝时期的古戏台如今在乐平有 200 多座，分布在乐平的各处古村中，大多保存完好。这些古戏台汇集建筑、雕刻、历史故事、戏剧于一体，是一种珍贵的历史文化遗产，代表着乐平古老且深厚的历史文化底蕴。

200多座古戏台按照不同的功能可以分为有晴台和晴雨台；按照不同的属性可以分为祠堂台、庙宗台、宅院台、会馆台以及万年台。虽然这些戏台有着不同的功能和属性，但是在建造上非常讲究，风格恢宏大气。三重檐歇山顶式的建筑上分布着很多精美的雕刻装饰，代表着当时建造者高超的建造工艺。

如今在斑驳的古戏台上还保存着很多楹联和匾额，这些装饰精美、制作考究的楹联匾额很多都是鎏金，上面刻有各种寓意的字迹很多都是当时的名家大师书写，字体各异，或刚劲，或圆润，诸如“三五步能是千里江山，四六人可代百万雄兵”“眼界抬高不怕前头遮住，脚跟站稳何惧后面挤来”……这些内容丰富的话语意味深长，让人回味无穷。

古戏台在乐平人心中有着重要的地位。这不仅源自于古时候人们对神权和皇权的崇拜，也来源于古戏台上的戏剧能够带给人们欢乐，在劳累之余欣赏多姿多彩的戏剧，也是一种生活的享受。已经有着1800多年历史的乐平不仅有着丰富的戏剧文化、古戏台文化，也有着深厚的历史文化底蕴，孕育出众多的民俗、美食等特色。

地理位置

➔ 江西省乐平市。

气候特点

➔ 亚热带季风气候，气候温和，四季分明，春秋季最适宜旅游。

开放时间

➔ 全天开放。

门票

➔ 免费。

交通

➔ 南昌站—乐平市

从南昌站乘坐火车到达乐平市站，再从乐平市站打车或乘坐公交至目的地。

景点品鉴

➔ **浒崦古戏台：** 位于乐平市镇桥镇浒崦村，修建于清朝同治年间，由晴台、雨台、厢楼和祠堂共同组成，形成一座环形的建筑。因整齐的布局、巧妙的设计、精湛的雕刻成为我国有名的古戏台。作为戏台的主建筑，晴台高10米，宽20米，深6米，气势恢宏。由八块门屏构成中堂壁，两侧是拱状门扇，两根台柱上分别悬挂着长3米和2米的楹联。在戏台的梁枋、门窗、墙壁上都有精美的雕刻图案，内容以传说故事为主，画面生动，惟妙惟肖，极富生活气息。

陂下村
红色古村

古镇概述

陂下村被称为“红色古村”，它是我国著名的历史文化名村之一，也是著名的革命圣地。陂下村位于江西省赣中地区，在唐代逐渐兴起，距今已有1000多年的历史，是由胡、罗两姓组成的中型古村落。

古村中的街道很有特点，这些巷道蜿蜿蜒蜒，没有一条是笔直的，这些弯曲的巷道错落有致，让村庄形成了一个封闭式的村落。历史上村落建造时正是战乱时期，周围聚集着不少的匪寇，为了防止侵扰，就将村庄建成封闭式的，通过四座山门进出。如今这四座老山门还存在着，分别为迎龙门、朝天门、延福门和龙川阁，山门上还有密布的枪眼，这样封闭的山门和封闭的街道就形成了“大圈套小圈”的古村格局。

在古村中还有一个很奇特的景象，这里被誉为“樟树之村”。古村中拥有80多棵500年以上树龄

地理位置

➔ 江西省吉安市青原区。

气候特点

➔ 亚热带季风气候，四季分明，气候温和，适宜春秋季旅游。

开放时间

➔ 全天开放。

门票

➔ 免费。

的樟树。千年古樟有 10 多棵。古村笔直挺立，犹如一位位亭亭玉立的少女站立在古村中，又好似一位位威武的士兵守护着古村。古村东头的合欢樟笔直高大，仅树冠就有 200 多平方米，粗壮的树干需要十多个人才能合围，在古村中形成这样高大的树木可谓是不小的奇迹。

在近代，陂下村曾经是众多无产阶级革命家工作战斗的地方。毛泽东、朱德、陈毅等都曾在这里参加过多次战斗，如今在古村中还保留着众多的革命遗迹，让这座千年古村成为红色古村。

交通

➜ 南昌站—陂下村

从南昌站乘坐火车到达泰和站，再从泰和站打车或乘坐公交至目的地。

景点品鉴

➜ **陂下古街：** 古村中的商业街道，修建于清朝道光年间，距今有近 200 年的历史。这条长不过百米的古街道上曾布满了作坊店铺，如今，昔日的作坊店铺很多都已经消失，只留下斑驳的木门。

➜ **敦仁堂：** 古村中胡氏的宗祠，也是古村众多宗祠之首。宗祠始建于明朝万历年间，距今已有 500 多年的历史。祠堂还曾在 1930 年 3 月作为毛泽东主持召开的“赣西南特委党的第一次代表大会”的会址。

➜ **安人亭：** 古亭建于清朝道光年间，阁楼式的建筑风格，据说是当地的县官胡绍亭为了体恤无房无食的孤儿寡母而建。后来不知是什么原因，凡是陂下村胡氏人家的婚丧嫁娶都要经过安人亭，当地人说这是因为古亭的名称“安人”，“安人，安人，想平安就过亭”。这样富含美好期望的风俗在当地一直保存至今。

龙南

客家围屋

古镇概述

地理位置

➜ 江西省赣州市。

气候特点

➜ 亚热带季风气候，全年气候温和，适宜春秋季旅游。

开放时间

➜ 全天开放，个别景点另有开放时间。

门票

➜ 免费，个别景点收取门票。

交通

➜ 南昌站—龙南

从南昌站乘坐火车到龙南站，再从龙南站打车或乘坐公交至目的地。

龙南历史悠久，自南唐时建造以来，距今已有 1000 多年的历史，由于其独特的地理位置而被誉为“江西南大门”。龙南因地处龙头山以南而得名，是典型的客家县，在这片山水秀丽的土地上孕育着浓郁的客家文化，也诞生了我国著名的客家民居——围屋，这是我国传统民居建筑形式的代表之一。

龙南的客家围屋开始建造于明末清初，这时候由于北方战争，大量的北方人逃难来到南方，并定居下来兴建围屋。如今在龙南保存较好的围屋有 500 多座，这些数量众多、风格各异、大小不一的围屋分

周边景点

➔ **小武当山**：有着深厚佛教文化和独特丹霞地貌的风景名胜，林立的近百座山峰构成一幅波澜壮阔的画面，形成了众多景色不同的景致景观，因形似武当山而被誉为“小武当山”。门票 80 元

➔ **玉石仙岩**：一座石灰石构成的岩石，因外形颜色犹如白玉故称玉石仙岩。在岩石上有一名为玉虚洞的石洞，圆形洞口内部规模庞大，可以容纳上百人，洞内石笋、石钟林立，还有一口深不可测的石井。在洞内还有著名人物王守仁的石刻手书，非常珍贵。

布在龙南的土地上，让其成为“客家围屋之乡”。

作为客家民居的主要建筑形式，围屋的产生源自于一定的特定条件，围屋的外墙浑厚，犹如城墙，不仅是每座房屋的承重墙，也是整座院落的防卫墙。浑厚的外墙上几乎没有华丽的装饰，追求的是坚实和稳固，完美的防御性是其最大的特点和要求。这主要是源于围屋的建造者是北方过来的逃难者，混乱的局势让建造者更加注重保护的作用。客家人注重家族的血缘和团结，因此作为承载家族居住的建筑，围屋也充分体现了这一点。有人认为围屋是集家、祠、堡于一体的综合建筑，一座围屋就是一个家族，在围屋内是以血缘形成的宗亲长幼关系，实行族长管理，每年在围屋内都会举行祭祀祖先的仪式。可见这样综合性的建筑在龙南客家人的历史发展中有着重要的作用。

古老的龙南不仅有着造型奇特的围屋，也有着风情浓郁的客家文化。淳朴的龙南人创造了丰富多彩的民俗文化以及各种客家美食。

景点品鉴

➔ **燕翼围**：兴建于清朝顺治年间的围屋，距今已有 300 多年的历史，名称取自于《山海经》，有谋划未来、子孙繁荣的意思。建筑高 14.3 米，长 41.5 米，宽 31.8 米，墙体厚 1.45 米，浑厚的墙壁笔直耸立，仅有一座围门，而且还是三道关口，在围墙上布满枪眼，四面还各有炮楼耸立，可见围屋严密的防御体系。

➔ **关西新围**：龙南地区著名的围屋，兴建于清朝嘉庆年间，历时近 30 年建成，被认为是“迄今保存最为完好，赣南现存 500 多座客家围屋中面积规模最大、结构功能最为齐全的一处围屋”。建筑由当地的名绅徐名钧建造，为了和原来的老围屋区别，故取名“新围”。围屋呈“国”字形，长 94.75 米，宽 83.36 米，由土木结构建造，东西两座大门是进出围屋的大门，三层的建筑上每一层上都有 79 间房屋。围屋防御严密，其中二层的外墙是用 50 厘米厚的石壁垒就，三层是 35 厘米的青砖砌成，每一层都有枪眼和炮口。围屋外部朴实敦厚，内部却非常精美，很多地方都有精美的砖木雕刻，图案生动，栩栩如生。

➔ **太平桥**：一座形式非常独特的桥梁建筑，建筑形式是两孔三墩和四拱双层重叠相组合的石拱桥。古桥横跨河流两岸，气势恢宏，因其独特的造型而被收录到《世界桥梁大观》之中。

民风民俗

➔ **端午龙舟赛**：龙南的赛龙舟比赛起源于明朝弘治年间，当地的客家人每年都会在端午节这天举办龙舟赛，逐渐成为当地一项重要的民俗活动。龙舟比赛有着严格的程序，从祀奉龙神开始，请龙神、龙船会、扫邪、决赛、游船、龙神归位、送游船鸭等仪式构成整个龙舟比赛的全部。每年的端午节，四周县乡的人群都会来到这里观看龙舟比赛，龙舟赛成为当地最受欢迎的传统民间活动。

广西
Guangxi

广西壮族自治区是我国五个少数民族自治区之一，也是唯一的沿海自治区，连接着通往中国内陆和东南亚地区的交通命脉，具有重要的地位。

广西历史悠久，春秋战国时期这里被称为“百越之地”，广西属于其中的一部分。在秦王朝时期，广西的大部分领土属于桂林郡和象郡，所以广西简称“桂”。作为我国少数民族人口最多的省份，其境内文化资源丰富多彩，民族风情绚丽迷人。尤其是近代，当地远游海外的人口众多，这里也成为全国有名的“三大侨乡”之一。

广西的古村古镇大多保存完好，并且规模宏大、风格多样，这与当地的文化特色有着紧密的联系。这些古建筑多为明清时期所留，古色古香，工艺精湛，装饰华美，散发着浓浓古韵。置身其中，大家可以直观地感受历史遗留下的建筑艺术的精华，体味少数民族淳朴、浓厚的民族风情。

三江侗族自治县

风雨桥上侗歌远

古镇概述

地理位置

➜ 广西壮族自治区柳州市。

气候特点

➜ 亚热带季风气候，雨热同季，寒暑分明，一年四季都可前往。

开放时间

➜ 全天开放。

门票

➜ 程阳风雨桥 50 元。

交通

➜ 三江南站—三江侗族自治县三江 4 路（河东车站方向）：高铁南站上车—交通局站下车，乘坐 11 站。

三江侗族自治县位于广西壮族自治区北部的湘、桂、黔三省交界处，侗族的祖祖辈辈在这里辛勤劳作、繁衍生息，创造了辉煌灿烂、风格独特的侗族文化。这座依山傍水的侗家村寨，风光秀丽，侗族风情浓郁，别具风格的侗家建筑鳞次栉比，令人神往。

侗家村寨多建于山间盆地之中，是一个与世隔绝的世界。清澈的溪水穿过村寨蜿蜒而去，杉木建造顶覆青瓦的吊脚楼错落有致，鼓楼群、水车群和风雨桥等精美雅致又古朴实用的建筑共同演绎着侗寨风情。来到这里，就仿佛置身于原始而又古老的村落，周身弥漫着清新自由的味道，缭绕不散的云雾使之更加缥缈如仙。周围的山坡上顺势开垦的层层梯田形如阶梯，块块整齐形如田字，远远望去十分壮丽。

青山绿水间的侗寨多聚族而居，

各个寨子大小不等，或由一二百户人家组成，或是五六百家，共同在群山深处宁静悠闲的生活。村寨内的房屋之间间隔较近，一幢挨着一幢，密密相接，素有“晴天进寨不怕晒，雨天进寨斗笠不用戴”的说法。

景点品鉴

➜ 马胖鼓楼： 侗寨中最具当地文化特色的建筑之一，位于广西三江侗族自治县八江乡马胖寨，始建于 1928 年，1943 年又重新修建。该建筑风格既吸收汉族古代塔楼的建筑特色，又不拘泥于一格，多角形的瓦檐、下部为方形，使其如鸟翼展翅，极具美感。

➜ 风雨桥： 又名“盘龙桥、永济桥、花轿”，是当地最具代表性的建筑之一。整座桥只是在柱子上凿穿孔眼并用木榫连接，不用一根铁钉，却异常坚固。桥上建有可遮挡风雨的长廊式桥屋，通道两侧有栏杆，如同游廊，可在这里欣赏如帘如幕的雨景，品味侗寨人悠闲的田园生活。

风雨桥

民风民俗

➜ 赶贼节： 每年的大年初一，侗族自治县独峒乡唐朝村的侗族人民会聚集在一起举行传统的辟邪节——赶贼节。

➜ 南瓜油茶晚宴： 每年农历的八月初十，侗族人民便会制作一个巨大的“南瓜花”，聚在一起后开战“南瓜之战”。

➜ 侗族芦笙会： 中秋佳节之时，几个村寨便会联合举办芦笙会庆祝节日。此时，也是寨中的青年男女们选择伴侣的最佳机会。该节日会持续好几天，非常热闹。

大圩镇

古老之中存优雅

古镇概述

古朴的街道

地理位置

➜广西壮族自治区桂林市灵川县。

气候特点

➜亚热带季风气候，气候温和湿润，冬无严寒，夏无酷暑，四季皆可前往旅游。

开放时间

➜全天开放。

门票

➜免费。

交通

➜桂林站—大圩镇

6 路换乘城乡公交 306 路，全程 23 站。

6 路（轮胎厂门口方向）：上海路口站上车—七星路五里店路口站下车，乘坐 8 站。

城乡公交 306 路（大圩广场站方向）：七星路五里店路口站上车—大圩镇政府站下车，乘坐 15 站。

大圩镇位于风景如画的漓江沿岸，是广西四大圩镇之首。大圩镇历史悠久，民族文化丰富，伴随着山水秀丽的漓江，自然风光旖旎。古老的大圩凭借其优越的地理位置，在明清时期就是远近闻名的商业重镇，连接南北、贯通东西，有“逆水行舟上桂林，落帆顺流下广州”之说。

走过古镇古老斑驳的城门就是老街，青石板铺就的街道充满古韵，两旁多为两层的明清建筑，古色古香。这些民居大院一般是二进或三进，青瓦覆盖下的房屋建构，散发着随处可见的历史沧桑。

漫步在街道上，满眼的古色古香，各种高低错落的民居建筑、摆满商品的商店、杂货铺把大圩的古韵展示得淋漓尽致。古镇上留下来的大多是老人，他们或是聚集一起晒着太阳，唠叨着自己的烦心事，或是眉飞色舞地讲述着年轻时候的见闻，平静安详。

在大圩镇，空气中一直弥漫着醉人的酒香味，这源于大圩是著名的酿酒古镇。当地的酿酒历史可以追溯到明朝初年，当地土酒味道醇厚、香味浓郁，几乎每一个来到大圩的游人都要尝一尝大圩的土酒，这也是当地人接待客人必备的酒品。大据说圩的土酒喝过之后不上头，还有着一定的保健养生作用。如今大圩很多人家在过年的时候都会酿酒，用来招待客人。

随着岁月的流逝，大圩镇愈发呈现出古朴的魅力。古人有诗云：“大圩江上芦田寺，百尺深潭万竹围。柳店积薪晨后，壮人荷叶裹盐归。”这样平实的语言、朴素的词语真实地展现了大圩古朴、宁静和优美的风貌。

景点品鉴

➜ **万寿桥：**位于马河和漓江的交汇处，是一座石砌的石拱桥。古桥始建于明朝时期，后来被毁后又于清朝光绪年间重建。古桥是古镇中连接东西的重要通道，也是游览古镇必经的道路，坚硬的岩石构造让其看起来稳固无比，这里也是欣赏古镇美景的最佳地方。

➜ **雨亭：**看似不大，却很古老，始建于清朝道光年间，毁坏后于民国初年重建。它原是古镇上的戏台，每当节日或闲暇之余，都会在此举办活动或是登台唱戏。如今的雨亭仍是人们娱乐休闲的地方，同时还会举办古镇上的各种活动。

➜ **石板路：**沿岸而建，长 2.5 千米，宽 2 米，多用青石板镶铺而成，共计用料 1.5 万块，其中有 0.5 千米为卵石铺筑。古风古韵，现基本保存完好。

黄姚镇
梦境家园

黄姚镇，一个闻名遐迩的千年古镇，位于广西壮族自治区昭平县的东北部。古镇始建于明朝万历年间，因为古镇上黄、姚两姓最多，所以被称为黄姚。经过不断发展，黄姚镇于清朝初年走向鼎盛，是“中国最美的十大古镇”之一。

黄姚镇景色众多，被人称为“六多”，分别是：山水岩洞多，亭台楼阁多，寺庙多，祠堂多，古树多，楹联匾额多。

黄姚镇的山水溶洞多主要是因为当地是喀斯特地貌集中地，这里群山林立，溶洞幽深，潺潺的清溪孕育着苍苍古木。除了怪异的自然风景，古镇内历史遗迹丰富，多为明清时期建造的寺观庙祠和亭台楼阁，也有许多先贤留下的楹联、匾额、碑刻。这里还有韩愈、刘宗标到此来访并作下诗篇，也有着何香凝、高士其等名人雅士驻足的痕迹。

走进古镇，青色的大块石板路一直通向古镇的深处，两侧高高的屋墙竖立，街道缓缓延伸，古韵犹存。民居之间形成的窄窄小巷有3—5米宽，没走几步就是另一条小巷，也是另外一个世界。古镇建筑是按照九宫八卦阵布局，纵横交错的街道将古镇分割成大小不同的板块，每个板块都是一个整体，被称为“人与自然完美结合的艺术殿堂”。古镇还有一条小河，清水徐徐，映照着两岸高低错落的民居，形成一幅“小桥、流水、人家”的景象。俗话说：“有山必有水，有水必有桥，有桥必有亭，有亭必有联，有联必

古镇概述

地理位置

➔广西壮族自治区贺州市昭平县。

气候特点

➔ 亚热带季风气候，气候温和宜人，秋季是旅游的最佳季节。

开放时间

➔ 07：30—18：00。

门票

➔ 100 元。

交通

➔ 桂林西站—黄姚镇

从桂林西站乘坐火车到达钟山西站，再从钟山西站打车至目的地。

住宿

➔ 金麦缘驿站

电话：19197939979

地址：昭平县黄姚镇金德街 6 号

标间：238 元左右

➔ 贺州黄姚小站

电话：（0774）6722582

地址：昭平县黄姚镇迎秀街 004 号

标间：90 元左右

➔ 听泉小苑

电话：13424593381

地址：昭平县黄姚古镇天然街 1、2 号

标间：146 元左右

秀美风光

有匾。”黄姚古镇真可谓是一个天然的山水园林。

绕过这些石板小路，名为“偶然间”的客栈豁然出现在眼前，青砖灰瓦下是脱落的墙皮，看着虽有些破败，但是走进里面却别有洞天。这是小镇有名的酒吧文化客栈，隐匿在绿荫之中，客栈前是牢固如初的带龙桥，溪水川流而过，颇有江南水乡的美妙意境，吸引了许多慕名来此的游客。

行走在黄姚镇，各种如画的景致让人流连忘返。黄姚不只是大自然赐予我们的宝物，更是历史留给我们的宝贵艺术，著名的美籍华人画家蔡楚夫曾赞黄姚是“人与自然完美结合的艺术殿堂”。

景点品鉴

带龙桥：它是黄姚镇古桥梁中最大的一座石拱桥，在当地很有名气，犹如一条彩虹横跨江岸，特别是在明月高悬之时，清水映照下格外静美。带龙桥附近的自然景观很是优美，桥上桥下都是风景，令人赏心悦目。

带龙桥

古戏台：古镇内那座修建于明朝嘉靖年间的古戏台历经沧桑已变得伤痕累累，经过多次修缮依旧保持着旧时的模样。如今，每个节日或空闲时间，戏台上还会有人登台唱上几段老戏，场面很是热闹。

鲤鱼街：这条街道在古镇中十分有名，建造时也颇具传奇性。据说在铺就街面时，街道的正中央有一块凸起的大石头，巨大无比，人力不能搬动。后来建造街道的石匠们就把大石头雕刻成鲤鱼的模样放在街道中央，于是整个街道就像一条河流，鲤鱼在其中游动，很有特点，成为黄姚一道奇观。

兴宁庙：始建于明朝万历年间，砖木结构，依地而建，与周围的景观融为一体，背靠隔江山，面向真武山，左有鼓乐亭，右为牌坊。亭子屋檐上的人物，栩栩如生，虽经过几百年的风雨冲刷，却依然色彩艳丽。大殿前柱子上的楹联“别有洞天藏世界，更无胜地赛仙山”依旧清晰如昨。

宝珠观：它是古镇众多建筑中规模最大的，整个寺庙犹如宝山圣殿一般。观园因建于宝珠山旁而得名，整个建筑规模宏大，山水环绕，遍植树木，郁郁葱葱。观园可分为上下两个院子，由斑斓色彩的琉璃瓦覆盖，石刻石柱支撑，装点着雕梁画栋，殿内有壁画栩栩如生。

民风民俗

舞鱼龙：是当地的一种传统活动，每年到大年初二这一天，古镇中的人们就会聚集在一起，参加舞狮、舞龙、舞鱼以及提灯、五花阵等民间表演活动，共同祈福，恭贺新春。

五月初五：黄姚古镇过端午节的习俗有别于其他地区，在这一天，古镇中每家每户的门前都会插有菖蒲，晚饭前还会在墙角处放雄黄以防虫蛇。

特色美食

吃什么

来到黄姚一定要品尝一番这里的特色美食，新鲜出炉的黄姚米粉、传统的油茶和美味的黄姚炒螺，还有远近闻名的豆腐酿，都是这里特有的美食小吃。

在哪吃

黄姚古镇农耕记

一家环境很有意思的餐厅，有古韵又有农家特色，在这里可以看到食物最原始的模样。主打菜有：客家井水豆腐酿、香焖黄牛肉、家乡梅菜扣肉等，人均消费 57 元左右。

电话：18007844079　　13737856889

营业时间：09：30—14：00　　17：00—21：30

地址：713 县道黄姚古

江头洲
爱莲古村

古镇概述

有着 1000 多年历史的江头洲村坐落在甘棠江上游的护龙河畔，这座青山绿水间的古村落，风光秀丽，景色宜人，阡陌纵横，鸡犬相闻，仿若世外桃源。古老悠久的岁月在这里留下了时光的印记。

据相关史书记载，江头洲村大有来头，村中 158 户人家共 680 余人都是我国北宋时期著名的文学家、哲学家、理学创始人周敦颐的后裔，村民几乎都为周姓。或许因周敦颐曾著有《爱莲说》之故，村中遍植莲花，清香四溢，美不胜收，所以他们又被称为“爱莲家族”。在村头还建有一座气势恢宏、华美精致的周氏家族祠堂——“爱莲祠堂”。

“家祠莲花地，江头进士村”，江头洲村作为古代大家周敦颐的后人居住之地，这里不仅莲花遍野，文风亦十分浓厚，人才辈出。历史上古村中曾有 200 多人出仕，仅清代就有上百人考取了功名，素有“一门两进士”“三代庶吉士”“四代四举人”“五代五知县”的美谈。他们大多都秉持祖训，清白做人，廉洁做官，“出淤泥而不染”，素有“清官村”“才子村”的美誉。

行走于古村内，180 余座明清时期的古民居星罗棋布。抬头一望，高大的房屋青砖灰瓦，层层屋檐相互重叠，木质的构架古朴典雅，来到这里就好像行走于明清时期的古街上，浓浓的古韵扑面而来。

古村前是连绵的山峰，山上树木葱郁，奇峰怪石林立，风景优美。据这里的村民所讲，山上还有两座形似“笔架”和“官印”的山峰，相传这里有文曲星保护，容易出大官。带着古村古韵的遗风探寻这座颇具传奇色彩的山峰，欣赏自然与人文完美结合的美，相信会带给你一番别样的体验。

辉煌的历史已消逝在历史的烟云中，金榜题名的人才也早已作古，昔日的盛景无处追寻，只能徜徉于这古老的村落中，透过那古老的建筑、代代传承的淳朴村风、积淀深厚的文化去探寻江头洲村历史的记忆。

地理位置

➜ 广西壮族自治区桂林市灵川县。

气候特点

➜ 全年气候温和，阳光充足，夏长冬短，四季都可前往旅游。

开放时间

➜ 全天开放。

门票

➜ 免费。

交通

➜ 桂林北站—江头洲

灵川 102 路换乘灵川 309 路，全程 41 站。

灵川 102 路（灵川福园小区方向）：定江镇站上车—潭下路口站下车，乘坐 14 站。

灵川 309 路（九屋市场方向）：潭下路口站上车—九屋市场站下车，乘坐 27 站。

民风民俗

江头洲村民风淳朴，民俗活动更是多姿多彩，有抬仙姑、舞狮、斗鸡、彩调、文场、渔鼓、桂剧、贺郎歌等，种类繁多、独具特色。

兴坪镇

漓江明珠

古镇概述

兴坪镇被誉为“漓江沿岸最美丽的古镇”，它位于“山水甲桂林”的阳朔的东北部。依山傍水、景色秀丽的兴坪古镇历史悠久，隋朝时期就是当地的县府所在地。

紧靠漓江的兴坪镇有着“山水甲天下”之说，是我国著名的旅游重镇。这里群峦叠嶂，清水悠悠，漓江两岸无边的风光映照，让整个古镇更添旖旎的景致。著名的画家徐悲鸿就说：“阳朔美景在兴坪。”兴坪镇自然风光类型多样，青山、流水各具风貌，像九马画山、黄布滩、20 元人民币画景等，再加上深厚的历史文化底蕴，好似一颗点缀在漓江上的璀璨明珠。

古时的兴坪镇是一个“车马来往人看人”的繁华县城，如今却是一个青山碧水、享誉全国的优美古镇。古镇上还保留着过去的诸多建筑和遗迹，像戏台、县衙遗址、庙宇等，沧桑古朴中展现着兴坪镇深厚的历史文化底蕴。

在古镇的不远处有一个历史的渔村，这里虽然面积不大，景色却最为优美，古往今来众多名人雅士在此流连驻足。渔村的前后都是景色，村前是蜿蜒旖旎的漓江，还有层峦叠嶂的绵延青山；村中的民居建筑大多是青砖黑瓦覆顶，高高翘起的马头墙、凌空的飞檐、雕梁画栋，结构极具特色，具有典型的本地民居色彩；村后群山汇聚，层峦叠嶂，各具风采的群山更显得渔村小巧精致。

“春风漓水客舟轻，夹岸奇峰列送迎。马跃华山人睇镜，果然佳胜在兴坪。”这是叶剑英元帅在游览兴坪镇时留下的诗句，足见其对兴坪镇的赞美之情。兴坪镇，这颗镶嵌在漓江岸边的明珠，永远绽放着她的光彩和魅力！

地理位置

➜广西壮族自治区桂林市阳朔县。

气候特点

➜亚热带季风气候，四季皆可前往旅游。

开放时间

➜全天开放。

门票

➜不同景点收费不同，莲花岩 70 元。

交通

➜桂林西站—兴坪镇

从桂林西站乘坐火车到达阳朔站，再从阳朔站乘坐阳朔高铁专线 2 路即可到达目的地。

景点品鉴

➜ **九马画山：** 位于兴坪镇的上游，和五峰上相连，山峰一面石壁上可以看到群马奔涌的画面，栩栩如生的马群让人赞叹不已，这就是著名的“马图呈九道，奇物在人间”，合称“九马画山”。整个山壁画面壮观，堪称漓江“巨壁美”之冠。

➜ **兴坪古街：** 老街横贯整个古镇，直通古镇外的码头，这样建造是为了方便古时候南来北往的商客在古镇中停留。这条并不长的老街由石板铺就而成，古时建造的会馆就集中在道路两侧，且保存完好。

➜ **莲花岩：** 为一块巨大的岩石，因岩石上有上百块像莲花的石头得名，是典型的喀斯特地貌景观。这些岩石大小不同，形态各异，好像漂浮在水面上的荷花，有的里面还装着天然的穴珠，圆滚的样子很是精致，这样造型奇特的喀斯特地貌可谓是“世界岩溶奇观”。

➜ **黄布滩：** 因为沿岸黄色的石壁倒映在水中显出黄色，故得名“黄布滩”。黄布滩江面宽阔，水流清澈，形如长行镜面，两岸奇峰绵延，郁郁苍苍。泛舟江中，群峰倒影，山水一色，虚实莫辨，因此“黄布倒影”成为漓江上著名的胜景。

扬美
明清遗珠

古镇概述

地理位置

→ 广西壮族自治区南宁市。

气候特点

→ 亚热带季风气候，阳光充足，气候温和，春秋季适合出行。

开放时间

→ 08：30—18：00

门票

→ 10 元。

交通

→ 南宁站—扬美

可从南宁站打车到达目的地，全程约 38 千米，大约需要 95 元。

扬美，一个位于南宁市西南部的千年古镇。始建于宋代的扬美三面环水，景色优美，不仅有着深厚的历史古韵，也有着秀丽的自然风光，被誉为“小南宁”。

三面环江，一面临山的扬美，景色非常优美，脚下溪水潺潺，岸边树木苍翠，紧靠的山峰连绵起伏，郁郁葱葱，零星的红棉花妖艳似火，由此形成了奇、险、秀、怪、幽融为一体的多彩景色。前人就有诗赞誉道：“环绕青坡异草花，清泉剑影夕阳斜。滩松相呼渔歌晚，文阁登临望紫霞。”如今看完扬美的景色也有人说“桂北阳朔桂南扬美”，将它和阳朔的景致相媲美。优美的景色也为扬美带来诸多的机遇，许多影视剧慕名到这里拍摄，比如《杜鹃声声》《邓小平在广西》《石达开》《三相亲》《血城鸳鸯镯》《我的父亲》《响亮》等。

水运是决定扬美命运的缰绳，扬美古镇因水运的发达而兴盛。历经千年岁月的扬美，依托便利的水运条件发展成为远近闻名的商业重镇，有诗形容它的繁华：“大船尾接小船头，南腔北调语不休。入夜帆灯千万点，满江钰闪似星浮。”现存的 700 余栋明清建筑就是昔日繁华的明证。

走进古镇，高低错落的明清建筑、斑驳沧桑的名胜古迹不断映入眼帘，各个建筑造型各异，风格多样，或庄严，或恢宏，都是不可多得的文物遗迹。如今，那些经历岁月的建筑仿佛记录着古镇昔日的荣耀。走在古街上，昔日的繁华不在，没有了川流不息的人群，也没有了那些此起彼伏的叫卖声。这个仅有 6.5 平方千米的长条形江上半岛，不过数百户人家的小镇，除了每日班车抵达那一刻有点热闹，大部分岁月还是静如世外的。

行走在扬美，蜿蜒伸展的街道，高低错落的民居，精雕细琢的雕饰……所有的景象都弥漫着平淡与安宁。扬美，是一个蕴藏着历史风云、孕育着淳朴、散发着清新气息的地方；也是一个令旅游者流连忘返、摄影者去了还想去的地方；更是一个满目苍翠、环境宁静、让人心灵度假的地方。

景点品鉴

→ **黄氏庄园：** 这座建于清朝乾隆年间的古建筑，面积宏大，有 900 多平方米，共三进院落。园内房屋林立，错落有致，保存得十分完好。

→ **临江街：** 因其修建于清朝中后期，所以又被称为清代一条街，这里集中了古镇中最多的景致，并不宽阔的街道两侧，伫立着鳞次栉比的民居建筑和商店，曾是古镇中最繁华的地方。如今，昔日的繁华虽已消逝，但保存下来的古建筑依然在记录着古镇昔日的光辉岁月。

→ **魁星楼：** 当地有名的一处胜迹，始建于乾隆元年，面呈方形的主楼共有三层，高约 15.3 米，远观仿若帝王的玉玺，大气磅礴，古朴庄重。

黄氏庄园

民风民俗

扬美古镇中有众多民俗活动，三月三划龙船无疑是独有的一种传统习俗。这里的划龙船并不是在水中划，而是人们抬着龙船走街串巷，到每家每户送去祝福和祈祷祛除灾害。

特色美食

吃什么

这里最出名的美食便是土鸡和江左鱼，江左鱼味道鲜美，没有丝毫的泥腥味，颇受大家欢迎。此外，杨桃叉烧、杨桃排骨汤、蕉叶饭也是这里的特色美食。

广东
Guangdong
海南
Hainan

广东省位于南岭以南、南海之滨，具有浓郁的岭南文化气息，又因地利之便成为我国侨胞最多的省份，这些侨胞在回乡建设中发挥着重要作用，造就了广东建筑独一无二的特色。海南省与广东省隔琼州海峡相遥望，广阔的土地和辽阔的海洋共同打造出迥异于大陆内部的海岛风情。

广东境内古村古镇众多，尤其是侨乡范围内的开平地区、广东中部的传统文化区和客家人聚集的梅州地区。这些古村镇建筑风格独特，将西方的建筑元素与中国传统的建筑艺术融为一体，打造出众多具有浓郁西方风情的古镇。还有土楼、围龙屋、殿堂式围屋等，这些典型的客家建筑体现着客家文化特有的神韵。海南虽地处我国南方边陲，但其境内也留存有众多古村镇，展示着海南悠久的历史与古老的文明。

置身于充斥着镬耳封火山墙、水磨青砖墙、蚝壳墙、砖雕、灰雕等岭南地区特有的建筑艺术元素中，浓浓的广府文化气息扑面而来。阳光下，这些古老的建筑宁静安详，仿佛时光定格的老照片，诉说着广东最真实的记忆。

沙湾

民间艺术之乡

古镇概述

地理位置

➜ 广东省广州市番禺区。

气候特点

➜ 亚热带季风气候，夏季多雨，年平均气温较高，6—10 月份适宜出行。

开放时间

➜09：30—17：30

门票

➜ 除个别景点收取门票外，大部分地方都免费开放。

交通

➜ 广州南站—沙湾

番 108B 路（番禺体校总站方向）：广州南站总站上车—沙湾古镇南门下车，乘坐 35 站。

沙湾，一个听起来名不见经传的古镇，但却是我国岭南地区有名的历史古镇。沙湾始建于宋代拥有悠久的历史和深厚的文化底蕴。

沙湾地理位置优越，地处珠江三角洲中部，是沟通南北、连接东西的四方之地。凭借优越的地理位置，沙湾一直是著名的商业重镇，有着“三街六市”的美誉。历经 800 多年历史的沙湾形成了属于自己的独特文化，不仅含有岭南文化的因子，也有着中原文化的成分。

因此，沙湾的民间文化极其丰富，是我国珠江三角洲民间文化的集聚之地。在这里，不仅有着保存较为完好的各色民居建筑，也有着源远流长的民俗艺术。所以，沙湾不仅是广州市唯一的国家级历史文化名镇，也是“民间文化之乡”。

走进沙湾，青萝大街、安宁街、三槐里大街等纵横排列，呈网格状分布，大量保存较好的明清、民国古建筑点缀在街道各处。街道由青砖铺就而成，辗转蜿蜒，两侧的民居建造样式各异，丰富多彩。虽然建造的样式不同，但是都有着精心雕琢的精美雕刻。这些雕刻也富含美好的寓意，但风格与中原地区大不相同，有着浓郁的岭南特色。

作为“民间艺术之乡”，沙湾的民间艺术活动多以宗祠为依托，其中以飘色、醒狮最为有名，且历史悠久，远近闻名，吸引着游人们的目光。另外，沙湾还是有名的“音乐之乡”，这里诞生过许多音乐家，是广州乃至香港音乐的发源地之一。漫步在古镇，时常能听到弥漫在古镇上空的悦耳音乐声，或高昂或婉转，抑扬顿挫之间让人感到轻松愉快。

景点品鉴

➔ 三稔厅：又名“广东音乐纪念馆”，是一处展现沙湾瑰丽的音乐文化之地，充分彰显了沙湾古镇的风采和浓郁的历史文化底蕴。

➔ 留耕堂：是沙湾何氏宗祠的祖庙，也是番禺现存的清代“四大宗祠”之首，自元代修建开始，遭受过多次毁坏和重建，至今保存完好的建筑修建于明朝初年，历时 20 年完成。祠堂规模宏大，依照山势而建，为一座五进的深宅大院，沿对称线分布的各个建筑都有着各自具体的功能，建筑的细节之处也体现着高超的建筑工艺。

➔ 何少霞故居：坐落在沙湾镇北村，目前已成为广州市登记保护文物单位。这座青砖砌筑的硬山顶楼房，整体外观显得古朴清雅，但在细节处构思巧妙，石门上精雕细琢的砖雕技艺也很高超。

三稔厅

民风民俗

沙湾飘色是一种奇特的民间艺术，起源于明朝中后期，是由当地的传统民俗迎神赛会发展而来。每年的农历三月初三，沙湾的飘色就会舞动起来。飘色是由人物装扮表演，由两个人表演完成，一人坐立在柜上是为“屏”，一人在空中翻滚是为“飘”，多为儿童表演，内容丰富多彩。如今的飘色已成为当地旅游发展、吸引游人的重要活动。

特色美食

吃什么

在沙湾，沙湾别茨鸡、狗仔粥、鸡丝娘芽菜等菜式定能让你大饱口福。还有沙湾奶霜、牛乳饼、沙湾姜埋奶、沙湾鱼皮角等特色小食让你回味不绝，其中沙湾姜埋奶最为有名，一定不要错过。

赤坎
中国第五名古镇

古镇概述

地理位置

➔ 广东省开平市赤坎区。

气候特点

➔ 亚热带季风气候，四季温和湿润，日照充足，夏季最适宜前往旅游。

开放时间

➔ 07：00—19：00

门票

➔ 个别景点收取门票费，影视城20元。

交通

➔ 开平南站—赤坎

开平624路换乘开平606路，全程19站。

开平624路（义祠站方向）：支路口站上车—祥获中站下车，乘坐9站。

开平606路（赤坎方向）：祥获中站上车—赤坎站下车，乘坐10站。

赤坎位于珠江三角洲西部，是著名的侨乡，境内保留着大量风格独特、中西合璧的建筑。赤坎虽不如周庄、乌镇那样大名鼎鼎，却也被誉为“中国第五名古镇”，是我国历史文化名镇之一。

赤坎始建于康熙年间，由司徒氏家族发展而来，因地处潭江北岸的红色高地而得名。潭江水系如蚕茧一般包裹着赤坎，蜘蛛网般的支流交汇纵横，独特的地理优势带动了赤坎的商业贸易，经济一度空前发达，经过数百年的繁衍生息，赤坎的格局逐渐确定下来。以古镇的塘底街为界，可分为上埠关氏、下埠司徒氏两个部分。

被河流分为两部分的古镇两侧各有不同，北侧是骑楼和庞大的洋楼群盘踞的繁华市镇，清一色的建筑很是恢宏，南侧则是简陋的乡村。一水之隔，天壤之别可见一斑。河流静默无声地流淌着，仿佛古镇的辉煌也随着河流一样源源不断，骑楼斑驳的风姿好似古镇如今的沧桑，一点点掩映在河流的怀抱里。如今沿街的骑楼下多是鳞次栉比的商铺，服装店、点心店、杂货店……类型丰富，多种多样，里面是琳琅满目的商品。不少游人在欣赏完古镇后，都会走进商店挑上几件特色商品带给亲戚朋友。不时响起的吆喝叫卖声把市民们的生活展现得淋漓尽致。

赤坎，一个名不见经传的古镇，她没有周庄、乌镇的精致典雅，也没有羌寨、苗寨的原汁原味，而更多的是时代所赋予她融汇中西的风格。

景点品鉴

➔ **图书馆：**司徒氏图书馆建于民国时期，是一座拥有葡萄牙建筑风格的混凝土建筑，整个建筑恢宏大气。混凝土的构造让其看起来更加坚固，内部用意大利水磨石铺就而成，色彩斑斓，至今明亮如新。关氏图书馆也充满异域风格，三层楼阁的建筑看起来更为典雅，内部装饰雅致有序。两座图书馆分立在古镇的东西两侧，是古镇建筑的标志。

➔ **堤西路旧民居：**堤西路是体验欧陆风情的最佳选择，道路两旁分布着保存完好的中西合璧的建筑，都是当初远赴海外的归国人士结合中外两种建造风格修建而成。房屋楼高一般在2—3层，多以土黄色为主色调，古朴精致，建筑群延伸形成一条曲折迂回的走廊，成为躲避风雨、娱乐休闲的好去处。

➔ **迎龙楼：**关氏家族所建造的一座砖木结构的碉楼，坐落在开平市赤坎镇三门里村，也是目前开平市现存最古老的碉楼。明代嘉靖年间，关氏家族的关圣徒夫妇出资兴建了预防洪涝的迎龙楼。楼高有11.4米，占地面积152平方米，几乎保存完好，代表了开平地区最原始的碉楼模型。

➔ **影视城：**建成于2004年，规模庞大，占地面积达6万平方米，是我国有名的影视拍摄基地之一。最早在赤坎拍摄电影的是著名电影人司徒敏慧，为掀起全国人民的抗日热情，于1939年在赤坎拍摄电影《保卫大四邑》。后来《香江风云》《香港的故事》《三家巷》《让子弹飞》《一代宗师》《敌营十八年》等很多影视作品都在这里取景拍摄。

影视城

碣石镇
粤东名镇

古镇概述

碣石镇古称“石桥盐场”，坐落在陆丰南部的碣石湾畔，因地利之便逐渐由小渔村发展成为繁华的渔商城镇，至今依旧是广东省十大渔港之一。历史上的它占据着优越的地理位置，自古便是兵家必争之地，朝廷也多屯兵于此，为粤南地区之重镇。明洪武二十三年（公元1389年）设立了碣石卫，为全国三十六卫之一。

碣石镇虽地处东南沿海地区，却是一个宗教信仰十分浓厚的古镇，道教、基督教、佛教在这里交汇。各种宗教建筑保存完好，每年还会举行各种宗教类的民俗活动，宏大的场面热闹非凡。在浓厚的宗教文化的熏陶下，这里的人们都十分热情、善良，做慈善活动的也很多。此外，作为广东省的民俗艺术之乡，舞狮、踩高跷、放烟火与花灯、戏剧演唱等民俗活动亦是数不胜数。

古镇内名胜古迹众多，有着800多年历史的玄武山元山寺、古老的卫城遗址、旖旎多姿的海滨风光等，吸引着大家的目光。除此之外，当地的特色名产也很多，尤其是竭北红江橙有“国宴佳果”之美誉，海马养颜酒被称为“南国一宝”，龙虾、石斑、马鲛、墨鱼等海产品产量丰富，还有海马、海胆、贻贝、鲍鱼等养殖场，对国家海产品养殖研究具有重要价值。

地理位置

➜ 广东省陆丰市。

气候特点

➜ 亚热带季风气候，温和多雨，一年四季都适宜前往旅行。

开放时间

➜ 08：30—17：00

门票

➜ 玄武山25元。

景点品鉴

➜ 元山寺：始建于南宋建炎元年（公元 1127 年），后历经多次修缮与扩建，终成今日的规模。依山而建的元山寺规模宏大、环境清幽、布局严谨、设计科学，山门、殿宇、厅堂、僧房等 99 间古建筑错落有致地分布在寺院内。这些建筑雕梁画栋、装饰精美，既有宗教建筑的庄严肃穆、皇宫建筑的恢宏华丽，也有园林建筑的精致典雅和民居建筑的古朴大方，集古代多种建筑艺术之精华于一体。寺内还陈列着许多珍贵的文物，有宋代“北极真武”铜铸像，明代“释迦牟尼”木雕像，清代同治皇帝御赐的“威宣岭表”匾额等。

➜ 福星垒塔：俗称“玄山塔”，坐落在元山寺后，是由 5340 块花岗岩砌筑而成的。古塔主体高 18.8 米，为八角形，共三层，雕刻精细，古典雅致。它一直以来担当着南海碣石湾的导航作用，故有“佛灯引明”之称。登上此塔后，既可观古镇全貌，也可览南海胜景，只见一望无际的海面上掀起层层洁白的海浪，海鸥翩飞，帆船点点，令人心旷神怡，为“陆丰八景”之一。

交通

➜ 陆丰站—碣石镇

可从陆丰站打车至碣石镇，全程约 23 千米，大约需要 60 元。

南社村
明清遗存旧时光

古镇概述

地理位置

➜ 广东省东莞市茶山镇。

气候特点

➜ 气候温和，夏季多雨，春季和秋季适合出行。

开放时间

➜ 全天。

门票

➜ 免费。

交通

➜ 东莞站—南社村

520 路（生态园东华学校首末站方向）：东莞火车站茶山侧上车—茶山南社社区站下车，乘坐 12 站。

南社村，一个位于东莞市的千年古镇，因悠久的历史、深厚的文化底蕴、保留较好的明清建筑群而备受瞩目，是珠三角地区有名的古村落。

南社村的始建离不开谢氏先祖。北宋末年，战乱频繁，民不聊生，大量的北方居民南迁，谢氏先祖随着南下的人流几经周折迁居至南社，开始休养生息。经过几代人的不懈努力，逐渐把南社小村发展成为当地有名的大村落，并一直保存至今。

地处水域发达的南社村被群水环抱，几个大小不一的池子分布在村落的周围，村内的民居建筑也是临水而筑，弯弯的街道被池水、河流分割得长长短短、时断时续。或许是逃难的经历太过深刻，南社村建有高大的围墙，以此希望能够保护族人的安全。围墙都是石砌而成的，高大厚实，即使在现在看起来依然壮观无比。在历史上，这些高大的围墙确实发挥着巨大的作用，明朝末年，清军多次围攻南社村，却在坚固的围墙面前久攻不下，使南社村得以保存许久。后来，围墙大多被毁，如今也只有几段得以保存，成为当地沧桑历史的明证。

历经战火的南社村如今保存的建筑多是明清时期修建的，民居、祠堂、书院、店铺、楼阁等建筑多种多样，类型丰富，极具南社建筑的风格，也传承着南社古老的文明。

景点品鉴

➜ 百岁坊：修建于明朝万历年间的一座像牌坊一样的建筑，因当时谢氏族人中有一对夫妻都已超过百岁，被称为“人瑞”，朝廷为了嘉奖谢氏而恩准修建的公祠。百岁坊是一个小巧的二进建筑，为坊祠结合的建造方式，构思巧妙，极富特色，为当地的文物保护单位。

➜ 谢遇奇家庙：清朝光绪年间为纪念谢家武士谢遇奇而建造，采用四合院的格局建造，在梁架之间采用工艺独特的抬梁与穿斗相结合的方式修建。整个建筑构造华丽，精美的雕刻随处可见，三雕应有尽有，特别是厅堂屋顶上精美的陶塑，人物、动物塑像栩栩如生，具有极高的艺术价值。造型古朴，气势恢宏。

➜ 田尾山：依山傍海的田尾山地理位置独特，拥有丰富的海蚀柱、海蚀纹沟等造型独特的地貌风景。每当退潮之时，一个光怪陆离、神奇莫测的世界便会展现在眼前，海石林、风帆、石龟、蘑菇、海龙等造型各异，美丽如画，真不愧有“海底公园”的美誉。

➜ 谢氏大宗祠：始建于明朝嘉靖年间，为南社现存历史最悠久的建筑之一。三进的宅院宽敞大气，每进之间都有回廊相连，把整个院落连成一个整体。大堂的屋脊和内部的梁枋之间都有陶塑的雕刻，造型丰富精美。

谢氏大宗祠

黄埔村
巨商华侨故里

古镇概述

地理位置

➜广东省广州市海珠区。

气候特点

➜亚热带季风气候，夏季高温湿热多雨，冬季温和湿润，四季都比较适宜旅游。

开放时间

➜全天开放。

门票

➜大部分景点都不收取费用。

交通

➜广州南站—黄埔村

地铁7号线导4号线再换乘137路公交，全程13站。

地铁7号线（大学城南方向）：广州南站上车—大学城南站下车，乘坐8站。

4号线（黄村方向）：大学城南站上车—万胜围站下车，乘坐3站。

137路（新洲总站方向）：万胜围站上车—黄埔村站下车，乘坐2站。

黄埔村，一个坐落在珠江河畔的古老村落，自南宋起便是遐迩闻名的“海舶所集之地”，承担着对外贸易的重任。今日，这座繁华过后的古村宁静安详，成为一座历史遗留下的旅游胜地。

走进古村，干净整洁的街道纵横交错，光滑的青石板依旧平整，漫步其上，一种宁静悠然之感扑面而来，空中时不时飘来一阵淡淡的桂花香，沁人心脾。街道两旁整齐排列着镬耳屋，历经风雨洗礼下的古屋散发着浓浓古韵，就像是饱经风霜的老者，愈加得饱满、从容，令人心生亲近之感，墙壁上的花鸟图案依旧清晰明丽。镬耳状的房屋建筑还有通风防火的重要功能，具有极高的历史研究价值。

整个村落坐西北，面向东南，建造格局十分考究，村前临水，村子是典型的广府乡村“梳式布局”。院落相套，形似网格，拥有扬青门、澄碧门、西浦门、凰洲门、磐龙门等多个大门可进入村落。村中保留的清风里、中正里、申明大街、横辰里、来燕里等古朴街巷贯穿村落。另外，祠堂建筑也是古村中的一大特色。古色古香的建筑、精雕细琢的雕饰、丰富多彩的文饰，令人目不暇接。

由于清朝时政府实行“一口通商”的政策，沿海关口只有广州可以进行对外贸易，黄埔村由于便利的地理位置而成为鸦片战争之前唯一对外开放的港口，当地人们得地利之便对外贸易或出海经商之人居多，至今这里仍然是有名的侨乡，去当地旅游的人比家乡人还要多。

景点品鉴

➜**胡氏大宗祠：**为纪念南宋年间迁往此地的胡姓始迁祖文达公而建的宗祠，福建为胡姓的祖籍地，后经过多次迁移，最终定居到黄埔村。胡氏大宗祠为硬山顶式建筑，面阔三间，深三进，建筑古朴典雅，装饰精致华美。

➜**冯氏公祠：**为纪念冯姓氏族始迁祖而建的宗祠，静静地伫立在村子的十字路口，青砖修筑的建筑斑驳沧桑，花鸟、石狮子、人物装饰丰富多彩，依旧清晰如昨。

➜**涉趣园：**始建于清代同治年间，是一座坐西北、向东南的砖木结构建筑。高有2层，园内曲廊环绕，房屋林立，假山鱼池、亭台楼阁应有尽有，还有众多的西方文物都被保存完好。来到这里，不仅可以观赏典雅的园林景，还可以见识古老的文物，了解黄埔村悠久的发展历程。

➜**玉虚宫：**又称“北帝庙”，是供奉玄武水神的道教庙宇，坐落在村头。这座庙宇历史悠久，自北宋起就一直繁荣不衰，砖木结构的建筑深二进。庙内还保存了8块《重修北帝庙的碑记》，是研究北帝庙历史的珍贵史料。

玉虚宫

大旗头村
镬耳屋下情悠悠

古镇概述

地理位置

➔ 广东省佛山市三水区乐平镇。

气候特点

➔ 亚热带季风气候，气候宜人，四季皆可前来旅游。

开放时间

➔ 全天开放。

门票

➔ 10 元。

交通

➔ 佛山西站—大旗头村

610 路（乐平镇行政服务中心方向）：佛山西站上车—乐平镇行政服务中心站下车，乘坐 27 站。

大旗头村，原名“大桥头”，因村内居民皆为郑姓，也称为“郑村”。大旗头村始建于明朝嘉靖年间，后来逐渐聚集成村落，是广东地区保存最完好的明清古村落，建筑风格独特，已成为省级文物保护单位。

大旗头村位于佛山市三水区西南镇东北方向，村中居民以钟、郑两姓为主，相传郑氏康泰公与钟氏族先曾一起放鸭至此，发现这里水网密布，土地丰美，适合生活，便决定定居于此，开始了大旗头村最初的创造阶段。清朝时期广东水师提督、大旗头郑氏后人郑忠又将村落重新修建，他在这里建成了祠堂、家庙兼备，聚族而居的建筑群，这些清代建筑风格的古建筑群至今依旧保存完好。

大旗头村的格局为岭南典型的“梳式格局”，村子的整体走势由前至后逐渐增高，每家院落的地面都略显倾斜，以便于排水，每列房屋之间的青石板路下还有暗渠可用来排生活污水。这种格局布局严谨、规划科学，为人们的生活提供了很大的便利条件。村中的建筑也非常具有特色，为清一色的镬耳形封火山墙的青砖瓦房，整齐地分布在街道两旁。房子的结构、造型，以及房子的大小比例皆规范有序，远远望去井然有序、颇具气势。流畅的线条又为房屋增添了几分柔和美。

逢简村
水乡古韵

逢简村，一座四面环水的古老村落，自西汉时期就已有人在此繁衍生活。后逐渐发展，到了唐朝时期已由集市发展成村落，到了清朝末年已达鼎盛之势，人口逾万，呈现一片欣欣向荣之景象。

古村中，河网密布，呈“井”字形的河涌自南向北贯穿全村，并将村子分割成多个小沙岛，优越的自然条件使它成为历史上“桑基鱼塘”的重要基地之一。有了水，古桥便成了村中必不可少的一景，30多座大大小小、各式各样的石拱桥横跨在河面之上，将零零散散的村落连成一个整体。河流沿岸修筑有坚固的堤岸，堤上绿树成荫，一派静谧悠然的水乡风光，置身其中仿若身处小桥流水人家的江南水乡。

这座有着“小广州”之称的古老村落不仅有淳朴自然的水乡景，还拥有众多历史遗迹和深厚的文化底蕴。村外围寺庙林立，村内河道旁一边是一字排开的民居建筑，一边是麻石铺就的林荫小道。此外，30多个丝织厂、70多座祠堂、酒楼商铺鳞次栉比，分布在村中的各处。

古镇概述

地理位置

➔ 广东省佛山市顺德区杏坛镇。

气候特点

➔ 亚热带季风性气候，无严冬，春秋季适合出行。

开放时间

➔ 全天开放。

门票

➔ 免费。

交通

➔ 佛山西站—逢简村

可从佛山西站打车至逢简村，全程约49千米，大约需要123元。也可从佛山西站换乘公交至目的地，不过需要换乘多次。

周边景点

➔ **古朗村：**位于杏坛镇的西北，距离逢简村不远的地方，也是一座依水而建的水乡村落，始建于明代，现存的多为清代建筑。古村内历史遗迹众多，有百岁坊、跨鳌桥、引龙桥、武氏祠堂、小姐牌坊等众多历史文物保护单位。

➔ **右滩村：**村内的黄氏大宗祠为省级文物保护单位，始建于明代，建筑面积庞大，占地1000多平方米，宗祠内结构严谨，构思巧妙，雕梁画栋，诸工皆美，具有较高的艺术价值。

景点品鉴

➔ **刘氏大宗祠：**当地规模最大的祠堂，坐落在河涌之畔，由当地村民集资而建。大宗祠是典型的广府祠堂建筑风格，布局严谨，装饰精致。祠堂内的两株鸡蛋花树历经50多年的岁月，依旧生机盎然，清香四溢。

➔ **明远桥：**修建于宋朝庆元年间，是我国有文字记录的最早的三孔石桥之一。红色砂岩修筑的石桥有24.8米长，斜坡形的桥面有利于马车通行，桥栏上还雕刻有石狮子，栩栩如生。

➔ **金鳌桥：**始建于清朝康熙年间，为太子的老师刘云汉所建，得名于紫禁城内御花园水池中的“金敖玉栋”之名，是一座红色砂岩修筑的单孔石桥，书写着逢简村中的古桥水韵。

逢简村风景

民风民俗

➜ **龙舟竞渡：** 顺德境内河流纵横交错，水资源丰富，为龙舟竞渡提供了便利的条件。每年的端午节，各个村落都会举行盛大的赛龙舟活动，场面十分热闹。

➜ **大良鱼灯：** 是当地的一种特色扎作工艺，清朝时就已盛行，以竹篾为材料做成鱼形骨架，四周附上一层明纱，再涂上鲜艳的色彩，内部灯芯点燃之后，整个鱼灯鲜艳明亮。一般的鱼灯长有两三米，巡游时需要多人高举挥舞。

➜ **自梳女：** 自明代中后期盛行起来的一种特殊习俗，当地女性在“姑婆屋”内举行束髻仪式，并立志终身不嫁，以蚕丝业为独立谋生之道。她们虽然可以居住在母家，但不能在母家去世，去世之前需要移居到“姑婆屋”。而迫于家庭压力行婚礼之后不同房，三朝回门后长居母家的行为则称为“不落家”。

碧江村
文乡雅集

古镇概述

碧江村，古称“迫岗”，南宋初年开始大规模建村，明清时期曾是顺德的四大圩镇之一。这座有着上千年历史的古老村落，历史悠久辉煌，人才辈出。据史书记载，自明景泰三年至清中叶，这里曾有过17名进士，中举之人更是达100名以上，遍布全国各地。告老还乡之后，他们就开始大建祠堂、宅院，为这片土地留下了无数古色古香的建筑，延续着佛山人文化发展的轨迹。

如今，村内遗留有明清时期的古建筑面积达1万多平方米，至今保存完好，祠堂、园林、宅第、民居、书塾等应有尽有。《顺德县志》曾记载“俗以祠堂重大，祖祠至二三十区，其宏丽者，费数百金，而莫盛于碧江”。可见碧江的宗祠建筑规模之宏大，技艺之精湛，装饰之华美。村中的金楼、泥楼、慕

地理位置

➜ 广东省佛山市顺德区北滘镇。

气候特点

➜ 亚热带季风气候，夏季炎热，春秋季适合前往旅游。

开放时间

➜ 全天开放。

门票

➜ 金楼门票15元。

堂苏公祠、苏三兴大宅、砖雕大照壁等众多古遗址，都已成为文物保护单位。

迎着日光，走进村落，去感受岭南古文化的多姿多彩，去触摸古老文化的魅力。漫步在那宁静安详的古街上，浓浓的怀古幽情袭上心头。

景点品鉴

➜ 碧江金楼： 原名“赋鹤楼”，始建于清嘉庆、道光年间，是碧江苏丕的藏书楼，两层木质结构的金楼以精美的木雕装饰闻名天下。楼阁内雕刻有各种人物、花鸟，线条流畅，雕法精湛，并以贴金和泥金修饰，历经百年依旧辉煌如昔。此外，楼内还藏有刘墉、宋湘、张岳崧等人的书法，十分珍贵。因清末的军机大臣戴鸿慈的长女深受慈禧太后的喜爱，于是其长女被赐予公主的头衔，并许配给岭南重臣苏文丕之孙，苏家将金楼作为新婚房以表重视，所以碧江的金楼又被冠上了“金屋藏娇”的典故。

➜ 慕堂苏公祠： 苏公祠为典型的广东祠堂建制，面阔三间，进深三进，结构严谨，雕饰精美，至今依旧保存完好。祠堂的正对面壁照为广东陈家祠的砖雕作者之一——南海梁氏兄弟的代表作，刀法更为成熟，雕刻内容栩栩如生。

交通

➜ 广州南站—碧江村

从广州南站乘坐火车到达顺德站，再从顺德站转乘公交至目的地。

钱岗村

荔枝林中藏古村

古镇概述

钱岗村是一座始建于宋代的古老村落，已走过800多年的风云岁月。村内的古建筑群保存完好，具有极高的历史文物价值，已被列为国家重点文物保护单位。

钱岗村静卧于“护村河”的环抱之中，“震明门”“镇华门”“迎龙门”“启延门”四座高大的门楼镇守四方，共同守护着村子，也连接着与外界的沟通。村内5万多平方米的建筑物，900多间房屋依旧保存完好，宋明遗风、清代风貌各有保留，尽展古风古韵。

整个村落的建筑看似随意散漫地向四周散射，其实在建村之初，人们根据这里的地形确定村落为莲藕形，房屋建筑不能规划设计，只适合随意建造。所以今日我们所看到的钱岗村并不像一般的村落整齐有序，卵石铺就的街巷也是弯弯曲曲如蛇爬行，纵横交错仿若迷宫，村子的外围还建有围墙，起着防护的作用，护卫着整个村子的安全。

在村子中还有三宝，分别是狮头石、祠堂井、老榕树。狮头石静静伫立在街巷之中，传说它可以镇压全村的风沙；祠堂井顾名思义是一口井，位于宗祠之旁，为村民提供饮用之水；镇华门旁有一棵树龄300多年的古榕树，村中的人们习惯到大榕树下议会，闲暇之时老人也会在树下下棋、品茶、闲谈。

如今，村中的人大多已搬走，空荡荡的老屋在夕阳下愈加得沧桑迷人，散发着历史酝酿的浓浓古韵，令人迷醉。

地理位置

➜ 广东省广州市从化区太平镇。

气候特点

➜ 亚热带季风气候，气候温和湿润，四季都可前往旅游。

开放时间

➜ 全天开放。

门票

➜ 免费。

交通

➜ 广州站—钱岗村

可从广州站打车至钱岗村，全程约49千米，大约需要110元。也可从广州站换乘公交至目的地，不过需要换乘多次。

景点品鉴

➔ 广裕宗祠：坐落在古村中心，是陆秀夫玄孙陆从兴修建的陆氏祖祠，后经过历朝历代多次重修，是目前广东地区保存完好的明清古建筑之一。走进祠堂，首先便可看到大门上的“诗书开越，忠孝传家”的对联，道出了陆贾说服赵佗归汉和陆秀夫忠心报国的故事。祠堂内建筑林立，雕梁画栋，为当地历史文物研究提供了史料。

➔ “灵秀”牌坊：挺立于东门口，由青砖修筑而成，高约 6 米，为四柱三门构造，顶覆青瓦，檐角翘起，古朴典雅，远远望去，一股灵秀的气息扑面而来。

➔ 珠江江城图：为一幅清代的木质封檐板刻画，有 8.6 米长，0.28 米宽，清晰地刻画了清代广州珠江沿岸以及江上的繁华盛景，内容丰富，生动真实，具有极高的历史文物价值。

大江埔
“象”形古村

古镇概述

“象”形的江埔古村位于从化区江埔镇大江埔村，元末明初时期邝氏自大墩村迁到此地后开始建村，建筑面积宏大，约有 1.2 万平方米，以砖、木、石为原料的建筑皆是坐北朝南，整齐有序，目前已成为广州市历史文化保护区。

据说大江埔的地形地势呈“象”形，要想把“象”养肥，绿草碧水是不可缺少的，而江埔村村后有旱埔，村前有小溪，条件非常适宜，故取名“大江埔”。

古木环绕下的大江埔村，环境清幽雅致，闲适宁静，祠堂、民居、书舍构成棋盘式的布局。村内古建筑鳞次栉比，祠堂、民居错落有致，还有古代举人的书室“修竹涑梅馆”，古色古香，充满了历史的厚重沧桑感。在这些古建筑中，中西合璧式的庭院式建筑“春花秋月”显得尤为突出，为整个村落增添了一抹雅致的景。在村中能源公祠旁还挺立着一棵茁壮的龙眼树，据说树龄已高达 500 年，葱郁依旧，是名副其实的龙眼树王。

此外，古村中还有造型独特、古老悠久的碉楼，具有宗族精神文化象征的祠堂等，漫步在被夕阳镀上金光的古建筑群中，一种沧桑的历史感、浓厚的怀旧感扑面而来，不禁让人心生时光倒流的错觉。

地理位置

➔ 广东省广州市从化区江浦镇。

气候特点

➔ 亚热带季风气候，气候温和湿润，阳光充足，一年四季都可前往旅游。

开放时间

➔ 全天开放。

门票

➔ 免费。

交通

➔ 广州站—大江埔

地铁 2 号线导 14 号线再换乘从 905 路公交，全程 25 站。

地铁 2 号线（嘉禾望岗方向）：广州火车站上车—嘉禾望岗站下车，乘坐 8 站。

14 号线（东风方向）：嘉禾望岗站上车—从化客运站下车，乘坐 11 站。

从 905 路（高峰村委方向）：地铁从化客运站 1（姓钟围）站上车—江埔村委站下车，乘坐 6 站。

景点品鉴

➔ 能缘公祠：当地非常具有特色的一座建筑，别称“敦爱堂祠”，是为祭祀武能、武缘兄弟而建。该祠堂坐北朝南，是面阔三间、进深三间的硬山顶建筑，镬耳封火山墙砖木石结构，为典型的岭南建筑。

➔ “春花秋月”山房：乡村园林式建筑，坐西北朝东南，宽五间，进深 20 米，悬山顶的砖木石结构。整体倒前座式布局，其中还融入了西方建筑元素，与我国传统的建筑风格迥然有异。建筑上精美的装饰，精雕细刻的木雕、砖雕都具有极高的艺术价值。

➔ 锅耳墙：是大江埔村中民居特有的一种建筑，凸出于屋顶之上，线条流畅，极具美感，远远望去就像一个个竖立的大耳朵，非常形象可爱。锅耳墙是广东地区建筑文化中的重要元素，不仅是建筑文化差异性的表现，也体现着岭南文化的多样性与包容性。

开平
碉楼之乡

开平地处五邑侨乡中部，历史悠久，明朝时就已置开平市，是我国有名的华侨之乡、建筑之乡、艺术之乡。因原开平市被潭江分割为新昌、荻海、长沙三个部分，与武汉三镇较为相似，所以又有“小武汉”之称。

走进开平，首先映入眼帘的就是一座座、一群群的碉楼，静静地矗立在空旷的原野之中，像是在诉说着动人的故事。这些建筑一般是4—5层，最高为9层，四四方方，形成了一个个坚固的碉堡。

开平碉楼的兴建，源于明朝后期，有着悠久的历史文化，随着华侨文化的发展鼎盛于20世纪二三十年代。这种集防卫与居住于一体的特殊建筑类型既是中西建筑艺术的完美结合，也是华侨文化的典型代表。

这些碉楼千姿百态、风格各异，或独幢散布着挺立，或聚集成群。碉楼的样式采用了古希腊、古罗马、伊斯兰、哥特式等古今中外各种建筑艺术风格，可谓是独一无二的“混搭风”，有人尊之为“万国建筑的博览园”，非常具有欣赏价值。

这些碉楼尽管在用途、建材和风格上各有差异，却也有一个共同点，那就是墙体厚实，铁门钢窗，门窗窄小，墙体上设有枪洞。碉楼顶层设有望台，并配置枪械、警报器、探照灯等防卫装置。

开平碉楼是动荡年代的产物，也是华侨文化的遗产，建筑艺术的长廊，中西合璧的结晶。它们如散落在原野上的颗颗明珠，静静地绽放属于自己的美丽。

古镇概述

地理位置

➜ 广东省开平市。

气候特点

➜ 亚热带季风气候，年平均气温22℃，气候温和，冬无严寒，夏无酷暑，四季都适宜前往旅游。

开放时间

➜08：30—17：30

门票

➜ 开平碉楼通票150元（立园、自力村、马降龙、锦江里、南楼、赤坎古镇都包含在内），门票有效期为2天。

交通

➜ 广州南站—开平

从广州南站乘坐火车到达开平南站，再从开平南站乘坐公交至目的地。

景点品鉴

➜ **庆临北楼：**它是一座更楼，清末民初由庆临村的村民共同集资修建，为两层高的钢筋混凝土结构碉楼，现已成为国家重点保护单位。一楼为进村的通道，安装有闸门，二楼为瞭望台，供人们夜晚巡逻之用，守护着村民的安全。

➜ **骏庐：**归国华侨关崇骏回乡后建造的别墅，并以自己的名字命名。具有欧式建筑风格的骏庐共有3层，以钢筋混凝土为材料建筑而成，恢宏大气，美观大方。骏庐的大部分建筑材料都是从欧洲进口的，如今建筑虽已锈迹斑斑，却依旧十分坚固。

民风民俗

➜ **泮村灯会：**又称“舞灯会”，水口镇泮村每年农历正月十三举行，大家聚集到一起，场面十分热闹，可以说是民间艺术的一次展览盛宴。

➜ **开平赛龙舟：**开平境内水网密布，每年的端午节便会举行赛龙舟活动，同时还会摆“龙舟饭”，大宴宾客，是当地的一大盛会。

特色美食

吃什么

开平烧肉：带着独有酱香味的开平烧肉，色泽金黄、入口爽而不腻。

家乡豆腐角：一款外形如同孔雀开屏的菜肴，主料是本地豆腐，慢工精制，营养丰富、品齿留开香。

在哪吃

丰泽园酒店

当地十分有名的一家酒店，店内的笋壳鱼、美极掌中宝、焖鹅、白切文昌鸡、干蒸等菜肴口感不错，人均消费 77 元左右。

电话：（0750）2280098

营业时间：07：30—21：00

地址：开平市红进路 1 号

桥溪村
青山藏客家

古镇概述

桥溪村坐落在梅州阴那山五指峰西麓，四面环山的它是雁洋镇的一个自然村落，古树婆娑，溪水潺潺，宁静安详。依山傍水的它就像一幅丹青妙笔绘就的美丽画卷，古老原始的气息中流露出浓浓的诗情画意，令人心生怜惜，不忍打扰。

迎着穿过五指峰的阳光，渐渐走进村子，村口的小树林在微风的吹拂下身姿摇曳，红的、黄的、绿的，各种颜色的树叶迷乱着人们的双眼，山涧的溪水顺流而下，叮叮咚咚的水流声悦耳动人……还没有进到村子里，就已被它美丽多姿的景色所迷醉。在这座并不大的村子中有一条小溪穿村而过，溪水澄澈明净，已静静流淌了几百年甚至上千年，见证着古村的兴起、发展与昌盛。时至今日，这条小溪依旧清澈如昔，不时有鱼儿的身影跃出水面，溅起点点水花，水面上还有鸭子在嬉戏玩耍，溪水畔长满了各种花草，将它点缀得美丽如画。

走到村中，映入眼帘的是风格独特的客家建筑，充满着浓郁的客家风情。相传在明朝万历年间，源自客家中转站——福建宁化石壁村的朱、陈两家人最先到达此处并定居下来，经过两个家族世世代代的辛勤努力，最终营造出富有田园般诗情画意的桥溪村。沿着街道行走其间，世德楼、继善楼、宝善楼、世安楼、祖德居、燕诒楼等一座座古朴典雅的古民居错落有致，诉说着客家居民的沧桑历史。

这座客家小村不仅风景优美，依山而建、错落有致的建筑也是这里的一道靓丽风景线。村中唯一通往外界的出路便是村西的义安寨。

地理位置

➜ 广东省梅州市梅县区雁洋镇。

气候特点

➜ 亚热带季风气候，气候温和，日照充足，春秋季适合前往旅游。

开放时间

➜ 全天开放。

门票

➜ 50 元。

交通

➜ 广州站—桥溪村

从广州站乘坐火车到达梅州站，再从梅州站乘坐公交至目的地。

景点品鉴

➜ **继善楼：**始建于清光绪年间，是一座青砖白瓦夯筑的二层杠式围楼，坐落在村子的中心位置。继善楼是由朱姓始祖所建，共历时 12 年才完成，是村中最具代表性的清代建筑。这座杠子屋共有七杠，所以又被称为“七杠楼”，规模宏大，装饰精美，古典雅致，又充满文化气息，在村子的众多建筑中独领风骚。

➜ **仕德堂：**为陈姓家族建造的围龙屋式建筑，堂前还有一半月形的池塘，建筑沿着池塘向外围呈弧形延伸，该建筑在客家民居中极具特色。

樟林
沧桑古码头

古镇概述

樟林，曾称为“樟林寨城”，位于澄海和饶平的交界处。依山傍海的它占据着优越的地理位置，清代初期就已成为当地最负盛名的大港口之一，承担着南来北往以及对外的运输重任，也是潮州红头船停泊的航泊基地，作为粤东地区的第一大港，繁荣昌盛了 200 多年。据史书记载，仅清代乾隆之后的百年间，乘坐红头船从樟林出海漂泊到南洋的潮州人就已达 150 万人之多。直到第二次鸦片战争之后，众多沿海城市和港口的开放才逐渐取代了它的地位。

物换星移，时光匆匆，历经风云沧桑的古代大港已卸下了昔日肩上的重任，褪去了曾经的繁华盛景，成为内陆乡镇。走进樟林，樟林港旧址、天后圣母庙、新兴街等众多古老的遗迹依旧存在，书写着樟林曾经的光辉岁月。

地理位置

➜ 广东省汕头市澄海区。

气候特点

➜ 典型的亚热带季风气候，夏季炎热多雨，冬季干冷，春秋季最适合前往旅游。

开放时间

➜ 全天开放。

门票

➜ 免费。

景点品鉴

➜ **新兴街：**建于清嘉庆七年（公元 1802 年）的一条货栈街，至今已有 200 多年的历史。整条街长 200 多米，是海上丝绸之路遗产中保存最为完整的一条街，由 54 间双层的货栈组成。栈房前门临街，后门连着内港，方便货物载入与存放，且该建筑坚固耐潮，是潮州人智慧的结晶。街道两旁的百年老屋，古色古香，在阳光下散发着历史的气息。此外，街口高大的“永定楼”、入口处的石牌坊、街中转弯处的大码头等，古风犹存。

➜ **新围天后宫：**樟林有好几处天后宫，其中最为有名的还是新围天后宫，清乾隆年间在新围以泉州天后宫为蓝本修建了恢宏壮丽的天后宫，为当时广州地区最大的天后宫。最初的天后宫前有宽阔的广场、宏大的照壁，一雄一雌两头石狮守护着宫殿的大门。宫宇内亭台楼阁应有尽有，正殿内还供奉着“天后圣母”。三层楼高的“朝天阁”又称“望海楼”，是天后的梳妆楼，登上此楼，四周风光尽入眼底，美不胜收。

➜ **南盛里：**俗称“布袋围”，位于樟林古港出海口的冲积地带，因地形似布袋而得名。南盛里四面环水，曾经也是用来停泊船只的海港一角。这里有华侨蓝金生先生筹资兴建的近代民宅建筑群，大小房屋 70 座 671 间，占地约 80 亩（5.3 公顷左右），历时 17 年才竣工，主要由蓝氏祖祠和两座大夫第构成。整个院落恢宏壮观，飞檐翘角的屋檐，精雕细刻的瓷泥塑，明丽华美的色彩等，仿若一座美轮美奂的宫殿，让人目不暇接。

交通

➜ 汕头站—樟林

102K 转乘 101 路，全程 13 站。

102K（碧砂方向）：汕头火车站上车—汕汾水南路口站下车，乘坐 9 站。

101 路（潮州千果山旅游区方向）：汕汾水南路口站上车—樟林古港站下车，乘坐 4 站。

雷州古城
海北名邦

古镇概述

地理位置

➔ 广东省雷州市。

气候特点

➔ 典型的亚热带季风气候，因纬度较低，气候季节变化不明显，春秋季是最佳的旅游季节。

开放时间

➔ 08：00—17：00

门票

➔ 古城内的个别景点会收取门票费，价钱不等。

交通

➔ 雷州站—雷州古城

雷州7路换乘雷州6路，全程4站。

雷州 7 路（市八中方向）：雷城客运站上车—府前路站下车，乘坐 3 站。

雷州 6 路（茂德公古城方向）：华侨假日酒店站上车—茂德公古城站下车，乘坐 1 站。

雷州古城位于我国大陆最南端的雷州半岛上，为古雷州府所在地。雷州古城历史悠久，先秦时期楚灭越后，“楚子雄挥受命镇粤，至此开石城，建楼以示其界”。这里曾是楚国的领地，后为历代县、州、郡、府治之所在，是雷州半岛的政治、经济、文化中心，境内文物古迹浩繁，享有“天南重地，海北名邦”的美誉。

位于我国大陆南端边陲的雷州古城，是中原文化与古老的南越文化以及外来文化产生碰撞、交流之地。经过不断地发展、融合，逐渐形成了独具特色的雷州文化，为广东四大文化之一，源远流长，熠熠生辉。

因雷州古为蛮荒烟瘴之地，是以遭到朝廷贬谪的朝臣大多会来到此地，其中较为有名的有寇准、胡铨、李纲、秦观、苏轼、苏辙、赵鼎等众多贤臣名士。这里还有十贤祠、三元塔、雷祖祠、天宁寺、西湖公园等众多名胜古迹。历代游历于此的文人骚客留下了众多赞美之词，为雷州的文化增添了浓墨重彩的一笔。

景点品鉴

➔ **雷祖祠：** 依山傍水而建的雷祖祠，是为纪念唐代雷州首任刺史陈文玉，于唐贞观十六年（公元642年）所建的，迄今已有1300多年的历史，后又经历代多次修缮拓建，终成为岭南地区最大的祠堂之一。祠堂的建筑呈“凸”字形排列，硬山顶，建筑细节雕刻精美，富有极高的艺术价值。祠堂内部供奉着陈文主、李太尉和英山石神的塑像。

➔ **三元塔：** 原名“启秀塔”，始建于明万历年间，是一座坐东向西的砖木石结构楼阁，高 57 米。整座塔俊秀挺拔、雄伟壮丽，形状由下向上逐渐变小，富有美感，塔基上镶嵌着浮雕石刻，花鸟草木、飞禽走兽等，线条流畅，生动逼真，为明代石刻艺术的珍品。

➔ **十贤祠：** 坐落在雷州西湖公园内，是为纪念宋代曾被贬谪到此的寇准、苏轼、苏辙、秦观、王岩叟、任伯雨、李纲、赵鼎、李光、胡铨等十位名相贤臣而建。主体建筑为坐北朝南的两进院落，呈四合院式布局，占地面积约 400 平方米。祠内墙上镶嵌有“十贤”的大理石像以及他们的言行事迹，以供大家瞻仰学习。

➔ **天宁寺：** 古称“报恩寺”，始建于唐代大历五年（公元 770 年），由唐代开山祖师岫公所创建，为唐代岭南名刹，苏轼曾为其题匾额“万山第一”。天宁寺依山而建，山水环绕，古木林立，环境清幽雅致，风光秀丽宜人，1200 多年来历经风雨却不改其容颜。

民风民俗

雷州古城的民俗文化活动种类多样，内容丰富，富有深厚的历史文化底蕴。历史悠久的傩舞、散花舞、雷州歌，精彩绝伦的狮舞、龙舞、蜈蚣舞，以及拥有 300 多年历史的雷剧，都为当地人们所喜闻乐见。

龙舞

崖城镇
天涯古镇

古镇概述

地理位置

➜ 海南省三亚市。

气候特点

➜ 热带季风气候，阳光明媚，气候温和湿润，四季都可前往旅游。

开放时间

➜ 08：00—17：20

门票

➜ 南山寺旺季 150 元，淡季 121 元。（金玉观音单独收费 20 元）崖城学宫 15 元，大小洞天风景区 130 元。

崖城镇位于海南省三亚市的西部，北为连绵不绝的高山峻岭，南为平坦开阔的平原海岸，风光独特，秀丽宜人，是海南地区的一处旅游胜地。

崖城镇历史悠久，其名字历经多次更改，尤其是在宋代。宋开宝五年（公元 972 年）改振州为崖州，宋熙宁六年（公元 1073 年）称珠崖军，宋政和七年（公元1117年）改称吉阳军，而明清时期则一直称为“崖州”。历史上的崖城镇虽多有改革与变迁，但一直是历代州、军治的所在地。

崖城镇虽地处我国大陆南端，地理位置较为偏僻，但其境内也保存有众多历史遗留下来的文物古迹。规模宏大的南山寺、文化底蕴深厚的崖城学宫和风景旖旎多姿的大小洞天风景区等，都是崖城镇历史的延续和文明的传承。这里还有与亚龙湾、大东海、三亚湾、海棠湾并称“三亚五大名湾”的亚洲湾，琼南地区最长的河流宁远河，带你尽情欣赏海国风情。

交通

➔ 三亚凤凰国际机场—崖城镇

D9路换乘崖州6号，全程15站。

D9（崖州湾壹号方向）：凤凰机场站上车—逸海郡站下车，乘坐3站。

崖州6号（崖州火车站方向）：云海台站上车—古城门站下车，乘坐12站。

住宿

➔ 三亚怡馨旅租

地址：崖城镇崖州古城旁

电话：（0898）31000412

标间：110元左右

➔ 金凤凰海景度假公寓

地址：三亚湾迎宾路9号

电话：（0898）38287773

标间：285元左右

➔ 三亚万隆花园度假酒店

地址：海龙路10号万隆花园9栋

电话：17389756464

标间：528元左右

景点品鉴

➔ 大小洞天风景区： 位于三亚市西部的南山西南角，古称“鳌山大小洞天”，为琼崖第一山水名胜。该风景区历史悠久，至今已有800多年的历史，22.5平方千米的范围内分布着众多奇山奇石，还有壮丽的海景，令人惊叹。古往今来，这里不乏文人骚客的足迹，并留下了“小洞天”“海山奇观”“仙人足”“试剑锋”等众多摩崖石刻。

➔ 崖城学宫： 又称“崖城孔庙”，坐落在三亚市崖州区牌坊街上，是我国众多孔庙中位置最靠南的一座学府。崖城学宫，始建于北宋庆历四年（公元1044年），后经各代修缮，至今依旧保存完好，是古代当地最高的学府，堪称“天涯第一圣殿”。

➔ 南山寺： 据相关史书记载南山为菩萨长居之“补怛洛迦”，也即光明山之意，菩萨以此山为道场宣扬佛法。南山寺依山而建，规模宏大，占地面积达近27万平方米，寺内主要为仿唐风格的建筑，布局严谨合理。大雄宝殿、仁王殿、东西配殿、钟鼓楼、法殿、观音院、悲田院等错落有致。

南山寺

中和镇
椰风幽幽

古镇概述

中和镇位于海南省儋州市中北部，坐落在北门江畔，是古儋州州城所在地。中和镇名气虽不大，却是一座历史悠久的古镇，汉代建墟，称为高坡；唐代在这里始建州治，并改称儋耳郡为儋州。之后其名字虽多有变更，但自唐代后为历朝历代的州、军、县治之所在，1300多年来始终如初。

古老悠久的中和镇在岁月的长河中历经沧桑，孕育出璀璨的文化，遗留下辉煌的历史印记。儋州故城是海南境内历史较为久远、并保存至今的古城遗址，是中和镇内名胜古迹之代表。儋州故城始建于唐代，以夯土为主要材料建筑而成，到了明代之后又加以修缮，以巨石包裹城墙，使其更加坚实厚重，清代的多次重修使之保存至今。形似方形的儋州故城有东、西、南、北四座城门守护城池，城墙外还有修筑的月城和开凿的壕沟用来加固故城的安全。如今故城虽无往昔雄伟的气势，但整体风貌保持较好，依旧能够看出它昔日的容颜。故城内现还有宁济庙、魁星塔、关岳庙、孔庙等古老的建筑。

中和镇与宋代的大文豪苏轼还有着深厚的渊源，苏轼被贬至海南后曾在这里生活了三年，他的事迹依旧在这里流传，他的风骨依旧为人们所称赞。

地理位置

➜ 海南省儋州市。

气候特点

➜ 热带季风气候，夏季气温高，秋季多台风，11月至次年3月为最佳旅游季节。

开放时间

➜ 全天开放。

门票

➜ 大部分都免费，个别景点收取门票。

景点品鉴

➜ **东坡书院：** 位于古镇的东部，为纪念北宋大文豪苏东坡而建，是全国重点文物保护单位，也是当地有名的人文古迹之一。椰林环绕下的东坡书院占地25000平方米，环境清幽，古朴静谧。从颇具气势的大门进入书院内，只见院内古木林立、花草繁茂，掩映于绿荫丛中的各色建筑错落有致，形成一幅天然的画卷。

➜ **宁济庙：** 始建于唐代，是当地人为纪念冼夫人而建的，宋绍兴年间冼夫人被封为显应夫人，其庙宇名号为“宁济”。如今我们看到的宁济庙是1920年重建的，庙前有九具跪立于影壁墙前的石雕人，生动形象，雕梁画栋的大门宏阔壮观，庙内石碑林立，各种花鸟彩绘精美绝伦。千百年来，坐落在凤凰树下的宁济庙香火不断，旺盛如昔。

➜ **魁星塔：** 建于清朝末年，是一座玲珑别致的石塔，为海南省保存完好的古塔之一。魁星塔共有7层，面呈八角形，内部为空心，金钱形的窗户较为独特，古塔首层拱门十分狭小，人无法进入。

交通

➜ 三亚凤凰国际机场—中和镇

从凤凰机场站乘坐火车到达白马井站，再从白马井站打车至目的地。

云南
Yunnan

云南省位于我国西南边陲，气候温和，河流众多，年降雨量充沛，一年四季风光秀丽，景色迷人。云南省是我国少数民族最多的省份，各民族孕育出来的灿烂文化在这里交融，呈现出一派繁荣昌盛的景象，这其中自然少不了充满民族特色的村镇古寨，它们如同璀璨的明珠一般镶嵌在充满神秘色彩的云南。

云南省地势起伏变化，河流曲折，古镇分布较为分散，有的藏在大山深处，有的位于江边，有的靠近喧闹都市。同时又因为历史的发展和民族文化的不同，许多古镇都有各自的特色，例如丽江古城的纳西族，他们保留着古老的东巴文字，有着美丽的民族服饰；又如西双版纳的傣族，他们修建有美观实用的吊脚楼，还有热闹的泼水节等。

这些古镇很多都是明清时期遗留下来的古迹，至今依然保持着原貌。镇中建筑质朴无华，带有一种浑然天成的本色，与周围的自然环境融为一体。当地居民热情好客，各种特色的民俗节日和歌唱表演吸引了无数的游客。

黑井镇

盐井之乡

古镇概述

地理位置

→ 云南省楚雄彝族自治州。

气候特点

→ 亚热带季风气候，年平均气温15—21℃，年温差小、日温差大，四季皆宜旅游。

开放时间

→ 08：00—18：00

门票

→ 成人票30元，儿童票15元。

交通

→ 昆明站—黑井镇

从昆明站乘坐火车到达广通北站，再从广通北站打车至目的地。

黑井镇是大理的九个盐井之一，坐落在龙川江河谷中。此地河床上铺满了巨大的红砂石，每到河水流量减少的时候，那些巨石便会裸露出来，而一到雨季便会淹没堤岸，仿佛河底的蛟龙要破水而出，形成奔腾咆哮的水势，黑井镇的山涧时有卤水冒出。

黑井镇因为盐而兴盛，在唐宋以前，当地人并没有注意到盐井的价值，都是自取自用。在《黑井碑记》中关于黑井来历的记载，相传最先发现卤盐的是黑牛。古时候人们在此放牧，在牛群中有一头牛不知道为什么格外肥壮。有一次这头牛走丢了，主人四处寻找，结果发现黑牛舔水处出现了卤水，黑井之名便由此而来。

自盐井发现后的几百年里，黑井镇每家每户都在制盐。全国各地的马帮和生意人经过南丝绸之路源源不断地来这里买盐，盐的发现为黑井镇带来了数之不尽的财富，黑井镇也逐渐脱离了贫穷，慢慢富裕起来。据记载，黑井镇产盐业发达，从盐业出现开始就一直是整个云南地区盐业税收的主要来源。民国末年由于受到大量沿海盐业的冲击，黑井镇盐业逐渐走向衰落，黑井镇这个曾经繁荣的集镇也随之没落。于是显赫了几百年、跨过元明清的黑井镇逐渐消失在历史的潮流中，隐匿在连绵的群山之中，安静祥和。虽没有了昔日川流不息的南北商人，却保留下属于自己的特色。

黑井镇真正成为集镇是从元代开始的，经过几百年的发展，规模不断扩大，古镇格局更加合理，形成“四街、六坊、十六条巷”的结构布局。古镇依山面水，地理位置险要，险峻的青山和潺潺的溪水既是屏障，也是塑造古镇秀丽景色的天然条件。由于地势的局限，古镇上的街道都是南北走向，平坦笔直，几乎没有弯曲，这样整个古镇看起来便是纵向排列一般。

在黑井镇的历史上，各种古建筑类型丰富，数量众多，是当地远近闻名的鼎盛古镇。由于古镇逐渐没落，部分建筑被毁，保存的很多古老建筑沧桑古朴，具有浓厚的历史文化价值。在这些建筑中，随处可见精美的雕饰，砖雕、木雕、石雕应有尽有，成为黑井有名的景致，极具艺术价值。

景点品鉴

➜ 武家大院：始建于清朝道光年间，依山势建成，整体布局十分特别，形成“王字形，纵一横三”的样式。总建筑面积近 1 万平方米，基本可以分成四个天井，气势恢宏，四方通达，房子有 99 间，门达 108 扇，令人叹为观止。

➜ 飞来寺：坐落在陡峭的山峰半腰处，凌空高悬，仿佛有起飞之势，故而得名。沿着羊肠小道可以爬上青山，来到寺庙。每当节日时，古镇以及附近的善男信女们就会来此烧香礼佛，寄托美好的愿望。

➜ 节孝总坊：是黑井镇的标志性建筑。牌坊建于清朝光绪年间，由光绪皇帝恩准敕建，专门为纪念当地 80 多名守贞节的女子。牌坊建筑精细，构造复杂，风格古朴典雅，细腻精巧之中显示出庄重的韵味。这是黑井招牌的象征。

节孝总坊

和顺镇
高原水乡

古镇概述

地理位置

➜ 云南省腾冲市。

气候特点

➜ 亚热带季风气候，气候温和，一年四季皆适宜旅游。

开放时间

➜ 全天开放。

门票

➜ 55元（包括和顺书馆、元龙阁、艾思奇居、文昌宫、弯楼子博物馆、滇缅抗战博物馆、和顺小巷等）

交通

➜ 腾冲驼峰机场—和顺古镇

可从腾冲驼峰机场打车至和顺古镇，全程约14千米，大约需要35元。

和顺镇坐落在我国的西南边陲，是一个建于明朝的古老小镇。因有小河穿镇而过且河流平缓，故取名“河顺”，后来为了“士和民顺”，就改名为和顺。和顺是西南“丝绸之路”上的要道、马帮重镇，有着深厚的文化底蕴。

古镇依山而建，依着山势连绵几千米，盘旋至上，而在古镇前面却是平坦的开阔地，小河缓缓流过，清幽宁静。一年四季，河两岸景色不同，异彩纷呈，犹如江南水乡，河水清澈见底，野花遍地盛开，清香淡雅，沁人心脾。古镇历史悠久，牌坊古朴静立，古桥横跨，清澈的溪水潺潺，街巷曲径通幽，高低错落的民居承载着历史的沧桑。古镇中遍布着明清时期的祠堂、牌坊、古宅，古街小巷穿行其中，古韵浓郁，文化气息厚重。

这里还有着四季如春的舒适气候，素来享有“高原水乡”“小江南”的美誉。在和顺，人与自然和谐相处，完美地融合在一起，难怪有人发出“远山莽苍苍，近水何悠扬。万家坡陀下，绝胜小苏杭”的赞叹。

景点品鉴

➜ **十字小街：** 是晨曦中和顺镇最热闹的地方。小街就位于后山脚下，街道偏窄，色彩斑驳，沿街都是买卖各种日常用品和食材的商贩，遇到赶集时，热闹非常。店铺里陈列着琳琅满目的商品，还有新鲜的蔬菜、鲜红的柿子和半青的苹果等。

➜ **元龙阁：** 修建于明朝，至今仍保存完好。元龙阁虽是道观，但儒教和佛教也在其中。这座阁楼依山而建，与青山绿水一同组成了一幅天然的山水画。荡漾的碧水从元龙阁前蜿蜒而过，形成一个水潭，此潭名曰龙潭，清澈见底。元龙阁的

十字小街

后面是有着参天古树的黑龙山，绿树遍植的山峰如一道天然的绿色屏风。

➜ **魁星阁：**是小镇中另一处别致的建筑，原是古人教育子弟、祭拜魁星的地方。而且这里环境清幽，夏日清凉，也是人们避暑纳凉的好去处。

➜ **和顺图书馆：**是目前全国最大的乡村图书馆，里面藏书丰富，还有各种古籍和孤本，可谓珍贵。沿着阶梯而上，穿过大门，经过花园来到图书馆最精华的地方，即藏珍楼、景山花园等。

和顺图书馆

娜允镇
傣族文化名城

古镇概述

地理位置

➜ 云南省普洱市孟连傣族拉祜族佤族自治县。

气候特点

➜ 亚热带气候，年均气温 20℃左右，一年四季皆适宜旅游。

开放时间

➜ 全天开放。

门票

➜ 免费。

交通

➜ 普洱思茅机场—娜允古镇

可从普洱思茅机场打车至娜允古镇，全程约 200 千米，大约需要 481 元。

娜允镇是一座著名的傣族古城，公元1289年傣王罕罢法建立娜允，“娜允”在傣语中是内城的意思，所以娜允即孟连的内城。元朝在此建立“木连路军民府”，此后土司的势力统治了孟连，并加强了土司制度，直到1949年才得到解除，其间一共有28任土司统治孟连600多年。

由于土司制度的影响，娜允镇被按照严格的等级划分成了三城两镇。“三城”即上城、中城和下城，其中上城属于土司所有，是土司及家奴居住的地方，其他等级的人不允许随意进入；中城则划分给了官员和他们的家眷，至于下城便是下级官员的住所；“两镇”即芒方岗和芒方冒，这些是林业官和猎户的生活区。

随着土司制度的解除，当地的傣族人民开始过上了平等的生活。尽管时代改变了，但是娜允在傣族人心目中的位置依然是崇高的，他们生活在古城中，并且将这里视为最温暖的家园。这里的傣族一共有4个支系，但是这并不影响他们和平共处。

每当节日来临的时候，这些傣族部落都会穿上美丽的民族服装，大家载歌载舞一同庆祝，不分彼此，亲如一家。他们一直保持着民族的特色，例如漂亮的傣族服装、独特的吊脚楼、欢快的泼水节、好看的孔雀舞等，都是引以为豪的民族瑰宝。

景点品鉴

➜ 宣抚司署：坐落在孟连傣族拉祜族佤族自治县上城的最高处，是清朝时期云南的土司衙署，在18座土司衙门里其保存最为完好，占地面积超过1万平方米，气势恢宏，蔚为壮观。宣抚司署内部从门堂、议事厅、正厅，一直到厢房、粮仓、厨房，充满了民族特色，这里不仅有珍贵的藏品和精美的壁画，还有竹编艺品、金银饰物、贝叶经等，令人眼花缭乱。其中最引人瞩目的就是清朝皇帝赐予土司的蟒袍，上面的龙云鸟兽，华美至极。

宣抚司署

➜ 孟连金塔：矗立在南垒河畔，是傣族人佛教信仰的崇高所在。金塔由9座塔构成，中央主塔高耸，31.68米，其余8座小塔形成众星捧月之势环列四周，蔚为壮观。金塔四周雕有龙和鹤，以及孔雀，地宫入口处有弥勒佛，内部会有《西游记》壁画，由此可以看出汉地佛教文化对于金塔的影响。金塔周围还建有四座方亭，分别位于东西南北四个方向，“方亭”在傣语中意为“指路的亭”，可见其意义非常。

➜ 中城佛寺：傣语称为“佤岗”，历史悠久，规模颇盛，在孟连县家喻户晓。中城佛寺建于1910年，坐落在娜允古镇中，土司时期曾是当地官员的专用寺庙。寺院中大门、佛殿、引廊、八角亭、佛教协会办公室等建筑构成主体，其中佛殿占据核心位置。这座抬梁式三重檐歇

中城佛寺

山顶围廊殿宇巍然高耸，金水壁画和金饰彩绘图案光彩夺目，傣族传统的民间故事、神话传说都是在此被发现的。

喜洲镇
白族第一镇

古镇概述

地理位置

➜云南省大理白族自治州。

气候特点

➜低纬度高山气候，四季温差较小，3—5 月最适宜旅游。

开放时间

➜08：00—18：00

门票

➜免费。

交通

➜大理站—喜洲古镇

从大理站打车至喜洲古镇，全程约 37 千米，大约需要 109 元。

喜洲镇位于云南省大理市北部，紧邻着风景优美的苍山洱海，地理位置十分优越，自然风景很是优美。对于地处西南边陲的大理白族来说可谓家喻户晓，因而喜洲镇被誉为“白族第一镇”。

喜洲镇原是南诏国时期的古城之一，距今已有 1000 多年的历史。古时候，喜洲镇由于是重要的军事要塞和佛教重地，商贸繁荣，经济发达，形成了深厚的大理白族历史文化。后来南诏王在喜洲修筑宫殿，大量的移民迁居于此，于是成为当时有名的城镇。

作为南诏古国遗留下来的古城镇，喜洲镇拥有深厚的历史底蕴和数不尽的人文财富。古镇并不大，只有一条老街纵贯南北，两侧是鳞次栉比的民居商铺，还有一些简单的作坊，商铺里多是日常的生活用品或是小吃。

作为大理文化的发祥地之一，如今的喜洲镇保存着许多民居古建筑，这些都是明清时期遗留下来的，保存较为完整。这些建筑有着不同于其他地方的建筑风格和样式，多采用两层楼的“一房两耳、三坊一照壁和四合五天井”三种类型。这些院落中以一进数院的“六合同春”式建筑最多，被辟为民俗文化景观的严家大院无疑是这种风格建筑的代表。

喜洲镇民居

景点品鉴

➜ 七尺书楼： 明朝文人杨士云于公元1526年前后所建的一座土木结构房屋，共有三大间。门窗板壁均有雕刻，书楼在清朝乾隆年间、民国年间有过多次修缮，如今仍保存着明代的建筑风格。

➜ 将军楼： 一座法式的建筑，因著名抗日将领宋希濂将军及蒋经国等国民党高级将领曾经常住此楼而得名。阁楼景点雅致，虽身处古老的喜洲，却能独树一帜，别具特色。

➜ 赵府： 作为喜洲唯一一座明代的一进四院五重堂建筑，这座老宅依旧是古镇的标志性建筑之一。

➜ 严氏大院： 是一座多进格局的大院，由多套院落连套而成，庭院幽深。“三坊一照壁”样式的院落中翘角飞檐，屋舍林立。照壁上雕琢精细，花木栩栩如生。大厅后“四合五天井”的大院，各个布局一应俱全，漏角、天井，四通八达，仿若迷宫。在严家大院并不全是传统的建筑，也有着新颖的近代构造，这就是严家大院的神奇之处。在后院有着一座中西合璧的现代建筑形式的别墅，西欧的建造风格让人惊讶不已。

严氏大院内景

建水古城

文献名邦

古镇概述

地理位置

➜ 云南省红河哈尼族彝族自治州。

气候特点

➜ 亚热带季风气候，夏季多雨，春、秋季皆适宜旅游。

开放时间

➜ 全天（小景点开放时间不同）

门票

➜ 免费，小景点收费不同。

交通

➜ 昆明站—建水古城

从昆明站乘坐火车到达建水站，再从建水站乘坐公交至目的地。

地处彩云之南的建水古城，有着浓郁的中原风采，是一个历史古韵悠长的古城。建水古城自古便是云南西部地区有名的政治文化交流中心，交通发达，文化昌盛，有着“滇南邹鲁”“文献名邦”的美称。

建水古城虽然地处边陲，远离当时文化底蕴深厚的中原江南地区，但是随着历史的发展，古城也保留下了众多文物古迹。这里有和天安门相媲美的千年名楼——朝阳楼，有我国著名的大型古桥——双龙桥，有我国著名的国家级文物建筑——指林寺，有被誉为“滇南大观园”的清代民居建筑——朱家花园，还有亚洲最为壮观的天然溶洞——燕子洞，此外建水古城也是我国四大名陶中紫陶的故乡。由此可见，古老的建水不仅是人文景观的集中地，也是自然美景的汇聚地。

建水古城城墙雄伟，四面各具特色的城门守护着这座千年古城，城中有着众多的文物古迹，古风意蕴非常浓厚。东门是古城的象征，又叫作朝阳楼。朝阳楼建造年代久远，比天安门还要早，历经千年风雨依然屹立不倒。浑厚雄伟的城墙和巍峨的门楼让其拥有“小天安门”的美誉。古镇中老井遍布，相对密集。不同形状的水井处处可见，有方形的、圆形的、扇形的、菱形的，还有月牙形的。每个井都有一个韵味深厚的名字，其中较为有名的有溥博、渊泉等。此外还有文庙、双龙桥等著名建筑，使古镇更添了几分古典的气韵。

朝阳楼

云南

景点品鉴

➜ 文庙：坐北朝南，基本上是依照曲阜孔庙的格局设计建造，规模宏大，雕琢精细，每种建筑设施应有尽有，可分为一坛、二殿、三部长、四门、五亭、六祠等。这座文庙是全国文庙中的第三大建筑，仅次于山东曲阜和北京的孔庙。由此可见当地对科举的追崇和对文化的重视。每到农历八月二十七，文庙便会举行祭孔活动，此时人们将会来此祭拜，表达对孔子的虔诚敬仰。

➜ 溥博泉：坐落在古城西边，在众多古井中非常特殊，有着“滇南第一井”的美誉。此井水质甘冽清澈，几百年间从未枯竭，而且最让人惊奇的是烧开的水没有水垢，因此常被人用来煮茶。

➜ 双龙桥：去往古城的必经之路，是一座三阁十七孔大型的古老长桥，在桥上两座建造华美的阁楼交相辉映，形成“楼中有楼，楼楼相映”的建造格局，是我国桥梁建造史上杰出的代表作。桥端的阁楼较小，而桥中的阁楼则大而壮观，因此享有“滇南大观楼”的美誉。

双龙桥

丽江古城

纳西族家园

古镇概述

地理位置

➜ 云南省丽江市。

气候特点

➜ 高原山地气候兼亚热带季风气候，气候温和，一年四季皆适宜旅游。

开放时间

➜ 全天开放。

门票

➜ 50 元。

交通

➜ 丽江站—丽江古城

18 路（忠义市场方向）：丽江火车站上车—白龙广场站下车，乘坐 13 站。

丽江古城经过了岁月的沉淀，才有了现在的美丽和深刻内涵。近年来，丽江渐渐进入人们的视野，成为众多少男少女们争相前往的旅游胜地。丽江小桥流水人家的幽静唯美给了人们新的享受。

丽江古城的不远处便是玉龙雪山，山势高耸，十三座雪峰巍峨绵延，气势磅礴，这就是纳西族人们心中的神山。此外金沙江从山谷里滚滚流淌，经过静谧的丽江古城。神山秀水养育了这座古城，也将这座古城融入大自然的怀抱，达到了人文与自然的共荣。

这座古城文化氛围浓厚，古建筑处处可见，其中最著名的便是木府。木府被视为丽江的“紫禁城”，通过它可以看到云南土司家族的兴衰史。有学者曾说“不到木府，等于不到丽江”，足可见木府在丽江的重要地位。木氏土司家族经历数百年的历史，宏伟壮阔的木府有着极为精致的美，这种美令人赞叹不已，木府的整个布局十分严谨，不仅有宽敞明亮的议事厅，还有着装满了文化典籍的万卷楼，更有专门用于宴乐的玉音楼等，坐西朝东寓意“迎旭日而得大气”，可谓是匠心独运。

古城秀丽典雅，沿着古街行走，两侧古老的店铺楼阁庄严典雅，又带有浓浓的民族色彩。河边的翠柳，流动的小溪，流光溢彩的灯光，充满了江南水乡的悠然闲适，又不乏大都市的热闹，别有一番韵味。

景点品鉴

➜ **木府：** 北有故宫，南有木府，是土司木氏家族的府邸。历经元明清三代的木氏在丽江有着绝对崇高的地位，其府邸建筑宏伟辉煌，精致华美的雕刻令人叹为观止，就连旅行家徐霞客游历木府之后都曾赞叹：“宫室之丽，拟于王室。”整个木府的建筑布局严谨，议事厅气势恢宏，万卷楼藏书丰富，玉音楼设计巧妙，匠心独运。

➜ **四方街：** 交通便利，四通八达，往来的商客在此云集，可以说是丽

木府中的万卷楼

江的经济文化中心。依山而建的街道蜿蜒纵横，两侧的商铺、民居鳞次栉比，保存着众多的文物遗迹。古色古香的建筑、新颖别致的装饰、各色品种的商品等让古城有了“山城无处不飞花”的美誉。

购物

➜ 丽江少数民族众多，民族工艺品、美食等都受到广大游客的青睐。围巾、有关东巴文化的T恤、纸、布以及银器、玉器、茶叶等在古城街道的商店里随处可见，购买时请注意价格。

四方街

民风民俗

➜ **打跳：** 是纳西族、傈僳族等少数民族的一种传统舞蹈，一般流行于丽江市、宁蒗县等地。打跳在纳西语中叫作“咚罗丽”或“纽踔”，其意为人们来跳舞，或者欢乐的跳舞等，可见打跳就是人们共享欢乐，一同携手跳舞。当人们跳起舞时，还有人吹奏笛子和芦笙，使得气氛更加活跃。

➜ **三朵节：** 源自于纳西族的三朵神。在纳西文化中三朵神有崇高的地位，高耸的玉龙雪山就是这个神灵的象征。因此对于纳西人来说，三朵节是他们最盛大、最神圣的节日。节日当天，人们穿戴着美丽的民族服装载歌载舞，此外还有赛马、狂欢等活动，场面宏大，热闹非凡。

➜ **火把节：** 象征着红火的日子、红火的生意、红火的生命等多重含义，这是我国西南少数民族常过的一个传统节日。丽江纳西族的火把节在每年农历六月二十五日至二十七日举行，一共3天时间。节日期间，村寨里的每个人手持火把穿行在田间地头，十分热闹。

周边景点

➜ **玉龙雪山：** 不仅险峻奇特，而且磅礴中透着秀美，不管是登山探险，还是休闲旅游，玉龙雪山都是一处绝佳的选择。主峰扇子陡就好像一把展开的雪白折扇，傲然耸立，集亚热带、温带及寒带的各种自然景观于一身，绿茵茵的青松，白皑皑的冰雪，移步换景，反差格外地大，令人叹为观止。仰望雪山，十三座雪峰犹如神话里的十三把宝剑，寒光闪烁，偶尔可以看见冰塔林这种十分罕见的奇观。因冰川末端消融之后残留的塔状冰体，所以称为“冰塔”。一座座矗立的冰塔就像直刺云霄的刀戟，经过阳光的照射显现出晶莹的绿光，犹如镶嵌在岩

玉龙雪山

石之中的碧玉翡翠。（门票100元，不含索道、环保车、演出）

→ **云杉坪：** 位于雪山脚下，3240米的海拔高度使这个0.5平方千米的林间草地显得异常珍贵。在纳西族人心中，云杉坪是一个神圣而又纯洁的地方。雪山脚下有高大挺拔、苍翠欲滴的云杉树林，云杉坪就像一个隐藏在大山后未被发掘的神秘仙境。（门票包含在玉龙雪山通票中。）

→ **蓝月谷：** 因湖水位于月牙形的山谷而得名，晴朗时分湖水澄澈湛蓝，远远望过去就好像天上的月亮坠落在这里，故而得名“蓝月谷”。蔚蓝的蓝月谷中倒映着青翠的山峰，白云悠悠，如梦如幻，疑似仙境。每当万物复苏、春季来临之际，玉龙雪山上厚厚的冰雪便开始融化，涓涓溪流叮咚作响，流下山体汇集到山谷中的湖泊里。（门票包含在玉龙雪山通票中。）

→ **甘海子：** 是位于玉龙雪山东麓的天然草甸牧场，每年的春暖花开之际，风光秀丽，牧草丰茂，山坡上处处点缀着各种颜色的野花，美不胜收。住在附近的牧民们带上毡篷，一边骑着骏马，一边在连绵的群山中放牧，嘹亮的牧歌声在雪山碧水间荡漾，好一派优美的田园风光。（门票包含在玉龙雪山通票中。）

住宿

→ **丽江青苔别院客栈**

地址：昭庆村64号

电话：13688789034

标间：130元左右

→ **丽江柏瑞精品客栈**

地址：大研古城光义街光碧巷40号

电话：15770479090

标间：280元左右

蓝月谷

特色美食

吃什么

→ **三文鱼：** 是丽江的特产。和其他地方的鱼不同，丽江古城的三文鱼生活在淡水中，而且是玉龙雪山的高山雪水，干净安全，所以这里的三文鱼肉质鲜嫩，可以做生鱼片，也可做火锅配菜。

→ **醋排骨：** 在丽江古城的大饭店里都能吃到，其作为纳西名菜三叠水第三叠，一直享有高度的赞誉和良好的口碑。这道菜的营养价值非常高，而且做法简单，热爱美食烹饪的朋友可以去当地的厨师那里取点真经。

→ **鸡豆凉粉：** 是一道夏日美食。每当夏日来临，鸡豆凉粉就会风靡丽江古城的大街小巷，常常是供不应求。这道菜选用的豆子很有特色，属于当地特产，经过磨碎之后做成的凉粉更是清新爽口，开胃消暑，好处多多。

在哪吃

和叔食府	太安洋芋鸡	老火塘人家
特色菜有近乌卡卡黑山羊、江措斑鱼三文鱼、花花色私房菜、小锅巴纳西美食、清秀疯炒酸奶、那措牦牛肉等，广受好评。人均消费 61 元左右。 **电话：**18708886017 **营业时间：**10：00—22：00（周一至周日） **地址：**丽江市古城区五一街振兴巷 9 号	店里有多道特色菜，味道鲜美，例如洋芋鸡、太安洋芋鸡、洋芋鸡半锅、苦菜炒饭、洋芋鸡清汤等。价格比较公道，人均消费 50 元左右。 **电话：**13987047736 **营业时间：**11：00—22：00 **地址：**象山东路 269 号	以火锅鸡火锅、老豆腐、烤土豆、腐乳、干煸粑粑为主要特色，店中使用炭火现煮现烤，别有趣味。人均消费 73 元左右。 **电话：**（0888）5326866 **营业时间：**10：00—23：00 **地址：**丽江市古城区裕安路 86 号

坝美镇 遗失的小镇

古镇概述

地理位置

➔云南省文山壮族苗族州广南县。

气候特点

➔亚热带季风气候，夏季多雨，春秋季最适宜旅游。

开放时间

➔全天开放。

门票

➔免费。

交通

➔昆明南站—坝美镇

从昆明南站乘坐火车到达广南县站，再从广南县站打车至目的地。

“坝美”在壮语中是“森林中的洞口”的意思，镇子位于广南县北部的阿科乡与八达乡交界处。四周青山环绕，犹如天然的绿色屏障，境内有一条一年四季流淌不断的清澈河流，名为“驮娘江”。小河穿过桃源洞进入坝美，又从另外一个洞口流出，这两个幽深且神秘的溶洞是进出坝美镇的必经之路。

乘舟进入水洞，初时高大宽阔，慢慢变得狭窄，仅容一艘小船通过。船行一段时间之后，可以感觉到凉风，洞顶的钟乳石不时落下水珠，至中游后，上方有一道光线直穿而下，顺着光线抬头仰望，可见洞顶上的“天洞”。从洞中出来，第一眼便可见到漫山遍野的绿色，转动的老水车，婀娜多姿的壮族少女，潺潺的澄净溪流，山谷中大片的金黄油菜花，还有高大的山峰。这就是坝美，一个如同山水画般静美的村落。

坝美镇依山傍水，坐落在向阳的山坡上，层层叠叠的民居建筑依山就势，绵延起伏，高大茂密的榕树点缀在古村之中。妇女们扎着帕角、穿着黑蓝色衣裙和绣花鞋，她们依然用老式的木制纺织机纺线、织布，用从山上采摘来的青草靛染后制作土布，并在上面绣各式的花样，男人们则外出耕地、放牧、砍柴，十分和谐。

坝美镇古朴沧桑，依旧保留着原貌，崎岖的地形让耕作只能采用最古老的方式，有些人家还在使用几百年前的木犁。这里盛产糯米，村民每年都会举行新米节以庆祝丰收，品尝用新糯米包的香甜粽子。每逢此时，一定要品尝一下五彩饭，它是将糯米用植物叶子染色后制成的，风味独特。

景点品鉴

➜ 坝美河： 坝美镇一道美丽的风景线，发源于远处山脉的坝美河在流经古村时分为两道清澈的小溪，一弯浅浅的月牙小岛在两溪之间形成，因岛上遍植桃花，故而取名“桃花岛”。两段分开又汇聚的溪流被称为“鸳鸯河”。当地人把左边的称为“男人河”，右边的称为“女人河”，形象生动。整条河流如同画家手中彩笔绘画而成的虹霓，夕阳的余晖在上面洒下一层金光。每到夏日的夜晚，这里就成了最舒适的地方，点点繁星照亮了夜空。劳累了一天的人们就会来到这里洗浴，男人在男人河，女人在女人河，清凉的河水浸漫整个身体，冲刷掉浑身的疲惫，逍遥惬意。

坝美河

民风民俗

每当逢年过节，这里都会举办各种活动，如祭龙、对歌、斗鸡等，丰富多彩。这些活动源远流长，有着浓厚的民族特色。当地的农民很少过问世外之事，他们满足于当下的农耕生活，邻里之间和睦相处，相互团结帮助，共同遵守着古老的民风民俗，使壮族的文化精髓得以保存。

诺邓村 白族古村

古镇概述

地理位置

➜ 云南省大理白族自治州云龙县。

气候特点

➜ 亚热带季风气候，四季如春，一年四季皆适宜旅游。

开放时间

➜ 全天开放。

门票

➜ 免费。

交通

➜ 大理站—诺邓村

先从大理站乘坐公交达到大理快速汽车客运站，再从大理快速汽车客运站乘坐客车达到云龙客运站，最后从云龙客运站打车至目的地。

诺邓古村位于云南省大理境内的深山里，是一个因盐业而发展起来的古镇，曾一度是云南西部地区有名的经济重镇。处于群山环抱的诺邓村有一个非常特殊的地方——在古村发展的千年的时间里，“诺邓”这个名称从未改变，这不得不说是一个不小的奇迹。

由于盐业的带动，诺邓村当地经济发展迅速，各行各业繁荣昌盛，整个古村的规模不断扩大。因诺邓村四面环山，仅有的一块平坦的台地也被修建成寺庙，所以民居建筑多是依据山势而建，绵延起伏的山丘造就了高低错落的房屋，因此房屋的地基多是砖石垒砌，高大坚固。如今古村的民居多分布在较为低缓的开阔地带，建筑密密麻麻，远看一层叠着一层，相互之间紧挨着，几乎密不透风。狭窄的街巷在民居的夹缝中依着山势弯弯曲曲，斑驳的石板路三步一阶，五步一台。

如今古村中保存着较好的古建筑，大多是明清时期的建筑，还有民国时期的。明清时期的寺庙、祠堂、牌坊、门道等古建筑有 28 处，还有元代建筑“万寿宫”。题名坊是当地现存最大的木牌坊，而玉皇阁建筑群则是古村重要的古建筑群。诺邓村的古建筑风格多样，格局构思巧妙，在门窗、梁、柱上雕刻的图案精细美观，各具特色，各有千秋，很少雷同。

曾经繁盛的古村因盐业的衰落也随之没落，村中那仅存的盐井虽然还有卤水细细流出，但是已然不复往年兴盛的模样。这个安静沉默的乡村世界，虽然比不起江南巨富建造的精致典雅的园林，但是质朴的民居和古拙的阁楼戏台等依旧值得人们去观赏。

云南

景点品鉴

➜ 玉皇阁： 始建于明嘉靖年间，清道光七年（公元 1827 年）重修。玉皇阁藻井 28 星宿重彩画位于玉皇阁殿堂中央顶端，由 32 块木板按八卦方位拼合成穹隆状天花板，上面画了 28 种动物，每种动物分别代表相应的星座。历经上百年，28 星宿图仍然鲜艳如初。

玉皇阁

特色美食

吃什么

诺邓火腿是诺邓村的特产之一，具有很高的知名度。而让诺邓火腿名扬全国的正是《舌尖上的中国》。诺邓火腿有着悠久的历史，早在明朝时期就已经借助“南丝绸之路”远销海外，如今更是供不应求，一上市就被抢购一空。诺邓火腿有着“千年等一腿”的美誉，是当地“珍稀”的特产。诺邓火腿制作耗费时间长，制作量少。每当年末大雪隆冬之际，当地人就开始杀猪制作火腿，这时的火腿品质最为优良，腌制时味道十分香浓。

香格里拉
东方的天堂

古镇概述

地理位置

➔ 云南省迪庆藏族自治州。

气候特点

➔ 高山气候，气候湿润，一年四季皆适宜旅游。

开放时间

➔ 全天开放。

门票

➔ 免费，内部小景点另收门票。

交通

➔ 迪庆香格里拉机场—香格里拉

可从迪庆香格里拉机场打车至香格里拉市，全程约 11 千米，大约需要 30 元。

香格里拉地域不同，气候特征迥异，北部炎热干燥，南部温暖湿润，不同的气候特征在这里有着十分明显的表现。这里白天和黑夜的温度差异十分大，可谓是“一年无四季，一天有四季，隔里不同天”。

在藏语里香格里拉的意思是“心中的日月”，所以香格里拉是因梦而生的，那里的一切都像是在梦境中一般。“太阳最早照耀的地方，是东方的天堂，人间最圣洁的地方，是奶子河畔的香格里拉。”詹姆斯·希尔顿在《消失的地平线》中这样写道，其描绘出一个永恒平和的香格里拉，这里远离世俗繁华，是一个真正的“世外桃源”。

这个位于云南西北部的美丽地方，数千米的海拔落差使这里的地貌既有高原、山地，又有河谷、盆地，还有辽阔的草原，一年四季，风光无限。香格里拉被誉为“人间的天堂”，有很大的原因与连绵的雪山有关。纳西语“金子之花朵”的哈巴雪山以及闻名遐迩的梅里雪山群，远远望过去，神秘而圣洁，让人生出庄严肃穆之感。哈巴雪山与玉龙雪山遥相呼应，冬季是最好的攀登季节。

在这片人间天堂般的梦境中，除了清新秀丽的自然美景，巍峨高耸的连绵雪山，也有以惊险称奇的大峡谷。梅里大峡谷、虎跳峡和澜沧江大峡谷，都是世界级的大峡谷，既深且险。以“险”著称的虎跳峡，峡谷长 17 千米，两岸雪山海拔均在 5000 米以上，山高谷深，水流湍急，气势雄伟，蔚为壮观。虎跳峡不仅是我国最深的峡谷之一，也是世界上最深的峡谷之一，峡谷内连续 7 个下跌的陡坎，落差有 216 米，汹涌波涛，仿佛要吞噬掉前路上的一切，浩大的水流撞击声，数里外都可以听见，真可谓是震耳欲聋。

香格里拉的神秘不止在于神圣的雪山峡谷，还在于其深处的属都湖、纳帕海等清幽神秘的高山湖泊，它们是如此纯净，甚至没有受过任何污染。连绵不绝的草地，如同为大地铺上一层柔软的地毯，不知名的野花点缀其间，真是一幅辽阔静美的草原风光图。有“小布达拉宫”之称的松赞林寺使这里充满了更加神秘的气息。

住宿

➔ **香格里拉不语客栈**

地址：云南省迪庆藏族自治州香格里拉市独克宗古城金龙街宏学廊金龙二组 14 号

电话：13078585805

标间：130 元左右

➔ **迪庆虎跳峡茶马客栈**

地址：香格里拉虎跳峡镇永胜村

电话：13988707922

标间：200 元左右

➔ **云蔓酒店**

地址：昌都路与尼旺路交叉口（碧融大厦）

电话：（0887）8988868

标间：320 元左右。

繁华的街道

景点品鉴

➔ 虎跳峡： 位于金沙江的上游，因峡谷垂直落差达 3900 多米而被认为是世界上最深的峡谷之一。峡谷由金沙江冲击而成，江水从青藏高原缓缓流下，途经景色优美的香格里拉，带着高原特有的簌簌寒风流向丽江。但是江水前进的步伐被玉龙和哈巴两座大山阻挡，金沙江的水流变得异常凶猛，汹涌奔腾的水流冲击着山峰，巨大的冲击力铸就了虎跳峡这条幽深的大峡谷。虎跳峡总共分为三段，上虎跳峡是其中最为狭窄的一段，中虎跳峡和下虎跳峡则较宽一些。

虎跳峡

➔ 独克宗古城： 是一座具有 1300 多年历史的古城，是中国保存得最好、最大的藏民居群，也是古时茶马古道的枢纽和雪域藏乡和滇域民族文化交流的窗口，川藏滇地区经济贸易的纽带。

➔ 松赞林寺： 云南境内最大的藏传佛教寺院，素有“小布达拉宫”的美誉，是在川滇地区具有崇高地位的黄教寺庙。松赞林寺又被称为“归化寺”，始建于公元 1679 年，耗时三年完成，现在已经发展成类似城镇一样的规模，极为壮观。松林赞寺屹立在高原净土，每年的八月份就开始飘雪。相传寺庙选址是上天的旨意，达赖喇嘛曾占卜，得到过这样的启示“林木深幽现清泉，天降金鹫嬉其间”，后来人们找到的地方就是今天的位置。寺院建成后，五世达赖喇嘛亲自为寺院取名“松赞林寺”。

香格里拉松赞林寺

民风民俗

格冬节： 又称为“跳神节”，是藏传佛教寺院专门组织的一种跳神驱鬼的宗教活动，后来成为藏民重要的节日。每年到了藏历的 12 月 26 号，格冬节便正式开始，一直延续到 29 号，第一天主要做跳神预演，接下来两天开展诵经法会，最后一天最热闹，跳神面具舞表演充满了神秘的宗教色彩。松赞林寺在香格里拉最为出名，所以那里的格冬节最热闹、最盛大。

赛马节： 也是香格里拉一年一度举办的大型节日，藏民们齐聚一起，不分男女老幼，大家一同穿上节日的盛装，喜气洋洋。这天的活动非常丰富，有唱歌、跳舞以及最受人关注的赛马，在此可见赛马飞奔，争相竞技的场面。

阔时节： 是傈僳族十分重要的民族节日，每年开始于 12 月 24 日左右，相当于汉族的新年。在香格里拉，阔时节最为隆重，当地的傈僳族人会相聚在一起，共同庆贺节日。节日当天，他们唱歌、跳舞、射箭，沿袭着古老的民族文化，此外这天还是男女相亲的好日子。

购物

香格里拉物产丰富，无论是工艺品，还是美食，都不容错过。其中牦牛肉干、尼西黑陶、鸡血藤手镯、松茸、药草、藏刀等，是人们的首选。独克宗古城中有许多特产商店，可供游客购物。

特色美食

吃什么

牦牛肉火锅： 香格里拉最具特色的美食风味，第一次品尝时可能会有些不习惯，但味道很好。火锅用新鲜的牦牛肉作为底料，加上一些配菜，吃起来十分过瘾。

尼西土锅鸡： 一道非常著名的菜，央视纪录片《舌尖上的中国》里面就有这道菜，可见其名声不小。这道菜用尼西土陶炖鸡，味道鲜美，当地土鸡的肉质细腻，因此汤浓肉香。

酥油茶： 作为藏族最为普遍的饮料而被世人熟知，同时也是藏民最热情的问候。制作酥油茶又叫打油茶，藏民先将砖茶煮好，再加入酥油和盐，然后盛在细桶中搅拌直至成乳浊状，便是酥油茶了。

在哪吃

热贡艺人阁	阿若康巴	布达拉木楼餐吧
具有藏族风情的一家餐厅，主打牦牛火锅，还有酥油茶、酸奶、安多面片等美食，人均消费74元左右。（因餐厅十分火爆，用餐需预定。） **电话：**13388878555 **营业时间：**09：00—22：00 **地址：**古城东大门达拉廊107号	主要特色有牦牛肉、康巴面片儿汤、酥油茶、藏式火锅、藏式牦牛肉火锅、石头烤牦牛肉、老板炒面、石头牛肉等。店主是法国人，所以这里很有欧洲风情，又带有藏族特色，价格公道，很受欢迎。 **电话：**（0887）8881007 **营业时间：**10：00—23：00 **地址：**云南省迪庆藏族自治州香格里拉市独克宗古城皮匠坡甸腊卡	布置得当，十分温馨，让人觉得很舒适。店里的菜品丰富，主要有牦牛火锅、酥油茶、土豆丝饼、牦牛肉酱、牦牛酸奶、牦牛烧土豆、琵琶肉等。人均消费80元左右。 **电话：**（0887）8228612 **营业时间：**09：00—21：00 **地址：**云南省迪庆藏族自治州香格里拉市独克宗古城北门46号

巍山古城
南诏国遗迹

古镇概述

地理位置

➜ 云南省迪庆藏族自治州微山彝族回族自治县。

气候特点

➜ 四季皆宜。

开放时间

➜ 全天开放。

门票

➜ 巍宝山60元。

交通

➜ 大理站—巍山古城

从大理站乘坐火车到达巍山站，再从巍山站打车至巍山古城。

巍山古城又称“蒙化城”，位于云南省大理市巍山彝族回族自治县，从汉武帝时期就已经开始在此设县，曾经一度成为古诏国的疆域。宋朝时归属于大理国所有，明朝洪武年间重建古城，如今人们看到的就是600多年前的明代古城。

整座古城以星拱楼为中心，街巷布局呈“井”字形，分布着商铺、客栈、酒楼、民房等建筑，整齐有序，有条不紊。街道中清朝遗留下来的“三坊一照壁，四合五天井”，特色鲜明，这种土木结构充分展现出白族传统建筑的精髓。古城历史悠久，文物古迹众多，除了城内的星拱楼、古街坊等建筑，城外还有巍宝山建筑群、龙于城遗址、南诏蒙舍城遗址、文昌宫、圆觉寺等，它们承载着几百年的历史沧桑，是巍山古城留给世人最珍贵的记忆。

现在的巍山古城内居住的都是汉族，回族多分布在城郊一带，而彝族相对较少，他们大多散居在山林中。各民族之间相亲相爱，和睦相处，并且各自都保留下来属于自己民族的独特文化，这些文化中又有民族融合的痕迹，从而拥有更深厚的文化底蕴。

巍山古城

景点品鉴

巍宝山： 又名“巍山”，位于云南省巍山县，是古代南诏国的发源地之一，也是我国著名的道教名山。巍山高耸入云，气势巍峨，山上松柏常青，幽径逶迤，一年四季风光秀丽，处处都有美景。此外道观殿宇林立，恢宏大气，其中最具特色的有充满八卦建筑风格的长寿洞、刻有八仙过海镂空浮雕的大殿门、绘制八对藻井镂空龙图的大殿顶等，使人叹为观止。

圆觉寺： 寺院内古木森森，环境清幽，风光秀丽，距今已有500多年的历史。寺院中山门、天王殿、大雄宝殿、后殿依次排列，蔚为壮观，两座方形密檐式砖塔耸立，共分成九层，约15米高，笔直挺拔。大殿里有明代学者杨慎留下的对联，“一水抱孤城，烟霭有无，拄杖僧归苍茫外；群峰朝殿阁，雨晴浓淡，倚栏人在画图中”“高阁高悬，低阁低悬，僧在画中看画；远峰远刊，近峰近刊，人来山上观山”，妙趣横生，别具特色。

西子河： 古称“阳瓜江”，曾经蒙化十六胜景之二的“瓜江垒玉”“一江抱孤城”，指的便是今天的西子河。西子河蜿蜒曲折，向南流去，像一只手环抱巍山古城，这就是“一江抱孤城”。西子河又仿佛一条瓜藤，而两岸的村庄正如同悬在藤蔓上的瓜果，由此形成了“瓜图”，而古代的阳瓜江两岸多种植瓜类作物，因此瓜果成熟时，常常会有“瓜江垒玉”的景观出现。

石棺： 位于巍山古城东边，棺长13米，宽10米，前后高度分别为2米和3米。石棺前立有一座大理石墓碑，后面耸立一座石亭，碑前和石棺两侧设置长石桌，石桌左右几十米外矗立着5米高的石烛。据说这口石棺是清朝初年明将陈异叔所凿，当年明朝覆灭后，他不愿入世，便隐居在这里，石棺上依稀还能看到他镂刻的诗文。

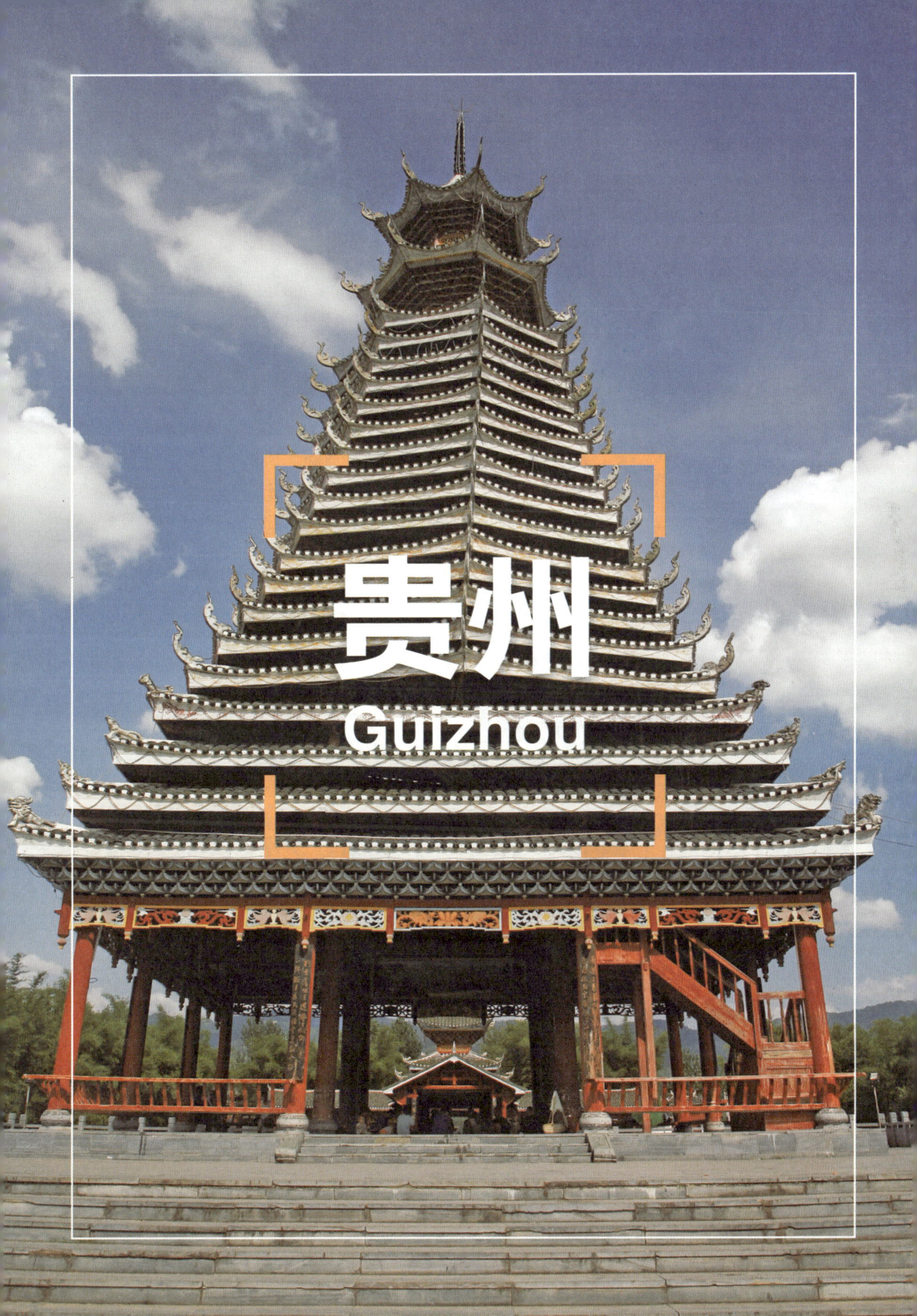
贵州
Guizhou

贵州省的少数民族众多，由于民族文化的差异，古镇古村中的建筑风格也变化多样。贵州省以高原山地为主，地形西高东低，有“八山一水一分田”的说法，因此古镇的分布比较分散，而且位置偏僻，常在大山深处，或密林覆盖，出行极不方便，信息闭塞，所以形成了相对独立的文化体系。

这些古镇特色鲜明，各有千秋。其中西江千户苗寨依山而建，连绵成片，蔚为壮观；南州布依族山寨深藏山林，青色的石屋石街朴素典雅；肇兴侗寨历史悠久，文化底蕴浓厚，充满了古色古香。此外还有著名的土司古堡、三合院、四合院等，都是历史古迹。

民俗文化也是贵州古镇的一大特色。苗族服饰色彩艳丽，轻巧合身；彝族舞蹈原始粗犷，充满野性；布依族刺绣做工细致，精巧美观；土家族节日热闹红火，欢乐无限。因此，在经历长途跋涉进入绝境深处的古镇，然后亲身体验当地的自然人文营造的氛围已经成为贵州古镇旅游的常态，也促进了这些古镇的经济发展。

青岩镇

寨民堡垒

古镇概述

地理位置

➜ 贵州省贵阳市花溪区。

气候特点

➜ 亚热带季风气候，温和湿润，3—10 月最适宜旅游。

开放时间

➜ 全天开放。

门票

➜ 10 元，套票 80 元。

交通

➜ 贵阳站—青岩古镇

203 路（青岩方向）：火车站上车—青岩站下车，乘坐 39 站。

青岩镇因四周被青山环绕，故取名“青岩”。古镇位于贵州省贵阳市，是一个由多民族汇聚而成的村落。青岩镇始建于明朝初年，并不是一个自然形成的村镇，而是当时为了巩固边防、传达军情急报就在此建立了驿站，随后发展成集镇。

青岩镇从古驿站发展而来，600 多年的历史赋予了它深厚且丰富的人文景观。在古镇纵横交错的街道上，民居、寺庙、阁楼、戏台、牌坊紧密排列，每一处都蕴含着历史的印记和青岩人的智慧。青岩镇文化气息浓厚，而且还有着无限的神韵，山清水秀，环境优美，使人常常流连忘返。因为电影《寻枪》，古镇开始变得家喻户晓，诗人周渔璜、状元赵以炯等古人的名字又一次重新被人们提起。

古镇四周的山脉绵延起伏，虽然阻挡了人们出行的道路，但是却成就了青岩镇多样的建造布局，使古镇风貌得以保存至今。在古镇中，上百处明清时期的文物遗迹依旧完好，让人叹为观止。它们有的简约大气，有的小巧精美，各具特色，形象鲜明。和其他的古镇村寨不同的是，青岩镇最具特色的建筑是石筑的堡垒。

如今的古堡残败不堪，乱石成堆，古时的这里却是抵御强敌的坚固屏障。沿着古墙进入古镇，从平铺的大青石台阶上依稀可见旧时以石块铺成的驿道。高大恢宏的古建筑群落之间纵横着大街小巷，每家每户房屋都用石板垒砌，层层叠叠，如同一本本古书。在打磨得光滑的青石板路上徜徉，欣赏那些经过数百年风霜之后依然存留的石木院落，那斑驳的刻满岁月沧桑的木门，以及木楼上的雕刻，无不在诉说着过往的故事。

景点品鉴

➜ **赵理伦百岁坊：** 是青岩镇有名的建筑，因坊主人年过百岁，被道光皇帝钦赐“升平人瑞”，以此修建百岁坊。百岁坊的建筑造型独特，气势非凡，被著名的美术学家刘海粟赞为“实属罕见”。

➜ **状元府：** 是当地人最自豪的历史遗迹。在千年的科举史上，青岩有着重要的地位，曾经从这里产生了云贵两省第一位状元——清朝光绪年间的赵以炯。如今的状元府就是其原来的府邸，大门两侧依然悬挂有楹联，“琴鹤谱志，论语传家”。

➜ **定广门：** 当年古镇中士兵屯集驻守的地方，是青岩镇不可错过的景点。青石板街上依稀残留有古城墙的遗迹，那雄伟壮观的城墙在岁月的冲刷下变得斑驳不堪，偶有杂草在墙缝间长出。轻轻触摸粗粝的墙面，仿佛可以感受到历史遗留的痕迹。

定广门

石头寨
蜡染之乡

古镇概述

地理位置

➜ 贵州省安顺市镇宁布依族苗族自治县。

气候特点

➜ 亚热带季风气候，气候湿润，春季最适宜旅游。

开放时间

➜ 全天开放。

门票

➜ 免费。

交通

➜ 安顺西站—石头寨

可从安顺西站打车至石头寨，全程约 59 千米，大约需要 172 元。

石头寨是我国著名的蜡染之乡，其地处世界上最大的喀斯特地貌区，自然风光秀丽，环境清幽，民族文化独特，靠近著名的黄果树瀑布。这里气候温和，湿润多雨，冬夏两季既不寒冷，也不炎热，是一处藏在秘境里的古寨。

石头寨顾名思义是指用石头建成的村寨，的确如此。村子中的大多数房屋都是就地取材，用从山里运来的石头建成的，不仅美观，而且实用。这些建筑已经有 600 多年的历史了，映衬着周围山林的翠色，青白的石头寨更显得古朴沧桑。古寨依山傍水而建，村前小河流淌，寨中绿树成荫，踏着青石板铺成的主街道进入古寨，如同走进一座石头碉堡，充满了神秘感。寨子里的房屋依托地势呈现出明显的层次感，错落有致，房子的墙壁、屋顶都由石头砌成，甚至连室内的许多陈设也是石头做的，例如石凳、石桌、石盆、石灶等。

这里被誉为“蜡染之乡”，几乎每一位妇女都精于这门手艺，这种古老的技艺在她们的手中得到了传承。石头寨的蜡染从很早就开始发展起来，经过一代又一代人的创新和改良，蜡染技艺变得更加精湛。在石头寨的河滩上，经常会有妇女们晾晒新染布匹的情景，那些带着水分的新布在阳光的照射下更加鲜艳夺目。这些来往的妇人重复着同样的工序，用心制作、涂染每一匹新布，充满了温馨祥和，在这山色朦胧、古寨静谧的氛围里，她们就是另一处美丽的风景线。

景点品鉴

➜ **五孔石桥：** 在石头寨旁边的河流上横跨着一座宽5米、长30米的桥，因桥身有 5 孔弧形石拱而被称为五孔石桥。潺潺的流水倒映着一个个半圆形的桥孔，形成一个个大小不一的圆洞门，景色非常秀丽。

➜ **民居建筑：** 石头寨的民居建筑虽然用简陋的石头构造而成，但是在建造和布局上很有讲究。依山而建的民居地处在两米多高的屋基上，有石砌的台阶由下而上连接，房屋

石头垒成的民居

全部用石料建造，只在建造过程中使用木料辅助。建造后的民居建筑，线条匀称，质地紧密，经久牢固，每当雨后，被冲刷后的房屋更加光洁整齐，很有特色。

景点品鉴

➜ 祭田节：石头寨的祭田节由来已久，与古代传统的农事息息相关，原始农业生产中的许多风俗都有浓厚的迷信思想，但是这也反映出古老文明的神秘色彩，同样也是人对大自然的初步认知。在古寨中，人们经常祭祀掌管土地收成的土地神、支配农作物生长的五谷神以及保护村寨部落的寨神等。所以每年农历的六月初六，布依族人就会举行祭田节，祈求各路神灵保佑生产和生活顺利平安。据说布依族的祭田节是当地春节之外最隆重的节日，可见当地人对它的重视。

➜ 浪哨：这是一个布依族语言里的词汇，“浪”是坐的意思，“哨”指的是年轻女子，所以浪哨就是当地男子找寻对象之意；而“浪貌”中的“貌”即青年男子，那么浪貌便是女子找对象的意思，所以“浪哨”就是年轻人选择恋爱对象的一个节日。这个节日非常热闹，并且带有明显的民族特色，令很多的人感到好奇。

隆里古城

隐士的家园

古镇概述

地理位置

➜ 贵州省黔东南苗族侗族自治州。

气候特点

➜ 亚热带季风气候，年降雨量充沛，一年四季皆适宜旅游。

开放时间

➜ 全天开放。

门票

➜ 套票 100 元。

交通

➜ 贵阳龙洞堡汽车客运站—隆里古城

可从贵阳龙洞堡汽车客运站乘坐客车到达锦屏，再从锦屏打车至目的地。

隆里原名为“龙里”，经过演变发展到清代时改名为“隆里”，取“隆盛之理所”之意。隆里古城因其浓厚的历史文化背景和边地军屯背景而闻名，以独特的“汉文化孤岛”在贵州这个有着众多民族的家园里占据着一席之地。

隆里古城在明朝洪武年间建成，距今已有 600 多年的历史，这里不仅是西南少数民族的聚集地，而且是唯一一个保存较为完整的汉文化军事古镇，完整地保存了明清时期的民居建筑群和规划布局。这里的居民大多是明朝时期“调北征南”的屯军后裔，还保留着中原的生活习惯和民风民俗。古镇四处弥漫着浓郁的古老气息，浑厚的历史韵味和文化使这里素来享有“中原遗韵，南疆锦绣”的美誉。

隆里古城的文化在保有中原文化的基础上吸收了当地少数民族的文化。在隆里，各种文化、宗教和民俗相互融合交汇，形成了独具特色的文化体系，当地人借助这种特殊的文化理念形成了具有自身特色的生活方式。正是这种不同于周边的文化特色，使隆里有着“文化孤岛”的称号。

隆里古城近似长方形，古城结构布局讲究，无论是设计还是施工都根据当时的作战需要，是一座既能战斗又具备防御体系的军事城堡，内部的防御体系建造得十分精密。城墙的四周围绕着护城河，大街小巷以“丁”字形交叉，而不是传统的“十”字形。一方面是因为“十”与“失”谐音，这是军事城池的禁忌，另一方面是希望以此寄寓人丁兴旺，城池牢不可破。城门是城池防御的重地，因此有内外两道大门守护，“勒马回头”的造型，这种形式独特的防御设计显示出当时城池较为完善的军事防御体系。

隆里古城保留的民居基本都是明清时代遗留下来的，在建筑格局和装饰技艺上有着鲜明的徽派风格。几乎所有的建筑都是用青砖垒砌而成的两层三间的构造格局，屋顶是灰瓦铺就，有凌空的檐角。有的大户人家的门楣上还会悬挂匾额，如“三槐第”“济阳第”“关西第”等。此外，屋檐、门窗等细节之处都装饰精美，又有彩画相配，象征着吉祥如意。

景点品鉴

➜ 陶家大院：位于古城东北，是一座三间搭两厢型的建筑。这座建筑始建于清朝嘉庆年间，是古镇中最具有代表性的古代民居，至今仍保存完好，具有很高的欣赏价值。陶家大院四周高耸的封火墙颇有气势，院中天井幽深，用青石板铺就，旁边设置一方水缸雕饰蟠龙。厢房厅堂古色古香，窗门木雕精巧美观，室内陈设都是古物，典雅气派。

➜ 状元桥：古时候黎平府的“八景之一”，始建于明朝万历年间。据说这座桥是为了纪念唐代著名诗人王昌龄被贬谪到隆里镇而修建的。由于王昌龄曾在唐朝科举中高中过博学鸿词科的第一名，因此隆里人为了能沾些王昌龄的才气，就将这座桥称为状元桥。

➜ 龙标书院：由唐代诗人王昌龄所创立，曾是黎平府八大书院之首，名声显赫。相传王昌龄曾经因为写了一首《梨花赋》而遭人中伤，被贬之后来到隆里镇。他在此继续写诗，不为所动，而且还创立书院，进行教学，促进了当时隆里的教育。

➜ 隆里古城生态博物馆：位于隆里古城中心地段，是隆里古城标志性建筑之一。

隆里古城生态博物馆

西江千户苗寨

天然博物馆

西江千户苗寨位于贵州省，是苗族的聚居地，直到现在，这里仍保留着苗族较为完整的原始生态文化，堪称是研究苗族历史、文化的“活化石”，因此被称为“苗都”。苗寨的建筑大多是极具民族特色的吊脚楼，无论是平地还是斜坡上，吊脚楼都可以建造，所以才形成千户苗寨依山而卧的格局。苗寨外观漂亮，而且实用，同时又与大自然紧密相融。

村寨附近的山谷上建有风雨桥，古时候是给远行的商客们提供避雨以及歇脚的地方。如今的风雨桥已经成了苗寨极具特色的一处风景。村寨屋舍错落有致，沿坡而上，其中绿树掩映，山色空蒙，气候格外湿润。耸立的吊脚楼，记录了苗族古老而独特的生活方式，在这里还可以看到老旧的作坊、古式的工具、用于祭祀的动物头骨，仿佛一次时空穿越之旅。

踏着石板小道，穿过每户人家的门前，迎面走来的姑娘身穿民族特色的装饰，戴着银器制作而成的帽子、项圈和银锁，非常精致，色彩绚丽，绣有民俗图案的长裙，格外动人。满头银发的老人坐在门前的竹凳上，穿针引线，绘制手中的衣衫，一旁的大爷抽着水烟，多么祥和的一幅生活画卷。富有民族特色的商店，一间连着一间，沿着街道依次排开，这可是游人最留恋的地方。各种古老的手工艺品琳琅满目，使人眼花缭乱。

苗族人十分热情，他们特别喜欢用长桌餐来款待客人。每当中午，屋内细长的木桌上摆满各色菜肴，香味扑鼻。开饭之前，苗族姑娘总会清唱几句歌谣，并会为远来的客人敬上美酒。古寨经常上演节目，姑娘们翩翩起舞演绎苗族舞蹈，伴着悠扬的歌声和欢快的鼓声，气氛更加活跃，博得台下一片掌声。此外，众多身怀绝技的演员也纷纷闪亮登场，亮出绝活，一阵阵的叫好声此起彼伏。

古镇概述

地理位置

➜ 贵州省黔东南苗族侗族自治州雷山县。

气候特点

➜ 亚热带季风气候，气候温和，6—8 月最适宜旅游。

开放时间

➜ 08：00—16：00

门票

➜ 100 元。

交通

➜ 凯里南站—西江千户苗寨

凯里高铁南站—西江千户苗寨（西江千户苗寨方向）：凯里高铁南站上车—西江千户苗寨站下车，乘坐一站。

住宿

➜ 西江小时光精品酒店

地址：西江千户苗寨观景台100 米

电话：17716653091

标间：148 元左右

➜ 998 依岚听雨民宿

地址：东引村四组

电话：17785581998

标间：218 元左右

➜ 西江半山居舍全景美宿

地址：西江苗族博物馆后 50 米

电话：18985280098

标间：350 元左右

景点品鉴

➜ 风雨桥： 又称“花桥”，结构奇特，纹饰古朴精美，被誉为世界十大最不可思议桥梁之一。整座桥可分成桥、塔、亭三大部分，桥上长廊两侧设有栏杆、长凳，人们常常在此躲避风雨，故而有“风雨桥”一名，西江苗寨的这座风雨桥就是杰出的代表。桥身上架有双层的亭子，灰瓦红柱，横脊飞檐，气度不凡。桥下一个大拱横跨两岸，桥拱两侧各有三只小孔，相互对称，格外美观。由于以前的木桥年代久远且抵抗力差，经常会被水冲垮，因此现在看到的风雨桥已经过多次修缮。

➜ **吊脚楼：** 一般分成三层，最底层用于圈养牲口、储存杂物，二层住人，中间厅堂留出用于摆放祖先灵位、祭祀、宴客等。堂屋前面通常会留出一块地方，在檐柱上装设一个靠凳，俗称“美人靠”，供人小憩休息时可以临廊远眺，放松心情。第三层主要用于存放谷物、饲料等物品。这些吊脚楼全由木结构建造，而且很多都位于斜坡上面，最下面常用圆木支撑起来，因此整座楼都将悬在空中，这就是“吊脚”的意思。

风雨桥

吊脚楼

购物

➜ 想要在西江购物，较多的是具有民族特色的手工艺品，比较出名的有银饰和手工刺绣。银饰的制作很是精巧，样式新颖，可分为苗银和纯银两种，价格不同。手工刺绣在西江的很多商店里都有售卖，上面的图案有的很是精美，价格也有高低之分。

特色美食

吃什么

西江千户苗寨的美食众多，餐馆和农家乐遍布西江两岸，不管是白天还是晚上，两岸的餐馆都热闹非凡。在西江千户苗寨众多美食中，鸡稀饭是一道很有特色的美食，不仅有米饭的醇香，还有着鸡汤的鲜美，在当地的很多餐馆中都能找到这道美食。

在哪吃

阿浓苗家

当地很有名气的一家餐馆，里面经常有表演活动，是一个很不错的吃饭选择地。人均消费 102 元左右。

电话： 18375297818
营业时间： 10：00—22：00
地址： 西江汽车站的公路往上走 50 米

在哪吃

草堂茶居
一家在寨子里的餐馆，名字虽然叫茶居，但主打的都是家常菜，如：苗家酸汤鱼、萝卜干炒腊肉、辣子鸡等，环境很有情调，评分也很高，人均消费 95 元左右。 **电话：**15585375112 **营业时间：**11：30—22：00 **地址：**西江镇营盘东路博物馆右侧 50 米

大屯彝族古寨

古镇概述

大屯古镇历史悠久，这里世代居住着彝族同胞，尽管这座小镇的大部分彝族草屋原始粗陋，但是那种朴素的气息使小镇显得更加安定祥和。这些草屋之间有一处引人注目的土司庄园，建于清朝道光年间，是当时的土司余象仪建立的，他的后人余达父从国外留学回来后将大屯再次扩建，此时已颇具规模，现在是我国重点文物保护单位。这座庄园楼台殿阁具备，是我国传统建筑中典型的庭院规制，充满了深厚的文化色彩，又有着淡雅清秀的气韵。

土司庄园是大屯的核心建筑，其他彝族屋舍都是围绕这处宅院建立的，如同众星捧月一般。庄园面向西北而建，依靠山势从平地到缓坡逐渐升高，层次分明，各个建筑错落有致，十分壮观。由于余达父曾经到日本留学，对于日本的建筑了解很深，因此在扩建原来的土司庄园时，就有意识地采用了日本唐招提寺的建筑模式，结合传统建筑的特点，将两者融合，并突出彝族建筑风格，取得了令人赞叹的效果。

庄园沿中轴线对称，分三路徐徐展开，每一路上都设置三重建筑，院外有 6 座碉堡，巍巍耸立，作为庄园的防御设施，院内面积有 6000 多平方米，花园秀美，充满了江南水乡的神韵。据说这座庄园曾动用 300 多名工匠，耗费 3 年才建成。此外最引人注目的是庄园中的彝族元素，无论是各种陈设，还是民族服饰以及虎纹图腾，都为这座庄园增添了更多的神秘。

地理位置

➔ 贵州省毕节市七星关区。

气候特点

➔ 亚热带季风气候，气候温和，一年四季皆适宜旅游。

开放时间

➔ 全天开放。

门票

➔ 120 元。

交通

➔ 毕节飞雄机场—大屯

可从毕节飞雄机场打车至大屯，全程大约 82 千米，大约需要 254 元。

景点品鉴

➔ **碉堡：**庄园的防御设施，分布在院墙外侧，一共有 6 座。这些碉堡内各种军事设备齐全，是庄园强大的保护屏障。动乱年代，庄园中的许多建筑都能保存完好，很大程度上是有碉堡的缘故。

➔ **西花园：**西花园里面有一个金鱼池，其形状如同一朵盛开的莲花，池子旁边还种植有许多花木，使得园中更加温馨祥和。等到夏季来临，水池里的莲花开放，绿叶重叠，花朵竞相绽放，清香满园。

➔ **东花园：**又被称为“亦园”，这里主要的用途是接待客人。这座花园中的建筑非常美观，又设有花圃相衬，显得更加雅致。此外，院中的墙壁上也有充满特色的粉饰，再加上青石铺成廊道，使人一进花园就能感到一种舒适与宁静。

镇远古镇

湘黔门户

镇远古镇是一个古老而美丽的历史文化名镇，位于舞阳河畔，2009 年被评选为“中国最美十大古镇”之一。镇远古镇自古以山川秀丽、历史文化浓厚、充满民俗风情而出名，从而吸引了众多的游客。

镇远古镇群山环绕，石屏山屹立在古镇北侧，犹如一座锦绣屏风，舞阳河穿城而过，将古镇一分为二，南北两岸卫城和主城相互守望，形似一幅巨大的太极图，故又被称为“太极古镇”。又因为“九山抱一城，一水分府卫”的独特景观，而被赞为“东方威尼斯”。

向西绵延数千里的舞阳河风景区是舞阳河流域中自然风光最美的一段。四周之景倒映在碧绿的湖水中，如一幅美丽的山水画，独具特色的悬崖幽谷、奇峰怪石、茂林修竹吸引了众多的游客。泛舟其上，景随船动，火烧赤壁、孔雀峰、将军柱、金龟望月等景点，一一呈现在众人面前，变幻无穷的景观令人目不暇接，其中尤以自然天成的孔雀峰蔚为壮观。景色奇诡的青龙洞就位于舞阳河畔，是一个由十几座崖洞组成的古建筑群，规模庞大，十分壮观。进入青龙洞内便可见“入黔第一洞天”的题词，在众多的古建筑中，最为引人注目的莫过于玉皇阁。沿着镇远城边的小道走向远方，爬过眼前的山峰，一条清澈见底的河流倏然出现，这就是铁溪，四周溶洞遍布，风光秀丽。

华灯初上的镇远没有白日的喧嚣，沿江而建的房屋亮起了大红灯笼，各种色彩相搭配，好像七彩的彩虹在舞阳河中飘荡。古镇内临水而建的戏楼，经过风雨的洗礼依然屹立不倒，只是更添了沧桑的历史感。看着眼前斑驳的墙壁，脑海中不由想起鲁迅先生的《社戏》，那爽朗的笑声和悠闲的生活，仿佛就在眼前，镇远宁静恬淡的氛围无愧其“人类疲惫心灵的最后家园”的美誉。

古镇概述

地理位置

➜贵州省黔东南苗族侗族自治州。

气候特点

➜亚热带季风气候，气候湿润，春、夏、秋季最适宜旅游。

开放时间

➜全天开放。

门票

➜免费，内部小景点收取门票。

交通

➜贵阳站—镇远古镇

可从贵阳站乘坐火车到达三穗站，再从三穗站打车至目的地。

住宿

➜**舞水谣客栈**

地址：镇远西秀街，临近镇原县就业局

电话：（0855）5724066
15880774743

标间：120 元左右

➜**四通快捷酒店**

地址：镇远西秀街火车站对面

电话：18286506701

标间：80 元左右

➜**日月国际大酒店**

地址：镇远平帽街大菜园

电话：（0855）5728888

标间：320 元左右

景点品鉴

➜**万寿宫：**以前有江西人聚集的地方，就有万寿宫，它是纪念江西地方保护神许真君的庙宇。古时候的镇远商家云集，贸易繁盛，很多江西商人不远万里来此经商，后来逐渐建立江西会馆，也就是万寿宫。

➜**青龙洞：**我国唯一一处融汇了佛教寺庙、道教殿堂和儒家书院的古建筑群，与麦积山石窟和恒山悬空寺并称为“中国古代三大空中建筑群”。因为青龙洞依山临水，所以大部分崖洞都错落分布，有的位于山巅，有的镶嵌山崖，有的隐藏山底，形态各异，格局构造各具特色。青龙洞修建于明朝初年，主要分为万寿宫、中元洞、祝圣桥、青龙洞、紫阳洞和香炉岩六大部分。

➜**玉皇阁：**一座凌空建于青龙洞洞

口的悬空楼阁，构造奇特，地势险峻。这种在悬崖洞口建造楼阁，形成由阁入洞的格局可谓是青龙洞古建筑群中独一无二的单体建筑。构思巧妙的设计不仅使玉皇阁成为悬空阁楼，而且还成为当地著名的景观。

➜ **铁溪：** 又名“铁山溪”，距离镇远城北约 1000 米的地方，经过 21 千米的流淌，最终汇入舞阳河的怀抱，四周环绕着大面积的原始混交林。铁溪素来以优美的自然风光和奇特的钟乳岩洞著称。澄如明镜的龙池深不见底，它仿佛有一种神奇的魔力，吸引着众人的目光，所以被人们称为“云贵高原小九寨”。

➜ **仁寿巷：** 镇远古镇的巷弄众多，纵横交错，较大的有复兴巷、仁寿巷、紫宝阁巷、陈家井巷等，这些交叉相连的巷弄勾连着古镇的每个角落。

➜ **舞阳河：** 舞阳河是镇远古镇景色的主体，是因喀斯特地貌而形成的河流，景色迷人。

万寿宫

青龙洞

舞阳河上的舞阳大桥

购物

➜ 在镇远，主要的旅游特产是姜糖、陈年道菜、天印贡茶和镇远青酒。姜糖是镇远一种很美味的特产，虽然气味有点古怪，但是味道很好，闻着喷香，咬着酥脆。陈年道菜是腌制坛储食品，有着百年的历史，深褐色，香味奇特。天印贡茶在镇远有着 1200 多年的历史，很受青睐。镇远青色泽晶莹，芳香浓郁，口感爽甜，回味绵长，是当地非常有名的美酒。此外还有一些民俗的饰品和服饰等。一般在兴隆街和顺城街两条步行街都可购买到。

特色美食

吃什么

➜ **酸汤鱼：**镇远古镇的酸汤鱼种类较多，主要有白酸、红酸和辣椒酸三种，每一种味道不同，但都很美味，喜欢吃鱼的游客，到镇远旅游可以品尝一番。

➜ **三味臭豆腐：**镇远古镇最有名的小吃，外酥里嫩，口感清咸带鲜，亦臭亦香的特色让其备受赞誉，在当地有"尝过三味臭豆腐，三日不想肉滋味"的说法。

➜ **米豆腐：**一种和豆腐大不一样的美食，外观洁白，味道清香，口感清雅，非常适宜在夏季品尝。

在哪吃

美食街	苗伯妈红酸汤
沿河有一条街，这就是美食街，街道上各种美食小吃众多，可以从街头吃到街尾，非常丰富。	一家非常有特色的酸汤火锅店，红酸汤比较正宗，味道可口，价格也比较实惠，人均消费在 58 元左右。 电话：18685558446 营业时间：09：30—22：30 地址：镇远古镇和平街商贸城内，靠近福家乐旁

旧州镇
富足之地

古镇概述

贵州省有两座旧州镇，一座位于安顺，另一座位于黄平，这两座古镇中，黄平县的旧州镇相对更古老些。从春秋战国开始，黄平旧州镇便已经诞生，距今已经有 2300 多年了。由于优越的地理条件，旧州镇作为贵州省重要的水陆交换站，将内外物资顺利转运，因此来往的客商慢慢增加，直到旧州镇成为远近闻名的商业枢纽。

自古以来，旧州镇就有"金盆、银碗、玉带、圣水"的美称，阳河畔万亩大坝就是一个大金盆，人们在此休养生息，富足安康。阳河蜿蜒穿过重山，绕古城而过，水流潺潺，水质清澈，如同一条玉带，滋润着这里的每一寸土地。古镇东西南北四面都设有城门，镇中街道平直开阔，古建筑分布两侧，其中九宫、八庙、三庵、四堂是旧州镇最突出的代表。这与全国著名的历史文化名城原府城的古迹总数相等，此外城郊还有鼓台仙境、万营战候等多处景点，蔚为壮观。

古镇现在的布局和屋舍建筑大多都是明清时期保留下来的，至于更早的遗迹已经越来越少了。尽管如此，这些明清建筑依旧继承了我国传统建筑的精髓，它们不仅古朴典雅，同样也充满了浓郁的文化气息。古镇中的大家族院落是现存最好的建筑，那些高耸的封火墙隔开了各家的院落。这些墙体高出屋顶部 1 米多，有 0.3 米厚，具有很好

地理位置

➜ 贵州省黔东南苗族侗族自治州黄平县。

气候特点

➜ 亚热带季风气候，年降雨量充沛，一年四季皆适宜旅游。

开放时间

➜ 全天开放。

门票

➜ 免费。

交通

➜ 凯里站—旧州古镇

可从凯里站乘坐火车到达施秉站，再从施秉站打车至旧州古镇，也可以直接从凯里站打车至目的地。

的防火效果，此外墙上还有精美的图绘，十分美观。院落之中最大的特点就是清幽静谧，加上各种花草的点缀，不仅色彩明艳，同样清香扑面，沁人心脾。院里的厅堂布局十分讲究，陈设安排都别具匠心，窗门上的各种祥瑞雕刻图案细腻精巧，艺术价值极高，常常使人眼花缭乱。

景点品鉴

➜ **天后宫：** 现为福建会馆，里面供奉着海神天后娘娘，其坐落在旧州镇的西下街。这座宫殿始建于清朝道光年间，占地面积 1202 平方米，共有 2 座殿宇和 4 间厢房，此外还有回廊、面阁、藻井、花台等设施，尽管规模较小，但是同样精巧别致。

➜ **仁寿宫：** 原来是江西临江会馆，始建于清朝乾隆年间，是一组高封火墙形成的封闭式建筑。这座建筑包含有戏楼、厢房、正殿、三步廊等，布局得当，建筑工艺高超，很有欣赏价值。

➜ **五孔连拱石桥：** 坐落在古镇西门外的老里坝，横跨阳河，桥体总长 67.7 米，高 9.2 米，宽 7.3 米。这座桥是明朝时期的黄平知州古德恒所建，可惜清代康熙时被洪水冲毁，直到乾隆时得以重建，之后便一直沿用至今。

丙安村
赤水旁的古村

古镇概述

古村被赤水河三面包围，宁静而温馨，丙安村两端依然可以看到古老的寨门，前后两道寨门近 7 米高，2 米多宽，颇具气势。村中只有一条街道，并且很窄，约 400 米长，由石板铺就，形成“一线天”的景观。村落中的古树参天，吊脚楼、悬空楼、虚脚楼、无底楼、独柱高脚楼等古建筑错落有致，古色古香，它们分布在河边或者崖壁上，使人惊奇不已。这些古楼紧紧挨在一起，底部用数百根粗大的圆木柱子支撑起来，凌空高悬，仿佛起飞的群鸟一般，蔚为壮观。

沿街两边至今还有保留下来的客栈、茶楼、饭店等古建筑，据说明清时期的过路客商常常在此处歇脚住店，因此丙安村在川黔古道上也颇有名气。自从清朝乾隆年间赤水河经过大面积的整治以后，路过丙安村的运盐船只和来往客商就越来越多了，当时湖南、湖北商人所建的禹王宫最为气派，这些都是丙安村留给后人的历史印记。

景点品鉴

➜ **双龙桥：** 建造精美，桥墩和桥面都是选用巨型的条石，经过精巧的设计，天衣无缝地垒砌在一起，所以桥面平整开阔，美观而耐用。这座桥 28 米长，却仅有 1.4 米宽，狭长的桥身如同一条飞龙卧在河上。桥上的石雕也十分精巧美观，两只石狮虽然被毁，但是石龙还在，栩栩如生。

➜ **迎客瀑：** 落差有 14 米，宽 7 米，水流从爵树下飞奔而下，气势汹涌，滔滔不绝，犹如一条蛟龙腾空而起，所以迎客瀑可以看作是赤水河第一大瀑布。

➜ **大丙滩：** 水流湍急，轰鸣之声震耳欲聋，滩下方水深近 14 米。如果乘船经过，水推船行，如同离弦快箭一般，可见水势之大。

地理位置

➜ 贵州省遵义市赤水市。

气候特点

➜ 亚热带季风气候，气候温和，一年四季皆适宜旅游。

开放时间

➜ 07：30—19：00

门票

➜ 20 元。

交通

➜ 遵义站—丙安村

可从遵义站乘坐火车到达桐梓北站，再从桐梓北站打车至目的地。

周边景点

➜ **楠竹竹海：** 分布于贵州省赤水河流域的丙安乡、葫市等地，是我国十大竹乡之一，竹林面积 98 平方千米，浩浩荡荡，势如海涛一般。在所有乡镇中，丙安乡的竹林面积最广，约占赤水竹林的 4/5 左右，这为丙安的自然景观增色不少。

香纸沟
不老的造纸术

古镇概述

香纸沟是贵州省贵阳市的著名风景名胜区，环境秀丽，峰峦叠嶂，一年四季变化多样，还有飞湍瀑流。从而形成了以青山绿水、茂林修竹、奇峰怪石、古泉深洞等为主的自然景观，常被称为“绿色宝石，天然氧吧”。

相传在明朝初年，太祖朱元璋开始推行“调北填南”的政策，许多北方的先进技术因此被带到了南方，其中就包括古老的造纸术。据说当时拥有造纸技艺的蔡伦传世后裔彭家三兄弟也来到了贵州，当他们看到香纸沟的美景时，不禁为之赞叹，并且发现此地十分利于造纸，于是定居下来。由于他们曾是湖南人，所以他们将这里命名为“湘纸沟”，又因为当地的溪流、竹林、石料等造纸材料优质，再加上他们的手艺，造出来的纸张常带有清香气息，所以后人将“湘纸沟”叫成了“香纸沟”。

现在的香纸沟依旧保留着造纸的技艺，这不仅是一项经济收入，同样也是一项非物质文化遗产。也许时代的变迁，这样古老的传统技艺早已注定会慢慢消失，但是其中所蕴含的文化内涵依然值得人们去回味。

地理位置

➜ 贵州省贵阳市乌当区。

气候特点

➜ 亚热带季风气候，年平均气温保持在 15℃左右，一年四季皆宜旅游。

开放时间

➜ 08：00—18：00

门票

➜ 11 元。

交通

➜ 贵阳站—香纸沟

可从贵阳站打车至香纸沟，全程约 44 千米，大约需要 127 元。

景点品鉴

➜ **龙井湾瀑布群：** 大致可分成 6 级瀑布，依次从低到高，层层叠起，蔚为壮观。其中第四级瀑布落差最大，高达 15 米，宽 4 米，但是雨季来临后，水量骤增，就会出现一条 20 余米高的雨季瀑布，更是令人惊叹。此外手抓岩瀑布、龙口瀑布等也别具特色，水质纯净，清澈透明。

➜ **古造纸作坊群：** 位于龙口瀑布下方。等到农闲时节，人们便开始重新清理造纸坊，将龙口瀑布的水流通过设置好的水槽导出，供造纸时使用，而且也可以借助水的力量推动水车，转动石磨、碾轮等工具，节省了大量的人力。这就是劳动人民的高超技艺和伟大创造，也是中华民族的不竭财富。

➜ **龙井湾：** 是一处避暑休闲的去处，其属于香纸沟景区的著名景点。龙井湾长约 5000 米，300 多米深，内部蜿蜒的小径通向幽深的秘境，四周流水潺潺，小桥飞跨河上，碧波荡漾的竹林随风浮动，令人陶醉。

➜ **锅底箐：** 一条长 3000 多米、深 300 余米的峡谷。谷中许多原始植物高耸入云，峡谷两边崖壁高耸，清澈的瀑布从高处飞泻下来，犹如李白笔下的庐山瀑布一样壮观。谷口处老旧的造纸作坊依然保持着原貌，游人在这里可以目睹千年传承至今的手艺。

肇兴侗寨
鼓楼之乡

古镇概述

地理位置

➜ 贵州省黔东南苗族侗族自治州黎平县。

气候特点

➜ 亚热带季风气候，降雨充沛，最适宜秋季旅游。

开放时间

➜ 全天开放。

门票

➜ 100 元。

交通

➜ 贵阳龙洞堡汽车客运站—肇兴侗寨

从贵阳龙洞堡汽车客运站乘坐客车到达黎平汽车站，再从黎平汽车站打车至肇兴侗寨。

肇兴侗寨是我国西南贵州侗族的居住地，有着 800 多年的悠久历史。寨前大门上悬挂着冯骥才先生所题的“侗乡第一寨”横匾，至今保存完好。它曾被《中国国家地理》杂志评为“中国最美的乡镇”之一，其造型独特的鼓楼群在全国可谓是声名远播，因而被称为“鼓楼之乡”。

肇兴侗寨建于山间盆地中，是一个与世隔绝的世界。清澈的河水穿寨而过，鳞次栉比的吊脚楼被河水分隔开来，河水两边的吊脚楼以桥相连，形成一个完整的整体。杉木建造的小楼顶覆盖青瓦，既精美雅致又古朴实用，身处其中，仿佛置身于原始而古老的村落。四周的山坡上多为顺势开垦的梯田，层层叠叠如阶梯，块块整齐似田字。

侗寨依山傍水，聚族而居，横跨河流之上的众桥梁中最具代表性的便是风雨桥了。这座桥反映了侗寨人民高超的建筑技艺与智慧，整座桥只是在柱子上凿穿孔眼用木榫连接，不用一根铁钉，却坚固异常，令人叹为观止。风雨桥上建有可遮风挡雨的长廊式桥屋，通道两侧有栏杆，如同游廊，在这里可以静静欣赏如帘如幕的雨景，品味侗寨人悠闲的田园生活。

肇兴侗寨最具有吸引力、最具代表性的建筑是鼓楼。那代表五团的 5 座鼓楼，各具特色，风格迥异，蔚为壮观，在全国的侗寨中也是绝无仅有的，因此肇兴侗寨被誉为“鼓楼文化艺术之乡”。在村寨的肇兴河上，远远就可望见 5 座精巧玲珑的花桥，与鼓楼相搭配，和谐美观。肇兴侗寨有着深厚的文化底蕴和淳朴的民族风情，这里不仅是鼓楼之乡，更有着丰富多彩的传统歌舞，其中侗族大歌便是最具有侗寨文化特征的一项活动。

侗寨寨门

景点品鉴

鼓楼： 侗寨最具地方文化特色的建筑，其建筑风格既吸收了汉族古代塔楼建筑特色，又不拘泥于一格，多角形的瓦檐，方形的下部，使其如鸟翼展翅，极具美感。鼓楼不仅是侗寨的标志，也是侗族繁荣昌盛、吉祥如意的象征。同时，它还是侗族人民平常休闲娱乐或集会议事的场所，如果有客人前来，也会用以接待客人。鼓楼是侗寨人民日常生活中必不可少的一部分。

风雨桥： 又称“花桥”，是侗族最有特色的建筑之一。其结构奇特，纹饰古朴精美，整座桥分成桥、塔、亭三大部分，桥上长廊两侧设有栏杆、长凳，人们常常在此躲避风雨，故而才有“风雨桥”一名，是侗族建筑的“三宝”之一。

风雨桥

民风民俗

侗寨大歌： 侗寨大歌的魅力在于唱歌的侗家女或小阿哥未经过专门的声乐训练，仅凭自己对音乐天生的敏锐感知力，多人分不同的声调进行无伴奏合唱，通过那韵律繁复、曲调悠扬、节奏明快的大歌就能表达出生活中的各种情感。歌声美妙舒缓、轻快悠扬，看似简单，却扭转了国际上关于我国没有复调音乐的说法。此外，每两年古寨就会在中秋节那天举办一次芦笙会，主人和游客相互比赛吹芦笙，阵阵悦耳的笙歌响彻寨子，场面颇为壮观。

镇山村
民族生态博物馆

镇山村位于贵州省贵阳市的花溪水库旁，村寨背向青山，三面环水，风景秀丽，布依族和苗族混居在此，和睦相处，相亲相爱。村寨很像一座城堡，城墙、城门、屋舍等建筑都由石头筑成，淳朴而又神秘，被誉为“民族生态博物馆”，先后被评为“贵州镇山民族文化保护村”“贵州省级文物保护单位”，备受世人关注。

古镇概述

地理位置

➔ 贵州省贵阳市花溪区。

气候特点

➔ 亚热带季风气候，3—5 月和 9—11 月为最佳旅游时节。

开放时间

➔ 全天开放

门票

➔ 2 元。

交通

➔ 贵阳站—镇山村

203 路换乘花溪 - 天河潭公交，全程 43 站。

203 路（青岩方向）：火车站上车—花溪公园站下车，乘坐 22 站。

花溪 - 天河潭（天河潭方向）：花溪湿地公园（大门）站上车—镇山村路口（招呼站）站下车，乘坐 21 站。

斑驳的石道

据《李仁宇将军墓志》记载，镇山村始建于明朝万历年间，至今已有400多年的历史。相传当时江西省吉安府卢陵县协县的李仁宇因军务进入贵州，并在镇山村建了古堡，后来由于妻子去世，便入赘镇山村与班氏结亲，生下的孩子，一个姓李，另一个姓班，这就是现在村民中两大姓氏的由来。

镇山村由上下两个村寨组成，村中屯门到下寨码头的主干道连通两寨，再由石阶小巷通向各家各户。上寨以石头城墙围起，村民生活在城内，大多数民房都以石板建成三合院样式，内部以木质结构营造，显得古朴典雅。下寨则大多为木结构的民房排成三层梯级结构，没有院落、隔墙等，靠近河畔，常有船只停泊，别具特色。

镇山村少数民族服饰被国内外民族学家誉为“民族服饰的活化石”，从漫长的历史长河中回看这种具有明显时代气息的服饰，不禁令人赞叹其历史的源远流长。尤其是苗族服饰中的大衣领，精美华丽，每当盛大的节日到来的时候，苗族人都将穿戴这样的服装，精美的服饰如同春天里漫山盛开的花朵，美不胜收。

景点品鉴

➜ 武庙：古村中一座古老的庙宇，始建于明朝万历年间，后来在清朝光绪年间重修。庙宇通高15米，有5间房屋，左右两厢和前面的过厅已经毁坏，如今的正殿是后来重修的，成为展示古村历史的展馆。

➜ 屯墙：古村中由青石垒砌的城墙，始建于明朝万历年间，如今大部分墙体已经坍塌，墙基还保存完好。古时候的屯墙整体长有700多米、宽3—4米，上面还建造有各种军事设施，建造的南北两座城门中只剩南门保存完好，由此可见古时候的镇山村还是一个重要的军事要塞。

屯墙

民风民俗

➜ 跳花节：又名“跳花坡、赶花山、跳花场”等，是苗族、布依族等少数民族每年农历正月十二到十四这三天之中举办的节日活动，其历史悠久，从古代一直延续到现在。这种具有特色的传统民俗不仅传承了先辈文化，还促进了民族内部和民族之间的感情。每年到了跳花节，人们都会盛装出场，在族长的组织和带领下来到跳花场地，然后在芦笙的伴奏下一同欢歌跳舞，共享节日。

➜ 过上九：即正月初九，又称“过小年”，是我国农村依旧保持的一项习俗。古代常称正月初一为岁首，从当天开始出门拜年，到了正月初九，人们将其称为迟年，晚上妇女迎接迎紫姑神，称为“请七姑娘”。而这一天对于镇山的布依族来说，还有另一个意义，就是嫁出去的姑娘今天回娘家，和亲友团聚。

➜ 芦笙节：南方少数民族最盛大的节日之一，主要有芦笙踩堂、赛芦笙等形式，每一次的举行地点便是这次活动的名称，例如十三坡、古龙坡等。镇山的芦笙节同样也依照传统的古历进行，每年正月十八到二十，人们首先进行祭祀先祖，然后开始吹笙跳舞，场面宏大，十分热闹。

云山屯
屯堡文化馆

古镇概述

地理位置

➜ 贵州省安顺市西秀区。

气候特点

➜ 高原型亚热带季风气候，降雨充沛，春秋季最适宜旅游。

开放时间

➜ 全天开放。

门票

➜ 免费。

交通

➜ 安顺站—云山屯

旧州旅游专线（云峰景区方向）：火车站上车—云峰景区站下车，乘坐 2 站。

云山屯位于贵州省安顺市，有着“屯堡文化地面博物馆”的美称。同时先后被评为“最大的、最完整的明初屯堡文化村群落”和“中国历史文化名村”，备受世人关注。其作为屯堡文化的重要代表，承载着建筑、军事、经济、民族等多方面的历史文化。

云山屯是“云峰八寨”里最杰出的代表，至今保存相当完好。据说古堡建于明朝洪武年间，当时朱元璋派江浙士兵进驻贵州，当中许多人就留在了当地，他们的后裔不断扩建云山屯，并在此定居下来，被称为“屯堡人”，渐渐与当地居民融合，形成了现在人们看到的云山人。

古堡地处云鹫山下的峡谷中，幽深僻静，人们世代居住在此，安居乐业，和睦相处。村落中的古城堡屹立百年，虽然经受了时代变迁的影响，但是依旧保存着很多明朝的古老文化。村寨前后建有两座城门，将峡谷封住，前屯门巨石高耸，颇具气概。一条长约 600 米、宽近 5 米的主街道贯穿古村，两旁屯墙、碉堡、哨棚、民居等建筑簇拥在一起，布局紧促，错落有致。此外还有三合院、四合院分布在村中，由于古街巷连接成一体，所以遇到战事，可以相互沟通，共同防御。

云山屯的民居带有明显的江南建筑的特点，从构造技艺来看，大多数采用穿斗木结构，这样有利于屋体承重，因此用石块围筑的墙体主要用作围护。同时这些屋舍又有当地土著民房的风格，他们就地取材建成别具特色的石板房，再在屋中板壁、窗户、门楼等处，进行雕饰，配以名花奇草、名诗雅词等充满文化色彩的题刻浮雕等，使得屋舍优雅舒适，温馨宁静。

景点品鉴

➜ **明清一条街：**云山屯最繁华的街道，长约 600 米，全用青石板铺就，显得古朴而自然。街道主要分成三段，依次为前、中、后街，前街明朝遗留的古建筑和人文风景特色鲜明，中街清代风格突出，后街则是从民国到后期逐步发展形成的。整条街上分布着三合院、四合院、碉楼等建筑，中间巷道穿行，构成了严密的防御工事，令人叹为观止。沿街两岸商铺、米店、餐馆林立，可见当年的繁荣。

➜ **金光甫家旧址：**又称“熊子文家”，是一座清代的四合院建筑，至今保存完好，它既带有江南水乡的古建筑美感，又具有军事防御的实用性。院落中左右厢房连同正房构造精妙，古朴典雅。据说金光甫父子都曾高中举人，但都选择了教书，光绪皇帝还为此赞扬他们的可贵品质，赐给金光甫父子一对宝杯，以资鼓励。

➜ **财神庙：**兴建于清朝时期，庙内原来专祀财神赵公明，后来又增添了观世音菩萨，由此释道共存。由于云山屯的军事保护，来往客商免受盗匪侵害，因此贸易日益频繁，商人们建立这座庙宇，祈求财运亨通，平平安安。如今的财神庙佛教盛会更是引人注目，每年正月初九、九月十九都有大批人来此上香拜佛，场面宏大。

➜ **前屯门：**又称“大屯门”，始建于明朝洪武年间，后因兵乱被毁坏，到了清朝同治时重修扩建，颇有气势。至今保留的寨墙长 1000 余米，7 米多高，近 2 米厚，全部由巨石垒砌而成，气势不凡。墙上炮眼和垛口密布，最高处还有许多哨棚，由此可见，前屯门在云山屯军事防御中的重要位置。

➜ **云鹫寺：** 位于离云山屯不远的云鹫山山顶，历史久远。据说这座古寺兴建于元末明初时期，最早很简陋，只有两位僧人在此修行，在这两位僧人的努力之下，寺院得到了扩建，庙宇巍峨，700 级台阶使人赞叹。等到两人圆寂之后，当地村民便将他们葬在了后屯门外，并建立塔碑以示纪念。

明清一条街

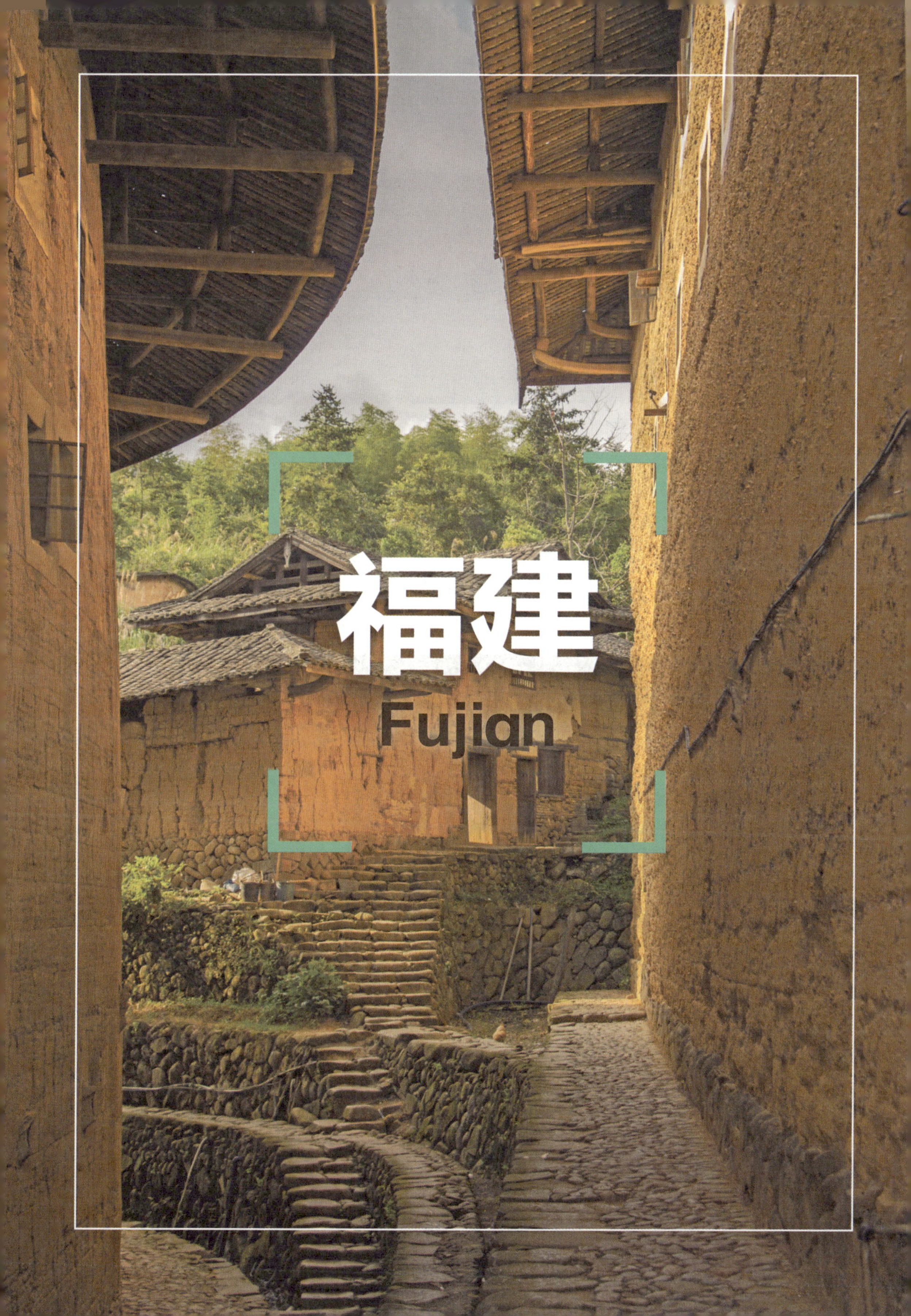
福建
Fujian

位于我国东南沿海的福建简称“闽”，和宝岛台湾隔海相望，历史上是海上丝绸之路、郑和下西洋的起点。独特的地理环境和悠久的历史孕育了福建多姿多彩的古镇文化，其中尤以福建的民居建筑土楼最为出名。

依山靠海的福建，地形多低山丘陵，山地、丘陵面积约占全省土地总面积的90%，可见地形的崎岖。崎岖的地形虽然让福建的古镇变得零散而小巧，但是正是这样略显封闭的地形让福建的古镇能够得以长久保存。在福建，独特的客家文化闻名遐迩，是福建古镇的重要看点。历史上大量北方人的南迁给这里带来了先进的建造工艺和多彩的民风民俗，在和当地文化融合后孕育出具有鲜明特色的客家文化。

在福建的古镇中，土楼无疑是最为引人注目的建筑，也是我国传统民居建筑中的一颗明珠。这样一座座或圆或方的土楼规模宏大、建造精巧，犹如一颗颗印章伫立在福建的大地上，诠释着客家人对生活的追求。

培田
福建民居第一村

古镇概述

地理位置

➔ 福建省龙岩市连城县。

气候特点

➔ 亚热带季风气候，气候温和，适宜夏秋季旅游。

开放时间

➔ 08：00—17：00

门票

➔ 50元。

交通

➔ 龙岩站—培田

K601路（连城汽车站方向）：龙岩中心站上车—江坊加油站下车，乘坐6站。

在福建的闽山区有着一座古老的山村，这里是客家人的乐园，有着古朴完好的民居建筑和丰富多彩的民俗文化，这就是培田。培田的名誉众多，有“福建民居第一村”“中国南方庄园”以及“民间故宫”的美誉，2005年又荣获“中国历史文化名镇（村）”的称号。

培田的历史发源于元代。元末战乱，大量的客家先民为躲避战乱开始南迁，吴拔士也由战乱频繁的浙江辗转迁往福建，路经此地时突然出现天地异象，认为此地是宝地，于是在这里置地定居，开启了培田悠长的历史。

在培田迷宫一般的街道里徜徉，古建民居无疑是客家人智慧的体现。在培田不大的面积上，至今保存着诸多明清时期的深宅大院、祠堂、老街、书院以及牌坊寺庙道观等建筑，类型多样，保存较为完好，是不可多得的精品。虽然民居建筑众多，但整个村庄构成规整有序、布局有致，而且在风格上培田的民居建筑与其他地方的客家建筑截然不同。培田的民居以中轴线为中心向两边延伸，有着四合院的气势、徽派建筑的型制和江苏园林的结构，非常富有特色。

在培田，书院是古建筑的重要组成部分。在这里有着 500 多年历史，被当地人称为“入孔门墙第一家”，最早免费入学的学校——南山书院。沿着街道，还可以看到全国最早的女子学校——容膝居，这样的女子学校在倡导“女子无才便是德”的古代封建社会可谓是惊世骇俗之举。但是这样的学校自然有其产生的原因，清末年间的培田经济发达、加上接受了些许西方文化的影响，一般的大家族为了能够让女儿在出嫁后拥有与自家身份相符的文化知识，于是就出现了可培养女子文化的学校。

思想开放、崇文重教的培田注定会人才辈出。明清时期走向鼎盛时期的培田在科举中取得显著的成绩，翰林、举人、武进士等应有尽有。其中最著名的是光绪皇帝的宫廷侍卫吴拔桢，后来还有民国时期的名家雅士等，真可谓是人杰地灵。

景点品鉴

大夫第：始建于清朝末年，共耗时 11 年才完全建成。建筑整体布局规整，有着层次分明的主次分配，是客家人传统伦理的体现。厅堂内建造精细，梁枋架顶上都有精美的雕饰，还陈列着许多楹联、字画和牌匾，体现着主人的品位和对美好生活的追求。

恩荣牌坊：培田的标志，巍巍地矗立在古村口。这座牌坊是一个古代忠贞牌坊，是光绪皇帝为表彰御前侍卫、武将军吴拔桢而建。牌坊宽、高各有 5 米，全部是由青石构造而成，三间四柱五楼式结构让整个牌坊看起来巍峨无比。牌坊顶部是葫芦形的造型，正额上篆刻着大大的“恩荣”二字，两侧有牌坊主人吴拔桢及其家族的功绩和生平。四根巨大石柱上雕刻有丰富多彩的图案，中柱是威武的抱鼓狮。

恩荣牌坊

田螺坑村

“四菜一汤”

古镇概述

地理位置

➔ 福建省漳州市南靖县。

气候特点

➔ 亚热带季风气候，气候温和，一年四季都适宜旅游。

开放时间

➔ 土楼群 08：00—18：00

门票

➔100 元。

交通

➔ 南靖站—田螺坑

可从南靖站打车至田螺坑村，全程约 69 千米，大约需要 213 元。

提起田螺坑村可能很多人不知道，但是那张五座土楼构成的图片可谓是家喻户晓，那就位于田螺坑村。3 座圆楼、1 座椭圆楼围着 1 座方楼构成了田螺坑村最具典范的土楼群，那别样的造型被人们俗称为“四菜一汤”，是著名的世界文化遗产。

田螺坑村得名源自于村落地处的地形形似田螺，加上村落地处群山环绕之中，中间的低洼地犹如土坑，所以取名田螺坑村。村落真正发展于元朝末年，当时战乱频繁，村落的先祖黄氏也就是后来的土楼建造者，带领族人从福建的永定迁居到田螺坑村，和当地居住的江、杨、何、陈四姓和睦相处，共建家园。

田螺坑村的土楼建造开始于明朝洪武初年，当时田螺坑村的黄氏先祖认为群山环绕中的田螺坑村藏风聚气，于是就修建了一座高三层，每层 20 开间的方形土楼，这就是和昌楼。之后又修建了宗祠江夏堂、步云楼、文昌楼等土楼，建楼的时

土楼内部

购物

地处漳州的田螺坑村有着丰富的手工艺品和美食，各种民俗饰物丰富多彩，主要的特产有双糕润、明姜、木偶头、珍贝漆画饰板以及九龙壁。

➔ **双糕润：** 在当地已经有 170 多年的历史，味道甜腻适口，气味香郁，是旅游时一定要品尝的美食。

➔ **木偶头：** 当地富有特色的手工艺品，是用樟木制成的各种不同人物的造型，涵盖各种传说故事、戏剧中的人物，也是表演木偶戏的道具，这些生动传神的手工艺品被誉为“工笔画精品”，很受游人的喜爱。

➔ **九龙壁：** 我国的十大奇石之一，因质地优良，表面色彩斑斓被誉为“天然盆景石”，也被看作是高级建筑中的重要材料。

间跨度长达600多年。

这样独特的建筑造型不仅能够起到极好的防御作用，也能让整个家族在不分地位高低、辈分大小的情况下和睦相处，一家有喜，举族欢庆。正是这样祥和的生活方式，才让当地的村民一直保持着淳朴的民风，传承着古老的文化。

景点品鉴

步云楼：五座土楼中居于中心的方形楼，也就是公元1796年，整座建筑高三层，每层有16个房间，有4个楼梯通上下。之所以取名步云楼，是建造主人寄希望于后代子孙能够步步高升。土楼的布局中一层是厨房，二层是仓库，三层是卧室，各种生活设施齐全，是整个家族的居住地。土楼曾经遭遇灾难，1936年被土匪烧毁，1953年按照原貌重建。

和昌楼：位于步云楼的右上方，是一座圆形的土楼。和昌楼在步云楼还在建造时就破土动工建造，高三层的楼与步云楼齐平，每层有22个房间。关于土楼的建造，据考证是用生土为主要材料，拌上石灰、细砂、糯米饭、竹片、木条等辅助材料，经过不断地搅拌，在建造时大力夯实构成土楼的墙体。这样的建筑具有防火、防盗、防震、防潮等作用。

振昌楼：位于步云楼的左上方，1930年建造，是一座圆形的三层土楼，每层有房间26个。

瑞云楼：步云楼的右下方，1936年建造，也是高三层，每层有26个房间。

文昌楼：1966年修建的椭圆形土楼，是田螺坑村“四菜一汤”中最后修建的土楼，高三层，每层有32个房间。

古田镇
红色古镇

古镇概述

位于上杭县的古田镇，因我国近代历史上著名的“古田会议”而闻名，实际上古田村历史悠久，有着深厚的历史文化，而且地处国家4A级景区梅花山中，被评为我国第一批历史文化名镇，可见其响亮的知名度。

地处群山环抱中的古田镇自然风光秀美，青山绿水环绕。关于古田镇的历史，据记载早在宋代就有人居住，后来一直延续至民国时期成为圩场，中华人民共和国成立后改为镇。如今这座古镇凭借优美的自然景色和深厚的红色文化资源，逐渐兴盛起来，成为当地重要的集镇。

关于古田镇，著名的“古田会议”是不得不说的，这场重要的会议让古田在我国的历史上留下浓墨重彩的一笔。如今在古镇中还保留有古田会议遗址、古田会议纪念馆等一系列关于古田会议的革命遗址。

地理位置

福建省龙岩市上杭县。

气候特点

全年气候温和，雨量充足，适宜春秋季旅游。

开放时间

全天开放。

门票

免费。

交通

龙岩站—古田镇

K901（古田游客中心方向）：龙岩中心站上车—古田镇政府站下车，乘坐9站。

景点品鉴

古田会议会址：会址的原型是溪背村中廖氏的宗祠。祠堂建于清朝道光年间，坐东朝西，是一座四合院式的砖木建筑，由前后两厅和左右的厢房构成。1929年12月，毛泽东在此召开红四军第六次代表大会，会上产生了古田会议的决议案。如今的古田会议旧址恢复原来的样貌，成为前来参观游人的红色教育基地。

古田会议纪念馆：后来兴建的关于纪念“古田会议”的纪念馆，纪念馆规模宏大，仅建筑面积就有1万多平方米，内部陈列展品丰富，多是革命时期保存下来的展品，其中很多都是革命文物中的珍品。它是目前福建省规模最大、展品最为丰富的纪念馆。

树槐堂：古田苏家坡村的建筑，建于明末清初，是一座坐东朝西的砖木结构的建筑。树槐堂有着一正两横的布局，面阔 7 间，纵深有 6 间，正楼是三进的厅堂，后侧是两层的堂屋，两侧均有厢房。1929 年 10 月，树槐堂作为中共闽西特委的机关，一直持续至次年 3 月，毛泽东、贺子珍都曾在这里居住。

➜ 文昌阁： 位于古田镇的蛟洋村，是一座始建于清朝乾隆六年的古建筑。文昌阁外形为宝塔式，由土木砖相互结合建造，历时 13 年完成，整座建筑没有使用一根铁钉，都是使用木质的榫卯固定，体现了精湛的建筑技艺。文昌阁有六层，实际上内部只有四层，三层以下是四方形，以上为八角形，塔尖是葫芦顶的装饰。在阁楼内部从下向上分别供奉着孔子、文昌帝君、魁星等各路神像。1929 年 7 月，毛泽东在文昌阁内召开了中共闽西第一次代表大会。

和平镇
进士之乡

古镇概述

和平镇位于邵武市，是当地的第一古镇。古时候的和平镇凭借优越的地理位置成为邵武南部地区的政治、经济和文化的中心，因此古镇中建有大量的民居古建筑。如今在古镇中仍保存着 200 多幢民居建筑，青石板铺就的街道和古巷依然保存完好，是目前我国保存较为完好的古镇之一。

行走在古镇中，看着那百年不变的古镇风貌，仿佛时光发生了错乱，不知是古是今。和平镇的建制始于唐代，距今已有 1000 多年的历史。古时候的和平镇地处福建省的三大出省道路之一，是兵家必争之地。独特的地理位置让古镇的建造必须充分考虑防御作用，因此古镇中兴建了大量的城堡，成为一座城堡式的古镇，这在全国范围内是非常罕见的。此外，古镇中还保留着众多具有特色的民居建筑。

有着“福建第一街”的主街道长 600 多米，块状的青石板在历经百年风雨的打磨之后变得古朴清雅。现存的北门、东门和部分的残墙仍然保护着古镇，仿佛在诉说着昔日的辉煌。在古镇 0.43 平方千米的土地上，文物古迹星罗棋布，主要有和平书院、大夫第、县衙门、岐山公祠、聚魁塔、丁氏公祠等古建筑，它们是和平古镇最重要的景观。

作为当地的政治、经济、文化中心，和平镇历史上人才辈出，曾经出现过两位宰相、六名尚书、130 多位进士，如此庞大的进士群让和平镇享有“中国进士之乡”的美誉。古镇的民俗活动多样又奇特，最有名的要数摆果台、观星茶和游浆豆腐，此外还有傩舞、龙灯等。

地理位置

➜ 福建省南平市邵武市。

气候特点

➜ 亚热带季风气候，气候温和湿润，最适宜在春秋季旅游。

开放时间

➜ 08：00—18：00

门票

➜ 免费（景点收费）。

交通

➜ 邵武市—和平镇

邵武 15 路换乘和平旅游 1 号专线，全程 46 站。

邵武 15 路（福瑞方向）：火车站上车—新汽车站下车，乘坐 25 站。

和平旅游 1 号专线（肖家坊客运站方向）：新汽车站上车—和平客运站下车，乘坐 21 站。

景点品鉴

➜ 和平书院： 五代后唐黄峭弃官归隐时创建的书院，是闽北地区创办最早的书院之一。建筑坐东朝西，是四合院的天井院式建筑，建筑面积达 500 平方米。正门的门楼上有“和平书院”的楷书大字，门上没有多余的雕刻图案，大门的两侧各有一个券拱小门。进入大厅前有十三级台阶，前六级寓意着努力读书，后面寓意着从七品到一品的步步高升。

➜ 聚奎塔： 又称“奎光塔”，位于和平镇的天符山上，明朝末年建造，因袁崇焕题写“聚奎塔”而得名。古塔通高 20 余米，有 5 层，是六角形的砖木石混合构造，每层各有券顶门，门楣上有题刻。

➜ 黄氏峭公祠： 五代后唐工部侍郎黄峭的享祠，位于和平镇的上井村，是其后代为纪念先祖而建造的祠堂。公祠坐南朝北，是四合院式砖木构造的硬山顶式的建筑，面阔 18.7 米，深 28.1 米，共有 5 间，建筑风格上带有鲜明的清代建筑的建造风格。

赵家堡

五里三城

古镇概述

地理位置

➜ 福建省漳州市漳浦县。

气候特点

➜ 亚热带季风气候，雨量充沛，全年都适宜旅游。

开放时间

➜ 全天开放。

门票

➜ 10 元。

交通

➜ 漳州站—赵家堡

可从漳浦站打车至赵家堡，全程约 35 千米，大约需要 109 元。

赵家堡在我国的古镇中显得非常特殊，它是南宋末年，赵氏皇族中闽冲郡王赵若和逃亡过程中隐居的一座古城堡，因此被俗称为赵家堡。独特的地理环境、奇特的古堡建筑让赵家堡有着“五里三城”的称誉，在当地非常有名气。

公元 1278 年，也就是南宋灭亡的前一年，当时的闽冲郡王赵若和带领着几十艘船突破元军的崖山包围后北上到达福建，在厦门附近遭遇台风，在漳浦登岸后便在赵家堡隐居起来。到了明朝的隆庆年间，赵若和的后世子孙出任朝廷的要职，回到家乡后追寻先祖的遗迹，为纪念先祖就按照宋代的建筑样式重建了各种高楼古堡，这就是如今的赵家堡内城。其后的子孙为了抵抗倭寇的侵扰又进一步扩建了赵家堡，建造了外城，形成了保留至今的完整的赵家堡。

因是赵宋子孙的居住地，素有“五里三城”之称的赵家堡在建造时处处仿照开封和杭州的样式，内外两城各有特色。外城长约 1100 米，高 6 米，宽 2 米，是用条石垒砌的三合土墙体构成的。内墙是赵家堡的主体，也是整个古堡的精华所在。内城仿照北宋时期汴京城的样式建造，其中完璧楼是内城的主体建筑，雄伟坚固的楼阁庄严大气，是我国南方地区一幢保存较好、有着古老历史的土楼。如今在城内居住着 100 多户人家，其中绝大多数是赵氏后裔，依然延续着赵氏祖先的各种习俗。

周边景点

➜ **六鳌古城：**在赵家堡不远处的六鳌镇的青山中坐落着一座始建于元代的古城堡，被称为六鳌古城。古城依山就势而建，巍峨的城墙是用长条石垒砌而成，厚近 3 米，长 1800 米，高 6 米多，是为抵抗倭寇而建。古城有南、西南和北方 3 座城门，城墙上有墩台、观察台，形成严密的防御体系。在城内有明代修建的关帝庙，还有各种记述石刻，非常珍贵。

景点品鉴

➜ **完璧楼：**始建于明朝时期的赵家堡旧楼，是一座高 20 米的三层四合院式的四方楼，每层都有 16 间房，在一层的门楼上悬挂着“完璧楼”的匾额，名称取意于“完璧归赵”的寓意。在阁楼内悬挂有两宋 18 位皇帝的画像，此外，内部还有各种历史名家留下的墨宝遗迹以及珍贵的文物。如今完璧楼已经改造成宋史的陈列馆，展示着各种宋史史料。

➜ **官厅：**位于外城，由赵义扩建的五座相连的五进府邸，每座都有 30 间房屋，共有 150 间，在当地俗称“官厅”。在门前的广场上有两座石坊，内外鱼池上有石桥横跨，被称为“汴梁桥”，据说是按照清明上河图上的古桥建造而成。园内还有高 6 米的 7 级聚佛宝塔，实心建造的佛塔上雕刻着 20 尊浮雕佛像，各个生动传神。

➜ **城门：**赵家堡设置了东西南北四座城门，城门匾刻分别为：东门“东方巨障”，北门“硕高居胜”，西门“丹鼎钟祥”，南门封闭以表不再南逃之意。

城门——东门

泰宁
丹霞之地

古镇概述

地理位置

➜ 福建省三明市泰宁县。

气候特点

➜ 亚热带季风气候，温和湿润，光照充足，春秋季适宜旅游。

开放时间

➜ 全天开放，个别景点另有开放时间。

门票

➜ 古城 55 元；尚书第 30 元；金湖 165 元（含船票、导游）；甘露寺 10 元。

交通

➜ 泰宁站—泰宁

可从泰宁站打车或乘坐公交至目的地。

泰宁，这个“藏于深山的汉唐古镇，武夷山下的两宋名城”，坐落于福建省西北部，是一处有着小桥流水的灵秀之地。在中国魅力古镇的评选中是这样写泰宁的：“一个皇帝赐名的地方，一方原生野性的山水，一脉厚重辉煌的历史，一座古韵犹存的明城。”这四个“一”是对泰宁自然人文的高度概括。

“粉墙、黛瓦、坡顶、翘角、马头墙”是泰宁建筑的特点，还有一个特殊的名字叫作“杉阳明韵”。尚书第是“杉阳明韵”这种建筑风格在泰宁的集中体现，也是当今泰宁保存较为完好的庞大建筑群落，是整个泰宁建筑的精华所在，有着“江南第一民居”的美称。

在古镇中还保留着诸多的配套建筑，如老街道、古城墙、茶楼、戏院等，古色古香中更添古城风韵。古井在古镇还有作为地标的作用，大多分布在巷口之处。如今，还有很多人在使用古井，井水清冽，用来烧茶，清新扑鼻，很是好喝。

有山有水的泰宁自然少不了深厚的人文底蕴。泰宁自古就是人杰地灵、文风昌盛之地。历史上出现过的文人雅士、名臣宰相数不胜数，也吸引着众多的文人墨客来此游览观赏、居住，由此产生了大量流传千古的诗篇文章，为泰宁留下诸多的历史故事。这些风云一时的人物汇聚使泰宁成为我国东南区域有名的文化中心。

悠久历史、独特地缘、秀丽风光、人文积淀，这些共同造就了泰宁独具一格的文化遗存与文化现象。随着旅游业的发展，泰宁文化日益焕发出更加迷人的魅力，是吸引人们前来游览的重要资源。

景点品鉴

尚书第：是古镇中最著名的建筑，整个宅院已有370多年历史，是由五栋独立的楼阁相连构成的建筑，俗称五福堂。在院内，有着庭院深深的素雅和高大的柱基，还有黑色的花窗窗棂，古色古香，体现着明初建筑的古朴大方。站在宅院门前，古老青石的大门泛着淡青色的光，诉说着岁月的沧桑。

金湖：泰宁有着独特的丹霞地貌，金湖就是这种地质孕育的景色，在金湖狭长的谷地中汇聚了武夷山的百川之水，那波光粼粼的湖水倒映

尚书第

购物

地处武夷山中段的泰宁拥有不少土特产，如红菇、大金湖美味鱼干、清水笋干和锥栗等，这些独特的自然风味是制作泰宁美食的重要组成部分。在泰宁购物主要有两个地方可以去，一是尚书第，二是状元街。尚书第特产丰富、价格适中，品质上也有保证，是购买特产的首要选择。状元街不仅是购物的场所，也是泰宁有名的景致，这里有宋代状元的故居。状元街既有特产，还有丰富多彩的旅游纪念品。

住宿

大金湖农家客栈
地址：泰宁梅考乡水际村店上2号
电话：15859888287
标间：88元左右

明珠大酒店
地址：泰宁县金湖东路127号
电话：（0598）7810888
标间：180元左右

甘露寺

着丹霞山如花似锦的景色。秀美的风光让古韵悠悠的古镇更添一种美色。

➔ **甘露寺：** 寺庙修建于宋代，有着不同于其他寺庙的建筑风范，“一柱插地，不假片瓦”的奇异悬空式构造让建造者高超的建造工艺展现得淋漓尽致，堪称我国建筑史上的奇迹。在景色秀美的金湖之畔，甘露寺似乎是满山绿色中的红花，成为诸多景观中不可缺少的部分。

芷溪
客家大宅门

古镇概述

芷溪坐落在冠豸山和梅花山之间，两座风景秀丽的山脉环绕着古村，为村落带来安静祥和，还有优美的景色。芷溪因古村中溪流的两岸长满芷草而得名，村落在群山的环抱中古朴自然，古韵悠悠。

在芷溪一直流传着这样的说法，“邱三千、华八百，姓黄姓杨一百”。这不仅反映着古村中主要姓氏的多少，也记录着古村的历史。据当地的族谱记载，芷溪是由邱姓约在元朝中期迁居到此发展起来的，距今已有 600 多年的历史，后来华姓、黄姓和杨姓逐渐在芷溪定居。明清时期，随着商业的发展，特别是康熙年间，由于水路的开通，芷溪成为当地重要的商业中心。

芷溪的居民多是客家人，非常重视自己的宗族宗祠文化、明清以后，芷溪先后建造了 70 多座宗祠以及 140 幢民居建筑，规模宏大的建筑群落是如今研究客家文化的重要载体，被誉为“客家大宅门”。这些宗祠中很多都是宗祠和民居合一的复合型建筑，建造风格上采用客家建筑文化中典型的“九厅十八井”结构，显示威严的门框、宽敞的庭院、翘起的檐角、精美的雕饰等都在诉说着古村中深厚的历史文化。

在宗祠内还有众多名家留下的墨宝，不仅有黄庭坚、何绍基、邱振芳、孟超然、林则徐等名家，还有朝廷所赐的功德牌匾。

在古代，芷溪有“两多”：为官者多，商贩者多。这主要是源于芷溪在宗祠教育的基础上对人才的培养。古村通过宗祠田产收取租谷的方式，设立“学谷奖学制”，鼓励读书。因此在历史上，特别是明清时期，芷溪人才辈出，各种进士举人在当地最多。为国家培养了很多人才，同时也证明了芷溪村文化事业的繁荣发展。

地理位置

➔ 福建省龙岩市连城县。

气候特点

➔ 亚热带季风气候，气候温和湿润，最适宜在春秋季旅游。

开放时间

➔ 全天开放。

门票

➔ 免费。

交通

➔ 龙岩站—芷溪村

可以先从龙岩站乘坐公交到达龙岩汽车站，再从龙岩汽车站乘坐客车到达芷溪。

景点品鉴

➔ **渔溪公祠：** 亦称集鳣堂，修建于清朝康熙末年，是杨氏为纪念先祖渔溪公而建，建筑以典型的框架结构设计。据说在建造宗祠时因方位和故宫的方向相同，为了避讳，修建时特地将宗祠前的石牌楼进行了装饰，还请当时的著名书法家何绍基在门楣上题写“南离辉映”四个字，但是四个字中每一字都少了一笔，因此呈现出独特的门楼特色。规模宏大的渔溪公祠不仅是祭祀祖先的场所，也是举办各种大型活动的地方。将 9 个厅堂两厢壁板拆开可以形成可供 100 多人宴请宾客的地方，由此可见公祠规模之宏大，布局之科学。

➔ **翠畴公祠：** 修建于清朝光绪年间，是公祠主人为纪念父母而建，建筑装饰华美、技艺精致，是闽西客家地区罕见的民居建筑。公祠以华美的建筑构式为特色，处处彰显着尊贵精美的特色，几乎可以和故宫相媲美。

崇武古城

城美人美水美

古镇概述

地理位置

➔ 福建省泉州市惠安县。

气候特点

➔ 亚热带季风气候，气温高、降水充沛，适宜秋季旅游。

开放时间

➔ 07：00—19：00

门票

➔ 45 元。

交通

➔ 泉州站—崇武古城

可从泉州站乘坐火车到达惠安站，再从惠安站乘坐公交至崇武古城。

崇武古城光听名字就知道一定是一个军事重镇，相比我国北方的军事重镇，崇武古城是一座海疆要塞，是我国万里海疆中现存最为完整的巨大古城。崇武古城位于福建省泉州市凸入海边的部分，是明朝初年为了抵御倭寇而建的石砌之城。此外，崇武古城不仅有着高大的古城墙，还有着风景优美的海滩风光，有着“天然影棚”“南方北戴河”之称。

在崇武古城，有三种景色是一定要看的，那就是石雕、惠安女子和优美海岸。漫步古城，可以看到巍峨雄浑的古城建筑，技艺精湛的石雕，还有那风情万种的惠安女子。此外，还有奇幻迷人的壮观海景和异彩纷呈的民间习俗，这些数不尽的景观景致充分展示了崇武古城深厚的历史文化积淀。

“崇武”就是“崇尚武备”的意思，军事作用是古城建造的目的与标准。对于崇武古城来说，石头是古城的灵魂，整个古城雄伟的城墙全部由白色坚硬的岩石精心垒砌而成。走进古城，斑驳的石砌台阶一级一级缓缓向上，花岗岩构筑的古城墙巍峨雄壮，不愧为军事古城。

站在城墙边上，俯瞰这个因建筑工艺而被称为“古代系统工程的案例”的海岸古城，在几百年的沧桑历史中，这里多次发生战火，就是凭借高大坚固的石城才有了古城的安定和后方的安稳。

走街串巷，虽没有遇见一位犹如丁香般的姑娘，但也见识了惠安女子的美貌，风格独特的服饰造型让其曼妙的身姿更显优美。惠安女子的服饰非常独特，碎花头巾、蓝色斜襟衫、宽大的低腰黑裤，被俗称为“封建头、民主肚、节约衣、浪费裤”。如今，在古城已经很少有人穿着这样风格奇异的服饰，但是那种流传下来的风俗却给崇武这座悠久的古城增添不少的魅力。

捕鱼的惠安女子

景点品鉴

古城墙

→ **古城墙：** 修建于明朝初年的古城墙全长2467米，加上地基有12米高、4米宽的城墙上面能够跑马，四方厚重的城门加上四角的观敌台构成了一整套非常完备的防御体系。如今这些散发着沧桑久远气息的古城墙虽然已经丧失了昔日的军事功能，但依旧是崇武的标志。

→ **石雕园：** 崇武有着“中国石雕之乡”，这里有着一座汇聚各种石雕精品的主体公园——中华石雕工艺博览园，里面收藏着各种风格多样、类型丰富的石雕，其中惠安当地的石雕风格有着“中华一绝”之称。石雕园里的石雕造型生动，活灵活现，是去饱览古城景色不错的选择。

→ **崇武海滩：** 崇武海岸有着“中国八大最美海岸线之一”的美誉，在这里有着12条风景优美的金沙海滩，形态怪异的岛屿、优美的海湾、清澈的海水和意境悠远的余晖让崇武海滩犹如仙境。

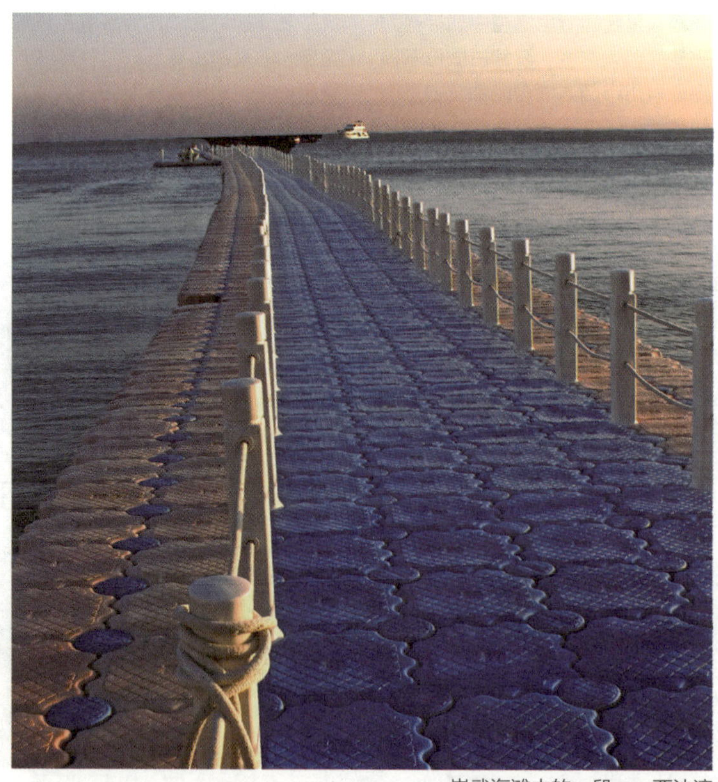
崇武海滩中的一段——西沙湾

廉村

御赐村名

古镇概述

廉村原名石矶津，是唐朝福建第一个进士薛令之的故乡，后来由于薛令之为官清廉，唐肃宗就将村落的名称改为廉村。

古村自然环境优美，山水环绕，山岭为廉岭，水为廉水，古木苍天，各种秀丽的景色都似乎在诉说着古村声传四方的美名。明朝嘉靖年间，为了抵御倭寇的侵扰，便在古村建造城墙，故称廉村堡。走进古村，依稀还能辨认出几百年前建造的城堡模样，椭圆形的古堡现存的城墙有 850 米长，而古时候长约 1300 米。坚实的墙面都是用鹅卵石和泥土夯实垒就，如今尚存三座由花岗岩垒砌的城门。

在廉村保存最多的传统民居建筑要数明清时期的民居，在长约 500 米的鹅卵石铺就的明代官道两侧坐落着明清时期的大型民居近 30 座，清代的祠庙 4 座。这些民居中很多还保持着原有的风貌，梁柱上装饰的精美雕刻依稀可见。古时候的廉村还是重要的水运中转站，有 2 座码头，是来往物资的集散地。

地理位置

➔ 福建省福安市。

气候特点

➔ 亚热带季风气候，季风明显，台风频繁，最适宜在秋季旅游。

开放时间

➔ 全天开放。

门票

➔ 免费，陈氏宗祠 15 元。

交通

➔ 福安站—廉村

可从福安站打车至廉村，全程约 36 千米，大约需要 125 元。

景点品鉴

➔ **陈氏宗祠：**古村中最大的宗祠祠堂，始建于明朝末年，祠堂为三进院落的建筑，按照中轴线依次为门楼、正厅和后堂，在祠堂内最有特色的建筑是位于戏台上的太子亭，在古代能以此命名可谓是独特。每年的冬至，当地的陈氏族人都会来到祠堂祭拜祖先，祭祀活动很是热闹。

➔ **一门五进士民居：**廉村历史辉煌的代表，宅院建造于清代，如今在大门上还有“古处是敦”的匾额，也是陈雄一族的家训。宅院内保存的楹联古色古香，“父言慈子言孝职分当尽，书可读田可耕世业悠存”，不仅有着深厚的书法功底，也有着意义深远的内涵，正是在这种教育环境下才诞生家族五进士的壮举。

➔ **后湖宫：**始建于明朝正德年间，古称月神祠，是当地人捐资建造而成，如今在享堂两侧的石碑上还刻有捐资建造者的名字。整个建筑由门楼、戏台、天井和享堂四部分组成，还有薛令之的塑像。在享堂内有一块木雕的屏风，被当地人认为是古村中珍贵的宝物，上面雕刻的人物形态经过多种雕刻手法雕刻，显得惟妙惟肖。

后湖宫还是当地家长、学子心中的圣地，每年的中考、高考，家长、学子们都会来到后湖宫祭拜薛令之，祈求取得好成绩。

长汀古城
观音挂珠

古镇概述

地理位置

➔ 福建省龙岩市长汀县。

气候特点

➔ 亚热带季风气候，垂直气候明显，适宜秋季游玩。

开放时间

➔ 全天开放。

门票

➔ 免费。

交通

➔ 龙岩站—长汀古城

从龙岩站乘坐火车到达长汀南站，再从长汀南站乘坐公交至长汀古城。

长汀古城位于福建省龙岩市长汀县，坐落在卧龙山脚下，依山傍水而建。古城建造布局特殊，与卧龙山相依相连，形成了“城中有山，山中有城”的格局。古城景色优美，苍翠的卧龙山映照着古朴的古城，有一种浑凝厚重的历史感。因古城形似挂在观音菩萨脖子上的佛珠，所以素有“观音挂珠”的美誉。

长汀古城始建于唐朝大历四年（公元 769 年），曾有四大门楼分别位于古城的四周。位于东大街的朝天门原名兴贤门，是一座石砌的明代古城墙，门楼高大巍峨，外观雄伟，是四座城门中最为宏大的一个。城门前有八角亭和云骧阁伫立，三者形成三足鼎立之势，相互守卫。南大街上有宝珠门，是长汀古城中至今保存较为完好的一座古城门，因门上有楼阁，所以经常被称为宝珠楼。

挹清门原名为会川门，是古城西边的老城门，后来在战争中被毁。位于北边的三元门是最古老的城门，也是较为壮观的城门。四座城门历经沧桑风雨，有的被毁，有的得以保存，成为长汀古城悠久历史的明证。

长汀古城的街巷众多，纵横交错，大的叫街，小的叫巷，无论走在哪条街道上，都能看到一排排的商铺。宋代形成的店头街是古镇中最有名气、最为繁华的商业街，在这条不长的街道上遍布着鳞次栉比的店铺和作坊，各色商品应有尽有，游人如织，十分热闹。这些店铺几乎每个门前都挂有灯笼，要是在夜晚，一排红彤彤的灯笼很是好看，喜气洋洋。

在长汀古城，古民居是非常有特色的。客家人有着家族集聚的传统和习惯，因此每个家族的民居建筑都非常庞大。长汀还是客家人居住集中的地方，由此保留了数量众多的民居建筑，成为当地的重要景观。在建筑构造上，民居以青砖为墙，雕梁画栋，绘就各色图案，栩栩如生，工艺非常精美。

客家人有着敬祖的传统，祠堂遍布古城，且大多巍峨雄伟，雕饰华丽，集建筑、雕刻、绘画、书法于一体，具有深厚的历史积淀和悠久的传统文化。祠堂大多是按照进制建造而成，层次分明，构造规范，外形极为典雅肃穆。祭堂是祠堂的正堂，是家族举行各种祭祀活动的地方，规模建筑较为宽大，一般都是由坚硬的长木构建；祖先的牌位和画像集中在寝堂，建造时风格庄严肃穆。或许正是这种对祖先的敬慕，才能让客家人得以保持自身的本色和传承悠久的文化的能力。

由于长汀古城地势崎岖，群山耸峙，峰峦叠嶂，交通非常不便，为了能够给行人提供遮阳避雨或歇脚的地方，人们便在崎岖的沟壑间架起木桥，上面建上屋顶，形成亭台廊屋的构造，这种桥便是屋桥，又叫阴桥。屋桥虽是木质的廊式结构，但桥基却是石砌而成，非常坚固。在屋桥上还建有可供行人休息的长板凳，背后建有弧形的护栏，以策安全。桥顶上是木雨披，可防雨水堆积，梁木上零星雕有吉祥的图案。桥下是潺潺的溪流，远处是巍巍的青山，屋桥静卧，从远处看就是一道彩虹横跨山涧。

长汀古城有着太多的历史和故事可以述说，仿佛一本承载着千年的古书，等待着人们的阅读和新的书写。

景点品鉴

➜ 云骧阁：始建于唐朝大历年间，最早为藏书阁，在宋代就已经成为著名的风景区，景色清幽，林木葱茏，后来因飞阁临云，宛如骏马腾空而得名云骧阁。楼阁为两层，外墙是丹黄色与朱红色，显得庄严大气，门上的匾额是当时的郡守陈映所题。周围有奇山秀水，古木苍天，右下侧的摩崖石刻是宋代时期遗留下来的，历经千年的风雨依然清晰可见。

➜ 客家母亲园：是世界客属公祭圣地，形似一艘航行的木船，中间是客家母亲的青石雕像，手执船桨、身背幼儿，面带慈祥。每年此地都会举办公祭活动，很多客家人来此寻根祭祖。

➜ 卧龙山：曾经长汀古城的八景之首，山上林木苍翠、溪水蜿蜒、亭阁名刹古朴，山下田园如锦，犹如一幅山水的丹青画作。古时候的卧龙山是当地文人雅士聚集的必游之地，留下许多的诗篇，毛泽东同志就曾经在卧龙山上养病，如今还保留有毛泽东同志故居。

下梅
万里茶路第一站

古镇概述

地理位置

➜ 福建省南平市武夷山市。

气候特点

➜ 四季气温均匀、温和湿润，适宜春秋季旅游。

开放时间

➜ 08：00—17：00

门票

➜ 46元。

交通

➜ 武夷山北站—下梅

武夷山15路（南源岭方向）：高铁北站上车—奥特莱斯站下车，乘坐18站。

在逶迤的武夷山山脉中隐藏着一座历史悠久的古镇——下梅，其景色秀丽、人文底蕴深厚，是武夷山景色的重要组成部分。千年前，宋代诗人杨万里在《过下梅》中写道："不待山盘水亦回，溪山信美暇徘徊。行人自趁斜阳急，关得归鸦更苦催。"像是养在深闺人未识的下梅，依然凭借其斜阳晚照、山清水秀的沉静之美吸引着诗人们频频回顾。

茶是下梅兴旺发达的源泉，也是读懂下梅的关键。下梅的繁荣得益于茶叶贸易的发展，这里曾是北上俄罗斯、南下东南亚万里茶路的起点，古时候这里有着"鸡鸣晨光兴，祥云夹出千灶烟"的繁荣景象。

下梅这个名字听起来似乎有些奇怪，因其位于梅溪的下游，故而得名。梅溪是发源于武夷山东部梅岭的有名溪流，淙淙溪水蜿蜿蜒蜒。梅溪看似很小，但却孕育着不少的村落和著名人物，比如北宋著名词人柳永、南宋理学家朱熹，繁荣的茶市下梅也因此而兴。在群山苍郁之中，梅溪环拥着下梅，安安静静，历经百年的沧桑，成就如今的古村。

优美的自然风光、雄厚的经济基础塑造了精致的下梅。走在街道两侧，随处可见结构精巧，装饰有砖雕、木雕、石雕的民居建筑，绚丽华贵。宗祠、寺庙、戏台、书阁、花园……处处蕴含着浓浓的文化韵味。下梅的民居之中，砖石雕刻和彩绘是非常有意思的看点。

这些雕刻和彩绘内容丰富，多取自神话历史、人物传说和吉祥动植物。在图案的设计上讲究精雕细刻，塑造逼真人物的造型，蕴含深刻的寓意，这不仅体现了建造者精湛的工艺，也展现出当地的人文景观。

在茶贸兴盛的一百多年里，下梅商贸繁盛、兴旺发达，但历史的阴影最终笼罩着下梅。由于清朝在鸦片战争中失败，清政府被迫开放通商口岸，著名的武夷山茶有了新的出海通道。因此，下梅这个曾经的武夷山茶中心就逐渐丧失了地位，慢慢地走向了衰落。如今的当、梅两溪依然湍湍流淌，清澈如许，却没有了昔日的喧嚣和热闹。当繁华逝去，人们只能在那古旧的建筑群中去凭吊那逝去的鼎盛繁华。

景点品鉴

➜ 邹氏家祠：古村的标志性建筑。整个祠堂恢宏大气，金碧辉煌，如今看来饱经风霜，充满古朴沧桑之感，依然不能掩盖其辉煌的过去。在厅堂有一处鎏金的门扇，上面雕刻着“二十四孝”的图案，祠堂中还有戏台等娱乐场所，两侧环绕的厢房可见当时邹氏人丁兴旺以及生活的富足。

➜ 达理巷：巷弄名称取意于希望邻居之间相互礼让，和谐相处。当时邹氏和方氏是当地有名的富贵人家，两家门挨门，壁贴壁，后来由于关系逐渐恶劣，成为“敌对”人家。随着邹氏家族逐渐发达，开始大兴土木，建造房屋，又因为两家距离较近就影响了方氏，于是两家互不相让。之后方氏家主在战争中牺牲，家族开始败落，邹氏放弃两家的成见，在建造房屋时主动退让，就形成了一条窄窄的通道，这就是著名的达理巷。

➜ 大夫第：古村中保存最为完好的民居之一，是清代时期建造的建筑，因主人曾获封“中宪大夫”得名。

邹氏家祠

霍童镇
古典之美

古镇概述

地理位置

➜ 福建省宁德市蕉城区。

气候特点

➜ 亚热带季风气候，冬少严寒，夏少酷暑，温和湿润，一年四季都适宜旅游。

开放时间

➜ 全天开放，小景点有具体的开放时间。

门票

➜ 小景点收取门票。

交通

➜ 宁德站—霍童镇

从宁德站乘坐火车到达周宁站，再从周宁站乘坐咸村－霍童班线公交至目的地。

霍童镇在宁德市算是一个不太起眼的古镇，相传周朝的时候有一位霍童真人曾居住在古镇的霍林洞内，故而得名霍童镇。古镇看似不大，却是我国的民间文化艺术之乡、历史文化名镇，有着深厚的历史底蕴。

霍童镇的历史可谓是源远流长，据记载早在唐朝天宝时期，霍童镇就已经成为有着一定规模的村镇，到了宋元明清时期，霍童镇被称为霍童乡，后来改名为霍童镇。历史上的霍童镇地理位置优越，水运发达，有着极其便利的交通条件，是重要的水路交通要道，同时这里有着众多的名胜古迹和优美的自然风景。

霍童镇的自然之美源自于在古镇中潺潺流过的霍童溪。自西向东横贯古镇的霍童溪水色清幽，两岸草木茂盛，不仅为古镇送来水源，也带来秀丽的自然之景。

古镇中的街道弯弯曲曲，两侧的民居高低错落，很多都是明清时期的古民居，几乎每户人家门前都有雕刻精美的牌匾。民居内部随处可见精美的砖雕、石雕，这些雕刻历经百年的沧桑如今仍依稀可见。

霍童镇还是革命老区，这里诞生过闽东党的早期领导人、革命烈士颜阿兰，宁德县（现为宁德市蕉城区）苏维埃主席池陈旺。这里的支提寺是中国工农红军闽东独立师诞生地，桃坑村是闽东红军北上抗日集中地，坑头村有宁德县苏维埃政府旧址等，霍童镇深厚的红色文化由此可见一斑。

山环水绕的霍童自然景色秀丽，悠久的历史孕育着深厚的文化底蕴，勤劳的村民们创造了丰富多彩的民俗文化，更增添了古镇的特色。

景点品鉴

➔ 霍童溪漂流：清澈的霍童溪水是当地进行漂流的好去处。小巧的竹排在溪水上缓缓前行，两岸的青山倒映在水中，绿树林中鸟儿清脆的鸣叫，秀美的山水景色随着竹排的漂流尽收眼中。

➔ 支提寺：天冠菩萨的道场，位于号称佛教的第五名山支提山上，在梵语中“支提”是“集聚福德”的意思。在寺内有明代永乐时期的近千尊铁佛，正统年间的数千卷《大藏经》、万历帝赐“五爪金龙”紫衣袈裟及色釉御碗等珍贵的文物。

支提寺

民风民俗

➔ 霍童线狮：国家非物资文化遗产，当地称抽狮或打狮，是一种模仿动物的杂技表演形式。在表演时，通过绳索操纵狮子表演各种动作。古时候的艺人走街串巷，人们团结合作表演各种杂技，展示着站立、坐卧、奔跑等各种动作，形象逼真的动作深受人们的喜爱，在秉承着传男不传女的传统中保持至今，成为我国民俗文化中的宝贵财富。

➔ 二月二灯会：福建省非物资文化遗产，历史悠久，据记载早在隋朝就已经开始。相传在隋朝末年，当时的某位官员辞官回乡，为了报答早年姑丈的情谊，就在每年的农历二月初二举行灯会，后来这样的活动一直延续至今。

中国历史文化名镇名村名录

资料源自：《住房和城乡建设部国家文物局文件》
（截止于 2021 年 4 月 30 日）

历史文化名镇

第一批

山西省灵石县静升镇
江苏省昆山市周庄镇
江苏省苏州市吴江区同里镇
江苏省苏州市吴中区角直镇
浙江省嘉善县西塘镇
浙江省桐乡市乌镇
福建省上杭县古田镇
重庆市合川区涞滩镇
重庆市石柱县西沱镇
重庆市潼南区双江镇

第二批

河北省蔚县暖泉镇
山西省临县碛口镇
辽宁省新宾满族自治县永陵镇
上海市金山区枫泾镇
江苏省苏州市吴中区木渎镇
江苏省太仓市沙溪镇
江苏省泰州市姜堰区溱潼镇
江苏省泰兴市黄桥镇
浙江省湖州市南浔区南浔镇
浙江省绍兴市安昌镇
浙江省宁波市江北区慈城镇
浙江省象山县石浦镇
福建省邵武市和平镇
江西省浮梁县瑶里镇
河南省禹州市神垕镇
河南省淅川县荆紫关镇
湖北省监利县周老嘴镇
湖北省红安县七里坪镇
湖南省龙山县里耶镇
广东省广州市番禺区沙湾镇
广东省吴川市吴阳镇
广西灵川县大圩镇
重庆市渝北区龙兴镇
重庆市江津区中山镇
重庆市酉阳土家族苗族自治县
四川省邛崃市平乐镇
四川省大邑县安仁镇
四川省阆中市老观镇
四川省宜宾市翠屏区李庄镇
贵州省贵阳市花溪区青岩镇
贵州省习水县土城镇
云南省禄丰县黑井镇
甘肃省宕昌县哈达铺镇
新疆鄯善县鲁克沁镇

第三批

河北省永年县广府镇
山西省襄汾县汾城镇
山西省平定县娘子关镇
黑龙江省海林市横道河子镇
上海市青浦区朱家角镇
江苏省南京市高淳区淳溪镇
江苏省昆山市千灯镇
江苏省东台市安丰镇
浙江省绍兴市越城区东浦镇
浙江省宁海县前童镇
浙江省义乌市佛堂镇
浙江省江山市廿八都镇
安徽省肥西县三河镇
安徽省六安市金安区毛坦厂镇
江西省鹰潭市龙虎山风景区上清镇
河南省社旗县赊店镇
湖北省洪湖市瞿家湾镇
湖北省监利县程集镇
湖北省郧西县上津镇
广东省开平市赤坎镇
广东省珠海市唐家湾镇
广东省陆丰市碣石镇
广西壮族自治区昭平县黄姚镇
广西壮族自治区阳朔县兴坪镇
海南省三亚市崖城镇
重庆市北碚区金刀峡镇
重庆市江津区塘河镇
重庆市綦江区东溪镇
四川省双流区黄龙溪镇
四川省自贡市沿滩区仙市镇
四川省合江县尧坝镇
四川省古蔺县太平镇
贵州省黄平县旧州镇
贵州省雷山县西江镇
云南省剑川县沙溪镇
云南省腾冲市和顺镇

西藏自治区乃东区昌珠镇
甘肃省榆中县青城镇
甘肃省永登县连城镇
甘肃省古浪县大靖镇
新疆维吾尔自治区霍城县惠远镇

第四批

北京市密云区古北口镇
天津市西青区杨柳青镇
河北省邯郸市峰峰矿区大社镇
河北省井陉县天长镇
山西省泽州县大阳镇
内蒙古自治区喀喇沁旗王爷府镇
内蒙古自治区多伦县多伦淖尔镇
辽宁省海城市牛庄镇
吉林省四平市铁东区叶赫镇
吉林省吉林市龙潭区乌拉街镇
黑龙江省黑河市爱辉镇
上海市浦东新区新场镇
上海市嘉定区嘉定镇
江苏省昆山市锦溪镇
江苏省江都区邵伯镇
江苏省海门市余东镇
江苏省常熟市沙家浜镇
浙江省仙居县皤滩镇
浙江省永嘉县岩头镇
浙江省富阳区龙门镇
浙江省德清县新市镇
安徽省歙县许村镇
安徽省休宁县万安镇
安徽省宣城市宣州区水东镇
福建省永泰县嵩口镇
江西省横峰县葛源镇
山东省桓台县新城镇
河南省开封县朱仙镇
河南省郑州市惠济区古荥镇
河南省确山县竹沟镇
湖北省咸宁市汀泗桥镇
湖北省阳新县龙港镇
湖北省宜都市枝城镇
湖南省长沙市望城区靖港镇
湖南省永顺县芙蓉镇
广东省东莞市石龙镇
广东省惠州市惠阳区秋长镇
广东省普宁市洪阳镇
海南省儋州市中和镇
海南省文昌市铺前镇
海南省定安县定城镇
重庆市九龙坡区走马镇
重庆市巴南区丰盛镇
重庆市铜梁区安居镇
重庆市永川区松溉镇
四川省巴中市巴州区恩阳镇
四川省成都市龙泉驿区洛带镇
四川省大邑县新场镇
四川省广元市元坝区昭化镇
四川省合江县福宝镇
四川省资中市罗泉镇
贵州省安顺市西秀区旧州镇
贵州省安顺市平坝区天龙镇
云南省孟连县娜允镇
西藏自治区日喀则市萨迦镇
陕西省铜川市印台区陈炉镇
甘肃省秦安县陇城镇
甘肃省临潭县新城镇

第五批

河北省涉县固新镇
河北省武安市冶陶镇
山西省天镇县新平堡镇
山西省阳城县润城镇
上海市嘉定区南翔镇
上海市浦东新区高桥镇
上海市青浦区练塘镇
上海市金山区张堰镇
江苏省苏州市吴中区东山镇
江苏省无锡市锡山区荡口镇
江苏省兴化市沙沟镇
江苏省江阴市长泾镇
江苏省张家港市凤凰镇
浙江省景宁畲族自治县鹤溪镇
浙江省海宁市盐官镇
福建省宁德市蕉城区霍童镇
福建省平和县九峰镇
福建省武夷山市五夫镇
福建省顺昌县元坑镇
江西省吉安市青原区富田镇
河南省郏县冢头镇
湖北省潜江市熊口镇
湖南省绥宁县寨市镇
湖南省泸溪县浦市镇
广东省中山市黄圃镇
广东省梅州市大埔县百侯镇
重庆市荣昌区路孔镇

重庆市江津区白沙镇
重庆市巫溪县宁厂镇
四川省屏山县龙华镇
四川省富顺县赵化镇
四川省犍为县清溪镇
云南省宾川县州城镇
云南省洱源县凤羽镇
云南省蒙自市新安所镇
陕西省宁强县青木川镇
陕西省柞水县凤凰镇
甘肃省榆中县金崖镇

第六批

河北省武安市伯延镇
河北省蔚县代王城镇
山西省泽州县周村镇
内蒙古自治区丰镇市隆盛庄镇
内蒙古自治区库伦旗库伦镇
辽宁省东港市孤山镇
辽宁省绥中县前所镇
上海市青浦区金泽镇
上海市浦东新区川沙新镇
江苏省苏州市吴江区黎里镇
江苏省苏州市吴江区震泽镇
江苏省东台市富安镇
江苏省扬州市江都区大桥镇
江苏省常州市新北区孟河镇
江苏省宜兴市周铁镇
江苏省如东县栟茶镇
江苏省常熟市古里镇
浙江省嵊州市崇仁镇
浙江省永康市芝英镇
浙江省松阳县西屏镇
浙江省岱山县东沙镇
安徽省泾县桃花潭镇
安徽省黄山市徽州区西溪南镇
安徽省铜陵市郊区大通镇
福建省龙岩市永定区湖坑镇
福建省武平县中山镇
福建省安溪县湖头镇
福建省古田县杉洋镇
福建省屏南县双溪镇
福建省宁化县石壁镇
江西省萍乡市安源区安源镇
江西省铅山县河口镇
江西省广昌县驿前镇
江西省金溪县浒湾镇
江西省吉安县永和镇
江西省铅山县石塘镇
山东省微山县南阳镇
河南省遂平县嵖岈山镇
河南省滑县道口镇
河南省光山县白雀园镇
湖北省钟祥市石牌镇
湖北省随县安居镇
湖北省麻城市歧亭镇
湖南省洞口县高沙镇
湖南省花垣县边城镇
广东省珠海市斗门区斗门镇
广东省佛山市南海区西樵镇
广东省梅州市梅县区松口镇
广东省大埔县茶阳镇
广东省大埔县三河镇
广西壮族自治区兴安县界首镇
广西壮族自治区恭城瑶族自治县恭城镇
广西壮族自治区贺州市八步区贺街镇
广西壮族自治区鹿寨县中渡镇
重庆市开县温泉镇
重庆市黔江区濯水镇
四川省自贡市贡井区艾叶镇
四川省自贡市大安区牛佛镇
四川省平昌县白衣镇
四川省古蔺县二郎镇
四川省金堂县五凤镇
四川省宜宾县横江镇
四川省隆昌市云顶镇
贵州省赤水市大同镇
贵州省松桃苗族自治县寨英镇
陕西省神木市高家堡镇
陕西省旬阳县蜀河镇
陕西省石泉县熨斗镇
陕西省澄城县尧头镇
青海省循化撒拉族自治县街子镇
新疆维吾尔自治区富蕴县可可托海镇

第七批：

山西省长治市上党区荫城镇
山西省阳城县横河镇
山西省泽州县高都镇
山西省寿阳县宗艾镇
山西省曲沃县曲村镇
山西省翼城县西阎镇
山西省汾阳市杏花村镇
内蒙古自治区牙克石市博克图镇

上海市宝山区罗店镇
江苏省苏州市吴中区光福镇
江苏省昆山市巴城镇
江苏省高邮市界首镇
江苏省高邮市临泽镇
浙江省慈溪市观海卫镇（鸣鹤）
浙江省平阳县顺溪镇
浙江省湖州市南浔区双林镇
浙江省湖州市南浔区菱湖镇
浙江省诸暨市枫桥镇
浙江省临海市桃渚镇
浙江省龙泉市住龙镇
安徽省六安市裕安区苏埠镇
安徽省东至县东流镇
安徽省青阳县陵阳镇
福建省永安市贡川镇
福建省晋江市安海镇
福建省永春县岵山镇
福建省南靖县梅林镇
福建省宁德市蕉城区洋中镇
福建省宁德市蕉城区三都镇
江西省修水县山口镇
江西省贵溪市塘湾镇
江西省樟树市临江镇
山东省淄博市周村区王村镇
山东省泰安市岱岳区大汶口镇
湖北省当阳市淯溪镇
湖南省浏阳市文家市镇
湖南省临湘市聂市镇
湖南省东安县芦洪市镇
广西壮族自治区阳朔县福利镇
广西壮族自治区防城港市防城区那良镇
重庆市万州区罗田镇
重庆市涪陵区青羊镇
重庆市江津区吴滩镇
重庆市江津区石蟆镇
重庆市酉阳土家族苗族自治县龚滩镇
四川省崇州市元通镇
四川省自贡市大安区三多寨镇
四川省三台县郪江镇
四川省洪雅县柳江镇
四川省达州市达川区石桥镇
四川省雅安市雨城区上里镇
四川省通江县毛浴镇
云南省通海县河西镇
云南省凤庆县鲁史镇
云南省姚安县光禄镇
云南省文山市平坝镇
西藏自治区定结县陈塘镇
西藏自治区贡嘎县杰德秀镇
西藏自治区札达县托林镇
甘肃省永登县红城镇

历史文化名村

第一批

北京市门头沟区斋堂镇爨底下村
山西省临县碛口镇西湾村
浙江省武义县俞源乡俞源村
浙江省武义县武阳镇郭洞村
安徽省黟县西递镇西递村
安徽省黟县宏村镇宏村
江西省乐安县牛田镇流坑村
福建省南靖县书洋镇田螺坑村
湖南省岳阳县张谷英镇张谷英村
广东省佛山市三水区乐平镇大旗头村
广东省深圳市龙岗区大鹏镇鹏城村
陕西省韩城市西庄镇党家村

第二批

北京市门头沟区斋堂镇灵水村
河北省怀来县鸡鸣驿乡鸡鸣驿村
山西省阳城县北留镇皇城村
山西省介休市龙凤镇张壁村
山西省沁水县土沃乡西文兴村
内蒙古土默特右旗美岱召镇美岱召村
安徽省歙县徽城镇渔梁村
安徽省旌德县白地镇江村
福建省连城县宣和乡培田村
福建省武夷山市武夷乡下梅村
江西省吉安市青原区文陂乡渼陂村
江西省婺源县沱川乡理坑村
山东省章丘市官庄乡朱家峪村
河南省平顶山市郏县堂街镇临沣寨（村）
湖北省武汉市黄陂区木兰乡大余湾村
广东省东莞市茶山镇南社村
广东省开平市塘口镇自力村
广东省佛山市顺德区北滘镇碧江村
四川省丹巴县梭坡乡莫洛村
四川省攀枝花市仁和区平地镇迤沙拉村
贵州省安顺市西秀区七眼桥镇云山屯村
云南省会泽县娜姑镇白雾村
陕西省米脂县杨家沟镇杨家沟村
新疆鄯善县吐峪沟乡麻扎村

第三批

北京市门头沟区龙泉镇琉璃渠村
河北省井陉县于家乡于家村
河北省清苑区冉庄镇冉庄村
河北省邢台县路罗镇英谈村
山西省平遥县岳壁乡梁村
山西省高平市原村乡良户村
山西省阳城县北留镇郭峪村
山西省阳泉市郊区义井镇小河村
内蒙古自治区包头市石拐区五当召镇五当召村
江苏省苏州市吴中区东山镇陆巷村
江苏省苏州市吴中区西山镇明月湾村
浙江省桐庐县江南镇深澳村
浙江省永康市前仓镇厚吴村
安徽省黄山市徽州区潜口镇唐模村
安徽省歙县郑村镇棠樾村
安徽省黟县宏村镇屏山村
福建省晋江市金井镇福全村
福建省武夷山市兴田镇城村
福建省尤溪县洋中镇桂峰村
江西省高安市新街镇贾家村
江西省吉水县金滩镇燕坊村
江西省婺源县江湾镇汪口村
山东省荣成市宁津街道办事处东楮岛村
湖北省恩施市崔家坝镇滚龙坝村
湖南省江永县夏层铺镇上甘棠村
湖南省会同县高椅乡高椅村
湖南省永州市零陵区富家桥镇干岩头村
广东省广州市番禺区石楼镇大岭村
广东省东莞市石排镇塘尾村
广东省中山市南朗镇翠亨村
广西壮族自治区灵山县佛子镇大芦村
广西壮族自治区玉林市玉州区城北街道办事处高山村
贵州省锦屏县隆里乡隆里村
贵州省黎平县肇兴乡肇兴寨村
云南省云龙县诺邓镇诺邓村
青海省同仁县年都乎乡郭麻日村

第四批

河北省涉县偏城镇偏城村
河北省蔚县涌泉庄乡北方城村
山西省汾西县僧念镇师家沟村
山西省临县碛口镇李家山村
山西省灵石县夏门镇夏门村
山西省沁水县嘉峰镇窦庄村
山西省阳城县润城镇上庄村
浙江省龙游县石佛乡三门源村
安徽省黄山市徽州区呈坎镇呈坎村
安徽省泾县桃花潭镇查济村
安徽省黟县碧阳镇南屏村
福建省福安市溪潭镇廉村
福建省屏南县甘棠乡漈下村
福建省清流县赖坊乡赖坊村
江西省安义县石鼻镇罗田村
江西省浮梁县江村乡严台村
江西省赣县白鹭乡白鹭村
江西省吉安市富田镇陂下村
江西省婺源县思口镇延村
江西省宜丰县天宝乡天宝村
山东省青岛市即墨区丰城镇雄崖所村
河南省郏县李口乡张店村
湖北省宣恩县沙道沟镇两河口村
广东省恩平市圣堂镇歇马村
广东省连南瑶族自治县三排镇南岗古排村
广东省汕头市澄海区隆都镇前美村
广西壮族自治区富川瑶族自治县朝东镇秀水村
四川省汶川县雁门乡萝卜寨村
贵州省赤水市丙安乡丙安村
贵州省从江县往洞乡增冲村
贵州省开阳县禾丰布依族苗族乡马头村
贵州省石阡县国荣乡楼上村
云南省石屏县宝秀镇郑营村
云南省巍山县永建镇东莲花村
宁夏回族自治区中卫市香山乡南长滩村
新疆维吾尔自治区哈密市回城乡阿勒屯村

第五批

北京市顺义区龙湾屯镇焦庄户村
天津市蓟县渔阳镇西井峪村
河北省井陉县南障城镇大梁江村
山西省太原市晋源区晋源镇店头村
山西省阳泉市义井镇大阳泉村
山西省泽州县北义城镇西黄石村
山西省高平市河西镇苏庄村
山西省沁水县郑村镇湘峪村
山西省宁武县涔山乡王化沟村
山西省太谷县北洸镇北洸村
山西省灵石县两渡镇冷泉村
山西省万荣县高村乡阎景村
山西省新绛县泽掌镇光村
江苏省无锡市惠山区玉祁镇礼社村
浙江省建德市大慈岩镇新叶村
浙江省永嘉县岩坦镇屿北村

浙江省金华市金东区傅村镇山头下村
浙江省仙居市白塔镇高迁村
浙江省庆元县松源镇大济村
浙江省乐清市仙溪镇南阁村
浙江省宁海县茶院乡许家山村
浙江省金华市婺城区汤溪镇寺平村
浙江省绍兴市稽东镇冢斜村
安徽省休宁县商山乡黄村
安徽省黟县碧阳镇关麓村
福建省长汀县三洲乡三洲村
福建省龙岩市新罗区适中镇中心村
福建省屏南县棠口乡漈头村
福建省连城县庙前镇芷溪村
福建省长乐市航城街道琴江村
福建省泰宁县新桥乡大源村
福建省福州市马尾区亭江镇闽安村
江西省吉安市吉州区兴桥镇钓源村
江西省金溪县双塘镇竹桥村
江西省龙南县关西镇关西村
江西省婺源县浙源乡虹关村
江西省浮梁县勒功乡沧溪村
山东省淄博市周村区王村镇李家疃村
湖北省赤壁市赵李桥镇羊楼洞村
湖北省宣恩县椒园镇庆阳坝村
湖南省双牌县理家坪乡坦田村
湖南省祁阳县潘市镇龙溪村
湖南省永兴县高亭乡板梁村
湖南省辰溪县上蒲溪瑶族乡五宝田村
广东省仁化县石塘镇石塘村
广东省梅州市梅县区水车镇茶山村
广东省佛冈县龙山镇上岳古围村
广东省佛山市南海区西樵镇松塘村
广西壮族自治区南宁市江南区江西镇扬美村
海南省三亚市崖城镇保平村
海南省文昌市会文镇十八行村
海南省定安县龙湖镇高林村
四川省阆中市天宫乡天宫院村
贵州省三都县都江镇怎雷村
贵州省安顺市西秀区大西桥镇鲍屯村
贵州省雷山县郎德镇上郎德村
贵州省务川县大坪镇龙潭村
云南省祥云县云南驿镇云南驿村
青海省玉树县仲达乡电达村
新疆维吾尔自治区哈密市五堡乡博斯坦村
新疆维吾尔自治区特克斯县喀拉达拉乡琼库什台村

第六批

北京市房山区南窖乡水峪村
河北省沙河市柴关乡王硇村
河北省蔚县宋家庄镇上苏庄村
河北省井陉县天长镇小龙窝村
河北省磁县陶泉乡花驼村
河北省阳原县浮图讲乡开阳村
山西省襄汾县新城镇丁村
山西省沁水县嘉峰镇郭壁村
山西省高平市马村镇大周村
山西省泽州县晋庙铺镇拦车村
山西省泽州县南村镇冶底村
山西省平顺县阳高乡奥治村
山西省祁县贾令镇谷恋村
山西省高平市寺庄镇伯方村
山西省阳城县润城镇屯城村
吉林省图们市月晴镇白龙村
上海市松江区泗泾镇下塘村
上海市闵行区浦江镇革新村
江苏省苏州市吴中区东山镇杨湾村
江苏省苏州市吴中区金庭镇东村
江苏省常州市武进区郑陆镇焦溪村
江苏省苏州市吴中区东山镇三山村
江苏省南京市高淳区漆桥镇漆桥村
江苏省南通市通州区二甲镇余西村
江苏省南京市江宁区湖熟街道杨柳村
浙江省苍南县桥墩镇碗窑村
浙江省浦江县白马镇嵩溪村
浙江省缙云县新建镇河阳村
浙江省江山市大陈乡大陈村
浙江省湖州市南浔区和孚镇荻港村
浙江省磐安县盘峰乡榉溪村
浙江省淳安县浪川乡芹川村
浙江省苍南县矾山镇福德湾村
浙江省龙泉市西街街道下樟村
浙江省开化县马金镇霞山村
浙江省遂昌县焦滩乡独山村
浙江省安吉县鄣吴镇鄣吴村
浙江省丽水市莲都区雅溪镇西溪村
浙江省宁海县深甽镇龙宫村
安徽省泾县榔桥镇黄田村
安徽省绩溪县瀛洲镇龙川村
安徽省歙县雄村乡雄村
安徽省天长市铜城镇龙岗村
安徽省黄山市徽州区呈坎镇灵山村
安徽省祁门县闪里镇坑口村

安徽省黟县宏村镇卢村
福建省龙岩市新罗区万安镇竹贯村
福建省长汀县南山镇中复村
福建省泉州市泉港区后龙镇土坑村
福建省龙海市东园镇埭尾村
福建省周宁县浦源镇浦源村
福建省福鼎市磻溪镇仙蒲村
福建省霞浦县溪南镇半月里村
福建省三明市三元区岩前镇忠山村
福建省将乐县万全乡良地村
福建省仙游县石苍乡济川村
福建省漳平市双洋镇东洋村
福建省平和县霞寨镇钟腾村
福建省明溪县夏阳乡御帘村
江西省婺源县思口镇思溪村
江西省宁都县田埠乡东龙村
江西省吉水县金滩镇桑园村
江西省金溪县琉璃乡东源曾家村
江西省安福县洲湖镇塘边村
江西省峡江县水边镇湖洲村
山东省招远市辛庄镇高家庄子村
湖北省利川市谋道镇鱼木村
湖北省麻城市歧亭镇杏花村
湖南省永顺县灵溪镇老司城村
湖南省通道侗族自治县双江镇芋头村
湖南省通道侗族自治县坪坦乡坪坦村
湖南省绥宁县黄桑坪苗族乡上堡村
湖南省绥宁县关峡苗族乡大园村
湖南省江永县兰溪瑶族乡兰溪村
湖南省龙山县苗儿滩镇捞车村
广东省广州市花都区炭步镇塱头村
广东省江门市蓬江区棠下镇良溪村
广东省台山市斗山镇浮石村
广东省遂溪县建新镇苏二村
广东省和平县林寨镇林寨村
广东省蕉岭县南磜镇石寨村
广东省陆丰市大安镇石寨村
广西壮族自治区阳朔县白沙镇旧县村
广西壮族自治区灵川县青狮潭镇江头村
广西壮族自治区富川瑶族自治县朝东镇福溪村
广西壮族自治区兴安县漠川乡榜上村
广西壮族自治区灌阳县文市镇月岭村
重庆市涪陵区青羊镇安镇村
四川省泸县兆雅镇新溪村
四川省泸州市纳溪区天仙镇乐道街村
贵州省江口县太平镇云舍村
贵州省从江县丙妹镇岜沙村
贵州省黎平县茅贡乡地扪村
贵州省榕江县栽麻乡大利村
云南省保山市隆阳区金鸡乡金鸡村
云南省弥渡县密祉乡文盛街村
云南省永平县博南镇曲硐村
云南省永胜县期纳镇清水村
西藏自治区吉隆县吉隆镇帮兴村
西藏自治区尼木县吞巴乡吞达村
西藏自治区工布江达县错高乡错高村
陕西省三原县新兴镇柏社村
甘肃省天水市麦积区麦积镇街亭村
甘肃省天水市麦积区新阳镇胡家大庄村
青海省班玛县灯塔乡班前村
青海省循化撒拉族自治县清水乡大庄村
青海省玉树市安冲乡拉则村

第七批

河北省井陉县南障城镇吕家村
河北省蔚县南留庄镇南留庄村
河北省蔚县南留庄镇水西堡村
河北省蔚县宋家庄镇宋家庄村
河北省蔚县宋家庄镇大固城村
河北省蔚县涌泉庄乡任家涧村
河北省蔚县涌泉庄乡卜北堡村
河北省怀来县瑞云观乡镇边城村
河北省沙河市册井乡北盆水村
河北省沙河市柴关乡西沟村
河北省沙河市柴关乡绿水池村
河北省邢台县南石门镇崔路村
河北省邢台县路罗镇鱼林沟村
河北省邢台县将军墓镇内阳村
河北省邢台县太子井乡龙化村
河北省武安市午汲镇大贺庄村
河北省武安市石洞乡什里店村
河北省涉县固新镇原曲村
河北省磁县陶泉乡南王庄村
河北省磁县陶泉乡北岔口村
山西省大同市新荣区堡子湾乡得胜堡村
山西省天镇县马家皂乡安家皂村
山西省阳泉市郊区荫营镇辛庄村
山西省平定县冠山镇宋家庄村
山西省平定县张庄镇桃叶坡村
山西省平定县东回镇瓦岭村
山西省平定县娘子关镇上董寨村
山西省平定县娘子关镇下董寨村
山西省平定县巨城镇南庄村

山西省平定县巨城镇上盘石村
山西省平定县石门口乡乱流村
山西省盂县孙家庄镇乌玉村
山西省盂县梁家寨乡大汖村
山西省长治市上党区荫城镇琚寨村
山西省平顺县石城镇东庄村
山西省平顺县石城镇岳家寨村
山西省平顺县虹梯关乡虹霓村
山西省黎城县停河铺乡霞庄村
山西省沁源县王和镇古寨村
山西省高平市河西镇牛村
山西省阳城县凤城镇南安阳村
山西省阳城县北留镇尧沟村
山西省阳城县润城镇上伏村
山西省阳城县固隆乡府底村
山西省阳城县固隆乡泽城村
山西省阳城县固隆乡固隆村
山西省泽州县大东沟镇东沟村
山西省泽州县大东沟镇贾泉村
山西省泽州县周村镇石淙头村
山西省泽州县晋庙铺镇天井关村
山西省泽州县巴公镇渠头村
山西省泽州县山河镇洞八岭村
山西省泽州县李寨乡陟椒村
山西省泽州县南岭乡段河村
山西省陵川县西河底镇积善村
山西省沁水县中村镇上阁村
山西省沁水县嘉峰镇尉迟村
山西省沁水县嘉峰镇武安村
山西省沁水县嘉峰镇嘉峰村
山西省山阴县张家庄乡旧广武村
山西省晋中市榆次区东赵乡后沟村
山西省太谷县范村镇上安村
山西省平遥县段村镇段村
山西省介休市洪山镇洪山村
山西省介休市龙凤镇南庄村
山西省介休市绵山镇大靳村
山西省灵石县南关镇董家岭村
山西省寿阳县宗艾镇下洲村
山西省寿阳县西洛镇南东村
山西省寿阳县西洛镇南河村
山西省寿阳县平舒乡龙门河村
山西省稷山县西社镇马跑泉村
山西省翼城县隆化镇史伯村
山西省翼城县西阎镇曹公村
山西省翼城县西阎镇古桃园村
山西省霍州市退沙街道许村
山西省吕梁市离石区枣林乡彩家庄村
山西省交口县双池镇西庄村
山西省临县三交镇孙家沟村
山西省临县安业乡前青塘村
山西省柳林县三交镇三交村
山西省柳林县陈家湾乡高家垣村
山西省柳林县王家沟乡南洼村
山西省交城县夏家营镇段村
辽宁省沈阳市沈北新区石佛寺街道石佛一村
江苏省常州市武进区前黄镇杨桥村
江苏省溧阳市昆仑街道沙涨村
浙江省建德市大慈岩镇上吴方村
浙江省建德市大慈岩镇李村村
浙江省桐庐县富春江镇茆坪村
浙江省宁波市海曙区章水镇李家坑村
浙江省宁波市鄞州区姜山镇走马塘村
浙江省慈溪市龙山镇方家河头村
浙江省余姚市大岚镇柿林村
浙江省义乌市佛堂镇倍磊村
浙江省磐安县尖山镇管头村
浙江省磐安县双溪乡梓誉村
浙江省江山市凤林镇南坞村
浙江省江山市石门镇清漾村
浙江省龙游县溪口镇灵山村
浙江省龙游县塔石镇泽随村
浙江省临海市东塍镇岭根村
浙江省天台县平桥镇张思村
安徽省歙县北岸镇瞻淇村
安徽省歙县昌溪乡昌溪村
安徽省池州市贵池区棠溪镇石门高村
安徽省绩溪县上庄镇石家村
安徽省绩溪县家朋乡磡头村
福建省福州市仓山区城门镇林浦村
福建省永泰县洑口乡紫山村
福建省永泰县洑口乡山寨村
福建省大田县桃源镇东坂村
福建省宁化县曹坊镇下曹村
福建省泉州市泉港区涂岭镇樟脚村
福建省永春县五里街镇西安村
福建省晋江市龙湖镇福林村
福建省南靖县书洋镇石桥村
福建省南靖县书洋镇塔下村
福建省南靖县书洋镇河坑村
福建省邵武市金坑乡金坑村
福建省政和县岭腰乡锦屏村

福建省龙岩市永定区下洋镇初溪村
福建省长汀县古城镇丁黄村
福建省长汀县濯田镇水头村
福建省长汀县四都镇汤屋村
福建省龙岩市永定区抚市镇社前村
福建省龙岩市永定区洪山乡上山村
福建省连城县莒溪镇壁洲村
福建省福安市社口镇坦洋村
福建省福安市晓阳镇晓阳村
福建省福安市溪柄镇楼下村
福建省福鼎市管阳镇西昆村
福建省古田县城东街道桃溪村
福建省古田县吉巷乡长洋村
福建省古田县卓洋乡前洋村
福建省寿宁县下党乡下党村
江西省浮梁县蛟潭镇礼芳村
江西省浮梁县峙滩镇英溪村
江西省贵溪市耳口乡曾家村
江西省龙南县里仁镇新园村
江西省寻乌县澄江镇周田村
江西省安福县金田乡柘溪村
江西省泰和县螺溪镇爵誉村
江西省金溪县合市镇游垫村
江西省金溪县合市镇全坊村
江西省金溪县琅琚镇疏口村
江西省金溪县陈坊积乡岐山村
江西省乐安县湖坪乡湖坪村
江西省婺源县江湾镇篁岭村
江西省婺源县思口镇西冲村
山东省济南市章丘区相公庄街道梭庄村
山东省淄博市淄川区洪山镇蒲家庄村
山东省招远市张星镇徐家村
山东省昌邑市龙池镇齐西村
山东省邹城市石墙镇上九山村
山东省巨野县核桃园镇前王庄村
河南省宝丰县李庄乡翟集村
河南省郏县薛店镇冢王村
河南省郏县薛店镇下宫村
河南省郏县茨芭镇山头赵村
河南省修武县云台山镇一斗水村
河南省修武县西村乡双庙村
河南省三门峡市陕州区西张村镇庙上村
湖北省大冶市金湖街道上冯村
湖北省阳新县排市镇下容村
湖北省大冶市大箕铺镇柯大兴村
湖北省阳新县大王镇金寨村
湖北省枣阳市新市镇前湾村
湖北省南漳县巡检镇漫云村
湖北省红安县华家河镇祝家楼村
湖北省通山县闯王镇宝石村
湖南省醴陵市沩山镇沩山村
湖南省汝城县文明瑶族乡沙洲瑶族村
湖南省汝城县土桥镇永丰村
湖南省汝城县马桥镇石泉村
湖南省新田县枧头镇龙家大院村
湖南省道县清塘镇楼田村
湖南省蓝山县祠堂圩镇虎溪村
湖南省沅陵县荔溪乡明中村
湖南省中方县中方镇荆坪村
湖南省永顺县灵溪镇双凤村
广东省汕头市澄海区莲下镇程洋冈村
广东省云浮市云城区腰古镇水东村
广东省郁南县大湾镇五星村
广西壮族自治区南宁市江南区江西镇同江村三江坡
广西壮族自治区宾阳县古辣镇蔡村
广西壮族自治区阳朔县高田镇朗梓村
广西壮族自治区岑溪市筋竹镇云龙村
广西壮族自治区灵山县新圩镇萍塘村
广西壮族自治区玉林市福绵区新桥镇大楼村
广西壮族自治区玉林市玉州区南江街道岭塘村（朱砂垌）
广西壮族自治区陆川县平乐镇长旺村
广西壮族自治区兴业县石南镇庞村
广西壮族自治区兴业县石南镇谭良村
广西壮族自治区兴业县葵阳镇榜山村
广西壮族自治区兴业县龙安镇龙安村
广西壮族自治区贺州市平桂区沙田镇龙井村
广西壮族自治区富川瑶族自治县古城镇秀山村
广西壮族自治区钟山县回龙镇龙道村
广西壮族自治区钟山县公安镇荷塘村
广西壮族自治区钟山县公安镇大田村
广西壮族自治区钟山县清塘镇英家村
广西壮族自治区钟山县燕塘镇玉坡村
广西壮族自治区天峨县三堡乡三堡村
贵州省贵阳市花溪区石板镇镇山村
云南省沧源县勐角乡翁丁村
云南省泸西县永宁乡城子村
西藏自治区普兰县普兰镇科迦村
甘肃省兰州市西固区河口镇河口村
甘肃省静宁县界石铺镇继红村
甘肃省正宁县永和镇罗川村